↵CASH

CA

⏎DIE AUTOBIOGRAFIE VON JOHNNY CASH

**Aus dem Amerikanischen
von Sylke Wintzer und Peter Dürr**

Johnny Cash mit Patrick C

7	DANKSAGUNG
9	VORWORT

↪ CINNAMON HILL

12	VON SCHOTTLAND NACH JAMAIKA
23	AUF DEN BAUMWOLLFELDERN
34	JACK
44	DER ÜBERFALL

↪ UNTERWEGS

62	DIE GABE
71	THE MAN IN BLACK
84	MEMPHIS
99	SUN RECORDS
106	ROY ORBISON
114	DIE SUN-MUSIKER
125	ALTE FREUNDE UND ENGEL
135	MEINE GITARRISTEN
148	FARON YOUNG

↪ PORT RICHEY

156	DIE CARTER FAMILY
171	EIN DÄMON NAMENS TÄUSCHUNG
180	ABGEBRANNT
187	JUNE TRITT IN MEIN LEBEN
194	UNENDLICH WEIT VON GOTT ENTFERNT
204	DIE NICKAJACK-HÖHLE
211	WILDE TIERE UND GESPENSTER

BON AQUA

224	DIE FARM
232	MUSIKALISCHE HÖHEN UND TIEFEN
241	RELIGION UND FERNSEHEN
249	GROSSE MÄNNER
258	DIE SIEBZIGER UND DER VIETNAMKRIEG
267	DIE QUELLE DES GLAUBENS
276	GLAUBE, LIEBE UND ZWEIFEL
286	EIN TAG IN TENNESSEE
292	MEINE PRODUZENTEN
308	MEHR ALS NUR EIN LICHT

WIEDER UNTERWEGS

320	SO VIELE MENSCHEN, DIE ICH LIEBE
338	ABENDSTIMMUNG

345	NACHWORT
350	BILDNACHWEIS

To John Carter Cash
The Gift. You have it. Never forget.

DANKSAGUNG

Für ihre Unterstützung und ihre Anregungen danke ich:

Jack Shaw, June Carter, Lou Robin, Mark Chimsky, Patrick Carr, Tom Grady, W. S. Holland, Karen Adams, Kelly Hancock, Lisa Trice, Joanne Cash Yates, Louise Garrett, Tommy Cash, Reba Hancock, Jack Cash, Roy Cash sowie George T. und Winifred Kelley.
Außerdem Billy Graham, der erst den Vorschlag zu diesem Buch machte und mich dann immer wieder darin bestärkte, es zu schreiben.

Mein spezieller Dank gilt Reba Hancock: du hast alles für mich gegeben, Tag und Nacht, vierzig Jahre lang.

Schließlich danke ich den vielen, vielen anderen, bei denen ich es bedauern werde, sie nicht genannt zu haben, sobald mir klar wird, dass ich es versäumt habe.

Patrick Carr bedankt sich bei folgenden Personen für die Mitarbeit an diesem Buch:

David Hennessy, Debra Kalmon, Terri Leonard,
Kevin McShane, Ann Moru, Karen Robin, Joseph
Rutt, Robin Sturmthal, Steve Sullivan, Kris Tobiassen,
Lyn Wray und Chris Wright.

VORWORT

An der Schwelle zu einem neuen Jahrtausend ist es besondere Anerkennung wert, wie Johnny Cash als Künstler und als Amerikaner – über die gesamte zweite Hälfte unseres zwanzigsten Jahrhunderts hinweg als Symbolfigur für Freiheit und Integrität gewirkt hat. Er hat sich bei Häftlingen und Präsidenten, bei Indianern und Soldaten, bei den Underdogs in aller Welt Zuneigung und Respekt verschafft. So hat sich das Bild dieses couragierten Mannes so klar und unauslöschlich in unser Bewusstsein eingeprägt wie die Gesichter der Präsidenten in den Fels von Mount Rushmore. Seit er in den Fünfzigern als erster die Ketten gesellschaftlicher Konventionen sprengte, ein finsterer, leidenschaftlicher und gefährlicher Rebell, hat er uns in seinem lebenslangen, mutigen Kampf gegen öffentliches Unrecht und private Dämonen immer wieder seinen Humor, seinen Esprit und seine Moral bewiesen und ist dabei zu einer Legende geworden – jenseits all dessen, was sich der Landjunge aus Arkansas einst in seinen kühnsten Träumen vorstellte.   *Kris Kristofferson, April 1999*

> **I love you, John.**
> **In the cold and holy darkness**
> **You were always shining brighter than a star.**
>
> **God bless you, John.**
> **For the love arid joy you've given**
> **And the living inspiration that you are.**
>
> **Ich liebe dich, John.**
> **In der kalten, heiligen Dunkelheit**
> **Hast du immer heller geleuchtet als ein Stern.**
> **Gott segne dich, John.**
>
> **Für die Liebe und Freude, die du gegeben hast.**
> **Du bist eine lebende Inspiration.**

CINNAMON HILL

VON SCHOTTLAND NACH JAMAIKA

Ich bin ein Nachfahre von Queen Ada, der Schwester von Malcolm dem Vierten, der wiederum von King Duff, dem ersten König von Schottland, abstammte. Adas Besitz erstreckte sich über das gesamte Land östlich des Miglo River im Valley of the Bran, im heutigen County Fife. Malcolms Schloss steht schon lange nicht mehr, aber ein paar der Steine sind heute noch in den Wänden des Kirchturms der kleinen Ortschaft Strathmiglo zu sehen. Der Leitspruch auf dem Wappen meiner Familie hieß: »Better times will come« [Bessere Zeiten werden kommen]. Ihr Name war Caesche. Im Zuge ihrer Emigration im 16. und 17. Jahrhundert hat sich die Schreibweise schließlich der Aussprache angepasst, C-A-S-H.

Der erste amerikanische Cash hieß William und war Seemann. Als Kapitän seines eigenen Schiffes, der »Good Intent«, segelte er von Glasgow aus über den Atlantik, um Pilger in die Neue Welt zu bringen, bis er sich selbst 1667 in Essex County in Massachusetts niederließ. Seine Nachfahren wanderten im frühen 18. Jahrhundert nach Westmoreland County in Virginia, wo später George Washington geboren wurde, und zogen dann weiter in die Bezirke Bedford und Amherst. Meine direkten Vorfahren wanderten weiter nach Süden, in die Bezirke Henry und Elbert in Georgia, wo mein Urgroßvater Reuben Cash auf die Welt kam. Im Bürgerkrieg kämpfte er aufseiten der Konföderierten und überlebte.

Sein Zuhause überstand den Krieg nicht. Shermans Truppen plünderten seine Plantage in Georgia und brannten sie nieder. Daraufhin zog er mit seiner Familie weiter nach Westen und ließ sich auf der anderen

Seite des Mississippi in Arkansas nieder. Sein Sohn, mein Großvater William Henry Cash, war damals sechs Jahre alt. William Henry Cash wuchs in Toledo in Arkansas auf, einer Gemeinde, die sich aufzulösen begann, als durchs nahe gelegene Rison die Eisenbahnlinie geführt wurde. Er wurde Farmer und Pastor, ein »Bezirksreiter«, wie man ihn nannte, ein reisender Prediger, der vier weit auseinanderliegende Gemeinden betreute. Er ritt auf einem Pferd und trug eine Waffe und er nahm nie auch nur einen Pfennig für seine Predigten an – wie mein Vater mir jedoch erzählte, standen der Hof, die Scheune und die Ställe voll mit Tieren, die ihm die Leute geschenkt hatten, und für seine zwölf Kinder war immer genügend zu essen da. Die parkinsonsche Krankheit nahm ihn 1912, im Alter von zweiundfünfzig Jahren, aus dieser Welt.

Mein Vater, der jüngste Sohn, lebte damals als einziges Kind noch zu Hause und war gerade erst fünfzehn, aber er unterstützte meine Großmutter bis zu ihrem Tod drei Jahre später. Danach ging er zur Armee. Als Erstes wurde er im Jahre 1916 nach Deming in New Mexiko abkommandiert, wo er unter der Befehlsgewalt von General John J. Pershing stand. Er war auch bei Pershing, als Pancho Villa durchs Land zog und Columbus in Brand steckte. Ich weiß noch, wie er mir erzählte, dass er drei Nächte lang auf der Erde lag, mit dem Kopf in Mexiko und den Füßen in Texas, und auf Villa wartete. Villa kam nicht; Pershing musste also losziehen und ihn suchen.

Mein Vater hieß Ray Cash. Er heiratete meine Mutter, Carrie Rivers, am 18. August 1920. Ich war ihr viertes Kind. Daddy hatte alles, außer Geld. Die Weltwirtschaftskrise hatte den Baumwollanbau ruiniert – für Leute wie ihn, die am unteren Ende der sozialen Leiter standen, war es vorher schon schwer genug gewesen, den Lebensunterhalt davon zu bestreiten – und er war gezwungen, jede Art von Arbeit anzunehmen, die er finden konnte. Manchmal fand er überhaupt keine und dann brachte er seine Tage damit zu, mit seinem .22-Gewehr Eichhörnchen, Hasen, Opossums oder andere Tiere aufzuspüren, mit denen er seine Familie ernähren könnte. Wenn er mal etwas vor die Flinte bekam, ging kein Schuss daneben. Er konnte es sich nicht leisten – damals kostete eine

Schachtel Patronen zwanzig Cent. Er arbeitete in der Sägemühle, er rodete Land, er verlegte Eisenbahnschienen und wenn es in der Umgebung keine Arbeit gab, fuhr er irgendwohin, wo sich laut irgendwelcher Anzeigen, Gerüchte oder rein zufällig die Möglichkeit bot, Geld bar auf die Hand zu verdienen. Unser Haus lag direkt an der Bahnlinie, draußen im Wald, und eine meiner frühesten Erinnerungen ist die, wie er aus einem fahrenden Güterwagen springt und in den Graben rollt, direkt vor unsere Haustür. Das haben damals viele Leute gemacht. Die Züge fuhren in der Nähe unseres Hauses schon etwas langsamer und deshalb war es eine beliebte Stelle zum Abspringen, wenn man der Bahnpolizei an der Bahnstation in Kingston aus dem Weg gehen wollte.

Und diesen Leuten ging man wirklich besser aus dem Weg. Ich weiß noch, wie Daddy mir eine Geschichte aus der Zeit erzählte, als er noch auf dem Gestänge mitfuhr – festgeklammert an den Querstangen unter einem fahrenden Güterwaggon, eine verdammt gefährliche Art, als blinder Passagier zu reisen. Als der Zug in Pine Bluff anhielt und er hervorgekrochen kam, stand ihm plötzlich ein Bahnpolizist gegenüber. Er musste Prügel und Beschimpfungen über sich ergehen lassen, um dem Gefängnis oder noch Schlimmerem zu entgehen. Aber als der Zug sich wieder in Bewegung setzte und der Detektiv sich gerade abwandte, sprang Daddy auf den vorbeirollenden Dienstwagen auf. Dann lehnte er sich hinaus und verfluchte den Eisenbahnbullen lauthals, bis er nicht mehr zu sehen war. Er lachte über die ganze Sache: Erstens hatte er nun auch etwas Luft abgelassen und zweitens konnte er jetzt etwas stilvoller reisen, nicht mehr unter diesen Güterwaggons.

Derselbe Bulle fischte sich übrigens eine Weile später einen anderen Hobo heraus. Es war nicht gerade sein Glückstag; der Hobo zog eine Waffe und erschoss ihn.

Mein Name ist John R. Cash. Ich bin am 26. Februar 1932 in Kingsland in Arkansas geboren. Ich bin eines von sieben Kindern: Roy, der Älteste, dann Louise, Jack, ich selbst, Reba, Joanne und Tommy. Wir alle wuchsen mit der Arbeit auf den Baumwollfeldern auf.

Als ich zweiundzwanzig war, heiratete ich Vivian Liberto aus San Antonio in Texas und wir bekamen vier Töchter zusammen: Rosanne, Kathy, Cindy und Tara. Vivian und ich ließen uns scheiden und 1968 heiratete ich June Carter, die heute noch meine Frau ist. Wir haben ein gemeinsames Kind, John Carter, der mein einziger Sohn ist. June brachte zwei Töchter, Carlene und Rosie, mit in unsere Ehe. Inzwischen haben wir insgesamt zwölf Enkelkinder und so viele Schwiegersöhne, ehemalige und jetzige, dass June auf der Bühne schon Witze darüber macht.

Mein Arbeitsleben lässt sich schnell beschreiben: Baumwolle in der Jugend und Musik als Erwachsener. Zwischendurch arbeitete ich in einer Automobilfabrik in Michigan, war Funker bei der amerikanischen Luftwaffe in Deutschland und lief von Tür zu Tür als Vertreter von Haushaltsgeräten für die Home Equipment Company in Memphis, Tennessee. Ich war ein hervorragender Funker und ein lausiger Vertreter. Die Fließbandarbeit war mir zuwider.

Meine ersten Platten erschienen beim Sun Label, das von Mr. Sam Phillips in Memphis geleitet wurde und Elvis Presley, Carl Perkins, Jerry Lee Lewis, Roy Orbison, Charlie Rich und andere, darunter auch mich, unter Vertrag hatte. Meine erste Single hieß *Cry, Cry, Cry* und kam 1955 heraus, mein erster großer Hit *I Walk the Line* erschien 1956. Ich wechselte 1958 von Sun Records zu Columbia und kurz darauf verließ ich Memphis, um nach Kalifornien zu gehen.

Meine Tablettensucht hatte bereits angefangen. Sie hatte mich bald völlig im Griff und fraß mich in den folgenden zehn Jahren fast auf. Erstaunlicherweise zerstörte sie meine Karriere nicht völlig. Während dieser Jahre machte ich Musik, auf die ich heute noch stolz bin – besonders *Ride This Train, Bitter Tears* und meine anderen Konzertalben – und ich hatte einen kommerziellen Erfolg: *Ring of Fire* war 1963 ein großer Hit für mich. Bis dahin hatte ich bereits meine Familie zerstört und war drauf und dran, mit mir dasselbe zu tun.

Aber ich habe überlebt. Ich zog nach Nashville, kam von meiner Sucht weg und heiratete June. Meine Karriere kam in Fahrt. Das Album

Johnny Cash at Folsom Prison war ein Riesenerfolg und 1969 begann ich, die »Johnny Cash Show« bei ABC TV zu moderieren. Nach *Flesh and Blood* im Jahr 1970 hatte ich erst 1976 mit *One Piece at a Time* wieder eine Single, die an der Spitze der Charts landete, als die »Johnny Cash Show« schon lange Geschichte war.

Zwischen den frühen Siebziger- und den frühen Neunzigerjahren hatte ich keine riesigen Plattenerfolge, aber auch hier muss ich sagen, dass ich damals einige Sachen gemacht habe, auf die ich heute noch stolz hin, und es war keine ereignislose Zeit. Ich schrieb meine erste Autobiografie, *Man in Black*, und meinen ersten Roman, *Man in White*. Ich tat mich mit Waylon Jennings, Kris Kristofferson und Willie Nelson zusammen und wir gründeten die Highwaymen. Ich verließ Columbia, das zu CBS Records gehörte, und ging zu Mercury/Polygram. Ich wurde in die Country Music Hall of Fame und die Rock'n'Roll Hall of Fame aufgenommen. Ich wurde von Schmerzmitteln abhängig, wurde in der Betty-Ford-Klinic behandelt, wurde gesund, wurde wieder abhängig und wurde wieder gesund. Ich wäre fast gestorben, wurde durch eine Bypassoperation am Herz gerettet und wäre fast wieder gestorben. Ich hatte Hunderte von Auftritten. Ich hielt meinen Betrieb mehr oder minder am Laufen, bis das Glück mir wieder hold war.

Und das war es 1994, als ich mich mit Rick Rubin zusammentat, der Musiker wie die Beastie Boys und die Red Hot Chili Peppers produzierte, die absolut nichts mit Nashville zu tun hatten; mit ihm nahm ich mein Album *American Recordings* auf. Den damaligen Medien nach zu zufolge, verschaffte mir das über Nacht einen Imagewechsel vom »ehemaligen Nashville-Star« zur »Hip-Ikone«. Sie konnten mich nennen, wie sie wollten, ich war ihnen dankbar. Es war mein zweites großes Comeback; von den kleineren gab es mehr, als ich zählen kann.

Ich bin heute noch auf Tour, nehme weiterhin Platten auf, schreibe immer noch Songs, trete nach wie vor überall auf, von einfachen Festhallen im mittleren Westen über irgendwelche angesagten Clubs in Manhattan bis hin zur Royal Albert Hall.

Körperlich und finanziell geht es mir einigermaßen gut. Ich bin immer noch ein Christ, wie ich es mein Leben lang war.

Ansonsten bin ich eher kompliziert. Ich halte das, was Kris Kristofferson einmal über mich gesagt hat, für ziemlich zutreffend: »Er ist ein wandelnder Widerspruch, halb Wahrheit und halb Dichtung.« Das Zitat von Rosanne gefällt mir auch: »Er glaubt an das, was er sagt, aber das macht ihn noch lange nicht zum Heiligen.« Ich glaube wirklich, was ich sage. Allerdings gibt es verschiedene Stufen von Ehrlichkeit.

Und es gibt verschiedene Stufen von Vertrautheit. Ich habe mehrere Namen. In der Öffentlichkeit und auf Plattencovern, CD-Labels und Reklametafeln bin ich Johnny Cash. Für viele Leute aus dem Musikgeschäft bin ich Johnny einige davon sind langjährige Freunde und Bekannte. Für June bin ich John und so nennen mich auch andere Leute, die mich gut kennen, wie meine Band, meine Schwiegersöhne, viele Freunde und Leute, die eng mit mir zusammenarbeiten. Schließlich bin ich noch J.R., wie ich als Kind genannt wurde. Meine Brüder und Schwestern und andere Verwandte nennen mich heute noch so. Marty Stuart ebenfalls. Lou Robin, mein Manager, wechselt zwischen J.R. und John.

June weiß, dass ich mich auf verschiedenen Ebenen bewege und deshalb nennt sie mich auch nicht immer John. Wenn ich mal wieder rumspinne oder streitsüchtig bin, sagt sie immer: »Hör schon auf, Cash! Es wird Zeit, dass Johnny wieder rauskommt.« Mit Cash meint sie den Star, den Egomanen in mir. Johnny ist ihr Name für ihren kleinen Spielkameraden.

Mehrere Namen, mehrere Wohnungen. Ich bin halb Zigeuner, halb häuslicher Mensch und mein Lebensrhythmus ist den meisten Leuten fremd, während er mir völlig normal vorkommt. Ich verbringe meine Zeit mehr oder weniger spontan in meinem großen Haus am Old Hickory Lake in der Nähe von Nashville, auf meiner Farm in Bon Aqua, die etwas weiter außerhalb von Nashville liegt, in dem Haus in Port Richey in Florida, das June von ihren Eltern geerbt hat, in einer endlosen Reihe von

Hotels auf der ganzen Welt, meinem Bus oder meinem Haus auf Jamaika, Cinnamon Hill.

Heute sitze ich auf meiner hinteren Veranda, hoch auf meinem Berg, und schaue nach Norden über die Karibik in Richtung Kuba, das neunzig Meilen von hier entfernt ist. Es ist friedlich hier. Ab und zu hört man oben in dem Wald, der hinter meinem Haus aufsteigt, ein paar dumpfe Axtschläge oder das Brummen einer Kettensäge und hinter mir, irgendwo im Haus, kann ich die leisen Geräusche von Desna, Carl, Donna, Geraldine und Mr. Poizer hören, unserem jamaikanischen Personal, das gerade das Frühstück vorbereitet. Sonst ist da nur das klare, sich verändernde Licht, die kreisenden Truthahngeier, die herumflitzenden Kolibris, das sanfte Rascheln tropischer Blätter im Passatwind. Ich liebe diesen Ort. Ich schaue hinüber zum Eingangstor und sehe einen Wächter, der zum ständigen Personal gehört, seine Runde drehen. Er ist ein drahtiger, grimmig dreinschauender Typ und trägt eine vernickelte Remington, Kaliber 12, mit sich herum. Ich kann bloß sagen, dass ich froh bin, dass er auf *meiner* Seite steht.

Ich habe über den Raubüberfall nachgedacht – er ist wichtig für das Buch, ansonsten würde ich die Sache am liebsten schnell wieder vergessen, aber ich bin jetzt nicht in der Stimmung, diese Geschichte zu erzählen. Ich möchte mich lieber mit dem Gegenmittel beschäftigen, der anderen Seite von Gewalt, Tragödie, Sucht und all den anderen Prüfungen und Qualen, die diese Welt für uns bereithält. Also werde ich mich hier zuallererst den Dingen zuwenden, die für mich ein Segen sind, und erzählen, wofür ich dankbar bin. Das rückt die Dinge immer in ein anderes Licht.

Ich bin dankbar für ein Paar wirklich bequeme Schuhe. Ich mag meine Schuhe. Ich bin dankbar für die Vögel. Es kommt mir vor, als sängen sie morgens beim Aufstehen nur für mich: »Guten Morgen, John. Du hast es geschafft, John.« Und dann der erste Sonnenstrahl. Ich bin dankbar, dass ich die Nacht überlebt habe und ihn sehen kann. Ich bin dankbar, dass ich keine tödliche Krankheit habe, dass ich bei ziemlich guter Gesundheit bin, dass ich morgens aufstehen kann und hinuntergehen und frühstücken und dass ich dann die Dschungelwege entlanglaufen und die Blumen riechen kann – den Jasmin, die Winden, die Orchideen.

Ich bin dankbar, dass ich eine gute Frau an meiner Seite habe, dass ich ihr vertrauen und mich in vielerlei Hinsicht auf sie verlassen kann. Ich bin dankbar, dass wir verwandte Seelen sind, dass wir uns miteinander unterhalten können, manchmal sogar ohne Worte, und dass wir uns in vielen Dingen verstehen. Ich bin dankbar, dass sie meine Kinder liebt. Ich bin dankbar, dass ich nicht das Bedürfnis habe, mich herumzutreiben, dass ich nicht an andere Frauen denke, solange ich all meine Sinne beieinander habe.

Ich bin dankbar, dass ich keine Leidenschaft für Autos habe, wie so viele andere Entertainer, die dafür ihr ganzes Geld rauswerfen – mein Auto ist fast neun Jahre alt und ich habe nicht die Absicht, es in Zahlung zu geben. Ich bin dankbar, dass Geld nicht mein Gott ist, sondern dass es für mich nur ein Mittel zum Zweck ist.

Ich bin dankbar für meine Familie – dankbar für Töchter, Enkelkinder und einen Sohn, die mich lieben, und dankbar, dass ihre Liebe bedingungslos ist; ich habe viele gute Freunde, und ich bin auch dafür dankbar.

Ich bin dankbar für meine Gabe – meine Mutter nannte meine Stimme immer »die Gabe« – und dafür, dass, obwohl ich schon lange keinen Song mehr geschrieben habe, eine Reihe von Songs in meinem Kopf herumschwirren, die nur darauf warten, zu Papier gebracht zu werden. Ich bin dankbar, dass Gott mich zum Schreiben inspiriert hat und dass er mich vielleicht dazu benutzt, jemanden zum Guten zu beeinflussen, sofern ich diese Gelegenheiten durch den Schleier meines Egos erkenne.

Ich bin dankbar, dass ich nicht gerade der hässlichste Mensch auf der Welt bin, dass es mir überhaupt nicht schwerfällt, auf die Bühne zu gehen und mich vor die Menge zu stellen. Ich bin keine Schönheit, aber wenn ich so hässlich wäre, wie manche, die ich auf der Bühne gesehen habe, ginge ich da nicht rauf. Ich rede weniger von der äußeren Erscheinung als von einer hässlichen Seele.

Schließlich bin ich dankbar, *sehr* dankbar, dass ich zurzeit nicht das geringste Verlangen nach irgendeiner Art von Droge habe. Ich bin heute schon seit drei Stunden auf und das ist das erste Mal, dass ich überhaupt daran denke, und auch jetzt nur mit einem Gefühl der Dankbarkeit. Meine Krankheit ist also nicht akut. Gestern Abend wurde eine Flasche Wein am Tisch herumgereicht und ich kam noch nicht einmal auf die Idee, auch nur daran zu nippen. (Also warum denke ich jetzt eigentlich darüber nach? *Pass auf, Cash!* Du darfst nie überheblich werden. Nimm nie etwas für selbstverständlich. Vergiss nicht, es hat einen hohen Preis gefordert und du wirst es wieder teuer bezahlen müssen, wenn du zu selbstgefällig, zu egoistisch und selbstsicher wirst.)

Ich bin dankbar für die sanfte Brise vom Meer, die ich gerade so richtig genieße, und für den Jasminduft bei Sonnenuntergang. Ich bin ein glücklicher Mann.

Ich bin dankbar, dass ich zu diesem Ort geführt wurde. Jamaika hat mich schon unzählige Male gerettet und erneuert.

Zum Teil ist es die Abgeschiedenheit. Dies ist weder Nashville noch Tennessee, schon gar nicht sind es die Vereinigten Staaten, und das jamaikanische Telefonsystem hat seinen eigenen mysteriösen Zeitplan, auf den nicht einmal die wichtigsten Leute einen Einfluss haben. Manchmal beschließt es einfach, dass ich es nicht brauche. Und meistens hat es sogar recht damit.

Das allein ist schon ganz nett, aber die Gründe, warum ich Jamaika liebe, liegen tiefer. Die üppige Vegetation, die reine Luft, die regenfeuchten Hügel, der funkelnde Nachthimmel – das verbinde ich alles mit meiner Kindheit in Arkansas. Dort war die Luft damals so klar, dass manchmal, selbst wenn der Mond nicht schien, allein das Licht der Sterne genügte, um mir den Weg zu leuchten. Ich fand das wunderbar. Ich liebte es, durch den Wald auf dem Pfad runter zum Fluss zu gehen, wo ich den Mai oder Juni über, wenn alles wuchs und gedieh, immer zum Angeln ging. Ich schlug mit meiner Angelrute die Blätter vor mir zur Seite, um die Mokassinottern sehen zu können, die überall am Wegesrand lauerten. Ich liebte all das Grüne, den Gang der Natur, die Beständigkeit

June auf Cinnamon Hill, Jamaika

und Zuverlässigkeit des Ganzen. Ich meine, im nächsten Mai wird der Angelpfad wieder genauso aussehen wie in diesem Jahr. Wie jedes Jahr werden wieder überall die kleinen Maifrüchte aufbrechen. Und man kann sicher sein, dass es am 4. Juli Brombeeren gibt. Schon bald wird es warm genug sein, um barfuß zu gehen ...

Schon in sehr jungen Jahren freute ich mich auf den Wechsel der Jahreszeiten und den Lauf der Natur. Und ohne es groß in Worte zu fassen, war mir damals schon sehr bewusst, dass ich ein Teil der Natur war – dass ich aus der Erde hervorgegangen war und dass es mir gut gehen würde, solange ich dem natürlichen Gang der Dinge folgte.

Ich kann mich noch genau daran erinnern, wie sich die Erde und die Steine unter meinen nackten Füßen anfühlten. Ich trug nie Schuhe, außer zur Schule, bis ich ungefähr fünfzehn war. Und meine Fußsohlen waren wie Leder. Ich erinnere mich an den Geschmack frisch gepflückter grüner Erbsen, den interessanten Unterschied zwischen den Erbsen selbst und ihren süßen, knackigen Hülsen. Ich kann mich auch an rohe Okraschoten erinnern – wenn ich durch die Felder ging, habe ich immer welche gepflückt. Ich weiß noch, wie schön es war, im Tomatenbeet zu sitzen und die reifen Früchte direkt vom Stock zu essen.

In Jamaika kann ich dieser Zeit und diesen Dingen wieder ganz nahe kommen. Hier kann ich sicher sein, dass die Ackeebäume jedes Jahr ihre Früchte tragen. Während der Regenzeit kann ich mich darauf verlassen, dass das aus den Bergen kommende Wasser als Wasserfall hinter meinem Haus hinabstürzt, genauso wie ich weiß, dass es im Januar und Februar nur noch ein langsames Rinnsal sein wird. Du kannst in einer beliebigen Nacht des Jahres irgendwo hinausgehen und nach oben schauen und über dir wird die ganze funkelnde Sternenpracht zu sehen sein. Ich habe hier mal durch ein Teleskop geschaut und nicht weniger als fünf Jupitermonde gesehen. Von hier aus kann ich mich ins Auto setzen, zu einem der hiesigen Märkte fahren und Tomaten kaufen, die noch an ihren Stielen hängen, Kartoffeln, an denen noch der Dreck der Felder klebt. In meinem Hof kann ich Bananen von den Bäumen pflücken, und zwar wenn sie gerade richtig reif sind, und es gibt auf der ganzen Welt keine Banane, die so gut schmeckt. Ich kann barfuß gehen, auch wenn meine fünfundsechzigjährigen Fußsohlen nicht annähernd so unempfindlich sind wie die des Jungen vom Land damals in Arkansas. Ich kann die Rhythmen der Erde, das Wachsen und das Blühen, das Vergehen und Sterben in meinen Knochen spüren. In meinen *Knochen*.

Wenn wir allabendlich am Esstisch die Hände falten und Gott bitten, er möge uns Ruhe und Kraft geben, dann meine ich damit die Art von Kraft, die uns wieder eins sein lässt mit dem Schöpfer und die uns in den Schoß der Natur zurückführt.

AUF DEN BAUMWOLLFELDERN

Ich fühle mich meiner Kindheit innerlich noch sehr nahe, aber wenn ich mich so umschaue, kommt es mir manchmal vor, als ob sie einer längst vergangenen Welt angehört. Kann man sich in den USA der späten Neunzigerjahre überhaupt noch vorstellen, wie ganze Familien, Mädchen und Jungen von acht bis achtzehn an der Seite ihrer Eltern, auf den Baumwollfeldern arbeiten und in der Julihitze, vom Morgengrauen bis zur Dämmerung, ihre Müdigkeit durch das Singen von Spirituals vertreiben? Gibt es überhaupt noch Orte, wo ein Junge nach dem Frühstück das Haus verlassen und mit nichts als einer Angelrute unterm Arm den ganzen Tag herumstreunen und die Gegend erkunden kann, alleine, unbeaufsichtigt und frei von Angst und ohne dass man sich Sorgen um ihn machen müsste?

Vielleicht gibt es das noch. Ich hoffe es. Aber ich vermute eher das Gegenteil. Ich glaube, selbst wenn es solche Orte gibt, haben unsere Fernseher uns dafür blind gemacht.

Neulich habe ich mich mit einem Freund darüber unterhalten, dass das Landleben, wie ich es noch kannte, vielleicht wirklich der Vergangenheit angehört. Und wenn Leute, die etwas mit Musik zu tun haben, Künstler wie Fans, von »Country« reden, heißt das nicht, dass sie das Land und das Leben, das davon abhängt und geprägt wird, kennen oder sich auch nur dafür interessieren. Sie reden vielmehr von einer Vorliebe – einem bestimmten Aussehen, einer Gruppe, der man angehört, einer Musikrichtung, die man als die eigene bezeichnen kann. Aber das geht an der entscheidenden Frage vorbei: Steckt hinter den Symbolen des modernen »Country« überhaupt noch etwas oder sind die Symbole selbst schon die ganze Story? Sind die Hüte, die Stiefel, die Pick-up-Trucks und Honky-Tonk-Posen die letzten Überreste einer sich auflösenden Kultur? Damals in Arkansas brachte ein Lebensstil eine bestimmte Art von Musik hervor. Bringt heute eine bestimmte Art von Musik einen bestimmten Lebensstil hervor? Vielleicht ist das auch in Ordnung. Ich weiß es nicht.

Vielleicht bin ich auch nur etwas befremdet, weil ich mich ausgeschlossen fühle. Auf jeden Fall hat das Establishment der Countrymusik, einschließlich des Countryradios und des Countrymusikverbands, offenbar beschlossen, dass, was immer »Country« auch sein mag, einige von uns jedenfalls nicht dazugehören.

Ich frage mich, wie viele dieser Leute jemals einen Sack Baumwolle gepflückt haben. Ich frage mich, ob die wissen, dass mich ihre Vorgänger, bevor ich in den Neunzigern zum »Non Country«-Künstler erklärt wurde, bereits in den Fünfzigern als »non country« bezeichnet haben, genau wie in den Sechzigern und Siebzigern (in den Achtzigern war ich sozusagen unsichtbar).

Aber das macht mir wenig aus. Es ist nichts im Vergleich zu meiner Freude darüber, dass mir die Möglichkeit gegeben wurde, ein neues kreatives Leben zu beginnen – ich dachte, es würde sich vielleicht schon dem Ende zuneigen –, oder im Vergleich zu der freudigen Erregung, die mich erfasst, wenn ich vor einem gespannten jungen Publikum spiele. Manchmal fühle ich mich genau wie damals, 1956 auf Tour, in den ersten Tagen des Rock 'n' Roll mit Carl, Roy, Jerry Lee, Elvis und all den anderen Rebellen aus Memphis.

Aber vor dem Rock 'n' Roll gab es natürlich Country und vor Memphis gab es – für mich jedenfalls – Arkansas.

Soweit ich mich erinnern kann, war der erste Song, den ich gesungen habe, *I Am Bound for the Promised Land*. Ich saß hinten auf einem Tieflader auf dem Weg nach Dyess, Arkansas. Hinter mir lag das erste Haus, an das ich mich erinnern kann: Das Haus an der Bahnlinie draußen im Wald bei Kingsland in Arkansas, wo meine Familie nach einer Reihe von Umzügen gelandet war, die durch die schlechten Verhältnisse zur Zeit der Depression diktiert wurden. Es war eine wirklich armselige Behausung, drei Zimmer hintereinander, das klassische *shotgun house*. Es bebte jedes Mal wie der Teufel, wenn ein Zug vorbeifuhr. Es war allerdings nicht so schlimm wie das Haus, in dem ich geboren wurde. Ich kann mich zwar nicht an die Zeit erinnern, als ich dort lebte, aber ich habe es einmal gesehen, als ich meinen Großvater besuchte. Es war eine Art letzte Zuflucht. Die Fenster hatten keine richtigen Scheiben und im Winter hängte meine Mutter Decken oder irgendetwas anderes davor. Aus dem wenigen, was wir hatten, holten meine Eltern ganz schön viel heraus.

Das neue Haus, zu dem uns der Tieflader brachte, war da etwas ganz anderes. Es war das Ergebnis einer brandneuen Politik, des New Deal. Spät im Jahr 1934 hatte Daddy von einem neuen Programm erfahren, das von der Federal Emergency Relief Administration durchgeführt wurde. Mithilfe dieses Programms sollten Farmer wie er, die durch die Depression in den Ruin gestürzt wurden, aufs Land umgesiedelt werden, das die Regierung gekauft hatte. Später einmal erklärte er das so: »Wir hörten, dass wir ohne jegliche Anzahlung 80 Hektar Land kaufen konnten, mit einem Haus und einer Scheune, und dass sie uns ein Maultier und eine Kuh und im ersten Jahr Lebensmittel stellen würden, bis wir die eigenen ersten Erträge hätten und es zurückzahlen könnten, und wir mussten tatsächlich nichts bezahlen, bis wir die Ernte eingeholt hatten.« Genau darum ging es bei diesem Deal, und noch um einiges mehr: An sechsundvierzig verschiedenen Orten in den ländlichen Gebieten der USA wurden solche »Kolonien« auf einer genossenschaftlichen Basis errichtet. In der Siedlung, in die wir zogen, hatten wir und alle anderen Familien einen Anteil am Gemischtwarenladen, an der Konservenfabrik, an der Baumwollentkörnungsmaschine und an anderen Einrichtungen; wir alle waren dafür verantwortlich und wir alle waren an einem eventuellen Profit beteiligt. Die Baumwolle, die wir erzeugten, wurde der Gemeinschaftsernte zugeführt, die sich in größerem Umfang zu besseren Preisen verkaufen ließ als einzelne kleine Erntemengen. Ich wuchs also, wie schon gesagt, in einer Art Sozialismus auf. Vielleicht wäre »Kommunalismus« ein besseres Wort.

Unsere neue Gemeinde wurde nach dem Administrator des FERA-Programms für Arkansas, W. R. Dyess, benannt. Insgesamt umfasste sie eine Fläche von ungefähr 6500 Hektar Deltaland in Mississippi County. Die Straßen waren angelegt wie die Speichen eines Wagenrades. Wir wohnten in Straße 3, Hausnummer 266, etwa vier Kilometer vom Zentrum entfernt.

Ich kann mich noch genau an die Fahrt zum Haus erinnern. Wir brauchten zwei Tage für die 400 Kilometer von Kingsland dorthin, zuerst auf Schotterstraßen und dann auf unbefestigten Straßen, die sich durch den starken, bitterkalten Regen in Schlammpisten verwandelten. Wir mussten am Straßenrand übernachten, in dem Lastwagen, den die Regierung uns zur Verfügung gestellt hatte. Wir Kinder schliefen hinten, nur durch eine Plane vom Regen getrennt, und hörten Mama zu, wie sie weinte und sang.

Manchmal weinte sie und manchmal sang sie und manchmal war es schwer zu sagen, was es nun gerade war. Wie meine Schwester Louise später mal sagte, war dies eine der Nächte, in denen das einfach nicht zu unterscheiden war. Es klang alles gleich.

Als wir schließlich in Dyess waren, kam der Lastwagen die unbefestigte Straße zu unserem Haus nicht hoch. Also musste Daddy mich die letzten hundert Meter auf seinem Rücken durch den dicken schwarzen Arkansasschlamm – wir nannten ihn Gumbo – tragen. Von dort aus sah ich also zum ersten Mal das Gelobte Land: ein nagelneues Haus mit zwei großen Schlafzimmern, einem Wohnzimmer, einem Esszimmer, einer Küche, einer vorderen Veranda und einer hinteren Veranda, einer Toilette auf dem Hof, einer Scheune, einem Hühnerstall und einer Räucherkammer. Für mich ein unermesslicher Luxus. Es gab natürlich kein fließendes Wasser und keinen Strom; von solchen Wunderdingen hätten wir nicht einmal zu träumen gewagt.

Das Haus und die Nebengebäude waren schlicht und einfach, aber solide gebaut und identisch mit all den anderen Gebäuden der Kolonie. Alle waren nach demselben Plan von demselben dreißig Mann starken Bautrupp errichtet worden, der zur Fertigstellung eines Anwesens jeweils

Die hintere Veranda unseres Hauses in Dyess, Arkansas

zwei Tage brauchte und dann zum nächsten überging. Ich kann mich noch lebhaft an den Anblick der leeren Farbeimer erinnern. Es waren fünf Stück. Sie standen mitten im Wohnzimmer auf dem Boden, die einzigen Gegenstände im ganzen Haus: grün für die Verzierungen, weiß für alles Übrige. Wir richteten uns in der ersten Nacht so gut wie möglich ein. Ich weiß nicht mehr, wie wir uns damals warm hielten.

Am nächsten Tag zog sich Daddy ein Paar hüfthohe Wasserstiefel an und ging hinaus, um sich ein Bild von unserem Land zu machen. Es war Dschungel – richtiger Dschungel. Pappeln und Ulmen, Eschen und Hickorybäume sowie Buscheichen und Zypressen. Die Bäume, Kletterpflanzen und Büsche bildeten an manchen Stellen ein solches Dickicht, dass es kein Durchkommen mehr gab. Ein Teil stand unter Wasser, ein Teil war reinster Schlamm – aber Daddy erkannte sofort, was man daraus machen konnte. »Wir haben gutes Land bekommen«, sagte er nur, als er zurückkam. Er war erfüllt von einer Hoffnung und Dankbarkeit, die wir alle spüren konnten. Das sagte alles.

Das Land war verdammt schwer zu roden, aber Daddy und mein ältester Bruder Roy, damals fast vierzehn, waren von frühmorgens bis spätabends bei der Arbeit, sechs Tage in der Woche. Sie begannen an der höchsten Stelle und arbeiteten sich Meter um Meter nach unten vor. Mit Sägen, Äxten und langen Macheten bahnten sie sich ihren Weg und dann sprengten und verbrannten sie die Baumstümpfe. Bis zur Pflanzungszeit im ersten Jahr hatten sie über einen Hektar fertig. Auf zwei Dritteln der Fläche wurde Baumwolle angepflanzt, die für den Verkauf bestimmt war. Von dem Erlös zahlte Daddy der Regierung das erste Geld zurück. Das restliche Drittel nutzten wir für den Anbau von Tierfutter und Nahrungsmitteln für unseren eigenen Bedarf: Getreide, Bohnen, Süßkartoffeln, Tomaten und Erdbeeren.

Die Ernte war gut in diesem ersten Jahr und die Cashs kamen ein gutes Stück voran. Im nächsten Frühling war ich fünf und bereit für die Baumwollfelder.

Musiker aus dem Süden, die meiner Generation angehören, schwarze und weiße Bluesmusiker, Hillbilly- und Rockabillysänger, hört man oft davon erzählen, wie sie damals Baumwolle pflückten (und alles dafür taten, aus den Baumwollfeldern herauszukommen), aber ich habe mich schon oft gefragt, ob die Leute, die uns zuhören und die meist jünger und/oder städtischer sind als wir, sich wirklich eine Vorstellung von dem Leben machen können, über das wir reden. Ich glaube, die meisten Leute wissen heute nicht einmal, was Baumwolle überhaupt ist, außer dass es sich um einen angenehmen Stoff handelt. Vielleicht würden sie es ja gerne wissen. Vielleicht auch meine Leser – und sei es nur aus Interesse an dem Hintergrund der Musik. Immerhin kommen enorm viele Grundmuster der Blues- und Countrymusik zweifellos aus den Baumwollfeldern: So manch ein richtungsweisender Song wurde im wahrsten Sinne des Wortes hier erschaffen und viele weitere wurden mündlich überliefert.

Wie war das also damals mit uns und der Baumwolle?

Wir pflanzten die Samen im April, und wenn wir hart genug arbeiteten und unsere Arbeit Früchte trug und der Mississippi, »the Big Muddy«, das Land nicht mit Schlamm überschwemmte und keine Heerscharen von Raupen drüber herfielen und wir von keiner anderen Naturkatastrophe heimgesucht wurden, dann öffneten sich im Oktober an den etwa 1,20 Meter großen Pflanzen die ersten Blüten. Bald danach begannen wir mit dem Pflücken, obwohl das Pflücken erst dann effektiv wurde, wenn die Pflanzen nach einem strengen Frost ihre Blätter verloren, sodass die Samenkapseln besser zu sehen waren. Gepflückt wurde bis in den Dezember, bis der Winterregen einsetzte und die Baumwolle langsam dunkel wurde und dadurch an Qualität und Wert verlor. Heute besprühen sie die Pflanzen mit Chemikalien, sodass die Blätter früher abfallen, und ernten dann mit Maschinen. Sie verschmutzen das Grundwasser und machen den Boden kaputt. Wir verwendeten auf unserem Boden nie irgendwelche Chemikalien – nicht dass ich etwas gegen Düngemittel hätte, wenn sie maßvoll eingesetzt werden –, wir konnten sie uns einfach nicht leisten.

Unsere Baumwolle gehörte zur Sorte »Delta Pine«, die nach ihren langen Fasern benannt wurde. Sie waren länger als bei den meisten anderen Baumwollsorten, die damals in den Vereinigten Staaten in größeren Mengen angepflanzt wurden. Wer immer ihr diesen Namen gegeben hat, muss dabei an Kiefernnadeln gedacht haben. Unser fruchtbarer, unberührter Deltaboden ließ sie wunderbar gedeihen und in den ersten paar Jahren, bevor der Boden ausgezehrt war, hatten wir hervorragende Erträge. Ich weiß noch, wie Daddy damit prahlte, dass er aus einem Hektar fünf Ballen herausholte, was in anderen Teilen des Landes unvorstellbar war: schulterhohe Pflanzen, dicht besetzt mit Samenkapseln, und reinste »Strict High Middlin'«-Baumwolle.

Ich glaube, das sollte ich erklären. »Strict High Middlin'«, wie auch der geläufige Ausdruck »Fair to Middlin'«, was so viel wie »mittelprächtig« heißt, war eine Güteklasse für Baumwolle. Wenn wir unsere Ernte zur Entkörnungsmaschine brachten, nahm dort jemand ein Messer und schnitt in die Ballen. Der Fachmann zog ein paar Fasern heraus und spielte einige Zeit damit herum. Dann traf er seine Entscheidung, schrieb die Güteklasse auf und hängte den Zettel an den Ballen. Am meisten interessierte ihn die Länge der Fasern, ihre Stärke und ihre Farbe. Und die Güteklassen, nach denen er einteilen musste, hießen, wenn ich mich recht erinnere, »Strict High Middlin'« [höchste Güteklasse], »High Middlin'«, »Fair to Middlin'«, »Middlin'«, »Low Middlin'« und »Strict Low Middlin'« [unterste Güteklasse]. Diese Qualitätsbezeichnungen waren äußerst wichtig: Wenn man die Ballen auf den Markt brachte, bekam man für einen Ballen »Strict Low Middlin'« vielleicht 28 Cent pro Pfund, während man für »Strict High Middlin'« 35 Cent für ein Pfund bekam.

Nach den sensationellen Erträgen der ersten Jahre war Daddy schon zufrieden, wenn unser Land wenigstens noch »Fair to Middlin'«

hervorbrachte, selbst wenn die Erträge immer weiter zurückgingen. Und als ich dann ein Teenager war, konnten wir froh sein, wenn wir zweieinhalb Ballen aus einem Hektar erzielen konnten; üblich waren eher eineinviertel oder eineinhalb Ballen Baumwolle je Hektar. Das ging schließlich so weit, dass wir aus einem Hektar nicht mal mehr zwei Ballen herausholen konnten. Damals begannen viele Farmer in Dyess, ihre Anteile zu verkaufen. Daddy aber machte weiter. Er ging zur Verwaltung und pachtete ein Stück Land von der Nachbarfarm. Das half zwar, aber das Land war nicht so gut wie unseres und deshalb brachte es nicht viel. Daddy machte jedoch das Beste daraus; er konnte sehr hart arbeiten und er war klug und achtete mit großer Sorgfalt auf einen regelmäßigen Fruchtwechsel und eine gute Bewässerung. Ich glaube, er experimentierte sogar mit anderen Baumwollsorten, aber er kam immer wieder auf »Delta Pine« zurück. Jedenfalls ist das die einzige Sorte, an die ich mich erinnern kann.

Wie ich schon sagte, konnten wir uns keine Düngemittel leisten; uns blieb also nur die Möglichkeit, mithilfe von Fruchtwechseln die Mineralien in den Boden zurückzuführen. Nach den ersten sieben Jahren oder so, als ich etwa zehn war, mussten wir damit anfangen, einzelne Baumwollfelder in Sojabohnen- oder Getreidefelder umzuwandeln. Schon davor hatten wir ein Stück Land vollständig opfern müssen, um darauf einen Alfalfa-Acker anzulegen, damit wir Winterfutter für unsere Kuh und unser Maultier hatten, die beide absolut lebensnotwendig für uns waren. Wo Alfalfa einmal angepflanzt wurde, braucht man gar nicht erst zu versuchen, etwas anderes anzupflanzen, da die Alfalfa-Pflanzen jedes Jahr wiederkommen und man sie nicht unterpflügen kann.

Ich begann auf den Feldern als Wasserjunge, was genau das ist, wonach es klingt: Man schleppt Trinkwasser zu den Erwachsenen und älteren Kindern. Mit acht Jahren schleifte ich dann aber auch einen Baumwollsack mit mir herum. Wir trugen nicht diese netten Körbe, die man in den Filmen immer sieht, sondern hatten schwere Säcke aus grobem Leinen mit geteerten Böden. Die der kleineren Kinder waren knapp zwei Meter lang, die der großen und der Erwachsenen knapp drei. Wir füllten diese Säcke fast bis zum Rand, dann schüttelten wir sie, drückten die Baumwolle fest nach unten und pflückten weiter. Bis man den vollen Sack dann zum Wagen schleppte, waren fast dreißig Pfund Baumwolle drin, beziehungsweise vierzig oder fünfzig Pfund, wenn man einen Drei-Meter-Sack hatte. Wenn ich zehn Stunden lang richtig hart ranging, konnte ich fast dreihundert Pfund pflücken; an den meisten Tagen waren es eher zweihundert.

Es war nicht kompliziert. Man stellte einfach nur den Wagen am Ende einer Reihe ab und lief dann darauf zu. Wenn man zu zweit war, nahm man sich beispielsweise drei Reihen auf einmal vor und teilte sich die mittlere. Daddy pflückte immer zwei Reihen auf einmal. Ich pflückte immer nur eine Reihe. So erweckte man den Anschein, als ob es schneller ginge – vor den anderen natürlich, aber, was noch wichtiger war, auch vor sich selbst. Glaubt mir, ich nutzte jede Gelegenheit, mich zu motivieren.

Die Arbeit war wirklich nicht zu empfehlen. Sie war anstrengend, der Rücken tat furchtbar weh und man schnitt sich die Hände auf. Das hasste ich am meisten. Die Samenkörner waren spitz und wenn man sich beim Zugreifen nicht richtig konzentrierte, verletzte man sich an ihnen. Nach ein, zwei Wochen waren die Finger mit kleinen roten Wunden übersät, einige davon ziemlich schmerzhaft. Meine Schwestern hielten das kaum aus. Natürlich gewöhnten sie sich daran – so wie alle –, aber man hörte sie oft jammern, besonders als sie noch sehr jung waren. So gut wie jedes Mädchen, das ich in Dyess kannte, hatte diese pockennarbigen Finger. Die Hände von Daddy sahen genauso schlimm aus wie die der anderen, aber er schien es nicht einmal zu bemerken.

Natürlich war das Pflanzen und das Pflücken nicht alles, was die Baumwolle uns abverlangte. Die eigentliche Arbeit erfolgte dazwischen. Wenn die Saat einmal ausgebracht war, musste das Unkraut bekämpft werden, und das war ein ordentliches Stück Arbeit: Die Kletterpflanzen, die beim Roden des Landes auf Bodenhöhe abgeschnitten wurden, schossen Ende März, Anfang April wieder in die Höhe und von da an wuchsen sie schneller, als wir sie zurückschneiden konnten. Wir standen da draußen und kämpften uns durch das mehr als drei Hektar große Feld, jeder mit einer Hacke bewaffnet und einer Feile, mit der sie praktisch stündlich geschärft wurde, und wenn wir das Ende der Reihe erreicht hatten, die wir gerade gejätet hatten, schauten wir zurück und sahen, wie schon wieder neue Triebe zwischen den Baumwollpflanzen wucherten. In der ersten Juliwoche waren die Baumwollpflanzen ungefähr dreißig Zentimeter hoch, das Unkraut aber schon fast fünfzig oder sechzig. Die wuchernden Gräser gehörten zu unseren schlimmsten Feinden und dann gab es diese Kletterpflanzen, die wir Kuhkrätze nannten, lange Schlingpflanzen, die sich um die Baumwollstängel legten und sie zu ersticken drohten.

Wir arbeiteten also weiter und weiter und weiter. Hin und wieder gab es eine Pause, wenn es zu stark regnete, um auf die Felder zu gehen, aber damit war nichts gewonnen: Das Unkraut wuchs auch ohne uns und nach einem guten Regen wuchs es sogar noch besser.

Der August mit seiner drückenden Hitze war unsere sogenannte Schonzeit, wenn es schien, als ob Gott eine kleine Pause einlegte und die Gräser, Kletterpflanzen und das Unkraut langsamer wachsen ließ. Zwei, drei Wochen lang arbeiteten wir nur drei Tage pro Woche auf den Baumwollfeldern. Das war allerdings genau die Zeit, um Kartoffeln zu ernten, Heu zu schneiden, es in die Scheune zu bringen und all diese Dinge eben. Es nahm also überhaupt kein Ende, die Arbeit ging immer weiter. Und dennoch, wir schafften es, das Unkraut zu jäten. Wir kamen mit der Baumwolle voran und das war das Wichtigste: Was auch immer passierte, mit der Baumwolle ging es weiter.

Es gab natürlich auch Kräfte, gegen die wir machtlos waren. Der Mississippi stand in dieser Hinsicht an erster Stelle – mein Song *Five Feet High and Rising* [Fünf Fuß hoch und steigend] beruht auf meiner eigenen Erfahrung und nicht auf irgendeinem Buch –, aber es gab auch noch andere Naturgewalten, die die Arbeit und den Ertrag eines ganzen Jahres zunichte machen konnten. Wir hatten zwar keine Baumwollkapselkäfer – in Texas war das ein größeres Problem –, aber einmal fielen Heerscharen von Raupen über unsere Felder her. Sie traten in riesigen Massen auf, es waren Millionen, und auf dem Land, das auf ihrem Weg lag, hinterließen sie eine ähnliche Spur der Verwüstung wie damals die Jungs von General Sherman in Georgia. Man erfuhr schon vorher, dass sie kamen, zuerst von meilenweit entfernt wohnenden Farmern, dann von denen aus der Nähe, bis die Raupen auf dem Nachbargrundstück waren, und dann waren sie plötzlich auf dem eigenen Land und machten sich über die gesamte Ernte her. Sie wanderten von einem Feld zum nächsten und fraßen – fraßen *schnell* –, um dann weiterzuwandern. Und man konnte nichts dagegen tun. Man konnte so viele von ihnen zerquetschen, wie man wollte, Tag und Nacht, wenn es einen glücklich machte, aber das machte nicht den geringsten Unterschied. Zuerst fraßen sie die Blätter von den Pflanzen und dann die Blüten und dann die Samenkapseln, und das wars dann.

Die Raupen waren der Fluch eines jeden Baumwollfarmers in Arkansas. Heute – wer hätte das je gedacht? – macht sich darüber kaum noch jemand Gedanken; man sprüht ein Bekämpfungsmittel und vergisst sie einfach.

Das soll nicht heißen, dass die Farmer heutzutage keine Sorgen mehr hätten. Die haben sie sicher noch und werden sie wohl auch immer haben. Aber ich bin mir sicher, dass sie auch noch einige der Freuden genießen, die mir mein junges Leben versüßten. Wenn sich zum Beispiel im Oktober die Baumwolle langsam öffnete, war das einfach herrlich. Zuerst waren es wunderschöne weiße Blüten und dann, nach etwa drei Tagen, wurden sie rosa, die ganzen Felder. Was für ein Anblick.

Und das war noch nicht alles. Unter diesen rosafarbenen Blüten erschienen winzig kleine, zarte Samenkapseln, ein süßer Leckerbissen. Ich pflückte sie immer und aß sie, solange sie noch so zart waren, bevor sie anfingen faserig zu werden, und ich liebte ihren Geschmack. Meine Mutter sagte ständig: »Iss keine Baumwolle. Davon bekommst du Bauchweh.« Aber ich kann mich an kein Bauchweh erinnern. Ich erinnere mich nur an ihren Geschmack. Wie süß sie war.

JACK

Unsere Räucherkammer war ein schlichter Bretterbau von vielleicht vier mal vier Metern – keine primitive Hütte, sondern eine gute, dichte und stabile Konstruktion –, in der wir unser Fleisch räucherten. Alle Fleischvorräte mussten geräuchert werden, denn ohne Kühlvorrichtung, die wir natürlich nicht besaßen, wären sie sonst verdorben. Alle Leute, die auf dem Land lebten, hatten eine Räucherkammer, jedenfalls wenn sie nicht zu arm waren.

Außer dem Fleisch, das dort gerade hing, gab es nur zwei Dinge in unserer Räucherkammer: einen Salzbehälter, in dem das Pökelfleisch – Schinken, Schweineschulter, Speck – eingesalzen beziehungsweise »eingezuckert« wurde, wie wir es nannten. Und in der gegenüberliegenden Ecke war eine kleine Brennkammer, die Daddy gebaut hatte. Wenn wir Fleisch räucherten, sorgten wir dafür, dass darin Tag und Nacht grüne Hickoryzweige vor sich hin schwelten, und im Sommer hielten wir sie ständig in Betrieb, um die Insekten fernzuhalten und Bakterien abzutöten. Der Geruch nach verbranntem Hickoryholz, der immer über unserem Hof lag, hat sich mir tief eingeprägt.

Und genau in diese Räucherkammer führte mich Daddy, finster und fremd für mich in seinem Schmerz und seiner Erschütterung, und zeigte mir die blutigen Kleider von Jack.

Jack war mein großer Bruder und mein Held: mein bester Freund, mein großer Kumpel und mein Beschützer. Wir passten gut zusammen, Jack und ich; wir hatten glückliche Zeiten miteinander, ich liebte ihn.

Mit Jack (links) und Reba (im Hintergrund)

Und ich bewunderte ihn wirklich. Ich blickte zu ihm auf und respektierte ihn. Er war sehr reif für sein Alter, rücksichtsvoll, verlässlich und ausgeglichen. Er hatte so ein gefestigtes Wesen – eine solche Ernsthaftigkeit, könnte man sagen, auch in moralischer Hinsicht, solch eine *gravitas* –, dass keiner auch nur auf die Idee kam, an der Ernsthaftigkeit und Richtigkeit seiner Entscheidung zu zweifeln, als er verkündete, er fühle sich von Gott dazu berufen, Prediger zu werden. Jack Cash wäre sicher ein hervorragender Geistlicher geworden, darüber waren sich in Dyess alle einig. Wenn ich ihn als Vierzehnjährigen vor Augen habe, in dem Alter, als er starb, sehe ich ihn als Erwachsenen, nicht als einen Jungen.

Jack hatte eine sehr klare und feste Vorstellung von Recht und Unrecht, aber er konnte auch sehr lustig sein. Er war ein toller Angelpartner und Spielkamerad. Er war fit und stark, geradezu in perfekter körperlicher Verfassung, und er war ein kraftvoller Schwimmer und schneller Läufer. Natürlich konnten wir Jungs vom Land alle auf Bäume klettern wie die Eichhörnchen, aber er war schon außergewöhnlich. Er war so stark, dass er sogar an einem Seil hochklettern konnte, ohne die Füße zu benutzen.

Das imponierte mir sehr, denn ich war ein schwächlicher Typ, dürr und mager, und hatte überhaupt keine Kraft. Als Jack vierzehn war, hatte ich bereits beschlossen, dass Zigaretten schmecken. Ich fing mit zwölf an, regelmäßig zu rauchen. Ich stahl meinem Daddy Tabak, schnorrte bei anderen Kindern Zigaretten und ganz selten mal kaufte ich mir eine Packung »Prince Albert« oder manchmal auch »Bull Durham« oder »Golden Grain« und rollte mir selbst welche.

Ich war ziemlich geschickt darin, war ein begabter Raucher. Ich wusste, dass es schlecht und selbstzerstörerisch war, nicht nur weil der Pfarrer es sagte, sondern auch weil es einleuchtend war. Schon damals – egal was die älteren Leute heute sagen – wusste jeder, dass Rauchen schädlich ist, aber ich war nie einer, der sich von solchen Überlegungen davon abhalten ließ, ins eigene Verderben zu laufen. Jack wusste, dass ich rauchte, und konnte das überhaupt nicht gutheißen, aber er kritisierte mich nicht. Heute würde man sagen, er brachte mir bedingungslose Liebe entgegen. In dem Jahr, als er starb, hatte ich sogar schon angefangen, in seiner Gegenwart zu rauchen.

Es war der 12. Mai 1944, an einem Samstagmorgen. Ich hatte vor, angeln zu gehen. Jack wollte zum Arbeiten in die landwirtschaftliche Werkstatt der Highschool gehen, wo er einen Job hatte und am Sägetisch Eichenbäume zu Zaunpfählen zersägte. Er zögerte es hinaus. Er nahm einen der Wohnzimmerstühle, balancierte ihn auf einem Bein und drehte ihn immer wieder um die eigene Achse. Ich hatte meine Angel an die Veranda gelehnt. Als ich zur Haustür hinausging, sagte ich: »Komm doch, Jack. Komm mit mir angeln!«

»Nein«, sagte er, nicht sehr überzeugt. »Ich muss arbeiten gehen. Wir brauchen das Geld.« Er verdiente drei Dollar für einen ganzen Tag Arbeit.

Ich kann mich nicht daran erinnern, dass mein Vater im Haus gewesen wäre, nur an meine Mutter, die sagte: »Jack, du wirkst so, als hättest du das Gefühl, du solltest lieber nicht gehen«, und an ihn, der sagte: »Nein. Ich habe das Gefühl, dass irgendetwas passieren wird.«

»Bitte geh nicht«, sagte sie und ich fiel ein: »Geh mit mir angeln, Jack. Komm, wir gehen angeln.« Aber er blieb dabei: »Nein, ich muss los. Ich muss zur Arbeit. Wir brauchen das Geld.« Schließlich setzte er den Stuhl auf dem Boden ab und ging schweren Herzens mit mir zur Tür hinaus. Ich weiß noch, wie meine Mutter dastand und uns zusah, als wir aufbrachen. Keiner sagte etwas, aber sie beobachtete uns. Das tat sie normalerweise nicht.

Das Schweigen hielt an, bis wir die Abzweigung erreichten, an der ein Weg ins Stadtzentrum und der andere zu unserem Angelplatz führte.

Jack fing an herumzublödeln. Er imitierte Bugs Bunny und sagte: »Was liegt an, Doc? Was liegt an, Doc?«, mit dieser albernen Stimme, die so gar nicht zu ihm passte.

Ich spürte, dass die Fröhlichkeit nur vorgetäuscht war. Ich versuchte es noch einmal: »Geh mit mir angeln, Jack. Komm schon, lass uns gehen.«

Es war nichts zu machen. »Nein, ich muss arbeiten gehen«, sagte er wieder.

Und das tat er dann auch. Er bog ab in Richtung Schule und ich ging weiter zu unserem Angelplatz. Solange ich ihn noch hören konnte, plapperte er dieses dämliche, unnatürliche »Was liegt an, Doc? Was liegt an, Doc?« vor sich hin.

Am Angelplatz angekommen, saß ich erst mal eine ganze Weile einfach nur da, ohne die Leine auch nur ins Wasser zu werfen. Schließlich warf ich sie doch aus, aber ich spielte nur damit herum, patschte mit der Leine aufs Wasser, machte nicht einmal den Versuch, einen Fisch zu fangen.

Es war schon merkwürdig. Es war, als ob ich gewusst hätte, dass irgendetwas nicht stimmte, doch ich konnte nicht sagen, was es war. Ich dachte dabei nicht einmal an Jack. Ich spürte nur, dass irgendetwas nicht in Ordnung war. Nach einer Weile zog ich meine Angelschnur aus dem Wasser und legte mich auf die Uferböschung – ich lag einfach nur da. So blieb ich eine lange Zeit reglos liegen, bevor ich aufstand, meine Angelrute schnappte und mich auf den Heimweg machte. Ich erinnere mich, dass ich sehr langsam ging, viel langsamer als sonst.

Als ich an die Abzweigung kam, an der ich mich von Jack getrennt hatte, sah ich meinen Vater schon kommen. Er saß in einem Auto, ich glaube, es war ein Model A, das Auto des Pfarrers. Daddy hielt auf meiner Höhe an und sagte: »Schmeiß deine Angel in den Graben und komm rein, JR. Lass uns nach Hause fahren.«

Ich spürte, dass da irgendetwas *ganz und gar nicht* stimmte. Ich wollte meine Angel behalten, aber Daddy machte einen so verzweifelten Eindruck, dass ich gehorchte. Ich warf die Angel einfach in den Graben und stieg ins Auto. »Was ist los, Daddy?«, fragte ich. »Jack ist sehr schwer verletzt«, sagte er.

Danach sagte er nichts mehr und ich fragte nicht nach. Als wir zu Hause ankamen, etwa eine Meile hinter der Kreuzung, holte er hinten aus dem Auto eine braune Einkaufstüte heraus.

»Komm mit rüber in die Räucherkammer«, sagte er mit leiser, tonloser Stimme. »Ich möchte dir etwas zeigen.« Die Tüte war voller Blut.

In der Räucherkammer zog er Jacks Kleider aus der Einkaufstüte, legte sie auf den Boden und zeigte mir, wo die Kreissäge Jack von den Rippen abwärts über den Bauch bis runter in die Leistengegend zerschnitten hatte. Sein Gürtel und das Hemd und die Hose seiner Khakiuniform, alles war zerfetzt und blutig, geradezu getränkt in Blut.

Daddy sagte: »Jack hat sich an der Säge verletzt und ich fürchte, wir werden ihn verlieren.« Dann weinte er. Es war das erste Mal, dass ich ihn weinen sah.

Er weinte nicht lange. Dann sagte er: »Ich bin nach Hause gekommen, um dich zu holen. Jack ist im Krankenhaus im Zentrum. Lass uns dorthin fahren und nach ihm schauen. Es ist vielleicht das letzte Mal, dass wir ihn lebend sehen.«

Wir sahen Jack noch lebend. Als wir im Krankenhaus ankamen, war er bewusstlos, vollgepumpt mit Schmerzmitteln, aber er starb noch nicht. Am Mittwoch, vier Tage nach seiner Verletzung, hielten alle Kirchengemeinden der Stadt einen Gottesdienst für ihn ab und am nächsten

Morgen war er erstaunlicherweise wieder bei Bewusstsein. Er sagte, er fühle sich gut, und er sah gut aus. Er lag im Bett, in prächtiger Verfassung, wenn man so will, und las seine Post – er hatte einen Brief von seiner Freundin bekommen – und lächelte glücklich. Meine Mutter, mein Vater und ich glaubten an ein Wunder. Jack würde leben!

Der alte Dr. Hollingsworth wusste es besser. Er hatte Jack operiert, nachdem er eingeliefert worden war, und er sagte uns immer wieder: »Machen Sie sich jetzt bloß keine allzu großen Hoffnungen. Ich musste zu viel aus ihm herausnehmen und … na ja, es ist eigentlich wirklich nichts mehr da drin. Sie sollten die Familienangehörigen kommen lassen, die ihn noch einmal sehen wollen, bevor er geht.« Das taten wir – Roy war in Texas, glaube ich, und meine ältere Schwester Louise war in Osceola in Arkansas –, aber wir hatten immer noch Hoffnung.

Nicht sehr lange. Am Freitag verschlechterte sich Jacks Zustand wieder. In dieser Nacht schliefen wir im Krankenhaus, in den Betten, die Dr. Hollingsworth für uns acht organisiert hatte: Daddy, die drei Mädchen, die drei Jungs und Mom.

Am Samstagmorgen wachte ich in aller Frühe auf und hörte Daddy weinen und beten. Ich hatte ihn vorher auch noch nie beten sehen. Als er sah, dass ich wach war, sagte er: »Komm mit in sein Zimmer. Wir wollen uns von ihm verabschieden.«

Wir gingen hinein. Alle weinten. Meine Mutter stand am Kopfende von Jacks Bett, meine Brüder und Schwestern drum herum. Daddy führte mich zum Kopfende gegenüber meiner Mutter und wir hörten, wie Jack wirres Zeug redete: »Die Maultiere sind los, lasst sie nicht ins Maisfeld, fangt die Maultiere ein!« Aber plötzlich wurde er ruhig und klar. Er schaute sich um und sagte: »Ich bin froh, dass ihr alle da seid.«

Er schloss seine Augen: »Es ist ein schöner Fluss«, sagte er.

»Er fließt in beide Richtungen … Nein, da gehe ich nicht entlang … Ja, *das* ist die Richtung, in die ich will … Aaaah, Mama, kannst du es nicht sehen?«

»Nein, mein Junge, ich kann es nicht sehen«, sagte sie.

»Aber kannst du die Engel hören?«

»Nein, mein Junge, ich kann keine Engel hören.«

Seine Augen füllten sich mit Tränen. »Ich wünschte, du könntest es«, sagte er. »Sie sind so schön … Es ist so wundervoll, und wie schön es dort ist.«

Dann bewegte er sich nicht mehr. Er hatte eine Darmvergiftung und das Zeug lief ihm aus dem Mund über die Brust. Er war von uns gegangen.

Jack zu verlieren war schrecklich. Es war damals schlimm und es ist heute noch ein großer, kalter, trauriger Fleck in meinem Herzen und meiner Seele. Schmerz und Verlust kann man nicht einfach verdrängen. Man kann sich drehen und wenden wie man will, aber früher oder später muss man sich einfach damit auseinandersetzen. Man muss da durchgehen, um hoffentlich auf der anderen Seite wieder herauszukommen. Die Welt, die einen dann erwartet, wird nie mehr dieselbe sein wie die Welt, die man verließ.

Einige Dinge dieser Welt ändern sich jedoch nicht. Ich sehe die Armut um mich herum in Jamaika, wie hart das Leben für viele Menschen hier ist, wie sie sich endlos abmühen für einen geringen Lohn und noch weniger Hoffnung in ihrem Leben, nichts als Träume und Fantasien. Das führt mir wieder vor Augen, was mich an Jacks Tod heute noch am meisten bedrückt. Die Tatsache, dass seine Beerdigung am Sonntag, dem 21. Mai 1944, stattfand und Montagmorgen, am 22. Mai, unsere ganze Familie wieder auf den Baumwollfeldern stand. Alle, auch meine Mutter, die gerade ihren Sohn begraben hatte, arbeiteten und absolvierten ihren üblichen Zehnstundentag.

Ich sah mit an, wie meine Mutter auf die Knie fiel und ihren Kopf auf die Brust sinken ließ. Mein armer Daddy ging zu ihr hinüber und fasste sie am Arm, aber sie schüttelte ihn ab.

»Ich stehe erst auf, wenn *Gott* mir aufhilft!«, sagte sie voller Wut und Verzweiflung. Und kurz darauf war sie wieder auf den Beinen und hackte weiter.

Damit man sich keine allzu romantischen Vorstellungen macht von dem guten, natürlichen, mit harter Arbeit verbundenen und charakterformenden Landleben, das wir damals geführt haben, muss man sich nur das Bild von Carrie Cash in Erinnerung rufen, da unten im Schlamm zwischen den Baumwollreihen, am schlimmsten Tag, den eine Mutter erleben kann. Wenn es heißt, die Baumwolle war der König des ländlichen Südens, dann stimmt das in mehr als einer Beziehung.

Nach Jacks Tod fühlte ich mich, als wäre ich selbst gestorben. Ich spürte einfach kein Leben mehr in mir. Ich war furchtbar einsam ohne ihn. Ich hatte keinen anderen Freund.

Zunächst wurde es eher schlimmer als besser. Ich erinnere mich, wie ich in jenem Sommer 44 mit dem Bus zu einem Pfadfinderlager fuhr und über nichts anderes redete als über Jack, bis mich ein paar von den anderen Kindern zum Schweigen brachten: »Hey, Mann, wir wissen jetzt, dass dein Bruder tot ist und dass du ihn gemocht hast, es reicht jetzt, okay?«

Das hatte gesessen. Ich hörte ganz auf, über Jack zu reden. Jeder wusste, wie ich mich fühlte und wie meine Mutter sich fühlte. Sie brauchten niemanden, der ihnen das erzählte. Und deshalb, ja: furchtbar einsam. Das trifft es wohl am besten.

Es wurde ein bisschen besser, als einige meiner Klassenkameraden anfingen, sich um meine Freundschaft zu bemühen, besonders ein Junge namens Harvey Glanton, der für den Rest der Schulzeit mein bester Freund wurde. Seine Freundschaft gab den Anstoß dafür, dass ich langsam wieder herausfand aus der tiefsten Dunkelheit, die ich je erlebt hatte.

Eine wirklich treibende Kraft war natürlich der Sex. Mit etwa fünfzehn hatte ich die Mädchen entdeckt. Sie halfen mir sehr über meine Einsamkeit hinweg. Als sich meine Hormone langsam in Bewegung setzten, setzte auch ich mich in Bewegung.

Jack ist nicht wirklich gegangen, jedenfalls nicht mehr als andere auch. Er übt nach wie vor einen starken Einfluss auf mich aus. Als wir Kinder waren, versuchte er, mich vom Weg des Todes auf den Weg des Lebens zu bringen, mich zum Licht hin zu führen, und seit er gestorben ist, sind seine Worte und sein Beispiel wie Wegweiser für mich. Die wichtigste Frage bei vielen der Probleme und Krisen in meinem Leben war: »Was hätte Jack getan? Welche Richtung hätte *er* eingeschlagen?«

Ich bin natürlich nicht immer diesen Weg gegangen, aber ich habe zumindest gewusst, wo er war. Mit anderen Worten, mein Gewissen hat immer ganz gut funktioniert – selbst in all den Jahren, als ich mich fast selbst zerstörte und anderen viel Leid zufügte – trotz all meiner Bemühungen, es auszuschalten. Das dunkle Tier in mir wütete weiter und tat, wozu es Lust hatte (und manchmal tut es das heute noch), aber es wurde dabei ständig von dieser leisen, klaren Stimme des Gewissens gequält.

Und noch etwas anderes über Jack: Als ich aufwuchs, hieß es von den Älteren immer: »Diese jungen Leute werden noch alle in der Hölle landen«, genau wie es die modernen Erwachsenen über die heutige Jugend sagen und meine Generation über die Kids der Sechzigerjahre. Ich habe das nie geglaubt, weder heute noch damals. Ich urteilte nach dem, was ich sah und hörte: Ich hatte Jack vor Augen und ich wusste, dass es noch viel mehr Jungs wie ihn gab. Ich glaube nicht, dass sich daran etwas geändert hat. Das war in den Sechzigerjahren so, als ich *What Is Truth?* schrieb und aufnahm, und das ist heute noch so. Also soll mir keiner damit kommen, die »Generation X« sei die »verlorene Generation«. Ich sehe zu viele gute Kids da draußen, Kids, die willens und bereit sind, einen guten Weg zu gehen, genau wie Jack. Allerdings haben sie mehr Ablenkung. Für die Jungen gibt es kein einfaches Leben mit einfachen Entscheidungen mehr.

Jack ist noch immer bei mir. Er war in den Liedern, die wir bei seiner Beerdigung gesungen haben – *Peace in the Valley, I'll Fly Away, How Beautiful Heaven Must Be,* in allen –, und diese Lieder haben mir ein Leben lang Kraft gegeben. Wo immer ich auch bin, muss ich nur eines davon anstimmen und spüre sofort, wie sich ein innerer Friede in mir ausbreitet, während mich die Gnade unseres Herrn erfüllt. Sie sind ungeheuer kraftvoll, diese Songs. Es gab Zeiten, da waren sie mein einziger Rückhalt, die einzige Tür, die aus der Finsternis hinausführte, weg von den Orten, wo das dunkle Tier haust.

Jack erscheint mir auch persönlich. Seit er tot ist, taucht er alle paar Monate in meinen Träumen auf, manchmal sogar öfter, und er hat sich mit mir weiterentwickelt. Wenn June oder John Carter oder andere Mitglieder meiner Familie in meinen Träumen erscheinen, sind sie normalerweise jünger, als sie eigentlich sind, aber Jack ist immer zwei Jahre älter als ich. Als ich zwanzig war, war er zweiundzwanzig, als ich achtundvierzig wurde, war er bereits fünfzig, und als ich ihn das letzte Mal sah, vor etwa drei Wochen, hatte er graue Haare und einen schneeweißen Bart. Er ist Prediger, genau wie er sein wollte, ein guter Mann und eine hoch angesehene Persönlichkeit.

Er ist auch immer noch sehr weise. Meistens habe ich in meinen Träumen von Jack irgendein Problem oder tue gerade etwas Fragwürdiges und ich merke, wie er mich ansieht und lächelt, als wolle er sagen: »Ich kenne dich, J. R. Ich weiß, was *wirklich* in dir vorgeht …« Jack kann ich nichts vormachen.

1 DER ÜBERFALL

Cinnamon Hill hat seine eigenen Stimmungen, seine eigene Ausstrahlung und birgt sehr persönliche Erinnerungen.

Hier, wo ich gerade sitze, auf der Veranda an der Nordseite des Hauses, im Schatten der Jasminsträucher, etwa 85 Meter über dem Meeresspiegel, trennen mich nur wenige Meter von dem ruhigen, freundlichen Zimmer, in dem ich mich damals von meiner elementarsten Begegnung mit der Ärzteschaft erholte, meiner Notfall-Bypassoperation im Jahre 1988. Seit 1747, als das Haus erbaut wurde, sind die Menschen immer durch dieses Zimmer gegangen, wenn sie sich bei schlimmen Wirbelstürmen in Sicherheit bringen wollten. Und das, was jetzt das Badezimmer ist, diente damals als Schutzraum bei Hurrikanen und gleichzeitig als Windschutz für das Haus. Es ist aus 1,20 Meter dickem Kalkstein gebaut und weist nach Norden, in die Hauptwindrichtung des Hurrikans, eine keilförmige Konstruktion mit abgerundeten Ecken und schrägem Dach, die die stärksten Sturmböen seitlich nach unten oder nach oben über das Haus hinweglenkt. Sie ist äußerst wirkungsvoll und meines Wissens einzigartig. Ich habe noch nirgends etwas Vergleichbares gesehen. John Carters junge Frau Mary hat die Innenwände mit tropischen Fischen bemalt.

Noch dichter bei mir, direkt zu meinen Füßen, liegt ein anderes Erinnerungsstück: die Haut eines Krokodils, das ich 1976 getötet habe, ein 3,30 Meter langes und 500 Pfund schweres, äußerst zähes und gefährliches altes Tier. In seinen besseren Zeiten gaben wir ihm den Namen »One-Eyed Jack«. Ich verpasste ihm drei Kugeln aus einer rostigen .30-30er mitten ins Gehirn – guter Schuss, muss ich sagen, und das ohne Visier im Dunkeln –, bis er aufhörte, um sich zu schlagen, und wir ihn zu uns ins flache Sumpfboot ziehen konnten, wo er natürlich prompt wieder zum Leben erwachte. Das war kein sehr guter Moment. Mein Freund Ross Kananga, ein Profi auf diesem Gebiet, musste noch fünf Pistolenschüsse auf ihn abfeuern, bis er endgültig Ruhe gab.

Der dortigen Tierwelt haben wir in jener Nacht einen großen Gefallen getan und wir selbst hatten auch etwas davon. Das Fleisch vom Krokodilschwanz schmeckt köstlich, wenn man es in dünne Scheiben schneidet, in Mehl und Gewürzen wendet und dann wie Fisch in der Pfanne brät.

Ich bereue es nicht, dass ich One-Eyed Jack getötet habe, aber inzwischen habe ich aufgehört zu töten. Ich möchte es nicht mehr.

Auf dieser Veranda, hier an dieser Stelle, ist schon vieles entstanden. Billy Graham hat drei seiner Bücher teilweise hier geschrieben, und sie ist einer meiner Lieblingsplätze zum Schreiben. Außerdem ist es natürlich gut möglich, dass einige der Nachkommen der Barretts – die Barretts aus der Wimpole Street, die Familie von Elizabeth Barrett Browning, die ursprünglichen Besitzer des Hauses – einige ihrer Tagebücher, Prosastücke und Gedichte hier geschrieben haben. Auf jeden Fall haben sie hier gelebt und sind hier gestorben; viele von ihnen wurden auf ihrem privaten Friedhof beigesetzt, an einem wunderschönen Flecken unterhalb des Hauses, einem meiner Lieblingsplätze auf dieser Welt. Jeder Einzelne der Männer, Frauen und Kinder, die dort begraben liegen, lebte und starb in diesem Haus, das jetzt mir gehört.

Als John Carter, kurz nachdem er vier geworden war, zum ersten Mal zu dem Friedhof kam und June gerade das Tor öffnete, sagte er etwas zu ihr, das sie zunächst überhaupt nicht verstand: »Moma, mein Bruder Jamie ist hier.«

Sie war total verblüfft, aber dann schaute sie sich um und bückte sich, um die Schrift auf dem allerkleinsten Grabstein zu lesen, einem dieser herzzerreißenden winzigen Denkmäler, bei denen man schon auf den ersten Blick sieht, dass hier ein kleines Kind begraben liegt. Da der Stein auf der einen Seite bereits verwittert war, konnte sie die letzte Ziffer des Geburts- und Todesdatums nicht erkennen, aber die ersten drei Zahlen waren jeweils 177-, und der Vorname des kleinen Barrett war James.

Sie konnte es immer noch nicht fassen, aber es stand da und es steht heute noch da.

Vielleicht war es uns vorherbestimmt hierherzukommen. Auf jeden Fall übte das Haus eine enorme Anziehungskraft auf mich aus, als ich es 1974 zum ersten Mal sah. Ich fuhr mit einem Allradwagen in den Bergen umher. Neben mir saß John Rollins, dem das Haus und das ganze Land drum herum gehörte, einschließlich Rose Hall, des größten all der großen Häuser. Als wir Cinnamon Hill erreichten, habe ich mich sofort in das Haus verliebt. Es war zwar in keinem besonders guten Zustand, aber im Grunde sehr solide gebaut – ein Playboy lebte dort in einem einzigen Zimmer, mit nur einem elektrischen Licht und einer Hausangestellten – und mir kam sofort die Idee, dass ich es renovieren und zu einem wundervollen Ferienhaus umbauen könnte. John fand auch Gefallen an der Idee, aber es kam für ihn nicht infrage, es mir zu verkaufen. Er wollte es später einmal für sich selbst nutzen. Wenn ich es herrichten wolle, sagte er, könne ich das gerne tun und ich könne mich jederzeit dort aufhalten.

Ich machte mich an die Arbeit und Ende 1974 war es so weit, dass wir unser erstes Weihnachtsfest auf Jamaika verbringen konnten. Die Vorstellung, im Haus eines anderen zu leben, hat mir allerdings nie besonders behagt und damals gefiel sie mir schon gar nicht. Ich wollte unbedingt, dass das Haus mir gehört.

Inzwischen waren John Rollins und ich gute Freunde geworden. Wir waren uns vom ersten Moment an sympathisch gewesen, denn wir hatten die gleichen Ansichten und eine ähnliche Herkunft – er kam auch von den Baumwollfeldern und hatte in Georgia fast das gleiche Leben geführt wie ich in Arkansas – und deshalb vertraute er mir ein paar seiner Geheimnisse an. Das, worum es hier geht, betraf die Art und Weise, wie er vorging, wenn er ein richtig großes Geschäft abschließen wollte, und das ist etwas, worauf er sich wirklich gut versteht. Er war 1974 schon ein sehr erfolgreicher Geschäftsmann und er hat es seither noch viel weiter gebracht. Er bewegt sich in finanziellen Dimensionen, die meine bei Weitem übersteigen. Das letzte Mal, als ich mich danach erkundigte, gehörten zu seiner Firmengruppe etwa zweihundert Unternehmen, von Reklametafeln in Mexiko über Transportgesellschaften in den Vereinigten Staaten bis hin zu Sicherheitsdiensten auf der ganzen Welt. Eine Zeit lang war er Vizegouverneur von Delaware, seinem heutigen Hauptstandort. Ich bin der Patenonkel seines Sohnes Michael.

Wenn er ein Geschäft erfolgreich zum Abschluss bringen wolle, so erzählte er mir, ziehe er immer seinen dunklen Anzug an – seinen »seriösen Anzug«, wie er ihn nannte – trage sein Angebot vor und am Ende sage er immer: »Wenn wir das so machen könnten, wüsste ich das wirklich sehr zu schätzen.«

Nun, ich habe leider keinen »dunklen Anzug«, hatte auch damals keinen, und die schwarzen Outfits im Stil von Benjamin Franklin oder im Riverboat-Gambler-Look, die ich damals zu besonderen Anlässen gerne trug, waren alles andere als »seriöse Anzüge«. Also ließ ich diesen Teil des Erfolgsrezepts einfach aus, als ich mich kurz nach Weihnachten mit John auf die Veranda setzte.

»Weißt du, John, ich habe dieses Jahr eine Menge Geld in dieses Haus gesteckt«, begann ich. »Es war weit mehr, als ich in ein Haus investieren sollte, in das ich nur ab und zu mal komme, um dort schöne Ferien zu verbringen. Wir haben Leute eingestellt, die hier arbeiten, wir haben das Haus hergerichtet, haben das Gelände hergerichtet. Wir haben vor, einen Swimmingpool anzulegen. Ich glaube, es wird Zeit, dass du mir das Haus verkaufst.«

»Nein«, sagte er. »Das kann ich nicht tun.« Er wollte es immer noch für sich selbst.

Ich drängte. »Aber wir müssen das Haus einfach haben.«

Er ließ sich immer noch nicht drauf ein. »Du kannst es haben, wann immer du willst. Komm einfach vorbei«, sagte er.

»Sieh mal, John, du weißt selbst, dass das so nicht ganz in Ordnung wäre. Ich habe kein gutes Gefühl dabei, es herzurichten, wenn es eigentlich immer noch dir gehört. Unser Herz hängt inzwischen daran. Wir haben mit unseren eigenen Händen daran gearbeitet. Wir lieben dieses Haus. Wir müssen es dir einfach abkaufen.«

»Ich weiß nicht ...«, sagte er.

»Nun, mal angenommen, du würdest es verkaufen. Wenn es so wäre, wie viel würdest du dafür verlangen?«

Er nannte mir eine Summe. Bingo! Jetzt kamen wir der Sache schon etwas näher. Der schwierigste Teil war zumindest geschafft. Ich dachte über seinen Preis nach, beschloss, dass da noch etwas zu machen war, und machte ihm mein Angebot. Dann schaute ich ihm direkt in die Augen und sagte so nüchtern und sachlich wie möglich: »Wenn wir das so machen könnten, wüsste ich das wirklich sehr zu schätzen.«

Er starrte mich einen Moment lang an, dann begann er zu lachen. »Alles klar«, sagte er, »wir sind im Geschäft.«

So machten wir es dann auch und June und ich fingen an, unser Leben mehr und mehr in unser neues Zuhause zu verlagern.

In und um Cinnamon Hill herum ist die Vergangenheit greifbar nahe, überall wird man an frühere Zeiten und frühere Generationen erinnert, mal sehr deutlich, mal weniger direkt. Mehr als ein Jahrhundert lang war hier eine Zuckerplantage. Sie wurde von Tausenden von Sklaven bewirtschaftet, die auf dem gesamten Besitz verteilt gruppenweise in ihren Hütten lebten. All die Hinterlassenschaften jener Menschen, die Metallscharniere von ihren Türen und die Nägel aus ihren Wänden, liegen verborgen im Gestrüpp der Berghänge oder in der Erde unter dem gepflegten grünen Rasen des Golfplatzes, der eine Schleife um mein Haus macht. Ich bezweifle, dass die Urlauber, die auf diesem schönen Golfplatz spielen, sich jemals Gedanken darüber machen oder eine Vorstellung davon haben, was für ein reges Leben hier früher herrschte – obwohl, manche vielleicht schon, das kann man nie wissen. Ich bin mal mit einem Metalldetektor herumgelaufen und habe alle möglichen Dinge gefunden. Hier ist eine Menge passiert.

Ich glaube, es gibt hier Geister. Für viele rätselhafte Dinge, von denen Gäste und Besucher unseres Hauses erzählt oder die wir selbst erlebt haben, gibt es eine einfache physikalische Erklärung – den Ast eines Baumes zum Beispiel, der am Dach des Zimmers entlangstreifte, in dem Waylon und Jessi immer so merkwürdige Geräusche hörten. Aber es gab auch Vorfälle, für die es keine normale Erklärung gibt. So sahen verschiedene Menschen zu verschiedenen Zeiten mysteriöse Gestalten – eine Frau, einen kleinen Jungen –, und das über Jahre hinweg. Einmal erschien im Esszimmer, wo wir zu sechst saßen, eine Frau. Wir alle sahen sie. Sie kam durch die Tür, die zur Küche führt, eine Frau in einem langen weißen Kleid, schätzungsweise Anfang dreißig, und schritt durch das Zimmer auf die Doppeltür in der gegenüberliegenden Wand zu. Die Tür war verschlossen und verriegelt. Sie ging hindurch, ohne die Tür zu öffnen, und von der anderen Seite aus klopfte sie dann: *rat-tat-tat, rat-tat.*

Wir hatten bisher nie Probleme mit diesen Seelen. Ich glaube nicht, dass sie uns etwas Böses wollen, und wir haben absolut keine Angst vor ihnen. Sie haben einfach nichts Furchterregendes an sich.

Als zum Beispiel Patrick Carr hier war, um mit mir an diesem Buch zu arbeiten, wurde er mitten in der Nacht durch ein Klopfen an der Tür neben seinem Bett geweckt, *rat-tat-tat, rat-tat,* und ihm schoss sofort der Gedanke durch den Kopf: *Ach, das ist nur der Geist. Mach dir nichts draus. Schlaf weiter.* Er erwähnte den Vorfall sogar erst am darauf folgenden Abend, nachdem wir ihm – zum ersten Mal – von der Lady erzählt hatten, die durchs Esszimmer gegangen war, und dem Klopfen, das wir danach gehört hatten. Daraufhin verriet uns seine Frau, dass sie das Gleiche erlebt habe: das gleiche Klopfen, die gleiche Reaktion. Beide hatten den Vorfall als eine so natürliche Sache angesehen, dass sie einander nicht einmal davon erzählt hatten.

Wir haben also keine Angst. Die einzige wirklich erschreckende Geschichte über Cinnamon Hill gehört ins Reich der Lebenden und führt mir immer wieder vor Augen, dass einige von ihnen – nur ein paar wenige, eine kleine Minderheit – sehr viel gefährlicher sind als alle Toten zusammen.

Es wird langsam dunkel. Hier sitze ich nun in der jamaikanischen Dämmerung mit schlimmen Erinnerungen, düsteren Gedanken.

Jeden Abend etwa um diese Zeit, bei Einbruch der Dunkelheit, gehen wir um das Haus herum und schließen und verriegeln alle Türen. Carl macht das oder ich mache es selbst. Die Türen sind massiv: dickes, hartes Mahagoni aus den umliegenden Bergen, das vor zweieinhalb Jahrhunderten, im Jahre 1747, in die Kalksteinmauern eingebaut wurde. Sie haben schon vieles überstanden: Hurrikane (Dutzende davon), Sklavenaufstände (einschließlich des allgemeinen Aufstands von 1831, bei dem die meisten anderen großen Häuser auf der Insel zerstört wurden) und sogar gelegentlich ein Erdbeben. Sie sind sicher. Die Anwesenheit der Wachmänner, während der Dunkelheit sind es immer mindestens zwei, machen sie noch sicherer. Die Wachmänner gehören nicht zur Familie, aber ich vertraue dem privaten Sicherheitsdienst, für den sie arbeiten. Ein Anruf bei ihrer Zentrale mit meinem Walkie-Talkie, das neben meinem Bett liegt, würde genügen und sofort stünde hier eine ganze Armee bereit.

Nachdem unser Haus ausgeraubt worden war, hatten wir tatsächlich eine Armee hier, im wahrsten Sinne des Wortes. Der Ministerpräsident war sehr bestürzt und fürchtete natürlich, dass wir Jamaika für immer verlassen und für tourismusschädigende Publicity sorgen würden. Also ließ er schwer bewaffnete Einheiten der jamaikanischen Streitkräfte in den Wäldern rund um unser Haus stationieren, bis es für uns Zeit wurde, in die Vereinigten Staaten zurückzukehren. Ich habe in der Öffentlichkeit nie viel über den Raubüberfall gesprochen, nicht einmal mit meinen Freunden. June hat die Geschichte in ihrem Buch *From the Heart* erzählt und sie hat auch bei anderen Gelegenheiten darüber geredet. Bei uns ist es so, dass sie meistens das Wort führt, wenn wir in Gesellschaft sind, und ich zuhöre. Es ist doch wirklich interessant, wie sich die Erinnerung zweier Menschen an ein und dasselbe Ereignis in so vieler Hinsicht unterscheiden kann. Ich weiß nicht, wie oft ich schon zuhörte, wenn June und die anderen sich über den Raub unterhielten – na ja, es war eigentlich mehr als ein Raub, es war ein gewaltsamer Überfall auf unser Haus – und jedes Mal dachte, *das wusste ich ja gar nicht, das Gefühl hatte ich überhaupt nicht, ich habe das ganz anders in Erinnerung.*

Ich will damit nicht sagen, dass June sich irrt und ich es besser weiß, sondern nur, dass die Erfahrungen und Erinnerungen von uns Menschen sehr subjektiv sind. Man kommt manchmal schon ins Grübeln, ob es so etwas wie »historische Tatsachen« überhaupt geben kann. Ich meine, ich habe gerade *Undaunted Courage,* den wunderbaren Bericht von Stephen Ambrose über die Lewis-und-Clark-Expedition, gelesen und er hat mir wirklich gut gefallen. Aber es fiel mir auf, wie sehr die anderen Abhandlungen, die ich bereits zu diesem Thema gelesen habe – einige davon waren sehr gut recherchiert und die meisten stützten sich auf Clarks Tagebücher –, sich nicht nur in Bezug auf Details und einzelne Interpretationen unterschieden, sondern auch in grundlegenden chronologischen und geografischen Fragen: Was passierte wem, wo, wann und in welcher Reihenfolge. Und wenn man sich dann die Schriftstücke anderer Mitglieder der Lewis-und-Clark-Expedition ansieht, kommen die Ereignisse noch mehr durcheinander – aber jeder Einzelne, jeder, der im Jahre 1820 dort draußen in der Prärie Tagebuch führte oder zurück nach Washington kam oder zu Hause im Freundeskreis über seine Erinnerungen sprach, war von seinen Darstellungen fest überzeugt. Was natürlich nur allzu menschlich ist. Wenn man zu Stift und Papier greift (oder sich vor einen Kassettenrecorder oder Computer setzt), sind Aussagen wie »ich kann mich nicht daran erinnern« und »ich bin mir nicht sicher, ob es so oder so war« offenbar nicht angebracht, auch wenn sie die Realität genauer widerspiegeln als alles, was man gerade schreiben möchte. Das ist vielleicht keine sehr originelle Überlegung, aber ich will sie im Hinterkopf behalten.

Der Raubüberfall, so wie ich ihn in Erinnerung habe, begann genau um sechs Uhr abends, am ersten Weihnachtsfeiertag 1982. In unserem Haus befanden sich meine Frau June Carter, unser Sohn John Carter, sein Freund Doug Caldwell, Reba Hancock, meine Schwester, Chuck Hussey, ihr damaliger Ehemann, Miss Edith Montague, unsere damalige Köchin und Haushälterin, ihre Stieftochter Karen, Desna, die damals unser Dienstmädchen war und jetzt bei uns kocht und den Haushalt führt, Vickie Johnson aus Tennessee, die nur über Weihnachten bei uns arbeitete, und Ray Fremmer, ein befreundeter Archäologe. Es gab keine Wachen. Damals hatten wir noch keine Wachleute und auch keine verschlossenen Türen. Wir waren im Esszimmer, einem langen, schmalen Raum, der sich über die gesamte Breite des Hauses erstreckt und fast ganz von einem Tisch ausgefüllt wird, an dem zwanzig Personen bequem essen können.

Wir hatten uns gerade zum Abendessen niedergelassen und waren im Begriff, das Tischgebet zu sprechen, als sie plötzlich hereingestürmt kamen, durch alle drei Türen zugleich. Einer hatte ein Messer, einer ein Beil und einer eine Pistole. Alle hatten Nylonstrümpfe über dem Kopf. Sie brüllten los: »Irgendjemand wird hier heute Nacht sterben!« Miss Edith fiel in eine tiefe Ohnmacht.

Wir mussten uns mit dem Bauch auf den Boden legen. Ich schaute rüber zu June und sah, wie sie versuchte, ihre Uhr und ihren Ring zu verstecken. Ich betete, dass sie es nicht bemerken würden. Sie sahen es nicht. Ich hoffte von ganzem Herzen, dass Ray an diesem Abend seine Waffe nicht bei sich trug, denn wenn er sie dabei hätte, würde er sicher versuchen, irgendetwas damit anzufangen.

Der mit der Pistole sagte: «Wir wollen eine Million Dollar, sonst wird einer von euch sterben.«

Ich war ganz ruhig. Ich hatte sofort erkannt, dass wir nur überleben würden, wenn wir uns ruhig und vernünftig verhielten.

Ich hob meinen Kopf und sah den Mann mit der Waffe an. »Ihr wisst genau, dass eure Regierung uns nie erlauben würde, eine Million Dollar ins Land zu bringen, selbst wenn wir sie hätten, was aber nicht der Fall ist«, sagte ich zu ihm, »aber wenn ihr uns nichts antut, bekommt ihr alles, was wir haben.«

»Ihr habt Geld!«, sagte er mit Nachdruck.

»Ja, wir haben welches«, sagte ich, »aber wir haben keine Million Dollar.« Tatsächlich hatten wir einige Tausend Dollar in meiner Aktentasche unter unserem Bett und natürlich hatte June ihren Schmuck. Für diese Kerle würde schon einiges zusammenkommen, wenn keiner die Nerven verlor.

In dieser Beziehung war es um unsere Gruppe bisher nicht zum Besten bestellt. Desna war in heller Panik und die arme Miss Edith, kaum war sie wieder zu sich gekommen, begann zu schreien: »Ich bekomme einen Herzanfall! Ich bekomme einen Herzanfall!«

Vielleicht bekam sie auch wirklich einen. Die Männer, die uns gefangen hielten, dachten das offenbar, denn sie durfte sich hinsetzen und einer von ihnen sagte zu Desna, sie solle in die Küche rennen und ein Glas Wasser holen. Das war ein aufschlussreicher Moment, ein erstes Anzeichen, dass diese Männer vielleicht keine Profis waren oder zumindest keine Killer. Richtig schwere Jungs hätten sich keine Sorgen um Miss Ediths Gesundheit gemacht und sich ihren hysterischen Anfall nicht bieten lassen. Sie hätten sie benutzt, um ein Exempel zu statuieren, und sie einfach erschossen oder ihr mit dem Beil den Kopf gespalten.

Mir war auch aufgefallen, dass sie noch sehr jung waren. Der mit der Schusswaffe war vielleicht schon über zwanzig, aber die beiden anderen waren noch Teenager und sie waren alle sehr nervös. Das beruhigte mich. Vielleicht war das verkehrt, aber so war es eben. Ich dachte wieder, *wenn wir cool bleiben, können wir vielleicht heil aus der Sache rauskommen.*

June verlor die Nerven oder zumindest tat sie so, als die Männer anfingen, uns den Schmuck und die Uhren abzunehmen. Sie setzte sich auf und sagte, sie habe Schmerzen in der Brust, sie habe es am Herzen. Ich glaube, das war der Moment, als der Mann mit der Pistole den kleinen Doug Caldwell hochzog und auf die Beine stellte, ihm die Waffe an die Schläfe drückte und sagte: »Alle tun, was ich sage, oder John Carter wird sterben!«

Ein doppeltes Dilemma für mich. Erstens, sollte ich ihm sagen, dass er nicht John Carter hatte? Ich hatte keine Ahnung, wie ich mich verhalten sollte. Zweitens, war die Waffe echt? Ich sah sie mir zum ersten Mal genauer an, aber ich konnte es nicht sagen. Ich kenne mich mit Schusswaffen aus – ich bin damit aufgewachsen und habe in meinem Leben schon Hunderte besessen –, aber dieses Teil war mir unbekannt. Sie war klein und sah ziemlich primitiv aus, aber ich kannte mich gut genug aus, um zu wissen, dass das nichts zu sagen hatte: Es konnte genauso gut eine billige, aber trotzdem tödliche Pistole sein wie ein überzeugendes Spielzeug.

Die Frage blieb ungeklärt, zunächst jedenfalls – ich musste also davon ausgehen, dass die Pistole echt war und der Kerl von ihr Gebrauch machen würde, wenn wir ihn zu nervös machten. Dann löste sich das erste Problem von selbst. Als wir wieder aufstehen sollten, um zur zweiten Phase unserer Begegnung überzugehen, sah der Mann mit der Pistole John Carter an und erkannte seinen Fehler. Er stieß Doug beiseite, dann packte er meinen Sohn und drückte die Pistole an seinen Kopf.

Unter diesen Bedingungen begannen wir also mit der eigentlichen Arbeit, gingen von Raum zu Raum durch das Haus und übergaben all unsere tragbaren Wertgegenstände an diese verängstigten, adrenalingeladenen kleinen Gangster – und Junkies, dachte ich. Mit Drogensucht kannte ich mich noch besser aus als mit Waffen. An diesen Jungs spürte man sie.

Wir verbrachten die nächsten zwei Stunden damit, im Haus herumzulaufen, wobei einer von denen ständig die Waffe an John Carters Kopf hielt, während die anderen unsere Sachen durchsuchten.

Sie gingen dabei behutsam und sogar ordentlich vor, fiel mir auf, und stellten nicht das ganze Haus auf den Kopf, wie Profis es getan hätten. Sie waren zunächst ziemlich grob gewesen, vor allem zu den Frauen, hatten Reba herumgeschubst, bis sie fürchterliche Angst bekam und Chuck schon gefährlich wütend wurde. Der mit dem Beil fasste June so grob an, dass er ihr ein Büschel Haare ausriss. Bis wir dann im großen Schlafzimmer waren, hatten sie sich jedoch einigermaßen entspannt. Sie wurden schon fast gesprächig, fragten uns, wie lange wir dieses Jahr Weihnachten bleiben wollten und so weiter. Die ganze Zeit über hatte ich ganz ruhig mit ihnen gesprochen und ihnen offen und ehrlich gesagt, wo sich die Wertsachen befanden, und das zahlte sich jetzt aus. Sie redeten mich jetzt mit »Sir« an. Irgendwann hatte ich zu dem Mann gesagt: »Bitte nehmen Sie die Waffe vom Kopf meines Sohnes weg«, und obwohl er das nicht tat, lag eine klare Botschaft in seiner Antwort: »Machen Sie sich darüber keine Gedanken, Mann.«

Im Schlafzimmer wurde es dann äußerst merkwürdig. Der Mann mit der Pistole stand auf dem Bett, den Lauf seiner Waffe nur wenige Zentimeter von John Carters Kopf entfernt, und begann, ihm nette kleine Fragen zu stellen: »Was machst du so hier? Was würdest du denn gerne in Jamaika unternehmen? Schnorchelst du?«

John Carter antwortete ruhig und freundlich. In dieser wirklich absurden Situation verhielt er sich einfach fabelhaft. Er war erst elf Jahre alt.

»Das ist eine echte Waffe, die ich dir da an den Kopf halte, weißt du das?«, wagte der verrückte Kerl zu sagen.

»Ja, ich weiß«, sagte John Carter. »Ich gehe manchmal mit meinem Dad zum Jagen. Ich kenne mich mit Waffen aus.«

»Möchtest du meine Waffe fühlen?«

Plötzlich wusste ich, was es bedeutet, wenn jemand sagt: »Mir schlug das Herz bis zum Halse.« Mir stockte der Atem.

John Carter zögerte nicht einmal. »Nein, Sir. Ich spiele nicht mit Schusswaffen. Ich habe großen Respekt vor ihnen. Sie sind sehr gefährlich.«

Der Mann mit der Waffe nickte und grinste unter seiner Strumpfmaske. »Hey, du gefällst mir, Mann!«

»Danke, Sir«, sagte John Carter.

Danach entspannte sich die Situation deutlich. Ich glaube, wir hatten jetzt alle das Gefühl, dass die Geschichte ohne Blutvergießen ausgehen würde, und die Räuber wussten inzwischen, dass sie mit einer ziemlich fetten Beute abziehen würden. Reba war die Einzige, die immer noch einen sichtlich verzweifelten Eindruck machte. Der Rest von uns war eifrig darum bemüht, sie einigermaßen zu beruhigen.

Als sie ihre Beute eingesackt hatten, sagte einer der Räuber zu uns: »Wir werden euch im Keller einsperren.« Daraufhin fingen die Frauen wieder an zu schreien, aber ich dachte, dass wir darüber eigentlich ganz froh sein konnten. Das bedeutete, dass sie nicht doch noch in letzter Minute eine böse Überraschung für uns bereithielten, uns zum Beispiel zu töten, um die Zeugen loszuwerden. Ich weiß nicht, für wie sicher sie ihre Verkleidung mit den Strumpfmasken hielten, aber nach über zwei Stunden unter wechselnden Lichtbedingungen kam ich zu dem Ergebnis, dass die Masken ihren Zweck in keiner Weise erfüllten. Bei einer Gegenüberstellung hätte ich wahrscheinlich jeden Einzelnen von ihnen herausdeuten können.

Sie ignorierten die Proteste der Frauen, führten uns nach unten und schlossen uns, wie angekündigt, im Kellergeschoss ein – oder, wie June sagen würde, »im Verlies«. Sie verkeilten die Tür von außen mit einem Stück Holz und dann gingen sie.

Allerdings nur für einen Moment. Einer von ihnen kam gleich noch einmal zurück und schob einen Teller mit Truthahn unter der Tür durch. »Wir wollen doch, dass ihr euer Weihnachtsessen noch bekommt«, sagte er. »*Das* wollen wir euch nun wirklich nicht nehmen.«

John Carter und Doug waren schon beim Essen, da hörten wir, wie unsere Hunde, die bis dahin keinen Ton von sich gegeben hatten, zu bellen anfingen, als die Räuber sich verabschiedeten.

Wir brauchten eine ganze Weile, aber irgendwann gelang es Chuck Hussey und mir, die Tür aufzubrechen. Danach ging unsere kleine traurige Gruppe aus dem Kellergeschoss nach oben, um die Polizei zu rufen.

Die jamaikanische Polizei fackelt nicht lange. Der Mann mit der Schusswaffe wurde noch in derselben Nacht samt seiner Beute gefasst, und als er sich seiner Verhaftung widersetzte, wurde er getötet. Die anderen, die Kids, wurden ein paar Wochen später hei einem weiteren Raubüberfall in Kingston erwischt und nach kurzer Zeit im Gefängnis kamen auch sie bei einem Ausbruchsversuch ums Leben. So wie ich es verstanden habe, hatten die Wärter ihnen eine Leiter für ein Arbeitsprojekt besorgt und ganz zufällig schon auf der anderen Seite gewartet, als die Jungs über die Mauer geklettert kamen.

Ich war nicht sehr überrascht, als ich es erfuhr. Die Polizei war in der ganzen Angelegenheit äußerst verschwiegen gewesen – sie hatten uns nicht einmal erzählt, dass sie den ersten Mann erwischt hatten –, aber mir fiel jetzt wieder ein, wie mir ein Polizist am Morgen nach dem Überfall unmissverständlich klargemacht hatte, dass man die Räuber auf jeden Fall fangen und dass man sich ihrer schon annehmen würde.

»Machen Sie sich keine Sorgen, Mr. Cash«, sagte er. »Diese Leute werden Sie und Ihre Familie nie mehr belästigen. Darauf können Sie sich verlassen.« Wenn ich jetzt so darüber nachdenke, wird mir klar, dass damals mehr hinter seinen Worten steckte, als mir bewusst war. Vielleicht verstand ich ihn aber auch sehr gut und zog es vor, mir nichts dabei zu denken.

Und was halte ich nun von der ganzen Sache? Wie stehe ich zu den inoffiziell geduldeten Schnellgerichten in der Dritten Welt?

Ich weiß es nicht. Wie denken Sie darüber?

Welche Gefühle habe ich dabei? Wie reagiere ich emotional auf die Tatsache (oder zumindest die hohe Wahrscheinlichkeit), dass die verzweifelten Junkies, die meine Familie bedroht und traumatisiert haben und uns alle leicht hätten töten können (vielleicht ohne das überhaupt vorgehabt zu haben), für ihre Tat hingerichtet wurden – oder ermordet oder wie Hunde erschossen, was auch immer?

Ich habe keine Antworten darauf. Ich weiß nur eins: Es tut mir weh, wenn ich verzweifelte junge Männer sehe oder eine Gesellschaft, die so viele von ihnen hervorbringt und unter ihnen leidet, und ich hatte das Gefühl, ich würde diese Jungs kennen. Wir waren uns irgendwie ähnlich, sie und ich: Ich wusste, wie sie dachten, ich wusste, was sie brauchten. Sie waren wie ich. Ich wusste auch sofort, wie ich auf die Bedrohung, die sie mir ins Haus brachten, reagieren würde: Ich würde nicht davonlaufen.

Kurz nach dem Überfall sprach ein Reporter die Frage an: »Werden Sie Jamaika jetzt verlassen?«

»Nein, das werden wir nicht«, sagte ich ihm. »Das ist unser *Zuhause*. Das ist *unser* Haus. Wir haben das gleiche Recht, hier zu sein, wie alle anderen. Wir werden weiterhin hierherkommen. Wir lassen uns von niemandem verjagen.«

Jedes Wort davon war ernst gemeint, aber es war nicht die ganze Wahrheit. Die Zweifel, Schuldgefühle und Ängste in mir waren genauso stark wie mein Trotz. Zunächst einmal hatte ich das Gefühl, reichlich naiv und dumm gewesen zu sein, mit meinen Lieben in einem Haus mit offenen Türen zu leben, obwohl die Anzeichen der Gefahr um uns herum deutlich zu erkennen waren – in den lokalen Zeitungen mit ihren Berichten von Mordfällen, schweren Körperverletzungen und Straßenkämpfen in Kingston; in den Augen der Polizisten, der Rastamänner und all der anderen Gruppierungen, die an den politischen Machtkämpfen und

Ganjakriegen in Jamaika beteiligt sind; und praktisch sogar vor unserer eigenen Haustür, bei dem malerischen Wasserfall, wo James Bond in *Leben und sterben lassen* herumturnte und wo sich jeden Tag ein lockerer Haufen von Souvenirverkäufern, Ganjadealern und potenziellen Einbrechern versammelte, um Geschäfte zu machen.

Ich kam schon so lange nach Cinnamon Hill, dass ich fast das Gefühl hatte, diese Typen gehören zur Familie. Einige von ihnen hatte ich hier schon gesehen, als sie erst sechs oder sieben Jahre alt waren. Die Kriminellen, die in mein Haus eingedrungen sind und mit dem Leben dafür bezahlt haben, waren vielleicht Jungs, die ich habe aufwachsen sehen.

Wenn es so wäre, würde das einiges erklären: Warum die Hunde nicht angeschlagen hatten, woher sie gewusst hatten, wo und wann sie uns alle zusammen erwischen würden, warum sie das Haus und seine Bewohner so gut kannten. Die beiden anderen möglichen Theorien, dass es sich entweder um absolut Außenstehende oder aber um sehr vertraute Personen handelte, waren nicht sehr überzeugend. Die hiesigen Ganoven hätten Außenstehende sofort davongejagt, wenn sie mitbekommen hätten, dass sie uns beobachteten, und die uns vertrauten Personen, Miss Edith und ihre Familie, waren über jeden Verdacht erhaben.

Es dauerte noch sehr lange, bis ich nach dem Überfall meinen inneren Frieden wieder gefunden hatte. Ich grübelte noch lange darüber nach, fühlte mich ungerecht behandelt und zugleich schuldig. Ich nahm Schlaftabletten und trug eine Schusswaffe. Mit der Zeit verschwanden diese Nachwirkungen jedoch. Bestehen blieb nur die vernünftigste meiner Konsequenzen: professioneller bewaffneter Schutz rund um die Uhr. Damit konnte ich leben. Mit dem Vertrauensverlust und dem Verlust der Unschuld leben zu müssen war schwerer, aber auch das gelang mir irgendwann. Ich hatte schon immer gewusst, was es bedeutet, wenn man sich in seinem sicheren Zuhause plötzlich gefährdet fühlt.

Die Reaktionen der anderen Opfer auf den Überfall waren sehr unterschiedlich und reichten von Rebas glatter Weigerung, je wieder einen Fuß auf Jamaika zu setzen (sie hat es seither auch nie wieder getan), bis hin zu John Carters offenkundiger Gelassenheit. »Ja, das war vielleicht eine Nacht« ist so ziemlich alles, was er je zu dem Thema gesagt hat. June hat es, glaube ich, geholfen, über die Geschichte zu reden.

Heute kann ich zurückschauen und sehen, dass die ganze Sache im Nachhinein auch ihre guten Seiten hatte. Wenn ich meine Spaziergänge mache oder mit dem Golfcart runter ans Meer fahre, werde ich von den hiesigen Leuten oft angehalten und herzlich begrüßt – »Hallo, Mr. Cash, wie gehts denn so?« –, und ich weiß nicht, wie oft man mir schon für meine Entscheidung gedankt hat, in Jamaika zu bleiben. Seit dem Überfall bin ich in vieler Hinsicht stärker in das Leben auf Jamaika eingebunden, was mir sehr guttut. Heute fühle ich mich in diesem wunderschönen Land wirklich zu Hause und ich liebe und bewundere seine stolzen und freundlichen Bewohner.

Hier sitze ich, in der »blauen Stunde«, wie meine schottischen Vorfahren sagen würden, und beobachte das sanfte Leuchten der untergegangenen Sonne über den Bergen hinter meinem Haus und lausche den Tieren der Nacht, die mit ihren Geräuschen die Abendstille vertreiben – Schichtwechsel in der Natur, hier genauso wie in New York und Washington, D.C.; und in Memphis und Little Rock wird es in etwa einer Stunde so weit sein. Ich denke an meine Kindheit zurück. Ich sitze wieder auf der vorderen Veranda des von der Regierung gebauten Hauses in der Kolonie von Dyess, mit Mom und Dad und meinen Brüdern und Schwestern. Wir sind alle zusammen, während meine Mutter ihre geistlichen Lieder singt und dazu Gitarre spielt. Ihr Gesang verbannt Furcht und Einsamkeit, lässt den schwarzen Hund ganz zahm zu ihren Füßen liegen und übertönt sogar die Schreie der Wildkatzen im Unterholz.

Das sind Klänge, die ich nie wieder hören werde – weder die Wildkatzen noch die tröstliche Stimme meiner Mutter. Aber die Lieder sind mir geblieben.

→UNTERWEGS

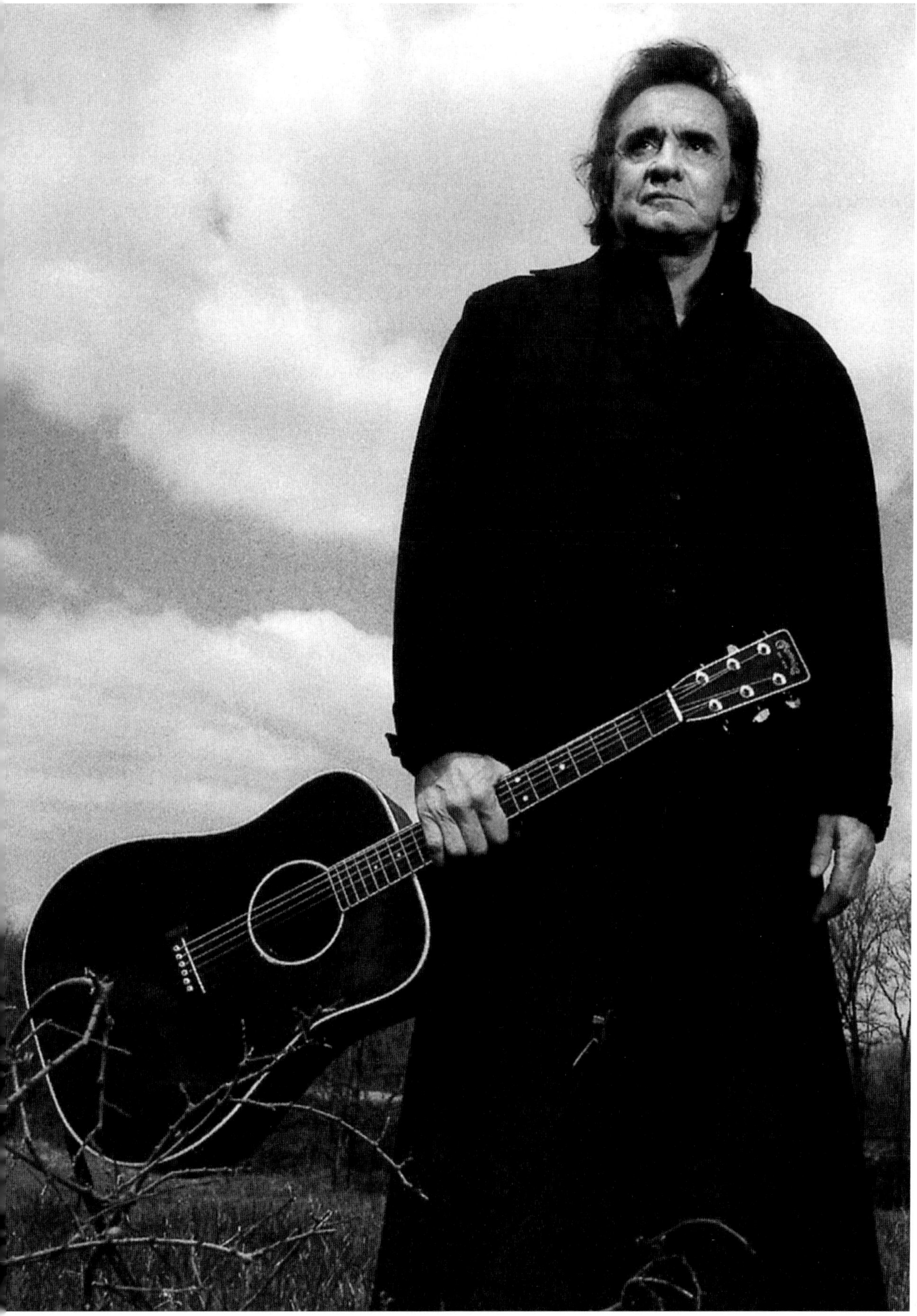

1 DIE GABE

Ich habe ein Zuhause, das mich überall hinbringt, wo ich hinmuss, das mich sanft wiegt und sehr behaglich ist, in dem ich in den Bergen einnicken und in der Ebene wieder aufwachen kann: Ich meine natürlich meinen Bus.

Ich liebe meinen Bus. Ich habe ihn schon sehr lange und er fährt jetzt besser als je zuvor, wahrscheinlich weil wir ihm im Laufe der Jahre so viel Gewicht aufgeladen haben. Er war immer äußerst zuverlässig. Abgesehen von einem neuen Motor sind in siebzehn Jahren keine größeren Reparaturen angefallen und er hat uns kreuz und quer durch die Vereinigten Staaten und Kanada gebracht, ohne uns auch nur ein einziges Mal auf dem Highway stehen zu lassen. Wir nennen ihn »Unit One«.

Er ist wie ein zweites Zuhause für mich. Wenn ich mal wieder aus irgendeinem Flugzeug steige und mir den Weg durch irgendeinen Flughafen bahne, erfasst mich eine Woge der Erleichterung, wenn ich den großen, schwarzen MCI am Straßenrand auf mich warten sehe. Ah! – Sicherheit, Vertrautheit, Abgeschiedenheit. Auf jeden Fall Friede. Mein Kokon.

Ich habe in Unit One meinen eigenen, speziellen Bereich, etwa in der Mitte zwischen Vorder- und Hinterachse, ein bequemer Platz zum Reisen. Ich sitze an einem Tisch mit Sitzbänken an beiden Seiten, wie in einem Speiseabteil, mit meiner Zeitung oder meinem Buch – June und ich haben beide einen enormen Bedarf an Lesematerial, alles von der Bibel bis hin zu Schundromanen –, und wenn ich schlafen möchte, verwandelt sich das Abteil in ein Bett. Es ist mit allen Annehmlichkeiten ausgestattet: Badezimmer, Küche, Kühlschrank, Kaffeekanne, Stereoanlage, Video und Sitzgelegenheiten für Besuch. Durch die Vorhänge an den Fenstern kann ich mich von der Welt draußen abschotten oder beobachten, wie sie an mir vorbeizieht. Ein Navajo-Traumfänger und ein Kreuz der heiligen Brigitta beschützen mich im Schlaf.

Das Leben auf Tour ist so vorhersehbar, so vertraut. Ich bin jetzt schon seit vierzig Jahren unterwegs und wer wissen möchte, was sich in all dieser Zeit wirklich verändert hat, dem werde ich es gerne sagen. Damals, 1957, gab es noch kein »Extra Crispy«. Abgesehen davon ist alles beim Alten geblieben.

Das vermittelt vielleicht eine Vorstellung davon, was beim Leben auf Tour wirklich zählt und warum sich nie wirklich etwas daran ändern wird. Alles wird etwas schneller und größer und ein ganzes Stück bequemer (solange man Konzertkarten verkauft), aber es läuft immer wieder auf die gleichen Fragen raus: »Wo sind wir?« und »Wer hat die ganzen Äpfel gegessen?« und »Was fürn Auftritt ist heute dran?« und »Wie weit ist es bis zum nächsten Joghurteis?«

Mich amüsiert der Gedanke an junge Musiker, die all das gerade entdecken, die gerade erst anfangen, sich in einer Welt zurechtzufinden, die, mit etwas Glück, bis ins einundzwanzigste Jahrhundert hinein ihr Leben bestimmen wird. Ich selbst bin schon so lange auf Tour und kenne alles so gut, dass ich nur einen Blick aus dem Busfenster werfen muss, wenn ich irgendwo in den Vereinigten Staaten aufwache, um meinen Standort auf fünf Meilen genau bestimmen zu können. Irgendjemand sagte mal zu mir, das sei eine besondere Begabung, genau wie ich mich noch an einen Song erinnern kann, den ich vor langer Zeit vielleicht ein- oder zweimal gehört habe – das kann drei oder vier Jahrzehnte oder sogar fünf oder sechs zurückliegen –, aber ich glaube nicht, dass das etwas mit Begabung zu tun hat. Ich glaube, dahinter steckt einfach sehr, sehr viel Erfahrung. Wie es im Song so schön heißt: Mann, ich war schon überall. Und das zweimal.

Ich bin gerade in Oregon und fahre in südwestlicher Richtung aus Portland hinaus, durch dichtes, dunkles Grün und zartgrauen Nebel, eingehüllt in meinen Kokon aus vertrauten Busgeräuschen. Wir steuern auf die offene Hügellandschaft und die weiten, sanften Täler Nordkaliforniens zu. Ich weiß natürlich genau, wo ich bin. Dieses Land erkennt man an seinen Bäumen.

Meine Gedanken schweifen ab. Sie bleiben an einem Problem hängen, das die Band und ich mit unserer Bühnenversion von *Rusty Cage* haben, dem Song von Soundgarden, den ich für das Album *Unchained* aufgenommen habe. Danach wenden sie sich wieder der Betrachtung meiner Lebensgeschichte zu. Ich denke über Pete Barnhill nach, einen Freund, den ich kennenlernte, als ich etwa dreizehn war. Pete lebte drei oder vier Kilometer von unserem Haus entfernt, unten bei dem Entwässerungsgraben in der Nähe der Stelle, wo ich an jenem Tag angeln war, als sich mein Bruder Jack verletzte. Er hatte eine Gitarre, eine alte Flattop-Gibson. Außerdem hatte er Kinderlähmung, später Polio genannt, durch die sein rechtes Bein verkrüppelt und der rechte Arm bis auf die Hälfte der normalen Größe verkümmert war. Er hatte gelernt, damit umzugehen. Im Covertext zu *American Recordings* schrieb ich über ihn:

> Mit seiner linken Hand spielte er die Akkorde, während er mit der winzigen rechten Hand einen perfekten Rhythmus dazu schlug. Ich dachte, wenn ich so gut Gitarre spielen könnte wie er, würde ich irgendwann im Radio singen.
>
> Jeden Nachmittag nach der Schule ging ich zu Pete nach Hause und blieb dort bis lange nach Einbruch der Dunkelheit. Wir sangen zusammen oder ich sang zu den Songs von Hank Snow, Ernest Tubb und Jimmie Rodgers, die er spielte. Pete brachte mir meine ersten Akkorde auf der Gitarre bei. Aber da ich zu kleine Hände hatte, konnte ich sie nie richtig spielen.
>
> Der lange Heimweg durch die Nacht war unheimlich. Auf dem Schotterweg war es entweder stockdunkel oder der Mond schien, und dann wirkten die Schatten noch bedrohlicher. Die Wildkatzen klangen noch näher und ich hatte das sichere Gefühl, dass auf jedem dunklen Fleck auf der Straße eine Mokassinschlange lag, die nur darauf wartete, mich zu töten.

Aber ich sang den ganzen Heimweg über – Songs, die Pete und ich gesungen hatten. Ich stellte mir den Klang der Gibson vor und sang mich durch die Dunkelheit. Ich beschloss, dass diese Art von Musik von nun an mein Zaubermittel sei, das mich durch alle dunklen Orte der Welt bringen würde.

Pete inspirierte mich auf vielerlei Art. Als ich klein war, kannte ich, abgesehen von meiner Mutter, niemanden, der Gitarre spielen konnte, und ich hielt ihn für den besten Gitarrenspieler der Welt. Ich fand ihn wunderbar, und die Töne, die er erzeugte, geradezu himmlisch.

Eines Tages sagte ich zu ihm: »Weißt du was, Pete, du hast zwar Kinderlähmung, aber kannst verdammt gut Gitarre spielen.«

Seine Antwort hat mich damals tief beeindruckt: »Manchmal, wenn man eine Gabe verliert, bekommt man eine andere dafür.«

Von dem Moment an war er für mich kein Krüppel mehr. Er war für mich einer, der eine Gabe besaß. Es tat mir weh, wenn sich die anderen Kinder über ihn lustig machten. Wenn sie ihn sahen, wie er die drei oder vier Kilometer von zu Hause in die Stadt humpelte, ahmten sie ihn immer nach. Ich ahmte ihn natürlich auch nach, aber in anderer Hinsicht: Von ihm habe ich meinen Gitarrenstil, mit dem Daumen die Melodie zum Rhythmus zu spielen.

Pete war genauso musikbegeistert wie ich – er war der Erste, den ich kannte, dem es genauso ging wie mir – und wir waren beide ganz wild aufs Radio. Es bedeutete für uns die ganze Welt, im wahrsten Sinne des Wortes. Klar, dass wir keinen Fernseher hatten, aber wir hatten auch keinen Plattenspieler oder sonst irgendetwas, mit dem wir neue, unbekannte Musik hören konnten. Das Radio war für uns unentbehrlich, ja geradezu lebensnotwendig.

Ich kann mich noch genau an den Tag erinnern, als wir unseres bekamen, ein Sears Roebuck aus dem Versandhandel mit einer großen »B«-Batterie. Wir kauften es mit dem Geld von Daddys Staatsdarlehen in dem Jahr, als er und Roy anfingen unser Land zu roden. Ich kann mich noch an den ersten Song erinnern, den ich in diesem Radio gehört habe,

Hobo Bill's Last Ride von Jimmie Rodgers, und wie real, wie vertraut mir das Bild des Mannes erschien, der einsam und allein in einem kalten Güterwaggon starb. Ich hörte die Sender WLW aus New Orleans, WCKY aus Cincinnati, XEG aus Fort Worth und XERL aus Del Rio in Texas. Ich erinnere mich an die Sendung »Suppertime Frolics« um sechs Uhr abends von WJJD in Chicago, die »Grand Ole Opry« von WSM in Nashville, die jeden Samstagabend kam, den »Renfro Valley Barn Dance« und die »Wheeling Jamboree« von WWVA in Wheeling, West Virginia. Ich weiß noch, wie ich Roy Acuff hörte, Ernest Tubb, Eddy Arnold, Hank Williams. Ich hörte mir alle Sendungen mit Popmusik an – Bing Crosby, die Andrews Sisters – und Gospel und Blues, alles von der Chuck Wagon Gang bis Pink Anderson und Sister Rosetta Tharpe. Ich weiß noch, dass ich fünfzehn Minuten länger Mittagspause von der Feldarbeit machen durfte, damit ich mir die Sendung mit den Louvin Brothers, »High Noon Roundup«, von WMPS in Memphis anhören konnte. Ich weiß noch, wie Daddy jeden Abend um fünf nach acht direkt nach der Übertragung der Nachrichten ins Bett ging und Jack und mir zurief: »Okay Jungs, Zeit zum Schlafengehen! Sonst kommt ihr morgen früh nicht aus dem Bett, wenn die Arbeit losgeht. Löscht das Licht! Macht das Radio aus!« Jack drehte dann seine Öllampe etwas herunter und beugte sich über seine Bibel. Ich drehte das Radio etwas leiser und presste mein Ohr direkt ans Gerät. Die Musik, die ich hörte, wurde das Wichtigste in meinem Leben.

Daddy gefiel das gar nicht. »Du verschwendest deine Zeit, wenn du die ganze Zeit vor dem Radio hockst und dir diese alten Platten anhörst«, sagte er immer. »Das hat mit dem wirklichen Leben nichts zu tun, verstehst du? Diese Menschen sind nicht wirklich da. Da sitzt nur irgendein Typ und spielt Platten ab. Warum hörst du dir diesen Schwindel überhaupt an?«

Ich sagte dann: »Aber es ist genauso wirklich wie in dem Moment, als sie es gesungen und aufgenommen haben. Es ist genau das Gleiche.«

»Nein, es ist nicht das Gleiche, es ist nur ein Platte.«

»Das ist mir egal. Es hört sich gut an. Mir gefällt es.«

»Diese ganzen Leute werden dir noch völlig den Kopf verdrehen«, sagte er abschließend. »Das hält dich alles nur davon ab, deinen Lebensunterhalt zu verdienen. Du wirst es nie zu etwas bringen, solange du diese Musik im Kopf hast.«

Ich hasste es, so etwas zu hören, aber vielleicht war es auch zu etwas gut. Ich wollte ihm unbedingt beweisen, dass er sich irrte. Und ich wollte auch beweisen, dass Mom recht hatte. Sie hatte erkannt, dass die Musik genauso in mir steckte wie in ihr und wie schon in ihrem Vater, John L. Rivers, der das »Shape Note System«, eine einfache Notenschrift, und vierstimmigen Gesang unterrichtete und Vorsänger in seiner Kirche war. Man sagt, dass er ein großartiger Sänger war, gut genug, um Profi zu werden. Die Leute kamen aus der ganzen Umgebung, um ihn zu hören.

Ich habe ihn als einen sehr netten Mann in Erinnerung. Er und meine Großmutter Rivers waren zwei herzensgute Seelen, wie das Salz der Erde, und in ihrer Gemeinde waren sie allseits beliebt und respektiert. Lange nachdem Großvater Rivers gestorben war, fuhr ich einmal nach Chesterfield County in South Carolina, wo er zur Welt gekommen und aufgewachsen war. Ich hatte wirklich nicht damit gerechnet, etwas über ihn zu erfahren, als ich das Büro der Entkörnungsanlage »Rivers Cotton Gin« betrat und fragte: «Kennt hier irgendjemand John L. Rivers, der als junger Mann nach Arkansas gezogen ist?« Doch sie antworteten wie aus einem Munde: »Wir kennen ihn alle.« Dann schickten sie mich die Straße runter zum Ahnenforscher Edgar Rivers. Edgar setzte sich mit mir auf die Veranda hinter seinem Haus und erzählte mir eine Geschichte.

Einige Jahre nachdem er sich in Arkansas niedergelassen hatte, erhielt Großvater Rivers einen Brief aus seiner früheren Heimat, in dem ihm mitgeteilt wurde, dass die Farmen in Chesterfield County von Mehltau heimgesucht worden waren und die Farmer nun kein Saatgut für das nächste Jahr hatten. Ob er, falls er etwas übrig hätte, es ihnen vielleicht irgendwie zukommen lassen könnte?

Er konnte. Er kratzte alles Saatgut zusammen, das er entbehren konnte, spannte die Pferde vor seinen Wagen, fuhr damit von Südwest-

Arkansas nach South Carolina – damals eine furchtbar lange und anstrengende Reise – und lieferte die Saat rechtzeitig zur Frühjahrsauspflanzung ab. Die Farmer von Chesterfield County konnten in jenem Jahr eine gute Ernte einfahren.

Nachdem er die Geschichte zu Ende erzählt hatte, ging Edgar in seine Küche und kam mit einem frischen Maiskolben in der Hand auf die Veranda zurück. Er habe ihn an diesem Morgen erst gepflückt, sagte er, der erste Mais in diesem Jahr aus seinem Garten. Er schälte ihn und zeigte ihn mir. Er sah gut aus: ein großer, langer und gesunder goldgelber Maiskolben.

»Das ist John L. Rivers Yellow«, sagte er, »der gleiche Mais, den dein Großvater aus Arkansas mitgebracht hat. Wir essen ihn heute noch.«

Das war ein wunderschöner Moment.

Mom hat Großvater Rivers' Begabung und seine Liebe zur Musik geerbt. Sie konnte Gitarre spielen und auch Geige. Außerdem konnte sie gut singen. Den ersten Gesang in meinem Leben hörte ich von ihr und das erste selbst gesungene Lied, an das ich mich erinnern kann, war eines der religiösen Lieder, die sie als Kind gelernt hatte. Ich war ungefähr vier Jahre alt und saß auf der Veranda vor unserem Haus direkt neben ihr auf einem Stuhl. Sie sang »What would you give« und ich stimmte ein und sang die Zeile weiter – »in exchange for your soul?«

Wir sangen im Haus, auf der Veranda, überall. Wir sangen auf den Feldern. Daddy pflügte irgendwo alleine vor sich hin und wir Kinder waren bei Mom, hackten entlang der Baumwollreihen und sangen. Ich fing meistens mit irgendwelchen Popsongs an, die ich im Radio gehört hatte, und meine Schwester Louise und ich forderten uns immer gegenseitig heraus: »Ich wette, den kennst du nicht!« Meist kannte ich sie und stimmte ein, lange bevor sie zu Ende gesungen hatte. Später am Tag sangen wir alle zusammen irgendwelche Hillbillysongs und modernere Sachen, alles, was gerade aktuell war – *I'm My Own Grandpa, Don't Telephone, Tell a Woman* –, und dann, wenn die Sonne schon fast im Westen stand und unser Schwung allmählich nachließ, gingen wir zu Gospels über: Zunächst die mitreißenden, temporeichen Songs, um uns noch mal zu motivieren, und dann, während die Sonne immer tiefer sank, die langsameren Spirituals. Nach Jacks Tod sangen wir immer all die Lieder, die wir bei seiner Beerdigung gesungen hatten. Unsere Tage auf dem Feld endeten immer mit *Life's Evening Sun Is Sinking Low*.

Mom glaubte an mich. Sie wollte, dass ich Gesangsunterricht nahm, und als Bezahlung wusch sie die Wäsche der Lehrer. Mit der Arbeit eines ganzen Tages verdiente sie drei Dollar, den Preis für eine Unterrichtsstunde. Ich wollte das überhaupt nicht, aber sie bestand darauf und ich war froh, dass sie es tat. Als ich zur ersten Übungsstunde erschien, entdeckte ich auch gleich einen guten Grund, noch eine zweite Stunde zu nehmen: Die Lehrerin war jung, nett und sehr hübsch.

Offenbar war sie aber nicht für mich bestimmt. Mitten in meiner dritten Stunde, nachdem sie mich bei den Songs *Drink to Me Only with Thine Eyes*, *I'll Take You Home Again, Kathleen* und den ganzen anderen alten irischen Balladen begleitet hatte, klappte sie den Deckel ihres Klaviers zu.

»Okay, das reicht«, sagte sie. »Ich möchte, dass du mir jetzt etwas ohne Begleitung vorsingst, irgendetwas, was dir gefällt.« Ich sang ihr einen Song von Hank Williams vor. Ich glaube, es war *Long Gone Lonesome Blues*.

Als ich fertig war, sagte sie: »Nimm nie wieder Gesangsunterricht. Lass dir bloß nicht durch mich oder irgendjemand anderen deinen Gesangsstil verändern.« Dann schickte sie mich nach Hause.

Ich bedauerte es, diese hübsche Lady nun nicht mehr sehen zu können, aber ich nahm mir ihren Rat zu Herzen und heute bedaure ich das in gewisser Weise auch. Es wäre gut, wenn ich mehr über meine Stimme erfahren hätte, wie ich sie im Laufe der Zeit hätte schützen und kräftigen können, anstatt sie so zu missbrauchen und zu schädigen, wie ich es getan habe.

Das erinnert mich an den Tag, als ich in den Stimmbruch kam und meine Mutter zum ersten Mal diese neuen Basstöne von mir hörte. Ich kam singend zur Hintertür herein und sie wandte sich erschrocken vom Herd ab und fragte: »Wer war das?«

Ich sang ihr noch etwas mehr vor und erforschte meinen neuen Stimmumfang. Als ich entdeckte, wie tief ich runterkam, füllten sich ihre Augen mit Tränen und sie sagte: »Du klingst genauso wie mein Daddy.« Dann sagte sie: »Diese Gabe ist ein Geschenk Gottes, mein Sohn. Vergiss das nie.«

Ich glaube nicht, dass Mom sich damals wirklich fragte, wer da wohl gesungen hatte; sie wusste, dass ich es war. Und es war, soweit ich mich erinnern kann, das erste Mal, dass sie meine Stimme als »eine Gabe« bezeichnete. Von da an verwendete sie immer diesen Ausdruck, wenn sie über meine Musik sprach. Ich glaube, das hat sie ganz bewusst getan, um mich immer daran zu erinnern, dass die Musik in mir etwas ganz Besonderes war, etwas, das Gott mir gegeben hatte. Meine Aufgabe war, darauf aufzupassen und sie richtig einzusetzen. Ich trug sie in mir, doch ich besaß sie nicht.

Schulporträt aus der 12. Klasse

THE MAN IN BLACK

Ich bin gerade in San Francisco – wir sind gestern Nacht aus Portland über die Bay Bridge gekommen – und bis jetzt hatte ich ziemlich viel zu tun. Heute Morgen wurde ich von einem BBC-Team in meiner Suite interviewt und fotografiert und das war ziemlich anstrengend. Ich finde es schon unangenehm, wenn ich länger als ein paar Minuten Fragen über mich beantworten soll, geschweige denn eine Stunde. Mittags ging ich dann mit einigen Leuten essen, die mit einem meiner Projekte zu tun haben – ein Arbeitsessen, könnte man sagen, oder eine »Lunchbesprechung« –, und das dauerte auch ziemlich lang und ermüdete mich. Ich schaute ständig aus dem Fenster und fragte mich, wie die Luft da draußen wohl riecht, wie sich der Wind anfühlt, wie schön es wäre, wenn ich einfach nur die Straße entlanglaufen könnte. Lohnsklaven werden, fern von ihren Lieben, in Büros, Fabriken und Werkstätten eingesperrt. Sklaven des Ruhmes wie ich werden, fernab von Fremden, in Hotels, Studios und Limousinen eingesperrt.

Jetzt ist gerade die Zeit für mein Nickerchen. Ich arbeite heute Abend, und wenn ich nicht ausgeruht bin, geht das *sicher* in die Hose. Ich würde mich mies fühlen, schlecht singen und die Leute bekämen nichts für ihr Geld. Billy Graham hat mich darauf gebracht: Wenn du eine Abendvorstellung hast, sagte er, dann leg dich nachmittags etwas hin und ruh dich aus, auch wenn du nicht richtig schläfst. Das war der wertvollste Rat seit Jahren, vielleicht der wertvollste überhaupt.

Der Auftritt heute Abend findet in Santa Cruz statt, einer Universitätsstadt etwa zwei Stunden von hier hinter den Bergen südlich von San Francisco, und ich rechne mit einem völlig anderen Publikum als in Portland. Das war so ziemlich das »durchschnittlichste« Publikum, das ich mir vorstellen kann: vorwiegend Berufstätige mittleren Alters. Heute Abend ist da wahrscheinlich kaum einer über vierzig, der keinen Doktortitel hat, und es würde mich nicht sehr wundern, wenn es dort etwas Randale gibt. Wenn es morgen nicht dazu käme, wäre das geradezu ein Schock. Wir spielen nämlich im Fillmore und das wird sicher wild: Rock'n'Roll pur. Wir müssen bis dahin unbedingt *Rusty Cage* auf die Reihe kriegen; uns erwartet ein dementsprechendes Publikum. Das wird eine aufregende Sache.

Ich denke über mein BBC-Erlebnis nach. Der Interviewer war gut, offensichtlich ein alter Hase, aber trotzdem waren es nahezu die gleichen Fragen wie in all den anderen Interviews, die ich in der letzten Zeit gegeben habe. Sie wollten alle etwas über meine aktuelle Arbeit hören – was insofern verständlich ist, als sie ihre Informationen alle aus der gleichen Pressemappe haben – und früher oder später landen die meisten dann bei den gleichen paar Fragen, die mir schon seit vierzig Jahren gestellt werden.

Es gibt drei davon.

Frage eins: Weshalb saß ich im Gefängnis?

Ich saß nie im Gefängnis. Das Gerücht kam auf, weil ich *Folsom Prison Blues* schrieb und sang, meinen Hit von 1955 aus der Sicht eines verurteilten, reuelosen Mörders. Und zwölf Jahre später nahm ich ein Konzertalbum namens *Johnny Cash At Folsom Prison* auf. In Wahrheit verbüßte ich zu keiner Zeit und an keinem Ort jemals eine Strafe in irgendeiner Strafanstalt. In meinen Amphetaminjahren verbrachte ich ein paar Nächte im Gefängnis, aber ich kam immer am nächsten Morgen schon wieder raus: Insgesamt waren es sieben Vorfälle, zu verschiedenen Zeiten und an verschiedenen Orten, wo man sich nach dem jeweiligen Recht dafür entschied, mich hinter Schloss und Riegel zu bringen, weil es für alle das Beste sei. Das waren keine besonders lehrreichen Erfahrungen, allerdings weiß ich noch, wie ich in Starkville, Mississippi, lernte, dass es keine gute Idee ist, zu versuchen, die Gitterstäbe einer Gefängniszelle mit den Füßen aufzutreten. In der Nacht brach ich mir einen Zeh.

Es gibt Leute, die einfach nicht wahrhaben wollen, dass in meiner Version keine Verbrechen vorkommen. Gelegentlich habe ich mich schon mit Leuten darüber gestritten, weil sie felsenfest davon überzeugt waren, dass ich früher ein gewalttätiges Verbrecherleben geführt hätte, egal, was ich sagte. Das Einzige, was ich diesen Leuten anbieten kann, ist eine Entschuldigung: Es tut mir leid, aber diese Zeile in *Folsom Prison Blues,* bei der immer noch die stärkste Resonanz aus dem Publikum kommt, vor allem von den Zuschauern, die eher aus der alternativen Szene kommen – »I shot a man in Reno just to watch him die« [Ich erschoss einen Mann in Reno, nur um ihn sterben zu sehen] –, ist frei erfunden, nicht autobiografisch. Ich saß mit einem Bleistift in der Hand da und versuchte, mir den schlimmsten Grund auszudenken, den ein Mensch haben kann, einen anderen zu töten, und das kam dabei heraus. Ich bin allerdings ziemlich schnell darauf gekommen.

Frage zwei ist da schon schwieriger: Wie schreibe ich meine Songs?
    Es gibt keine Formel, kein Patentrezept. Es geschieht auf alle möglichen Arten und deshalb fällt die Antwort von Song zu Song unterschiedlich aus. *I Walk the Line* schrieb ich zum Beispiel, als ich 1956 durch Texas tourte und es mir schwerfiel, der Versuchung zu widerstehen, meiner Frau zu Hause in Memphis untreu zu sein. Ich verarbeitete diese Gefühle in den Anfangszeilen eines Songs und sang Carl Perkins vor einem Auftritt die ersten zwei Strophen hinter der Bühne vor.

I keep a close watch on this heart of mine.
I keep my eyes wide open all the time.
I keep the ends out for the tie that binds.
Because you're mine, I walk the line.

I find it very easy to be true.
I find myself alone when each day's through.
Yes I'll admit that I'm a fool for you.
Because you're mine, I walk the line.

Ich wache sehr über mein Herz.
Meinen Augen entgeht nichts.
Doch ich lasse mich auf nichts ein, denn ich bin bereits vergeben.
Du gehörst zu mir,
Und deshalb halte ich mich an die Regeln.

> **Es fällt mir sehr leicht, treu zu sein.**
> **Am Ende eines Tages bin ich immer allein.**
> **Ja, ich gebe zu, dass ich verrückt nach dir bin.**
> **Du gehörst zu mir,**
> **Und deshalb halte ich mich an die Regeln.**

»Was hältst du davon?«, fragte ich. »Ich nenne es *Because You're Mine*.«

»Hmm«, sagte Carl. »Ich glaube, *I Walk the Line* wäre besser als Titel.« Dann ging er auf die Bühne und ich schrieb den Song zu Ende, während er seinen Auftritt hatte. Das ging mir schnell und einfach von der Hand, fast ohne nachzudenken.

Woher die Gefühle in dem Song stammen, ist klar. Woher das Tempo und die Melodie kommen, ist nicht so leicht zu erkennen: von einem Spulen-Tonbandgerät in einer Kaserne der US Air Force im Jahr 1951 in Landsberg in Deutschland.

Ein Tonbandgerät war damals eine absolute Neuheit, Hightech vom Feinsten. Ich hatte das einzige auf dem gesamten Stützpunkt, gekauft beim PX von Ersparnissen aus den monatlich fünfundachtzig Dollar, die mir Vater Staat für meinen Einsatz im Kalten Krieg bezahlte. Es war schon ein faszinierendes Teil und stand im Mittelpunkt des kreativen Lebens der Landsberg Barbarians: ich, zwei andere Flieger mit Gitarren und einer aus West Virginia mit einer Mandoline, die er sich von zu Hause hatte schicken lassen. Wir saßen immer in der Kaserne zusammen und verschandelten die neuesten Countrysongs oder die Gospelsongs aus unserer Jugend – wir kamen alle vom Land, deshalb kannte sie jeder – und mit diesem Tonbandgerät konnten wir uns das Ergebnis sofort anhören. Einfach unglaublich. Ich habe heute noch ein paar dieser Tonbänder, inzwischen auf Kassette überspielt. Wir waren ziemlich primitiv, aber wir hatten unseren Spaß.

Eines dieser Barbarian-Bänder brachte mich auf die Melodie von *I Walk the Line*. Ich hatte Nachtschicht von elf bis sieben und hörte im Funkraum die Russen ab. Als ich morgens in die Kaserne zurückkehrte, entdeckte ich, dass sich irgendjemand an meinem Tonbandgerät zu schaffen gemacht hatte. Zum Test legte ich ein Tonband von den Barbarians ein

In Deutschland für die US-Luftwaffe, 1952

und bekam einen höchst merkwürdigen Sound zu hören, ein eindringliches Geleier, voll von seltsamen Akkordwechseln. Es kam mir vor wie eine Art gespenstische Kirchenmusik und am Ende war da etwas, was so klang, als würde einer »Vater« sagen. Ich ließ es tausendmal laufen, weil ich nicht schlau daraus wurde, und fragte sogar ein paar Katholiken in meiner Einheit, ob sie es von irgendeinem Gottesdienst her kannten (sie kannten es nicht). Schließlich kam ich der Sache doch noch auf den Grund: Irgendwie hatte sich das Band verdreht, sodass ich die Gitarrenakkorde der Barbarians rückwärts hörte. Das Geleier und diese merkwürdigen Akkordwechsel blieben mir im Gedächtnis und tauchten in der Melodie von *I Walk the Line* wieder auf.

Bei der Luftwaffe habe ich Dinge gelernt, die jedem Soldaten beim Militärdienst beigebracht werden: zu fluchen, nach Frauen Ausschau zu halten, zu trinken und mich zu prügeln. Darüber hinaus habe ich eine ziemlich ungewöhnliche Fähigkeit erworben: Sollte jemand einmal herausfinden wollen, was ein Russe einem anderen per Morsezeichen mitteilt, dann bin ich genau der richtige Mann.

Auf diesem Gebiet war ich hervorragend. Mein linkes Ohr war so gut, dass ich in Landsberg, von wo aus der Sicherheitsdienst der US Air Force weltweit den Funkverkehr überwachte, als absolutes Ass galt. Ich wurde immer geholt, wenn es besonders schwierig wurde. Ich schnitt die

Bei der Arbeit im Studio

ersten Meldungen von Stalins Tod mit. Ich ortete das Signal des ersten sowjetischen Düsenbombers auf seinem Jungfernflug von Moskau nach Smolensk. Wir alle wussten, worauf wir achten mussten, aber ich war derjenige, der es hörte. Ich konnte erst gar nicht glauben, was der russische Funker da machte. Er sendete fünfunddreißig Wörter pro Minute von Hand, so schnell, dass ich dachte, es wäre eine Maschine, bis ich hörte, wie er sich verhaspelte.

Der war wirklich außergewöhnlich, aber auch die meisten seiner Genossen waren schnell genug, um die besten Amerikaner wie armselige, langsame Amateure wirken zu lassen. Das spielte jedoch keine Rolle. Unsere Ausrüstung war so gut, dass sie nirgends in der Welt einen Ton von sich geben konnten, ohne dass wir es hörten. Mit unserem Empfänger bekamen wir sogar WSM herein. Manchmal saß ich sonntags morgens in Deutschland und hörte »Saturday Night at the Grand Ole Opry«, live aus Nashville, Tennessee, genau wie zu Hause.

Ich hörte den Feind bei der Luftwaffe jeden Tag, aber ich kam nie auch nur in die Nähe eines Einsatzes. Ich hatte mich eine Woche vor Ausbruch des Koreakriegs gemeldet, darum steckte ich bereits in der ganzen Maschinerie drin, und nachdem sie meine Eignung festgestellt, mich ausgebildet und dem Sicherheitsdienst zugeteilt hatten, kam Korea nicht mehr infrage. Ich hatte nur noch die Wahl zwischen Deutschland und der Insel Adak, die zur Inselgruppe der Aleuten vor Alaska gehört. Die Entscheidung fiel mir nicht schwer: ewiges Eis oder gutes Essen und »Fräuleins«? Ich entschied mich für Landsberg.

Ich war, wie die meisten Landjungs aus den Südstaaten, beim Militär gelandet, weil es keine bessere Möglichkeit gab, aus den Baumwollfeldern herauszukommen. Ich hatte bereits den anderen üblichen Weg ausprobiert, nämlich nach Norden zu gehen, um eine Arbeit in der Fabrik zu bekommen. In meinem Fall hieß das, nach Pontiac in Michigan zu trampen und mich bei der Fisher Body Company ans Band zu stellen, wo ich eine Presse bediente, die Löcher in die Deckenbespannung von 51er-Pontiacs stanzte – aber das war nichts für mich. Die Arbeit war entsetzlich und die Unterbringung keinen Deut besser: eine Pension voller Männer, die tranken und fluchten und sich schlimmer aufführten, als es mein zartes junges Gemüt vom Lande verkraften konnte. Nach drei Wochen hatte ich genug und trampte wieder nach Hause, mit mehr Geld in der Tasche, als ich je in meinem Leben gesehen hatte.

Zu Hause lief gar nichts. Unser Land war erschöpft und brachte kaum noch einen Ballen Baumwolle pro Hektar hervor. Die einzige Arbeit, die ich finden konnte – in einer Margarinefabrik, in der mein Vater als Hilfsarbeiter angefangen hatte –, war weit schlimmer, als Löcher in Pontiacs zu stanzen. Zuerst ließen sie mich Beton gießen, aber dafür war ich zu schmächtig, ein langes dürres Klappergestell, also setzten sie mich zur Tankreinigung ein. Ich musste für wenig Geld in einem unglaublichen Dreck und einer unvorstellbaren Hitze arbeiten. Danach fand ich die Aussicht auf eine staatliche Lohnüberweisung und eine saubere blaue Uniform ziemlich verlockend, ich verpflichtete mich für vier Jahre.

In letzter Zeit beobachte ich, wie mein Haar allmählich ergraut, mein Gang langsamer wird und meine Energiereserven jedes Jahr ein bisschen nachlassen und dann wundere ich mich manchmal schon, wie ich in der Blüte meines Lebens so viel Zeit für die US Air Force und den Kalten Krieg opfern konnte. Damals schien es jedoch genau das Richtige zu sein. Wir Jungs wollten unserem Land dienen.

Wie schon gesagt, habe ich beim Militärdienst gelernt, was alle dort lernen. Zum Beispiel habe ich einiges über Gewalt erfahren.

Bei der Luftwaffe habe ich meinen ersten Rassenaufstand erlebt. Ich war in einem neunstöckigen Gebäude in Bremerhaven, unser Übergangsquartier nach unserer Reise von den Staaten über den Atlantik, als ich plötzlich wütendes Geschrei hörte. Ich schaute nach unten und dort sah ich sie, Weiße und Schwarze, Waffenbrüder – die Rassentrennung beim amerikanischen Militär war gerade aufgehoben worden –, die aufeinander losgingen, mit allem, was sie hatten. Mehrere Männer wurden gnadenlos zusammengeschlagen oder mit Messern verletzt und es ist ein Wunder, dass keiner dabei ums Leben kam. Viele von ihnen landeten im Krankenhaus oder im Militärgefängnis.

Ich hatte diese Schlägerei kommen sehen, denn schon an Bord war es zu starken Spannungen gekommen und seit wir in Bremerhaven gelandet waren, hatte es viel böses Blut gegeben – typisches Männergehabe, bei dem die Männer sich selbst und andere zum Kampf anstachelten –, aber ich wollte nichts damit zu tun haben und ich konnte wirklich nicht verstehen, warum sich so viele daran beteiligten. Für mich war es kein Problem, mit Schwarzen in einer Kaserne zu leben, und ich konnte mir nicht vorstellen, sie jemals so zu hassen, dass ich einen Privatkrieg gegen sie führen würde.

Eine Sache noch zu der Schlägerei. Dort in Bremerhaven waren viele Männer zusammen, Schwarze und Weiße, die man ständig dazu ermutigt hatte, Menschen zu töten (Nordkoreaner, Chinesen, Russen). Und jetzt wurden sie auf engstem Raum zusammengepfercht, mit der Anweisung, sich während der langen, anstrengenden und langweiligen Reise und der anschließend auferlegten Untätigkeit an Land wie Gentlemen zu benehmen. Sie waren wie Dampfkessel, die kurz vorm Explodieren standen.

Was meine persönliche Gewaltlosigkeit betrifft, so hielt sie in Landsberg nicht lange an. Nachdem ich einmal gelernt hatte, Bier zu trinken und nach Mädchen Ausschau zu halten, hatte ich auch schnell raus, wie man die harten Sachen trinkt und Streit sucht. Streit zu finden war nicht schwer. Die US-Armee hatte keinen Stützpunkt in der Nähe und somit hatten wir keine Gelegenheit, unsere natürlichen Feinde zu bekämpfen, aber die Deutschen stellten sich bereitwillig zur Verfügung. Irgendeiner bot sich immer an. Es war nichts weiter als eine nette Abendunterhaltung für zornige junge Männer und heißblütige Wächter der Demokratie.

Die Luftwaffe erweiterte meinen Horizont auch in anderer Beziehung. Ich war in London und sah die Queen (genauer gesagt, ihre Krönung im Jahr 1953). Ich war in Oberammergau, wo die berühmten Passionsspiele stattfinden, und ging angeln (Bayern ist die beste Gegend der Welt zum Forellenangeln). Ich ging nach Paris und schaute mir die Mädchen im Folies Bergère an. Ich war in Barcelona und schaute mir überall die Mädchen an. Ich war in Kellern, in denen Flamencogitarre gespielt wurde. Ich kaufte mir meine erste Gitarre für zwanzig D-Mark, damals etwa fünf Dollar, und trug sie durch den kalten deutschen Winter zum Stützpunkt zurück. Diesen Fußmarsch werde ich nie vergessen, sechseinhalb Kilometer durch knietiefen Schnee. Ich war total steif gefroren.

Bis dahin hatte ich mich mit Singen begnügen müssen, und natürlich sang ich ständig, sowohl alleine als auch mit den anderen Jungs. In gewisser Weise war es genau wie damals in Arkansas, nur waren die Umgebung und der Inhalt der Lieder meist etwas anders. Während der Grundausbildung auf dem Luftwaffenstützpunkt Lackland in San Antonio habe ich es am Anfang wirklich vermisst, mit all den anderen zusammen in der Kirche zu singen, aber unser Gesang beim Marschieren war auch ganz lustig. Ich kann mich noch an das erste Lied erinnern, das wir auf diese Art gesungen haben, eine Gemeinschaftsarbeit, die mein gesamtes Geschwader von siebenundfünfzig Mann zusammen geschrieben und während des Marsches gesungen hat:

Oh, there's a brownnose in this flight.
And his name is Chester White.
He's got a brown spot on his nose.
And it grows and grows and grows.

Oh, wir haben einen Arschkriecher im Geschwader.
Und sein Name ist Chester White.
Er hat einen braunen Fleck auf der Nase.
Und der wächst und wächst und wächst.

Meine Gitarre hatte ich übrigens bis 1957, als mein Bruder Tommy und einer meiner Neffen in meinem Haus in Memphis herumtobten und sie aus Versehen zertrümmerten. Sie verschwiegen mir den Vorfall, bis ich eines Tages durch Zufall merkte, dass sie fehlte. Es machte mir nicht viel aus. Bis dahin hatte ich schon eine Martin.

Bei der Luftwaffe schätzte man vor allem meine nicht musikalischen Talente und versuchte mich zu halten, indem man mich kurz vor Ablauf meiner Dienstzeit beförderte. »Wir haben Sie etwas vorzeitig zum Stabsfeldwebel ernannt, Feldwebel Cash, und wir bitten Sie, sich ernsthaft zu überlegen, ob Sie sich nicht weiterverpflichten und für eine Karriere bei der Armee entscheiden wollen« –, aber es kam viel zu schwach und viel zu spät. Sie hatten mich drei Jahre lang in Deutschland behalten, hatten mir keinen einzigen Heimflug und nur drei Telefongespräche nach Hause in die Staaten genehmigt und obendrein sagten sie mir noch, dass ich den Sicherheitsdienst nie verlassen würde, wenn ich bei der Air Force bliebe.

»Was ist, wenn ich in die Band der Air Force eintreten möchte?«, fragte ich.

»Unmöglich«, sagten sie. »Sie haben einen Geheimhaltungseid geleistet. Sie können nirgendwo hin. Sie sind immer noch dabei, selbst wenn Sie entlassen sind.« Einen schrecklichen Moment lang dachte ich, sie würden versuchen, mich lebenslang an sich zu binden, aber das taten sie nicht. Sie ließen mich gehen.

Es war gut, dass sie mich gehen ließen. Das Bier und die Wurst schmeckten hervorragend, aber ich sehnte mich danach, wieder im Süden zu sein – »where the livin' was easy, where the fish were jumpin', where the cotton grew high«.

Frage drei ist einfach: Warum trage ich immer Schwarz?

Genau genommen trage ich nicht immer Schwarz. Wenn ich nicht im Licht der Öffentlichkeit stehe, trage ich, was ich will. Doch auf der Bühne trage ich aus einer Reihe von Gründen immer noch Schwarz.

Erstens gibt es da den Song *Man in Black,* den ich 1971 geschrieben habe. Ich hatte damals eine eigene, landesweit ausgestrahlte Fernsehshow und mir wurde von so vielen Reportern die Frage Nummer drei gestellt, dass ich die Gelegenheit wahrnahm, mit einer Botschaft zu antworten. Ich trage Schwarz, sang ich, »for the poor and beaten down, livin' in the hopeless, hungry side of town« [für die Armen und Unterdrückten, die im trostlosen, hungrigen Teil der Stadt leben]. Ich trage es »for the prisoner who has long paid for his crime, but is there because he's a victim of the times« [für den Gefangenen, der für sein Verbrechen längst gebüßt hat, der nur noch dort sitzt, weil er ein Opfer seiner Zeit ist]. Ich trage es für »the sick and lonely old« [die kranken und einsamen Alten], und »the reckless whose bad trip left them cold« [die Leichtsinnigen, die ein Fehltritt zu Fall brachte]. Und mit dem Vietnamkrieg vor Augen, der mich genauso schmerzlich berührte wie die meisten anderen Amerikaner, trage ich es »in mournin' for the lives that could have been. Each week we lose a hundred fine young men. I wear it for the thousands who have died, believin' that the Lord was on their side« [in Trauer um die Leben, die hätten gelebt werden können, um die hundert prächtigen jungen Männer, die wir jede Woche verlieren. Ich trage es für die Tausende, die in dem Glauben gestorben sind, Gott stünde ihnen bei]. Der letzte Vers brachte es auf den Punkt:

Well, there's things that never will be right, I know,
And things need changin' everywhere you go,
But until we start to make a move to make a few things right,
You'll never see me wear a suit of white.

Oh, I'd love to wear a rainbow everyday,
And tell the world that everything's okay,
But I'll try to carry off a little darkness on my back,
Till things are brighter, I'm the Man in Black.

Es gibt Dinge, die nie in Ordnung sein werden, das weiß ich,
Und wo man auch hinschaut, muss sich etwas ändern,
Aber bevor wir nicht anfangen, ein paar Dinge in Ordnung zu bringen,
Werdet ihr mich nie einen weißen Anzug tragen sehen.
Ach, ich würde so gern jeden Tag in den Farben des Regenbogens gehen,
Und der ganzen Welt sagen, dass alles in Ordnung ist,
Aber ich versuche, auf meinem Rücken ein bisschen Dunkelheit davonzutragen,
Bis es etwas heller um uns wird, bleibe ich der Mann in Schwarz.

Abgesehen davon, dass der Vietnamkrieg vorbei ist, sehe ich heute kaum einen Grund, meine Einstellung zu ändern. Die Alten werden immer noch übergangen, die Armen sind immer noch arm, die Jungen sterben immer noch zu früh und wir tun nicht viel dafür, die Dinge zu verbessern. Es ist immer noch viel Dunkelheit davonzutragen.

Es gibt für mich noch andere Gründe, Schwarz zu tragen. Sie hängen mit meinem allerersten öffentlichen Auftritt zusammen, damals in einer Kirche im Norden von Memphis, noch bevor ich irgendwelche Platten aufgenommen oder das Gebäude von Sun Records auch nur betreten hatte. Ich hatte mich allerdings schon mit Marshall Grant und Luther Perkins zusammengetan, sodass wir zumindest theoretisch eine Band waren. Und wir fanden, dass wir auch wie eine Band aussehen sollten. Dummerweise hatte keiner von uns irgendwelche Klamotten, wie sie eine »richtige« Band tragen würde – ich besaß keinen Anzug, nicht einmal eine Krawatte –, aber jeder von uns hatte ein schwarzes Hemd und eine Bluejeans. Also wurde das zum Outfit unserer Band und da die Leute in der Kirche uns zu mögen schienen und Musiker zutiefst abergläubisch sind – wenn sie etwas anderes behaupten, dann lügen sie –, schlug ich vor, bei dem Schwarz zu bleiben.

Marshall und Luther blieben eine Zeit lang dabei, bei mir war es für immer. Meine Mutter konnte es allerdings nicht ausstehen. Nach mei-

**Mit Ernest Tubb, 1956.
Den Anzug mit dem weißen
Jackett trug ich einzig und
allein meiner Mutter zuliebe.**

nen ersten Plattenerfolgen gab ich schließlich nach und begann, die knalligen Klamotten zu tragen, die sie für mich nähte – ich erinnere mich an einen besonders festlichen weißen Anzug, der mit glitzerndem Blau besetzt war –, aber darin fühlte ich mich ganz und gar nicht wohl und so ging ich wieder zum Schwarz über. Und von allem anderen mal abgesehen, war der eigentliche Grund letzten Endes der, dass ich mich einfach darin wohlfühlte. Ich trug Schwarz, weil es mir gefiel.

Ich trage immer noch Schwarz und es hat immer noch eine Bedeutung für mich. Es ist nach wie vor mein Zeichen der Rebellion – gegen den Stillstand, gegen unsere scheinheiligen Gotteshäuser, gegen Menschen, die sich anderen Ideen gegenüber verschließen.

MEMPHIS

Unit One brummt durch die Nacht, lehnt sich sanft in die Kurven der Bergstraße von Santa Cruz zurück nach San Francisco. Ja, denke ich, ich habe hier wirklich eine tolle kleine Mannschaft im Bus.

Es sind nur zwei, Bob und Vicki Wootton, und sie passen sehr gut auf June und mich auf. Sie wissen genau, was sie tun, und wir wissen, dass sie das wissen. Bob ist seit 1968 mein Gitarrist, seit er damals zu einer Verabredung in Oklahoma erschien und die Lücke zu schließen begann, die Luther Perkins in jenem Jahr bei uns hinterlassen hatte. Vicki, seine Frau, gehört noch nicht so lange zu unserer kleinen Truppe, aber sie fährt genauso gut wie Bob und manchmal sogar besser. Das weiß er auch, es macht ihm aber nicht viel aus. Sie ist sehr besonnen, sehr ruhig.

Man braucht zwei Fahrer, wenn man wirklich mit einem Privatbus reisen will. Es gibt alle möglichen Bestimmungen darüber, wie weit und wie lang eine Person fahren darf, ganz zu schweigen von dem Papierkram. Es ist wirklich nicht ganz ungefährlich, wenn man mit einer Hand fährt und mit der anderen Formulare in dreifacher Ausfertigung ausfüllt. Früher haben wir uns über solche Dinge natürlich keine Gedanken gemacht. Wir schluckten einfach so viele Pillen, wie wir brauchten, um dahin zu kommen, wo wir hinwollten.

Ich selbst fahre nicht, jedenfalls keinen Bus. Ich wollte es einmal tun, aber Fluke ließ es absolut nicht zu. Er war dermaßen hartnäckig, dass er wahrscheinlich sogar handgreiflich geworden wäre. Er sagte, in meinem Zustand könne ich nicht fahren, schon gar kein Fahrzeug, das einen Buick plattmachen konnte. Er hatte recht.

Fluke ist W. S. Holland, seit 1959 mein Schlagzeuger, und er reist nicht im Unit One mit. Er und der Rest der Truppe – Earl Poole Ball an den Keyboards, Dave Rorick am Bass, Larry Johnson und Kent Elliot am Mischpult, Brian Farmer, mein Gitarrentechniker, Jay Dauro, unser Programmkoordinator und Bühnenmanager, und normalerweise mein Manager Lou Robin – haben ihren eigenen Wagen und reisen je nach Bedarf unabhängig von uns. Alles in allem geht unsere Truppe mit zwei schwarzen Bussen und einem schwarzen Sattelschlepper auf Tour. Gemessen an manchen Standards ist es vielleicht kläglich, gemessen an anderen wiederum großartig, für mich ist es okay.

Heute Abend musste ich die Musiker alle für eine Weile zu mir in den Unit One holen, weil wir mit *Rusty Cage* überhaupt nicht klarkamen. Fluke und ich gingen den Song ganz verschieden an – es klang, als würden wir versuchen, uns gegenseitig den Rhythmus zuzufaxen – und Bob blieb im Mittelteil hängen, weil er nicht wusste, wem er nun folgen sollte. Wir rockten also nicht, sondern wir schlingerten. Es war peinlich. Höchste Zeit für ein Bandmeeting. Hoffentlich bekommen wir es jetzt richtig hin.

Das Publikum war ungefähr so, wie ich es erwartet hatte, sichtlich begeistert, mit einer Spur unterdrückter Wildheit. Während ich sang, schaute ich hin und wieder ins Publikum und sah hier und da plötzliche Unruhe aufkommen, wie das Aufblitzen eines Fisches in fließendem Wasser. Nach dem Konzert wurde mir erzählt, es habe einige »Vorfälle« gegeben.

Einen gab es, als wir aus dem Parkplatz fuhren. Ich hatte es mir gerade an meinem Tisch bequem gemacht, als ich merkte, wie wir abrupt anhielten. Das war nicht gerade Vickis Art. Irgendetwas war da los. Dann hörte ich laute Stimmen, die Vordertür ging auf, draußen schrie einer und Bob und Vicki sprachen auf ihn ein, zuerst in ruhigem Ton, dann mit Nachdruck, der sich schnell in Wut verwandelte. Ich blieb hinter den Vorhängen. Ich hatte schon vor langer Zeit gelernt, dass es das Dümmste ist, was man machen kann, wenn man sich in einer drohenden Gewaltsituation einmischt oder sich auch nur zu erkennen gibt, wenn man selbst derjenige ist, wegen dem die Leute gekommen sind, »die Hauptperson«, wie sie in der Sicherheitsbranche sagen. Ich hatte also keine

Ahnung, was da draußen vor sich ging. Ich war erleichtert, als die Tür zuschlug und Vicki vorsichtig anfuhr. Es kam mir so vor, als wären wir eine Ewigkeit festgehalten worden.

Während der Fahrt erklärte mir Bob dann, was los gewesen war. Jemand war vor den Bus gesprungen, hatte immer wieder meinen Namen gerufen und sich strikt geweigert, aus dem Weg zu gehen. Er (sie?, Bob konnte es nicht sagen) stand direkt vor der Windschutzscheibe, nicht in rasender Verzückung, wie es bei aufgeregten, begeisterten Fans vorkommen kann, sondern durchgedreht auf eine ganz langsame, weggetretene Art (Bob war davon überzeugt, dass er oder sie total stoned war). Da keine Bullen in Sicht waren und sich langsam eine Menschentraube bildete, wusste Bob, dass er schnell und energisch handeln musste. Er drohte mit Gewalt und meinte das auch durchaus ernst – er hielt die große, schwere Taschenlampe hoch, die Vicki ihm in die Hand gedrückt hatte. Daraufhin wich der Ruhestörer zurück und entfernte sich unter wüstem Geschrei.

»Wie alt war der wohl?«, fragte ich.

»Schwer zu sagen«, meinte Bob, »irgendein Teenager, um die achtzehn vielleicht. Könnte aber auch älter oder jünger sein.« Seiner Meinung nach war es ein Mädchen. Er war noch ganz durcheinander, die Geschichte hatte ihn ziemlich beunruhigt.

Vicki mischte sich ein und sagte, dass es ihrer Meinung nach auch ein Junge gewesen sein könnte.

»Nee«, sagte Bob, »das war ein Mädchen. Aber was auch immer es war, ich habe einen ganz schönen Schreck gekriegt.«

Dann sah er mich an und grinste. »Für dich muss das fast wie in den alten Zeiten gewesen sein, was?«

»So isses«, sagte ich, obwohl es in mancher Beziehung zwar stimmte, in mancher aber auch nicht.

Ich werde jetzt mal schildern, was ich am Anfang so toll fand, warum es mir bei Sun Records so gut gefiel.

Es ist Spätsommer 1955. Ich habe gerade mit *Cry, Cry, Cry* meinen ersten Hit gelandet und befinde mich in Shreveport bei der »Louisiana Hayride«, einer samstagabends stattfindenden Radioshow ähnlich der

»Grand Ole Opry«, aber nicht ganz so berühmt und glanzvoll. Horace Logan, der Leiter der »Hayride«, jammerte manchmal darüber, dass er nichts weiter als ein Talentsucher für die »Kollegen« von der anderen Seite in Nashville sei. Und da ist was Wahres dran. Einige von uns, die in diesem Jahr die Samstagabende in Shreveport verbringen, werden früher oder später zur »Opry« mit ihrem größeren Radiopublikum überwechseln, so wie es in der Vergangenheit schon andere getan haben: Webb Pierce, Faron Young, Hank Williams.

Die »Hayride« ist jedoch eine Welt für sich, und Horace Logan macht eine großartige Show. Er sieht gut aus heute Abend. Er steht da in voller Cowboymontur, mit einem kunstvollen Pistolengürtel und zwei vernickelten Peacemakerrevolvern, die er von Webb Pierce bekommen hat. Er ist brillant.

Die Luft knistert vor Energie. Die meisten von uns treten sehr gerne in der »Hayride« auf. Ich freue mich auf das Publikum, eine Mischung aus Stammgästen aus der Gegend und Leuten, die aus dem gesamten Sendegebiet gekommen sind. Ich freue mich auch auf die Musiker, die zu ihrer Unterhaltung präsentiert werden. Samstagabends konnte es gut sein, dass ich Leuten wie Claude King, Rusty und Doug Kershaw, Wanda Jackson, Jimmy C. Newman, Charlene Arthur oder Johnny Horton begegnete. Manchmal kam auch Carl Perkins mit mir aus Memphis herüber. Oder Elvis trat auf.

Aber das ist gar nicht so wichtig. Ich weiß, es wird Spaß machen, und ich werde mich auf jeden Fall sehr wohlfühlen. Denn hier werde ich als gleichwertig betrachtet, als einer von ihnen, und das ist schon eine tolle Sache. In diesem Geschäft läuft einiges anders. Es ist etwas ganz Besonderes. Die Leute um mich herum sind wie Brüder und Schwestern. Wir kennen uns kaum und sind uns trotzdem sehr vertraut. Irgendwie entsteht hier immer sofort eine spontane Beziehung zwischen einander völlig fremden Leuten. Wir lassen einander an unseren Erfolgen teilhaben und wenn es einem von uns schlecht geht, leiden wir alle mit – es klingt kitschig, ich weiß, aber es stimmt. Ich habe so etwas noch nie zuvor erlebt. Es ist toll. Es wärmt einem das Herz.

Genau wie das Publikum. Meine Platte wird in Shreveport oft gespielt – es ist der erste Ort außerhalb von Memphis, wo ich mich selbst im Radio gehört habe, in Tommy Sands Sendung bei KCIJ – und wenn ich auf die Bühne komme und *Cry, Cry, Cry* oder *Hey Porter* anstimme, sehe ich, wie die Leute anfangen mitzuklatschen und höre sie mitsingen. Mann, das ist ein irres Gefühl. Es gibt mir einen richtigen Kick. Sie haben meinen Song im Radio gehört und er gefällt ihnen! Ich stehe hier vor ihnen auf der Bühne, ganz alleine, und sie sind begeistert. Sie finden, dass ich genauso hierhergehöre wie ein Faron Young oder Hank Williams. Es ist echt Wahnsinn.

Es gefällt mir, einer von den Neuen zu sein, einen Hit gelandet zu haben, in meiner Generation plötzlich jemand zu sein und ständig von Mädchen umlagert zu werden, aber ich singe auch gern für die älteren Leute. Sie schicken mir Wunschzettel mit ihren Lieblingscountrysongs hinter die Bühne – *My Grandfather's Clock*, *Sweeter Than the Flowers* oder *Silver Haired Daddy of Mine* – und ich entspreche ihnen mit größtem Vergnügen. Ich freue mich, dass ich für sie die Musik spielen kann, die ich damals in Dyess immer im Radio gehört habe, und ich fühle mich älteren Menschen sehr nahe. Uns verbindet etwas ganz Besonderes.

Die »Hayride« ist also eine wunderbare Erfahrung. Für mich verkörpert sie alles Gute auf einmal: das Gefühl, gemocht zu werden, geschätzt zu werden, das zu tun, was ich gerne tue, die Wärme einer tollen großen Familie zu spüren, mit meinen Freunden Musik zu machen. Wenn es so weitergeht, wird mein Leben auf jeden Fall sehr glücklich.

Wenn sich dieser Samstagabend in der »Hayride« dem Ende zuneigt, werden wir Brüder und Schwestern der Musik wieder unsere eigenen Wege gehen. Manchmal machen wir eine Woche lang in Shreveport Station, wenn wir in Louisiana, Texas, Arkansas oder Mississippi unterwegs sind. Oder Luther, Marshall und ich zwängen uns mit unserer kompletten Ausrüstung (einschließlich Marshalls Kontrabass) wieder in meinen 54er-Plymouth und machen uns auf die lange Fahrt nach Hause. Sonntag früh werden wir bei Sonnenaufgang in Memphis eintreffen – was will man noch mehr?

Es stimmt, was über Memphis immer geschrieben wird: Was die Musik betrifft, war es die Hauptstadt des gesamten Mississippidelmas und nicht nur eine x-beliebige Stadt am Ufer eines Flusses in West-Tennessee. Da musste ich hin, keine Frage. Seit das Radio von Sears Roebuck damals in unser Haus gekommen war, war Memphis für mich der Mittelpunkt der Welt, der Ort, an dem die Menschen nicht ihr Leben damit verschwenden mussten, aus ein paar Hektar staubiger Erde noch das Letzte herauszupressen, nur um überleben zu können, der Ort, an dem man im Radio singen konnte. Nachdem ich mich aus der Luftwaffe verabschiedet hatte, sah ich zu, dass ich so schnell wie möglich dorthin kam.

In gewisser Weise blieb mir auch nichts anderes übrig. Irgendwo musste ich ja hin. Mal ganz abgesehen davon, dass ich ins Radio kommen wollte, musste ich irgendwohin, wo ich einen Job finden konnte, von dem ich, meine neue Frau und die Familie, die wir zusammen haben wollten, leben konnten.

Die erste Stelle, wo ich Arbeit suchte, war die Polizeibehörde, zu der mein Bruder Roy Verbindungen hatte. Durch meine Arbeit beim Sicherheitsdienst der Luftwaffe war ich ein aussichtsreicher Bewerber. Aber nachdem ich mich eine Weile mit dem Polizeichef unterhalten hatte, beschloss ich, dass der Polizeidienst nichts für mich war. Der Polizeichef akzeptierte das und gab mir den Rat, mich an Mr. George Bates bei der Home Equipment Company zu wenden.

Für mich ist George Bates inzwischen einer jener Engel, die genau dann in dein Leben treten, wenn du sie am meisten brauchst, die dir am richtigen Ort und zur richtigen Zeit die Hand reichen. Er stellte mich als Vertreter ein und finanzierte mir eine wöchentliche fünfzehnminütige Radiosendung (»Hi. Hier spricht John Cash von der Home Equipment Company«). Er lieh mir Geld, als sich herausstellte, dass ich als Vertreter eine absolute Niete war. An jedem Zahltag gab er mir einen Vorschuss und nachdem das fast ein Jahr lang so gelaufen war, rief er mich zu sich ins Büro.

»Glauben Sie, dass Sie mir das jemals zurückzahlen werden?«, fragte er.

»Wie viel schulde ich Ihnen?«, fragte ich. Er schaute nach.

»Zwölfhundert Dollar«, sagte er.

»Nun, Mr. Bates«, sagte ich, »eines Tages werde ich hier zur Tür reinkommen und Ihnen einen Scheck über den vollen Betrag geben.«

Er war großartig. »Na ja, ich hoffe einfach mal, dass Sie das tun werden«, sagte er. »Ich habe mich Ihrer angenommen, weil ich an Sie glaube. Ich denke, eines Tages werden Sie es zu etwas bringen – aber eins sage ich Ihnen, ich glaube nicht, dass aus Ihnen jemals ein Verkäufer wird.« Sogar danach behielt er mich noch bei sich und ich durfte weiterhin, mehr schlecht als recht, den jungen aufstrebenden Geschäftsmann mimen. Ich verbrachte sehr viel Zeit in meinem Auto und hörte Radio.

Es lohnte sich damals, Radio zu hören. In den frühen Fünfzigern gab es viel hervorragende Countrymusik und auch hervorragenden Blues. Blues hörte man überall und ich fand das völlig in Ordnung. Ich ging gerne in den Plattenladen »Home of the Blues«. Dort habe ich mir auch *Blues in the Mississippi Night* gekauft, die großartige, von Alan Lomax aufgenommene Anthologie von Delta-Bluessängern, die immer noch zu meinen Lieblingsalben gehört (ich habe daraus auch einen guten Songtitel entliehen), ich fuhr gerne nach Orange Mound, das schwarze Stadtviertel, um auf Gus Cannons Veranda zu sitzen und ihm beim Singen und Gitarrespielen zuzuhören. Gus schrieb *Walk Right In*, das später ein großer Pop-Hit für die Rooftop Singers wurde. Ich fand ihn wunderbar, auch wenn er keinen Kühlschrank kaufte (niemand tat das, keiner konnte sich einen leisten, genauso wenig wie die anderen Dinge, die ich zu verkaufen hatte. Und ich wollte ihnen nicht einreden, dass sie es doch könnten). Ich hörte gern Dewey Phillips Radiosendung »Red Hot and Blue« bei WHBQ, in der alles wild durcheinandergespielt wurde, Hillbilly, Pop, Blues, Gospel – und in der niemand etwas zu melden hatte außer Dewey. Er kannte natürlich das große Geheimnis: dass es viele Weiße gab, die sich still in ihrem Kämmerchen *race music* anhörten. Natürlich gingen einige auch recht offen damit um, allen voran Elvis.

Als ich 1954 nach Memphis kam, sorgte Elvis dort schon für großes Aufsehen. Sam Phillips hatte seine erste Single *That's All Right, Mama* mit

Blue Moon of Kentucky auf der B-Seite herausgebracht und die ließ die Radiowellen erzittern. Als ich Elvis zum ersten Mal sah, sang er von einem Tieflader herunter zur Eröffnung eines Katz-Drugstores in der Lamar Avenue und zwei- oder dreihundert Leute, vorwiegend weibliche Teenager, waren gekommen, um ihn zu sehen. Da er bisher nur mit einer Single aufwarten konnte, sang er diese zwei Songs immer und immer wieder. Damals sind wir uns das erste Mal begegnet. Vivian und ich gingen nach der Show zu ihm hoch und er lud uns zu seinem nächsten Auftritt im Eagle's Nest ein. Dieser Club wurde von Sleepy-Eyed John geführt, dem Discjockey, der sich nach einem Song von Merle Travis benannt hatte und genauso wichtig wie Dewey Phillips war, wenn es darum ging, die Musik von Sun Records unter die Leute zu bringen.

Sleepy-Eyed John konnte Sam Phillips allerdings nicht leiden. Und so kündigte er die Sun-Singles, obwohl er sie ständig auflegte, meist mit irgendeiner verächtlichen Bemerkung an: »Hier ist noch so 'ne brummende Sechzigerplatte von Sam Phillips« oder »Diese Platte gehört eigentlich nicht hierher, aber ihr habt es ja so gewollt – und dafür tut ihr mir wirklich leid – also, hier ist sie.«

Sleepy-Eyed John sagte und tat, was er wollte, wenn er auf Sendung war. Er ließ neue Singles zur Hälfte ablaufen, dann riss er sie vom Plattenteller und warf sie in den Mülleimer. »Dieser Typ ist keinen Pfifferling wert!«, sagte er dann. »Schauen wir mal, ob wir was finden, was sich eher lohnt. Okay, hier ist Bud Decklemans Neue. Das ist vielleicht eine Platte!« Und er hatte recht: Bud Deckleman, den heute keiner mehr kennt, war ein richtig guter Countrysänger.

Trotz der Show, die er abzog, wusste Sleepy-Eyed John immer genau, was Sache war. Er sah den Durchbruch des Rock 'n' Roll voraus und trug selbst dazu bei. Er war auch ein sehr netter Kerl, gut aussehend, nur ein paar Jahre älter als ich, unbekümmert und freundlich, der richtige Mann, um eine Brücke zu seinen Hörern zu schlagen.

Dewey Phillips war ruhiger, zurückhaltender und entspannter als Sleepy-Eyed John. Aber auf Sendung war er geradezu ein Verrückter, einer dieser Mitternachtsheuler wie Wolfman Jack. Das war immer sein großer Auftritt. Man konnte sich gut mit ihm über Musik unterhalten und er war sehr nett zu mir. Er arbeitete sich den Arsch ab bei diesem Sender. Seine Sendung »Red Hot and Blue« begann erst um Mitternacht, aber er war auch tagsüber im Radio zu hören.

An Elvis' Auftritt im Eagle's Nest erinnere ich mich, als ob es gestern gewesen wäre. Er war dort völlig fehl am Platz, denn es war ein Club für Erwachsene, in dem Teenager nicht gern gesehen waren. Und so waren es mit Vivian und mir nur etwa ein Dutzend Gäste, auf keinen Fall mehr als fünfzehn. Trotzdem war ich von Elvis begeistert. Er sang wieder mal (und immer wieder) *That's All Right, Mama* und *Blue Moon of Kentucky*, außerdem ein paar schwarze Bluessongs und ein paar Stücke wie *Long Tall Sally*. Er sagte nicht viel. Das war natürlich auch gar nicht nötig, denn allein durch sein Charisma zog er alle Aufmerksamkeit auf sich. Was mir an diesem Abend aber wirklich auffiel, war sein Gitarrenspiel. Elvis war ein grandioser Rhythmusgitarrist. Die ersten Takte von *That's All Right, Mama* spielte er ganz allein auf seiner Gitarre und man wollte gar nichts anderes mehr hören. Ich jedenfalls nicht. Ich war richtig enttäuscht, als Scotty Moore und Bill Black einfielen und ihn fast übertönten. Nicht dass Scotty und Bill nicht hervorragend zu ihm gepasst hätten, der Sound, den wir an jenem Abend von ihm und den beiden zu hören bekamen, war das, was für mich den eigentlichen Presley ausmachte, der Sound, den ich in den späteren Jahren vermisste, als er berühmt war und nur noch voll instrumentierte und überproduzierte Platten machte. Ich liebte diese klare, einfache Kombination von Scotty, Bill und Elvis mit seiner akustischen Gitarre. Komischerweise habe ich nie gehört oder gelesen, dass Elvis als Rhythmusgitarrist gelobt worden wäre. Und nach der Zeit bei Sun habe ich ihn auf seinen Platten nie wieder Gitarre spielen hören. Ich weiß noch, dass er an jenem Abend im Eagle's Nest auf einer Martin spielte und nach der neuesten Teenagermode gekleidet war. Ich glaube, sein Hemd hatte er aus dem National Shirt Shop, wo man für drei Dollar achtundneunzig irgendetwas Schrilles und Knalliges oder (wie in meinem Fall) etwas in einem schönen satten Schwarz bekam. Kann aber auch sein, dass er damals schon bei den Lansky Brothers in der Beale Street

uther, Johnny und Marshall

einkaufte. Wenn nicht, dauerte es auf jeden Fall nicht mehr lange. Damals, 1955 und 56, war ich selbst zwei-, dreimal dort.

Elvis und ich unterhielten uns über Musik, aber ich sprach mit ihm nie über Sun Records oder irgendetwas anderes, was mit dem Musikgeschäft zu tun hatte. Ich wollte meinen eigenen Weg gehen; und so ging ich auch an die Sache ran.

Ermutigt durch den Auftritt, den Marshall, Luther und ich in jener Kirche im Norden von Memphis hatten, setzte ich mich in meinen 54er-Plymouth, fuhr in die kleinen Städte rund um Memphis und suchte die lokalen Konzertveranstalter auf, um mich und die Jungs anzupreisen (die zu dem Zeitpunkt noch keinen Namen hatten; später nannten sie sich die Tennessee Two). Wenn wir ein Engagement bekamen, ließen wir Plakate drucken, auf denen unser Konzert angekündigt wurde, und am Abend des Auftritts zogen wir uns dann unsere schwarzen Hemden an und legten los. Wir spielten verschiedene Sachen, das meiste davon ging in Richtung Gospel: *Peace in the Valley,* ein paar von Red Foleys Songs, *He'll Understand and Say Well Done,* manchmal schwarzen Gospelblues wie *I've Got Jesus and That's Enough* und immer *I Was There When It Happened,* diesen geistlichen Song, den Jimmy Davis zu einem Hit gemacht hatte

Mit Bruder Roy Cash, 1954

(Marshall sang damals den Refrain dazu). Oft sang ich auch *Belshazzar*, der mir von meinen eigenen Songs damals am besten gefiel.

Ich habe Marshall und Luther durch meinen Bruder Roy kennengelernt, der mit ihnen zusammen beim Automobile Sales Company Service arbeitete. Marshall und Roy waren die beiden Spitzenmechaniker, diejenigen, die die größten und kompliziertesten Aufgaben übernahmen, während Luther im Hintergrund an den Radios herumbastelte. Sie hatten Roy gebeten, uns miteinander bekannt zu machen, und als er es tat, verstanden wir uns gleich prächtig. Ich mochte sie beide, aber ich fühlte mich vom ersten Moment an instinktiv eher zu Luther hingezogen. Zum einen war er Radiotechniker, sodass wir hier schon mal ein gemeinsames Interesse hatten. Und dann waren wir beide Gitarristen (im weiteren Sinne), während Marshall Bass spielte. Luther gehörte zu den Männern, die auf jeden gleich offen zugehen können. Als ich ihn nach meiner Rückkehr von der Luftwaffe in die Staaten zum ersten Mal traf, begrüßte er mich wie einen alten Freund, während Marshall etwas reservierter war.

Wir kamen wunderbar miteinander aus. Es machte uns wirklich Spaß, miteinander zu arbeiten. Wir gingen meist zu Luther, Marshall oder zu mir nach Hause, setzten uns raus auf die Veranda und machten Musik, bis der Hof voller Nachbarn war. Es war einfach toll. Ich denke heute noch sehr gern an diese Zeit zurück.

Roy spielte in dieser ganzen Geschichte eine große Rolle; er hatte schon lange einen ganz wesentlichen Einfluss auf mein musikalisches Leben gehabt. Als er damals in Dyess in die Oberstufe der Highschool ging, gründete er mit ein paar Kumpeln ein Streichorchester, das sie die Dixie Rhythm Ramblers nannten, und sie waren sogar ein paarmal bei KLCN in Blytheville, Arkansas, im Radio zu hören. Das trug mehr als alles andere dazu bei, dass sich in meinem Kopf die Vorstellung festsetzte, ich könnte irgendwann tatsächlich mal im Radio singen. Und Roy bestärkte mich darin. Er glaubte schon immer an mich. Schon als ich klein war, hatte er zu mir gesagt: »J. R., eines Tages wirst du groß rauskommen. Die Welt ist wie ein Apfel in deiner Hand und du wirst ihn schälen.« Und weil ich so zu ihm aufschaute, glaubte ich ihm das auch. Mit der musikalischen Karriere von Roy klappte es leider gar nicht. Er war der Einzige von den Dixie Rhythm Ramblers, der den Zweiten Weltkrieg überlebte, und danach war er nicht mehr mit ganzem Herzen bei der Sache. Mich ermutigte er allerdings weiterhin. Während ich bei der Air Force war, schrieben wir uns viele Briefe und in einem davon erzählte er mir auch zum ersten Mal von Marshall und Luther. Ich war auf unser Treffen vorbereitet, noch bevor ich zurück in den Staaten war. Als wir dann erst mal zusammengefunden hatten, gehörte Roy auch mit zur Truppe. Wenn wir einen Auftritt hatten, kam er mit, um uns beim Fahren, beim Aufbauen und allem, was sonst noch so anfiel, zu helfen.

Wenn ich so zurückblicke, war Roy damals sehr wichtig in meinem Leben. Er ging seiner eigenen Karriere nach, zuerst als Mechaniker und dann, fünfundzwanzig Jahre lang, als regionaler Kundendienstbeauftragter im Mittleren Süden für die Chrysler Corporation, mit einem eigenen Büro im Sterick Building in Memphis. Aber die ganze Zeit über hatte er ein wachsames Auge auf mich. Als meine Amphetaminsucht immer schlimmer wurde, ignorierte er sie nicht und er spielte sie auch nicht herunter, wie manch anderer. Er kam, um mit mir zu reden – um mich inständig zu bitten, auf mich aufzupassen. Seine Einstellung mir gegenüber hat sich nie geändert. Er sah nie auf mich herab oder verurteilte mich, egal wie tief ich sank. Das bedeutete mir ungeheuer viel. Roy starb friedlich auf seiner Couch in Memphis. Es ist erst wenige Jahre her. Ich glaube, die offizielle Todesursache war Erschöpfung. Er war einfach am Ende.

Als ich das erste Mal mit Sun Kontakt aufnahm, erzählte ich Sam Phillips am Telefon, ich sei Gospelsänger. Das funktionierte nicht. Der Markt für Gospelplatten, sagte er mir, sei nicht groß genug, als dass es sich für ihn rentieren würde, sie zu produzieren. Mein nächster Versuch ging auch daneben – diesmal erzählte ich ihm, ich sei Countrysänger. Schließlich ging ich eines Morgens, noch bevor die Ersten zur Arbeit kamen, einfach zum Aufnahmestudio in Memphis und setzte mich dort auf die Treppe und wartete.

Sam erschien als Erster. Ich stand auf, stellte mich vor und sagte: »Mr. Phillips, wenn Sie mich anhören, werden Sie es nicht bereuen.«

Das waren offenbar die richtigen Worte. »Nun, einen Jungen mit Selbstvertrauen höre ich mir gerne an«, antwortete er. »Komm mit rein.«

Als wir im Studio waren, sang ich ihm *I Was There When It Happened* und *It Don't Hurt Anymore* vor. Ich sang *Belshazzar*. Ich sang Hank-Snow-Songs, einen Jimmie-Rodgers-Song, ein paar Songs der Carter Family und was ich sonst noch an beliebten und aktuellen Countrysongs in mein Repertoire aufgenommen hatte. Sam kam immer wieder auf mein eigenes Repertoire zu sprechen: »Was hast du sonst noch so geschrieben?« Obwohl ich den Song eigentlich nicht besonders gut fand, erzählte ich ihm von *Hey Porter* und er wollte, dass ich ihn vorsang.

Damit wars geschafft. »Komm morgen mit den Jungs wieder, mit denen du diese Musik gemacht hast, und wir nehmen den Song auf«, sagte er zu mir.

Am nächsten Tag im Studio war ich ziemlich nervös und dem Mann an der Steelgitarre, Red Kernodle, einem weiteren Mechaniker aus der Automobile Sales Company, ging es noch schlechter. Er war so aufgeregt, dass er kaum noch spielen konnte. Das Ergebnis war vorherzusehen: Die erste Bandaufnahme, die wir machten, *Wide Open Road*, klang furchtbar und danach wurde es auch nicht viel besser. Nach drei oder vier Songs packte Red seine Steelgitarre ein und ging. »Das Musikgeschäft ist nichts für mich«, sagte er und ich widersprach ihm nicht. Danach wurden wir etwas ruhiger und schafften es, eine anständige Aufnahme von *Hey Porter* zu machen.

Sam gefiel sie. »Das wird eine Single«, verkündete er.

»Was soll das heißen, eine Single?«, fragte ich. Ich dachte, wir wären immer noch beim Vorspielen.

»Wir bringen eine Platte raus«, entgegnete Sam.

Das war vielleicht ein toller Moment! Ich hatte gedacht, wir hätten nicht die geringste Chance, und plötzlich war ich kurz davor, für Sun Platten aufzunehmen.

»Also«, fuhr Sam fort, »wenn wir noch einen anderen Song hätten, ein Liebeslied, das wir für die zweite Seite nehmen könnten, dann könnten wir eine Platte rausbringen. Habt ihr so was?«

»Ich weiß nicht«, sagte ich. »Da muss ich erst nachdenken.«

»Nun, wenn ihr keinen habt, dann schreibt einen. Schreibt einen richtigen Schmachtfetzen.«

Und genau das tat ich. Ein paar Wochen später, als wir mit *Cry, Cry, Cry* aufwarten konnten, rief ich ihn an und er ließ uns wieder ins Studio kommen, um diesen Song auch noch aufzunehmen.

Wir mussten fünfunddreißig Takes machen, bevor wir *Cry, Cry, Cry* richtig hinbekamen, was vor allem daran lag, dass Luther mit seinem Gitarrenpart nicht klarkam. Ich änderte das Arrangement immer wieder für ihn ab und er brachte es ständig durcheinander. Das Ganze war eine Kette von komischen Verwicklungen, bis ich ihm schließlich sagte, er solle den Gitarrenbreak, den wir eigentlich machen wollten, vergessen und die Akkorde einfach durchspielen. Das lief dann meiner Meinung nach ganz gut. Dieser *Boom-chika-boom*-Instrumentalstil gefiel mir und er passte zu uns. Marshall Grant hatte im Grunde recht, als er Jahre später einmal sagte, wir hätten uns den *Boom-chika-boom*-Sound nicht erarbeitet – er sei das Einzige, was wir spielen könnten. Aber er brachte uns weiter und er war etwas Eigenes. Schon nach den ersten paar Takten wusste man genau, wer gleich singen würde.

Marshall und Luther schränkten mich schon etwas ein. Es war wirklich so, vor allem in den späteren Jahren. Es gab etliche Songs, die ich gerne aufgenommen hätte, aber ich ließ es bleiben, weil ich die Akkorde alleine nicht herausfand und es auch im ganzen Studio niemanden gab, der das konnte. *City of New Orleans* von Steve Goodman war so einer. Kris Kristofferson schickte ihn mir zu, bevor sich irgendjemand anderes daran versuchen konnte, und wenn ich mir etwas Zeit genommen und mir die Mühe gemacht hätte, den Song zu lernen, hätte ich vielleicht auch einen größeren Hit damit landen können. Stattdessen ließ ich die Finger davon und machte einfach ziemlich planlos mit Marshall und Luther weiter (und nach 1959 mit Fluke). Ich kann Marshall und Luther natürlich keinen Vorwurf machen. Es gab viele Leute, die ich hätte bitten können, zu uns ins Studio zu kommen und uns zu zeigen, wie es ging, aber ich kümmerte mich nicht darum (ich habe tatsächlich erst in den letzten fünf Jahren ein paar neue Akkorde dazugelernt). Ich ging den einfachsten Weg und in gewisser Weise bedaure ich das. Aber trotzdem, es war auf jeden Fall ehrlich, so wie wir es gemacht haben. Beim Spielen und Singen verließen wir uns ganz auf unser Gefühl, und so verkehrt kann das eigentlich nicht sein.

⌒ SUN RECORDS

Sam Phillips gegenüber habe ich immer noch gemischte Gefühle. Ich glaube, er war auch einer dieser Engel, die plötzlich in mein Leben traten, aber ich bin mir nicht sicher, ob er mich auch in finanzieller Hinsicht angemessen behandelt hat (ich könnte allerdings auch nicht mit Sicherheit sagen, dass er es nicht getan hat). Was mich eigentlich am meisten ärgert, ist, dass er mir nie einen Cadillac geschenkt hat. Er schenkte Carl Perkins einen, als Carl eine Million Exemplare von *Blue Suede Shoes* verkaufte hatte, aber ich bekam nie einen, obwohl *I Walk the Line* genauso ein Riesenhit war. Ich weiß nicht, warum. Vielleicht lag es daran, dass Sam voll und ganz auf Carl setzte, was seine Zukunft im Rock'n'Roll betraf – er hatte Elvis inzwischen an RCA verkauft –, während ich für Country stand und Countrystars schenkt man einfach keine Cadillacs. Das ist nur was für Rock'n'Roll.

Ich finde allerdings, dass mir der Cadillac immer noch zusteht. Ich sollte Sam einfach anrufen und ihm sagen, dass er mir einen rüberschicken soll: schwarz, mit tiefschwarzen Zierleisten und einer Innenausstattung in vielleicht etwas hellerem Schwarz. Ich weiß nicht, was die heute so kosten, aber 1956 konnte man ein Spitzenmodell für 3500 Dollar bekommen.

Ich nenne den Mann Sam, aber damals sagte ich noch Mr. Phillips zu ihm. Wir alle nannten ihn so, obwohl er von uns mit Sam angeredet werden wollte – schließlich war er nicht viel älter als wir. Ich glaube, Elvis, der erst neunzehn war, als er bei Sun unterschrieb, fing damit an und wir anderen machten es dann genauso. Die Frauen bei Sun, Marion Keisger und Sally Wilburn, bestärkten uns noch darin. Wir kamen mit unseren Fragen und Problemen immer zu ihnen: Wo waren die Schecks mit unse-

**Sun Records Gründer Sam Phillips gratuliert zum großen
Erfolg des Songs »I walk the line«, 1956**

ren Tantiemen? Konnten wir den Song, den wir gerade aufgenommen hatten, noch etwas abändern? Sie hörten uns an und sagten dann immer: »Wir müssen erst mit Mr. Phillips darüber reden.« Ich war schon weit in den Vierzigern, als ich schließlich doch noch dazu überging, ihn Sam zu nennen. Ich fürchtete allmählich, dass er anfangen würde, mich mit Mr. Cash anzureden, wenn ich ihn weiterhin Mr. Phillips nannte, und das wäre mir sehr unangenehm gewesen. Mr. Cash war mein Daddy, nicht ich.

Sam Phillips war ein Mann mit echtem Weitblick. Er sah voraus, dass die weiße Jugend der Fünfzigerjahre ganz wild darauf sein würde, eine Musik zu hören, die die Rhythmen und Stile der »schwarzen« Platten aufgriff, die er für Musiker wie Howlin' Wolf, Bobby Bland, B. B. King, Little Milton, James Cotton, Rufus Thomas, Junior Parker und andere produzierte (eine Liste von Namen, die mindestens genauso beeindruckend ist wie die der jungen weißen Rockabillys, mit denen er üblicherweise in Verbindung gebracht wird). Er hatte auch ein feines Gespür für junge Musiker, deren Talent und Potenzial bislang noch keiner erkannt hatte. Was mich betrifft, sah er etwas, was vor ihm noch kein anderer gesehen hatte und was nicht einmal ich selbst von mir wusste.

Er schwamm nie mit dem Strom (was sich fast von selbst versteht, angesichts seiner außergewöhnlichen kreativen Leistungen). Er war nicht einer dieser vielen Geschäftsleute und Produzenten aus der Musikbranche, die ihr Geld verdienen, indem sie Sänger und Musiker dazu zwingen, ihren Sound danach auszurichten, was sich gerade gut verkauft. Er ermutigte mich immer, es auf *meine* Art zu machen. Ich sollte so viele fremde Einflüsse aufnehmen, wie ich wollte, aber nie jemanden kopieren. Es war ein großes, seltenes Geschenk, das er mir damit machte: Er glaubte an mich, noch bevor meine Plattenkarriere richtig begonnen hatte.

Ich arbeitete gern mit ihm zusammen im Studio. Er war klug, hatte einen sehr guten Instinkt und war mit echter Begeisterung bei der Sache. Er ging leicht aus sich heraus, war alles andere als cool. Wenn wir etwas aufs Band gebracht hatten, was ihm gefiel, kam er lachend und händeklatschend aus dem Regieraum ins Studio gestürmt und schrie und johlte. »Das war großartig! Das war wunderbar!«, rief er. »Das ist ein *rolling stone!*« (womit er meinte, es sei ein Hit). Seine Begeisterung machte richtig Laune. Sie beflügelte uns. Und er hatte wirklich ein gutes Händchen, was das Kommerzielle anging. Er hatte den Dreh raus, einen Song so zu bearbeiten, dass er wirklich bei den Leuten ankam.

Ein gutes Beispiel dafür ist *Big River,* ein Song, den ich als langsamen Zwölftaktblues auf dem Rücksitz eines Wagens in White Plains in New York geschrieben und so schon ein paarmal auf der Bühne gesungen hatte, bevor ich ihn ins Studio brachte und Sam vorsang. Seine Reaktion kam ganz spontan: »Nein, nein, da fehlt noch ein ordentlicher Beat.« Er ließ Jack Clement seine Gibson J200 auspacken und auf einen

Akkord stimmen, ein Bottleneck zur Hand nehmen und das ganze Stück hindurch diesen kraftvollen Grundakkord spielen, und das wirkte. Ich fand es super. Der Groove, den er im Ohr hatte, war wesentlich kraftvoller als meiner, und ich bin sehr froh darüber, dass er sich die Freiheit nahm, nachzuhaken und dafür zu sorgen, dass ich es auch hören konnte.

Er hatte sehr eigenwillige Ideen. Manchmal gefiel mir das auch nicht so gut, vor allem wenn ich das Gefühl hatte, dass er sich einer Sache gegenüber verschloss, die ich gerne gemacht hätte – er lehnte Ideen oft rundweg ab, scheinbar ohne überhaupt darüber nachzudenken –, aber letztendlich hatte ich nie wirklich ein Problem damit. Ich glaube nicht, dass uns dadurch jemals ein guter Song entgangen ist, außerdem hörte er meistens doch auf mich. Auf jeden Fall gehörte er absolut nicht zu den Produzenten, die den Musikern, die zu ihnen ins Studio kommen, ihren eigenen »Stil« aufzwingen wollen. Sam ging im Allgemeinen so an die Sache heran, dass er jemanden hereinholte und sagte: »Zeig mir einfach, was du draufhast. Sing mir ein paar Songs vor und zeig mir, was du gerne machen würdest.«

Und im Wesentlichen stimmten wir miteinander überein. Uns war beiden klar, dass meine Musik in erster Linie einfach, unkompliziert und schnörkellos bleiben musste, und wir fanden beide, dass kleinere musikalische oder technische Fehler nicht so schlimm waren, solange der Song selbst gut rüberkam. Es gibt da einige Fehler auf meinen Sun-Platten – mal verpatzte Luther einen Gitarrenlauf, mal war Marshall aus dem Takt gekommen, mal traf ich den Ton nicht genau – und wir wussten es alle. Sam störte sich nicht so sehr daran: Seele, Feuer und Herz waren ihm wichtiger als technische Perfektion. Wenn ich allerdings irgendetwas machte, was seinen Vorstellungen von guter und schlechter Musik widersprach, störte ihn das sehr wohl. Dann konnte er sehr direkt werden.

»Das ist schrecklich«, sagte er. »Das kannst du wirklich nicht machen.«

Und ich sagte: »In Ordnung, ich lass es bleiben«, es sei denn, ich war wirklich ganz anderer Meinung. Dann mussten wir uns irgendwie einig werden.

Es war ein wunderschöner Tag für mich, als Marion Keisger mir meinen ersten Tantiemenscheck überreichte. Der Betrag war winzig – 6,42 Dollar, glaube ich –, aber mir kam es vor wie ein Vermögen. Vielleicht musste ich jetzt nicht mehr so tun, als würde ich Kühlschränke verkaufen, und brauchte auch nicht irgendeinen anderen Job anzunehmen, den ich gar nicht wollte. Vielleicht konnte ich bis Ende des Jahres die Miete für das kleine Haus bezahlen, in dem ich mit Vivian und Rosanne lebte. Und wenn mir mein Schwiegervater und George Bates von der Home Equipment Company weiterhin Geld leihen würden, konnte ich mich vielleicht bis zur nächsten Tantiemenauszahlung über Wasser halten. Marion hatte mir erzählt, dass ich dann vielleicht einen viel größeren Scheck bekommen würde. Vielleicht, nur vielleicht, konnte ich sogar davon leben! Elvis verdiente schließlich ganz gut dabei. Er lief durch die Gegend und kaufte sich einen Cadillac nach dem anderen.

Meine Euphorie ließ nach, als ich langsam, aber sicher und meist nur durch Zufall mitbekam, wie das Musikbusiness funktionierte. Es ist mir geradezu peinlich, wenn ich daran denke, wie blauäugig ich damals in Bezug auf das Business war. Noch viel schlimmer ist es, eingestehen zu müssen, dass sich das bis heute kaum gebessert hat. Im Laufe der vierzig Jahre, die ich nun schon dabei bin, kam ich nicht umhin, ein paar Grundregeln zu lernen, aber ich habe mich meist heftig und erfolgreich dagegen gewehrt. Nur die absolut unumstößlichen, bitteren Wahrheiten sind zu mir durchgedrungen. Ich habe mich immer darüber geärgert, wie viel Zeit und Energie der Musik durch das Geschäftliche verloren geht – Rechtsanwälte, die auf eine Entscheidung drängen, während der Song in meinem Kopf dringend darauf wartet, endlich herauszukommen, Buchhalter, die mir erzählen, ich solle da und dort hingehen und dies und jenes singen, während ich viel lieber hier bleiben und etwas ganz anderes singen möchte. Die verschiedenen Vorstellungen sind einfach nicht unter einen Hut zu bringen. Wenn ein Geschäftsmann einen Song betrachtet, hat er sofort einen Haufen Geld vor Augen und überlegt sich, wer wohl der Eigentümer des Songs ist. Ich hingegen betrachte den Song als mein Kind. Ich weiß noch, was für ein merkwürdiges Gefühl es war, als ich in den Achtzigern bei einem Meeting saß, eine lange Liste meiner eigenen Songs durchging, für die ich endlich das Copyright erwerben konnte, und mein Blick auf den Titel *Wide Open Road* fiel. Ich konnte mich plötzlich wieder lebhaft an das Gefühl erinnern, das ich dreißig Jahre zuvor an jenem kalten und verregneten Morgen gehabt hatte, als ich mit meiner Fünf-Dollar-Gitarre in der Kaserne in Deutschland saß und den Song quasi aus dem Nichts hervorzauberte. Wie konnte irgendjemand diesen Song besitzen außer mir?

Ich weiß nicht. Ich habe die Anzahl meiner Besprechungen mit Rechtsanwälten und Steuerberatern so weit wie möglich reduziert, wenn es sich aber mal wieder nicht vermeiden lässt, habe ich immer das größte Bedürfnis, so schnell wie möglich da rauszukommen und irgendetwas zu murmeln wie: »Ich will einfach nur singen und Gitarre spielen.«

Ich bedaure es, dass ich nicht in Musik *und* in Geldangelegenheiten bewandert bin, und ich habe großen Respekt vor Leuten, die beide Fähigkeiten besitzen. Jack Clement bereitet es keinerlei Probleme, über Geschäfte nachzudenken, darüber zu reden, sie zu tätigen, und er spielt trotzdem noch gerne einen G-Akkord. Er war schon immer so, all die Jahre über, in denen wir uns gemeinsam gefreut, zusammen gekämpft und miteinander gearbeitet haben, und ich habe ihn immer dafür bewundert.

Und dennoch habe ich immer versucht, mit Geld ordentlich umzugehen und nichts schuldig zu bleiben. Nach meiner allerersten Tour als Vertragsmusiker von Sun Records ging ich mit dem ersparten Geld ins Büro der Home Equipment Company und zahlte George Bates meine Schulden auf Heller und Pfennig zurück. Und wie ich es Vivian versprochen hatte, kaufte ich mir auch keinen großen Schlitten, bevor wir nicht unser eigenes Haus hatten.

Das war dann auch kein neuer Cadillac. Es war der kaum gebrauchte Lincoln von Ferlin Husky, das Auto des Jahres 1956. Das Auto war super und genau das richtige für mich: Rock'n'Roll-Pink und Johnny-Cash-Schwarz.

Mir geht gerade wieder Sam Phillips durch den Sinn. Ich überlege mir, ob ich vielleicht den Eindruck erweckt habe, es gäbe irgendwelche Missklänge zwischen uns. Dem ist nicht so. Egal was für Meinungsverschiedenheiten ich mit ihm auch hatte, sie sind längst geklärt. Ich hege keinen Groll gegen den Mann, der so viel für mich getan hat.

Im Jahre 1984 veranstalteten die Bürger seiner Heimatstadt in Alabama ihm zu Ehren ein Bankett. Jack Clement und ich kamen aus Nashville angefahren und hielten eine Rede. Es war ein richtiges Fest der Liebe: viele Umarmungen, ein paar Tränen, ein paar alte Geschichten, wobei es uns einige Mühe kostete, zu klären, wie es sich damals wirklich zugetragen hatte.

Ich habe große Hochachtung vor Sam. Er hat sehr hart gearbeitet und für Leute wie mich enorm viel Gutes getan. Wenn es keinen Sam Phillips gegeben hätte, würde ich vielleicht heute noch auf einem Baumwollfeld arbeiten.

ROY ORBISON

Es war nicht das Geld, weswegen ich Sun Records verließ. In meinen Beziehungen zu Plattenfirmen hat Geld eigentlich nie eine große Rolle gespielt. Mir ging es immer mehr um die Musik und wer die Kontrolle darüber hatte. Die ganze Sache lässt sich auf eine einfache Frage reduzieren: Wie viel Freiheit werde ich haben, die Musik zu machen, die ich gerne machen möchte?

Bei Sam Phillips ging es um Gospel. Ich wollte Gospelaufnahmen machen, und zwar unbedingt. Er verweigerte es mir aus rein finanziellen Gründen.

»Du weißt, dass ich Gospelmusik liebe«, sagte er mir. »Ich höre Gospelsänger sehr gerne, aber ich kann mit solchen Aufnahmen kein Geld verdienen. Wenn du nicht gerade Mahalia Jackson oder ein ähnlich bekannter Musiker bist, kannst du damit nicht einmal die Aufnahmekosten decken.«

Geistliche Musik von einem neuen Countrysänger wie mir aufzunehmen – und es waren einige Originalstücke darunter, selbst geschriebene Songs, die noch niemand gehört hatte – kam für ihn einfach nicht infrage. Das passte mir gar nicht und als ich später anfing, über andere schwer verkäufliche Musik nachzudenken – Ideen und Gedanken, die schließlich zu meinem Album *Ride This Train* führten –, wurde ich noch unruhiger. Als mich Don Law, ein Produzent von Columbia Records, anrief und sagte, dass er gerne runter nach Memphis kommen würde, um mit mir über einen neuen Plattenvertrag zu sprechen, schoss mir sofort ein Gedanke durch den Kopf: Könnte ich bei Columbia vielleicht ein Gospelalbum machen? Das könne ich, sagte Law, keine Frage. Und wie sah es mit dem Konzeptalbum aus? Nun, sagte er, er sei sehr daran inter-

Roy Orbison begleitet Johnny Cash ins Vanderbit Hospital, in dem Cashs Sohn mit schweren Verletzungen liegt, 1974

essiert, etwas mehr darüber zu erfahren. Also kam er nach Memphis. Unser Gespräch verlief gut und ich unterschrieb eine Option, zu Columbia zu wechseln, wenn mein Vertrag bei Sun Records auslief.

Ich weiß nicht, warum es mir so leicht fiel, Sam in dieser Sache zu belügen, aber so war es nun mal. Er hatte irgendwo von dieser Option gehört und mich gefragt, ob es stimme. Nein, sagte ich, es stimme nicht. Ich hätte nirgendwo eine Option unterschrieben.

Etwa zur gleichen Zeit erzählte Roy Orbison ihm dieselbe Lüge und der Zufall wollte es, dass Roy gerade bei mir zu Besuch war, als Sam, der die Wahrheit herausgefunden hatte, bei mir anrief, um mich zur Rede zu stellen. Sam war ziemlich wütend und wollte wissen, warum ich ihn angelogen hatte.

Na ja, sagte ich, er habe es mir gegenüber mit der Wahrheit auch nicht immer so genau genommen (was wiederum nicht stimmte, er hatte mir immer die Wahrheit gesagt, aber ich hatte von manchen Dingen einfach zu wenig Ahnung, um zu begreifen, was das bedeutete) und das hätte ich ihm einfach ein bisschen heimzahlen wollen.

Das machte ihn noch wütender. Er ließ sich Roy ans Telefon geben und schenkte ihm ordentlich ein. »Wie kannst du es wagen, du kleines Nichts, du. Du kannst ja noch nicht mal singen! Ich musste dir das Mikrofon ganz in den Hals stecken, um dich überhaupt aufnehmen zu können, so schwach ist deine Stimme!«

Roy lachte ihn nur aus. Er fand das ziemlich lustig. Mir ging es genauso.

Ich fand die Sache allerdings nicht mehr so spaßig, als ich einen Brief erhielt, in dem mir mitgeteilt wurde, dass ich, um meinen Vertrag mit Sam zu erfüllen, noch eine Reihe von Songs aufnehmen müsse und deshalb an den und den Tagen eben zu diesem Zweck im Studio zu sein hätte. Ich war wirklich ziemlich verärgert, aber ich tat, was man von mir verlangte, und im Nachhinein bin ich froh, dass ich es getan habe. Eines Tages ging ich ins Studio und es waren nur zwei Leute da, Jack Clement und ein anderer junger Kerl, der am Klavier saß und gerade ein paar seiner Songs für mich einspielte. Es war Charlie Rich, der gerade bei Sun unterschrieben hatte. Nachdem ich ihm ein Weilchen zugehört hatte, war mir klar, wie viel Glück ich doch hatte. Keiner würde mich mehr dazu zwingen müssen, diese Songs aufzunehmen. *The Ways of a Woman in Love, You Tell Me, Story of a Broken Heart* – ich wurde auf der Stelle ein Fan von Charlie Rich. Meiner Meinung nach war er das Beste, was Sun nach Elvis passieren konnte. Er und ich wurden allerdings nie dicke Freunde.

Aber Roy und ich wurden Freunde und blieben das auch für den Rest seines Lebens. Es war eine sehr enge Freundschaft. Wir waren von Anfang an wie Brüder, damals, als wir zusammen auf Tour gingen und Roy oft bei mir zu Hause in Memphis vorbeikam. Das blieb bis zum Ende so. Als er im Dezember 1988 starb, hatten wir mehr als zwanzig Jahre Tür an Tür am Old Hickory Lake gewohnt. Auch wenn wir die meiste Zeit über wie Schiffe in der Nacht aneinander vorbeifuhren, wie das bei reisenden Entertainern nun mal so ist, entfernte uns das nicht voneinander. Wir waren so gut befreundet, dass er oft zum Frühstück vorbeikam, wenn unsere beiden Terminpläne es zuließen, und er war mir immer höchst willkommen. Ich hatte Roy wirklich sehr gern. Er war ein sehr freundlicher, rücksichtsvoller Mensch, sanft und gutmütig und auch ziemlich lustig. Das viele Pech, das er im Leben hatte, erschien mir sehr ungerecht. Da ich gerade von schlimmen Dingen rede, die guten Menschen widerfahren: Ich kann mir kaum einen besseren Menschen vorstellen als ihn und ich kann mir nichts Schlimmeres vorstellen, als nur zwei Jahre nach dem Tod der eigenen Frau auch noch den Tod der eigenen Kinder hinnehmen zu müssen.

Claudette Orbison, Roys erste Frau, kam 1966 bei einem Unfall ums Leben, als die beiden einen gemeinsamen Ausflug auf ihren Motorrädern machten. Roy D. und Tony Orbison, ihre beiden jüngsten Söhne, starben 1968, als ihr Haus – mein Nachbarhaus – abbrannte, während Roy gerade durch Europa tourte. Ich selbst war damals ebenfalls unterwegs.

Soweit die Feuerwehrleute es sagen konnten, brach das Feuer aus, als die Jungs in ihrem Zimmer hinter verschlossener Tür mit Streichhölzern und einer Spraydose herumspielten, den Schaum versprühten und ihn anzündeten. Das Unvermeidliche geschah. Im Nu entstand ein heftiges Feuer, so schnell und stark, dass ihre Großeltern, die etwas gehört hatten und nach ihnen sehen wollten, durch das ganze Haus geschleudert wurden, als sie die Tür öffneten. Sie hatten keine Chance, zu den Jungs durchzukommen, und zogen sich beide Verbrennungen zu, als sie es trotzdem versuchten. Sie konnten froh sein, dass sie selbst mit dem Leben davonkamen. Das Haus wurde bei dem Brand völlig zerstört. Als Roy nach Hause kam, stand nur noch der Kamin.

Als wir davon erfuhren, sagten June und ich sofort die restlichen Termine unserer Tournee ab und charterten eine Maschine, um so schnell wie möglich nach Hause zu kommen. Aber es gab nichts, was wir für Roy hätten tun können. Wir hörten, dass er mit niemandem sprechen wollte, und so blieben wir bis zur Beerdigung einfach zu Hause und starrten immer wieder aus dem Fenster auf den verrußten Kamin.

Nicht einmal auf der Beerdigung konnte ich auf Roy zugehen – zum ersten Mal in meinem Leben fielen mir keine Worte ein, keine Gesten, einfach gar nichts – und es dauerte eine Woche oder noch länger, bis ich in der Lage war, ihn anzurufen. Ich sagte ihm einfach nur, dass ich ihn liebe. Er sagte, es gehe ihm gut, aber das konnte ich mir kaum vorstellen.

Danach sah ich ihn lange Zeit nicht mehr. Er war zu seinen Eltern gezogen, die auf der anderen Straßenseite wohnten, und sie hatten ein Schild vor die Tür gehängt: »Keine Besucher«. Von Zeit zu Zeit erkundigte ich mich bei seinem Vater nach ihm, aber die Antwort war immer die gleiche: Er sei zu Hause, aber er habe sich in seinem Zimmer eingeschlossen.

Schließlich musste ich etwas tun. Ich lief über die Straße, erzählte seinem Vater, dass ich ihn unbedingt sehen müsse, und ging in sein Zimmer. Und da war er: Furchtbar blass, sodass er selbst schon aussah wie ein Toter, saß er mit einer Sonnenbrille im Bett. Vor ihm lief ein Großbildfernseher mit abgedrehtem Ton. Er erhob sich nicht vom Bett, als ich hereinkam. Ich konnte nicht sagen, ob er weinte, denn ich konnte seine Augen nicht sehen. Ich weiß nicht einmal, ob er mich überhaupt ansah. Er sagte keinen Ton.

Mir fielen immer noch keine Worte ein, die auch nur halbwegs angemessen schienen, und so sagte ich ihm das Einzige, was ich ihm sagen konnte: dass ich ihn liebte und dass ich nicht wisse, wie ich damit fertig würde, wenn ich meinen Sohn auf diese Weise verloren hätte.

»Ich weiß auch nicht, wie ich damit fertig werden soll«, sagte er, mehr nicht. Ich ging.

Das nächste Mal, als ich ihn sah, hatte er sein Zimmer verlassen und sich entschlossen, auf einem Nachbargrundstück seines alten Hauses ein neues zu bauen. Eines Tages ging ich zu der Baustelle rüber und war froh zu sehen, dass er fast wieder der Alte war. Wir unterhielten uns über das neue Haus und dann sagte er mir, dass er sich freuen würde, wenn June und ich das alte Grundstück übernähmen. Klar, sagte ich. Wir einigten uns und ich kaufte es ihm ab. Dann sagte ich ihm, dass ich niemals darauf bauen oder es an jemand anderen verkaufen würde, obwohl es das wertvollste Stück Land in der gesamten Gegend war. Ich würde dort einen Wein- und Obstgarten anlegen und die ersten Früchte im Jahr würden immer ihm gehören. Das gefiel ihm. Ich glaube, er war froh, zu wissen, dass keine Fremden an dem Ort leben würden, wo seine Kinder gestorben waren.

Roy heiratete wieder und wir hatten bald ein enges Verhältnis zu der neuen Orbison-Familie. June und ich sind inzwischen die Paten von zwei von Barbara Orbisons Söhnen, aber für uns sind sie alle wie unsere Patenkinder. Traurigerweise haben wir Roy 1988 durch einen Herzanfall verloren, sieben Jahre nach der Bypassoperation, die ihn beim ersten Mal noch gerettet hatte (genau wie bei Marty Robbins, sodass ich mehr als beunruhigt war, als ich in das siebte Jahr nach meiner eigenen Operation kam).

Roys plötzlicher Tod war ein Schock für uns, aber bevor es passierte, geschah noch etwas Wunderbares. Am Tag bevor Roy starb, besuchte er Wesley, den noch lebenden Sohn aus seiner ersten Ehe, und überwand den Graben, der sich zwischen ihnen aufgetan hatte. Sie umarmten sich, sagten sich, dass sie einander liebten, und sangen und schrieben Songs bis spät in die Nacht hinein, Roys letzte Nacht auf Erden. Wesley sagt, es war die schönste Nacht seines Lebens.

Wesley ist immer noch in unserer Mitte. Vor ein paar Jahren sah ich ihn zum ersten Mal am Zaun des Grundstücks lehnen, auf dem seine Brüder ums Leben gekommen waren, wo einst das Zuhause seiner Kindheit stand. Eines Tages blieb ich stehen und fragte ihn, was er sich da ansah.

»Ach, ich komme gern ab und zu hierher und schaue mir das Grundstück an«, sagte er. »Es tröstet mich etwas.«

Ich erzählte ihm, es gebe dort ein paar hervorragende Obstbäume und Weinstöcke und er solle jederzeit, wenn das Obst reif sei, einfach hineingehen und sich bedienen. Und einen Korb mitbringen. »Okay«, sagte er. »Danke, das werde ich tun.«

Es war Junes Idee, ihm mehr als nur das Obst zu geben. Ich stimmte zu und ohne viel Federlesens überschrieben wir ihm das Grundstück, kostenlos und unbelastet. Wenn ich ihn jetzt am Zaun lehnen sehe, weiß ich, dass er an das Haus denkt, das er eines Tages dort bauen möchte, und ich habe nicht das Gefühl, dass ich in irgendeiner Weise zu kurz gekommen wäre. Mir kommt es so vor, als würde der gute Roy von oben herablächeln und sagen: »Danke, John.«

Einmal hätten Roy und ich uns eigentlich treffen sollen, aber es kam nicht dazu. Das war in Dublin, einige Jahre nachdem ich ihm das Grundstück abgekauft hatte, eine dieser zufälligen Begegnungen zweier Schiffe in der Nacht. Er hatte abends einen Auftritt und ich sollte am nächsten Abend irgendwo spielen. Er rief mich an, aber ich war so voll gepumpt mit Amphetaminen, dass June meinen Auftritt schon abgesagt hatte. Ich vertröstete ihn auf ein andermal.

»Ich bin nicht besonders gut drauf, Roy«, krächzte ich. Es war ihm egal, sagte er, er werde trotzdem vorbeikommen.

Ich ließ ihn nicht rein. Ich lag einfach nur schweigend da, so aufgeputscht, dass mein ganzes Bett wackelte. Ich hörte ihn an der Zimmertür und wartete darauf, dass er wieder ging. Er klopfte und wartete, klopfte lauter und wartete, klopfte noch lauter und wartete wieder. Dann gab er auf und ging. Es waren wirklich furchtbare Minuten für mich.

Ich sah ihn erst Monate später in Tennessee wieder, an einem jener Tage, als wir beide mal gleichzeitig zu Hause waren. »Das mit Dublin tut mir wirklich sehr leid, Roy«, sagte ich zu ihm. »Ich habe dich klopfen hören, aber ich konnte dir einfach nicht gegenübertreten. Ich wusste ja, wie viel Kummer du gehabt hattest, und wollte dir deshalb nicht wehtun. Und ich weiß, wie weh es dir getan hätte, wenn du mich so gesehen hättest.« Ich schämte mich so für meinen Egoismus. Ich war es so leid, die Menschen ständig zu enttäuschen, und mich quälte die Vorstellung, was sie wohl von mir dachten.

Roy reagierte wie ein echter Freund. »Oh Mann, mach dir darüber keine Sorgen«, sagte er. »Ich war doch auch schon so.« Er war ein feiner Kerl.

Das letzte Mal sah ich ihn ein paar Monate bevor er starb, und da beginnt meine Lieblingsgeschichte über Roy Orbison. Wir unterhielten uns unter anderem über Frisuren. Ich erzählte ihm, dass es mir schon immer gefallen habe, wie die Männer zur Zeit von Thomas Jefferson und Andrew Jackson gekleidet und gestylt waren, und dass ich jetzt unbedingt so eine Frisur haben wolle wie Jefferson damals: einen Pferdeschwanz, zusammengebunden mit einem schwarzen Band. »Mal sehen, ob June mir erlaubt, mir meine Haare wachsen zu lassen, bis sie dafür lang genug sind«, sagte ich.

Roy hielt das für eine grandiose Idee. »Ich sag dir was«, meinte er. »Wenn du es tust, dann mache ich es auch.«

Es war *wirklich* eine tolle Idee, aber ich war einfach zu feige dazu. Ich sprach nie wieder mit Roy darüber. Ich sah ihn jedoch, als ich Wesley in die Leichenhalle mitnahm, wo man Roy für seine Freunde und Verwandten aufgebahrt hatte. Wesley wollte seinen Vater nicht als Toten sehen und ging nicht an seinen Sarg, aber ich schon. Ich ging hin und beugte mich darüber, um einen langen letzten Blick auf meinen guten alten Freund zu werfen. Als ich ihn sah, konnte ich nicht anders – ich musste lachen. Dieser alte Gauner hatte es getan! Dort unter seinem Kopf ragte ein hübscher kleiner Pferdeschwanz hervor und er war mit einem schwarzen Band zusammengebunden.

1 DIE SUN-MUSIKER

Ich vermisse Roy. Ich vermisse es, dass er zum Frühstück vorbeikommt.

Er hatte ein perfektes Gedächtnis. In Roys Gegenwart wagte man es nicht, irgendeine Story zu erzählen, an der er beteiligt gewesen war, ohne ihn zu fragen: »War es nicht so, Roy?« Er sagte einem dann genau, was stimmte und was nicht. Er konnte Unterhaltungen, die zwanzig Jahre zurücklagen, Wort für Wort wiedergeben. Er konnte einem sagen, was man damals anhatte. Es war schon fast unheimlich. Roy war eigentlich einfach nur mein Freund, aber manchmal schaute ich ihn an und konnte mich nur noch wundern.

Einmal gab ich ihm einen furchtbar schlechten Rat. »Weißt du, Roy«, meinte ich zu ihm, als er schon fast alle Hoffnung aufgegeben hatte, bei Sun jemals einen Hit herauszubringen, »du musst zwei Dinge tun: deinen Namen ändern und mit tieferer Stimme singen.«

Das ließ tief blicken, was mein kommerzielles Urteilsvermögen betraf, meine tiefe Einsicht in die Realitäten des Marktes und den Geschmack des Publikums; Fähigkeiten, mit denen ich meine ganze Karriere hindurch gesegnet war ... Ich war zum Beispiel auch felsenfest davon überzeugt, dass Jack Clements *It'll Be Me* ein viel besserer Song war als *Whole Lot of Shakin' Going On*, der ja dann bekanntlich Jerry Lees erster großer Hit wurde und heute als Meilenstein in der Geschichte des Rock'n'Roll gilt. Meinem kleinen Freund Jerry Lee zuliebe ging ich sogar zu Sam Phillips und bat ihn, diesen Song nicht bei den Rundfunksendern anzupreisen. Sam, und das ehrt ihn, hörte mich an, als verstünde er, was ich meinte, und dann rührte er die Werbetrommel für den Song, genau wie er es geplant hatte.

Wir, die Sänger bei Sun, kamen gut miteinander aus. Es gab nie irgendwelche größeren Spannungen zwischen Carl und Elvis, Roy und

Jerry Lee oder einem anderen Gespann unter uns. So ziemlich die einzigen Unstimmigkeiten, an die ich mich erinnern kann, drehten sich um Jerry Lee, der oft energisch protestierte, wenn er seine Vorrangstellung gewissermaßen bedroht sah. Aber selbst das war nichts Ernstes, denn keiner ließ sich auf einen Streit mit ihm ein. Wenn wir alle gemeinsam auf dem Programm standen und er sich nicht mit der Vorstellung abfinden konnte, vor Carl auf die Bühne zu gehen oder sogar die Show zu eröffnen (Gott behüte!), entschärfte Roy einfach die ganze Situation, indem er anbot, selbst die Show zu eröffnen. Es machte ihm nichts aus. Er lachte über Jerry, genauso wie er über Sam lachte. Leute, die sich selbst zu ernst nahmen, fand er einfach nur amüsant.

Jerry Lee nahm die Dinge tatsächlich ziemlich ernst. Als er zu Sun kam, hatte er gerade die Bibelschule verlassen, und so mussten wir uns in der Garderobe manch eine Predigt anhören. Meistens ging es darum, dass der Rock'n'Roll uns und unser Publikum in Sünde und Verdammnis führen würde, was nach Jerry Lees Überzeugung jedes Mal geschah, wenn er einen Song wie *Whole Lot of Shakin' Going On* sang.

»Hier stehe ich und tue etwas, was Gott nicht gefällt, ich führe die Menschen in die Hölle!«, verkündete er voller Inbrunst. »Genau da werde ich auch hinkommen, wenn ich weiterhin so ein Zeug singe, und ich weiß es.« Dann erzählte er uns, dass wir alle mit ihm in der Hölle landen würden.

Carl widersprach immer heftig und die beiden fingen an miteinander zu streiten, wobei Jerry Lee Kapitel und Verse zitierte und sich immer mehr in Rage redete. Irgendwann griff ich ein und versuchte zu vermitteln.

»Vielleicht sollten wir einfach irgendetwas singen, egal was, solange es ihnen nur gefällt und wir dadurch ihre Aufmerksamkeit bekommen. Und dann singen wir Gospel für sie«, schlug ich vor.

Jerry Lee wollte nichts davon hören. »Nein, das ist keine Lösung!«, protestierte er. »Du führst sie zuerst in die Hölle. Aber du kannst sie nicht in die Hölle führen, sie dann einfach wieder herausholen und in den Himmel führen!«

Mit Elvis auf Tour

So lief es oft. In der einen oder anderen Form kam immer wieder der gleiche Streit auf und ging dann hinter der Bühne, in den Motels und auf den Highways von ganz Nordamerika weiter und weiter. Ich glaube, für Jerry Lee ist diese Sache immer noch ein ganz heißes Thema. Vielleicht hat er ja auch recht.

Das Problem bei Jerry Lee ist, dass man meinen könnte, er sei eingebildet und egozentrisch, dabei weiß er einfach nur sehr genau, wie talentiert er ist. Er hat es immer gewusst und erzählt es auch jedem, dem es bisher vielleicht entgangen sein könnte. Und bekanntlich kann er auch richtig wild werden. Bei Sun wusste das jeder. Als sich die britische Presse so furchtbar über Jerry Lees Hochzeit im Jahre 1959 mit Myra Gail ereiferte [die angeblich erst dreizehn Jahre alt war, A. d. Ü.] und einige amerikanische Radiosender sich sogar weigerten, seine Platten zu spielen, war ich nicht sehr überrascht darüber. Ich wusste, wie sehr er die Leute manchmal vor den Kopf stoßen konnte, wie unberechenbar er war. Ich hatte nicht gewusst, dass er mit dem Gedanken spielte zu heiraten, in dieser Hinsicht überraschte mich die Nachricht schon, aber ich hätte wahrscheinlich genauso reagiert, wenn er sich plötzlich dazu entschlossen hätte, für das Präsidentenamt zu kandidieren: »Hey, was sagt man dazu? Das ist mein Kumpel!«

Die schwarze Liste konnte mich übrigens nicht erschrecken. Ich verschwendete nie einen Gedanken daran. Ich hatte sowieso nichts zu befürchten – ich gehörte zum Country, nicht zum Rock'n'Roll. Keine geschenkten Cadillacs, aber auch keine entrüsteten Wächter der öffentlichen Moral.

Elvis wurde von dieser Meute natürlich oft beschimpft. Er hatte mit Klatsch, Gerüchten und Lügen zu kämpfen. Er war sehr sensibel und die Geschichten, die über ihn in Umlauf gebracht wurden, dass er Drogen nehme und so weiter, verletzten ihn sehr. Ich konnte nicht verstehen, wie die Leute damals in den Fünfzigerjahren überhaupt zu dieser Behauptung kamen, denn zu der Zeit war er wohl der letzte Mensch der Welt, der so was nötig gehabt hätte. Er hatte eine unheimliche Energie. Er schien nie eine Pause einzulegen – vielleicht wurde ja gerade deshalb behauptet, er nehme Drogen. Wie auch immer, er tat es nicht oder zumindest konnte ich nie Anzeichen dafür entdecken. Ich habe ihn nie irgendeine Art von Drogen nehmen sehen, nicht einmal Alkohol. In meiner Gegenwart war er immer klar bei Verstand und sehr freundlich. Elvis war so ein netter Kerl, so talentiert und charismatisch – alles auf einmal –, dass manche Leute es einfach nicht ertragen konnten und mit Neid und Missgunst darauf reagierten. Das ist wohl menschlich, nehme ich an, aber auch traurig.

Er und ich konnten uns gut leiden, aber wir waren nicht eng befreundet – erstens war ich älter als er und zweitens verheiratet – und in seiner späteren Zeit hatten wir kaum noch etwas miteinander zu tun. Ich verstand den Wink, als er sich von den Menschen um sich herum zurückzog. Ich versuchte nicht, in seine Privatsphäre einzudringen. Ich bin auch sehr froh, dass ich es nicht tat, denn viele seiner alten Freunde kamen in eine äußerst peinliche Situation, als sie in Graceland abgewiesen wurden. In den Sechzigern und Siebzigern telefonierten wir ein paarmal miteinander und tauschten unsere Erfahrungen aus. Wenn er gerade im Las-Vegas-Hilton von der Bühne kam und ich mich auf meinen Auftritt vorbereitete, wünschte er mir Glück oder so – aber viel mehr war es nicht.

Ich habe mal gehört, dass wir heute, am Ende des Jahrhunderts, alle unseren eigenen Elvis hätten. Der Gedanke erscheint mir gar nicht mal so abwegig, auch wenn mein Elvis ein Freund aus dem wirklichen Leben, einer aus Fleisch und Blut war. Allerdings war mein Elvis auf jeden Fall der Elvis der Fünfzigerjahre. Er war noch ein junger Bursche, als ich mit ihm arbeitete. Er war neunzehn Jahre alt und liebte Cheeseburger, Mädchen und seine Mutter, nicht unbedingt in dieser Reihenfolge (eigentlich kam erst seine Mutter, dann Mädchen und dann Cheeseburger). Ich persönlich mochte Cheeseburger und ich hatte auch nichts gegen seine Mutter, aber die Mädchen waren das Wichtigste. Es waren so viele Mädchen hinter ihm her, dass immer genügend für uns übrig blieben, wenn er mit uns zusammenarbeitete. Wir hatten sehr viel Spaß. Wir hatten eigentlich immer viel Spaß, nicht nur mit den Mädchen. Es war ganz angenehm, dass wir so unser Geld verdienen konnten, aber jeder von uns hätte es auch umsonst getan. Und Elvis war wirklich dermaßen gut. Bei keinem der Konzerte, auf denen wir beide auftraten, ließ ich mir die Chance entgehen, ihn vom Bühnenrand aus zu beobachten. Wir alle taten es. Er hatte eine enorme Ausstrahlung.

Was nicht heißen soll, dass er immer jeden vom Hocker riss, ich erinnere mich zum Beispiel noch ganz genau an einen Abend in Amory in Mississippi, als Carl Perkins ihn klar in den Schatten stellte, obwohl Elvis eigentlich der Star des Abends war. Damals hatte Carl noch nicht seinen großen Hit gehabt, aber *Movie Mag* war schon herausgekommen, er war hier schon einige Male alleine aufgetreten und die Leute waren begeistert von ihm. Er ging als Erster auf die Bühne und brachte den ganzen Saal zum Toben, seine Fans drehten total durch. Als Elvis auf die Bühne kam, bekam auch er einen tollen Empfang, aber er hatte noch nicht einmal seinen ersten Song zu Ende gesungen, als die Hälfte des Publikums schon nach Carl rief. Es war so schlimm für ihn, dass er nur noch einen Song spielte und dann aufgab. Er ging von der Bühne und Carl kam unter donnerndem Applaus wieder.

Später hörte ich, Elvis habe nach diesem Auftritt in Amory angeblich gesagt, er werde nie wieder mit Carl zusammen auftreten. Ich selbst habe ihn das nicht sagen hören und für mich klingt das auch nicht nach Elvis – er war nicht so engstirnig –, aber einige Leute haben das behauptet. Was aber auf jeden Fall stimmt, ist, dass Carl ihm die Schau gestohlen hat.

Nach der Vorstellung ging ich zu Carl. »Du warst verdammt gut heute Abend, Carl«, sagte ich. »Ich war schon auf einigen Konzerten von Elvis und das eine oder andere Mal bin ich selbst dabei aufgetreten. Und ich sage dir, ich hätte nie gedacht, dass ich es je erleben würde, dass ihn einer in den Schatten stellt.«

»Ja«, antwortete er, »aber da fehlt noch etwas.«

»Was denn?«

»Er hat einen Hit und ich nicht.«

Das war nicht zu bestreiten, und ich musste darüber nachdenken. Etwas später an diesem Abend erzählte ich Carl von C. V. White und seinen blauen Wildlederschuhen, den »blue suede shoes«. C. V. White war ein schwarzer Flieger aus Virginia, den ich in Landsberg kennengelernt hatte – er erzählte uns damals, die Initialen stünden für »Champagne Velvet« [champagnerfarbener Samt], aber keiner von uns erfuhr je die Wahrheit. Eines Abends sagte er etwas, das mich tief beeindruckte. Immer wenn wir einen dreitägigen Kurzurlaub bekamen, holten wir unsere besten Uniformen heraus, polierten das Messing und wienerten unsere Schuhe.

C. V. kam dann jedes Mal vorbei und sagte: »Wie seh ich aus, Mann?«

»Einfach super«, sagte ich zu ihm und das stimmte auch. »Du siehst großartig aus, C.V., wirklich beeindruckend.«

Und eines Abends sagte er daraufhin zu mir: »Schön.« Aber ich solle bloß nicht auf seine blauen Wildlederschuhe treten: »Just don't step on my blue suede shoes!«

»Das ist kein blaues Wildleder, C.V., deine Schuhe sind schwarz, genau wie die von allen anderen in der Air Force.«

»Nein, Mann, heute Abend sind sie aus blauem Wildleder. Tret bloß nicht drauf!«

Ich erzählte Carl die Story und dass ich das für eine gute Idee für einen Song hielt. Die Sache gefiel ihm und er machte etwas daraus. Er nahm den Song etwas anders auf, als ich es mir vorgestellt hatte. Meine Idee war, eine Melodie aus einem Kinderreim zu übernehmen (nach dem Beispiel von Jack Clement), aber ich würde sagen, Carls Version war auch ziemlich gelungen.

Im Laufe der Jahre wurde immer wieder von der angeblichen Rivalität zwischen Carl und Elvis gesprochen und die Geschichte von *Blue*

Carl Perkins, W.S. Holland und ich, 1970

Suede Shoes lässt diese Interpretation natürlich auch zu. Demnach brachte Elvis eine eigene Version des Songs heraus und profitierte von Carls Erfolg, als Carl durch einen schrecklichen Autounfall außer Gefecht gesetzt war, während sein Hit in den Charts immer höher stieg. Es ist eine von diesen typischen Was-wäre-wenn-Fragen. Wenn Carl damals die Möglichkeit gehabt hätte, voll auf der Erfolgswelle von *Blue Swede Shoes* zu reiten und entsprechend daran anzuknüpfen, wäre er dann ein genauso großer Star geworden wie Elvis oder vielleicht sogar ein noch größerer?

Ich glaube nicht. Ich glaube zwar, dass Carl ohne den Unfall ein echter Superstar in der Pop- und Rockabillywelt hätte werden können. Aber weder er noch sonst irgendjemand hätte ein so großer Star werden können wie Elvis. Es gibt keinen anderen wie Elvis. Es hat nie einen wie ihn gegeben.

Carl bedeutet mir sehr viel, wir sind uns sehr nahe, schon seit wir uns das erste Mal begegnet sind. Wenn ich mich recht erinnere, war das bei meinem zweiten Besuch bei Sun, als ich ins Studio ging, um *Hey Porter* aufzunehmen. Wir gingen alle in den Imbiss an der nächsten Straßenecke und aßen einen Hamburger und es war, als würde ich zum ersten Mal meinem eigenen Bruder begegnen. Carl war im Lake County in Tennessee aufgewachsen, direkt auf der anderen Seite des Flusses, etwa dreißig Meilen von mir entfernt, und uns steckte beiden der schwarze Deltaschlamm in den Knochen. Wir sind beide mit der gleichen Musik groß geworden, mit der gleichen Arbeit, der gleichen Religion, all diesen

Dingen. Davon abgesehen stimmte es einfach zwischen uns. Freunde fürs Leben.

Carl kommt vom Land und ist vom Land geprägt, er ist einfach durch und durch Country. Wenn man ihm zuhört, kann man immer noch genau sagen, wo er herkommt, zumindest wenn man sich etwas auskennt: aus dem Südwesten von Tennessee. Genauso wie man bei mir immer noch eine Kombination aus Südwest-Arkansas, wo meine Eltern aufgewachsen sind, und Nordost-Arkansas, wo ich selbst groß geworden bin, heraushören kann. Es ist nicht mehr ganz so ausgeprägt, weil wir inzwischen beide in der Stadt gelebt haben, aber es ist immer noch vorhanden. Genau wie das Bedürfnis, auf die eine oder andere Art immer wieder zu unseren Wurzeln zurückzukehren: zu den christlichen Grundwerten, nach denen wir beide erzogen wurden, zur Musik, zum Land selbst und natürlich zum Essen.

Ich persönlich halte es nicht lange aus ohne Fried Chicken, Maisbrot aus der Pfanne und all die anderen Köstlichkeiten aus meiner Heimat. In einem Leben, das mich durch die ganze Welt führt, empfinde ich es als echten Nachteil, dass diese besondere Küche bisher kaum exportiert wurde. Einen Burger kann man fast überall auf der Welt finden, genau wie ein gutes französisches, italienisches oder chinesisches Restaurant. Aber versuchen Sie mal, in Sydney, Singapur oder Stuttgart gebratene Okra, *black-eyed peas* oder in der Pfanne gebackenes Maisbrot zu bekommen. Einige der gemeinsamen Erlebnisse von Carl und mir, die mir aus der Zeit bei Sun noch besonders gut in Erinnerung sind, drehen sich demnach auch um das Essen auf Tour. Wenn möglich, hielten wir an irgendeinem Restaurant am Highway und dann bestellten wir immer das Gleiche: Fried Chicken, Sandwiches mit Schweinebraten, Kartoffelbrei, gebratene Okraschoten – echtes Essen vom Lande. Wenn wir es eilig hatten und zum Mittagessen nicht anhalten konnten, fuhren wir an einem Laden vorbei und deckten uns mit Wurst, Käse, Keksen und Cola ein.

Auch in Bezug auf die christlichen Wertvorstellungen waren wir uns sehr ähnlich. Keiner von uns lebte streng nach den christlichen Regeln, aber wir hielten beide an unserem Glauben fest. Carl hatte einen starken Glauben und wenn er seinen Moralischen bekam, wenn er total betrunken war, dann sprach er über Gott und Schuld – die gleichen Themen, die ich immer zur Sprache brachte, wenn ich in besonders schlechter Verfassung war.

Wenn Carl trank, dann trank er richtig. Und er trank oft. Es schien, als könne Perkins vom Whiskey nie genug bekommen. Und wenn er betrunken war, fing er immer an zu heulen. Dann redete er davon, was für eine wunderbare Frau er doch hatte und dass seine armen Kinder mit leeren Händen zu Hause saßen, während er auf Tour war und sein ganzes Geld für Whiskey ausgab. Aber schon am folgenden Abend hatte er seinen nächsten Auftritt und dann hieß es wieder: »Wo ist die Flasche? Ah, da ist sie ja!« Trotzdem war er ein Mann, der zu seinem Wort stand. Wenn man ihn um Hilfe bat und er zusagte, konnte man sicher sein, dass er auch kam. Wenn er sich Geld lieh und sagte, er werde es am Montag zurückzahlen, dann bekam man es am Montag auch zurück.

Carl hatte, wie jeder Rockabillyfan weiß, eine Familienband, in der seine Brüder Jay B. und Clayton Perkins mitspielten. Ursprünglich war eigentlich Jay B. der Sänger und Carl nur der Gitarrist, aber als sie dann zu Sun Records ins Studio kamen, fiel Jay B. nichts ein, was er hätte singen können, sodass Carl den Part übernahm und sie *Movie Mag* und *Turn Around*, Carls erste Single, einspielten. Das einzige Bandmitglied, das nicht zur Familie gehörte, war Fluke, alias W. S. Holland, am Schlagzeug.

Jay B. Perkins war der große, ruhige Typ, der auf der Bühne links neben Carl stand und Rhythmusgitarre auf einer Martin spielte. Er war Klasse, alle mochten ihn. Er sagte fast nie etwas, lachte nur, und er hatte viel zu lachen, denn seine Brüder und Fluke waren richtige Originale, die größten Witzbolde, die man sich vorstellen kann.

Clayton, der Jüngste, war der lustigste und wildeste. Er hatte immer die verrücktesten Ideen, zum Beispiel hielt er an einer Tankstelle an und steckte sich eine Zigarette ins Ohr. Als der Tankwart rüberkam und sagte: »Hi, was kann ich für Sie tun?«, schaute Clayton auf und antwortete: »Machen Sie bitte den Tank voll und geben Sie meinem Ohr Feuer, okay?«

Er war der Einzige, der mehr trank als Carl, und wenn er trank, war er ziemlich lustig, jedenfalls bis zu dem Zeitpunkt, wo er anfing, fies zu werden. Wenn er noch lustig war, nahm er Carls Mikrofon und begann wüste Parodien auf beliebte Songs zu singen, die er sich spontan ausdachte. Ich erinnere mich noch an eine grausige Version von Ferlin Huskys *Poor Little Joe*, in der er heulend und stöhnend über die Bühne lief. Oft, das heißt, eigentlich meistens, waren die neuen Verse so schmutzig, dass damit jeder von der Bühne geflogen wäre, und zwar überall, und genau das ist den Perkins-Jungs letztlich auch passiert. Als sich Claytons Einlagen, die naturgemäß sehr spontane, unvorhersehbare und demzufolge unkontrollierbare Ereignisse waren, erst einmal herumgesprochen hatten, schrumpfte die Zahl der Veranstaltungsorte, an denen sie noch auftreten durften, deutlich zusammen. Nichtsdestotrotz war das Leben in Clayton Perkins' Gesellschaft äußerst amüsant. Man zahlte allerdings auch seinen Preis dafür. Er konnte sehr unangenehm werden, wenn er betrunken war und seine andere Seite zum Vorschein kam.

Alle Perkins-Brüder, Fluke sowie Poor Richard, ein Discjockey aus Memphis, saßen im Auto, als 1956 auf dem Weg zu ihrem Auftritt in der »Perry Como Show« der Unfall passierte. Fluke und Poor Richard wurden einfach herausgeschleudert und auch die anderen waren alle verletzt. Jay B. hatte sich einen Halswirbel gebrochen. Als sich die anderen so weit erholt hatten, dass sie wieder auf Tour gehen konnten, kam er mit und lief mit einer Halskrause herum, oft unter höllischen Schmerzen. Manchmal tat es ihm so weh, wenn er über die Mätzchen seiner Brüder lachte, dass er gleichzeitig weinen musste.

Bald darauf bildete sich bei ihm ein Karzinom im Gehirn und das gab ihm den Rest. Das letzte Mal sah ich ihn an dem Tag, als Carl, Marshall, Luther, zwei oder drei andere Jungs und ich beschlossen, ihn auf einen Angelausflug mitzunehmen, um ihn etwas aufzumuntern und einfach nur ein letztes Mal mit ihm zusammen zu sein, denn er war kurz davor, bettlägerig zu werden. Wir fuhren mit zwei Booten raus bis direkt unter den Staudamm bei Peakwood in Tennessee, wo es riesige Welse gab, fünfzig bis sechzig Pfund schwer oder sogar noch mehr, und angelten mit großen dreizackigen Haken nach ihnen, die wir mit Ködern aus den Innereien eines ganzen Hühnchens bestückten und mit schweren Gewichten versahen, damit sie in dem strudeligen, aufgewühlten Wasser unterhalb des Dammes nach unten sanken. Wenn man ein solches Monstrum aus der Tiefe zog, kam es einem vor, als ob man einen Sherman-Panzer an der Angel hätte. Aber wir fingen ein paar Prachtexemplare, nahmen sie mit zu Carl nach Hause in Jackson und veranstalteten ein schönes Grillfest. Ich kann mich nicht daran erinnern, dass wir etwas getrunken hätten. In Gegenwart seiner Frau und seiner Kinder trank Carl nicht. Aber ich weiß noch, dass wir eine Menge Spaß mit Jay B. hatten.

Ungefähr einen Monat später fuhren wir zum Ellis-Auditorium in Memphis und gaben ein Gedenkkonzert für ihn. Carl war an diesem Abend betrunken. Genau wie Clayton und ein paar andere aus der Perkins-Familie. Ich nahm meinen Onkel Russel, den ich auf meinem Weg durch Arkansas in Rison abgeholt hatte, in meinem wunderbaren, fast neuen Lincoln mit. Es war Mitte Juli, achtunddreißig Grad. Ich ließ den Wagen an, schaltete die Klimaanlage ein und wir fuhren los.

Nach einer Weile sagte Onkel Russel: »Junge, ich sag dir was. Wenn ich es nicht besser wüsste, würde ich denken, es wird langsam kalt in diesem Auto.« Ich erzählte ihm, dass der Wagen eine Klimaanlage hatte.

»Was ist das?«, fragte er. Er konnte sich nichts darunter vorstellen.

Ich erklärte es ihm. »Also ich schwöre, ich habe so etwas noch nie gesehen!«, sagte er abschließend und wir fuhren weiter, um den Tod und den Verlust von Jay B. Perkins würdig zu begehen.

Nach dem Unfall fiel mir auf, dass Carl sich veränderte. Er trank nach wie vor und wurde immer mürrischer. Ich glaube, er hatte wirklich das Gefühl, dass ihm der Unfall den Sprung an die Spitze vermasselt hatte (was auch zutraf), und das verbitterte ihn sehr. Und natürlich war Jays Tod ein trauriges und furchtbares Ereignis in seinem Leben. Ich versuchte, ihm so viel Verständnis wie möglich entgegenzubringen. Ich weiß, wie tief so eine Wunde sitzt.

↪ ALTE FREUNDE UND ENGEL

Nach einiger Zeit vermischt sich alles. Gestern scheint länger her zu sein als das Jahr 1951, die Tragödien oder Triumphe der letzten Wochen sind auch nicht beunruhigender oder aufregender als die von 1949 oder 1969 oder 1989. Hier stehe ich in einem gepflegten Hotel in San Francisco in den Neunzigern, schaue hinaus auf den Pazifik und erinnere mich an diesen Himmel, diese Berge, diese Stadt zu anderen Zeiten. Sie sind fast austauschbar: Ist es ein Jahrzehnt her, zwei Jahrzehnte, drei, vier? Es sind jetzt fünf, oder?

Hier ist eine Geschichte aus den Sechzigern, aus den späten Sechzigern, glaube ich, über Fluke, der einmal bei einem Taxifahrer von San Francisco seine Klappe zu weit aufriss, was für uns alle in einer wahren Höllenfahrt endete.

Der Taxifahrer war einer von der schweigsamen Sorte. Fluke versuchte immer wieder, ein Gespräch mit ihm anzufangen, aber der Taxifahrer ließ sich nicht darauf ein, also beschloss Fluke, ihn ein wenig hochzunehmen.

»Ich wette, dein Taxi kommt diese Berge nicht besonders schnell runter«, sagte er. »Oder?«

Keine Antwort. Er versuchte es noch einmal. »Gib doch mal Gas. Mal sehen, was er bringt.«

Er hatte sich den Falschen ausgesucht. Der Kerl sagte kein Wort. Er wartete nur den richtigen Moment ab, dann trat er voll durch. Plötzlich schossen wir mit Vollkaracho den Berg hinunter, wurden schneller und schneller und fegten über die grünen Ampeln hinweg – der Fahrer hatte genau den richtigen Zeitpunkt gewählt –, sodass die Funken nur so flogen. An jeder Kreuzung setzten wir auf, genau wie im Film. Ich könnte wetten, dass wir auch ein paarmal abgehoben haben. Auf jeden Fall konnte ich deutlich spüren, dass ich einige Male in der Luft hing und mit dem Kopf ans Autodach schlug und ich hörte, wie June sich die Seele aus dem Leib schrie und damit den dröhnenden Motor und das Schleifen von Metall auf Asphalt übertönte. Ich dachte wirklich, wir würden alle sterben.

Irgendwie kamen wir dann doch noch lebend unten an und der Fahrer machte endlich den Mund auf. Aber selbst jetzt hatte er nicht viel zu sagen. Er drehte sich nur um, sah Fluke, der vor Angst und Adrenalin genauso zitterte wie ich, direkt in die Augen und fragte mit sanfter Stimme: »War das schnell genug für Sie?«

Diese Geschichte fällt mir bei bestimmten Gelegenheiten immer wieder ein, zum Beispiel wenn sich Unit One in der Innenstadt von San Francisco eine dieser unseligen Steigungen hochquält oder beim Herunterfahren immer mehr in Schwung kommt. Ein Tourneebus kann auf diesen Hügeln sehr schnell enorme Fahrt draufbekommen, sodass man zähe Minuten lang mit ungewöhnlicher Intensität über den Zustand der Bremsen oder vielleicht auch über die Stärke des Getriebes nachdenkt.

Mir fällt da noch eine andere kleine Geschichte zu meinem Leben auf Tour ein. Es war Mitte der Fünfzigerjahre, als Marshall, Luther und ich zusammen mit Carl und seiner Band aus Oregon hinausfuhren, weiter auf der Straße, auf der wir zwei Abende zuvor hierher nach San Francisco gekommen waren.

Soweit ich mich erinnere, waren wir auf dem Weg nach Alaska. Ich glaube, das war auch die Tour, als wir im Kofferraum meines 54er-Plymouth eine Kiste mit Bill Justis' neuen Singles dabei hatten. Er hatte uns gebeten, sie für ihn zu verkaufen, und das taten wir auch. Wir hielten an einer Stelle, von der man eine wunderschöne, malerische Aussicht auf den Mount Hood hatte, und verkauften all die großen, zerbrechlichen alten Schellackplatten, eine nach der anderen. Sie fanden reißenden Abuf der WMS Grand Old Opry Tour mit den Tennessee Two, Marshall Grant und Luther Perkins, 1956

satz. Diese Aufnahme wurde später ein Hit und wir waren stolz darauf, die Ersten gewesen zu sein, die sie unter die Leute gebracht hatten.

Und hier ist noch eine Geschichte. Sie trug sich in den Vierzigerjahren in Dublin zu und Merle Travis, ein anderer sehr lieber Freund von mir, der inzwischen gestorben ist, hat sie mir in den Sechzigerjahren in Hollywood erzählt.

Sie handelt von Gene Autry. Merle, der den Gitarrenstil »Travis Picking« geprägt und sich noch durch vieles mehr ausgezeichnet hat – Songs, Geschichten, Witz, Weisheit, Rat, Ermutigung, Humor, Freude, Spaß in jeder Form –, arbeitete mit Gene zusammen, als der gerade auf dem Höhepunkt seiner Karriere war – nach allem was man hört, eine wirklich glorreiche Zeit. Gene, der König der singenden Cowboys, war einer der größten Stars auf der ganzen Welt. Leute meines Alters wissen noch, wie ungeheuer populär er war, dass er die wahrscheinlich meistgeliebte Persönlichkeit der Erde war, ein Wunder an unerschütterlicher

Stärke und Tugendhaftigkeit und ein Vorbild für die Kinder auf der ganzen Welt.

Seine Ankunft in Irland, erinnerte sich Merle, löste eine Reaktion aus, die sogar die Beatles-Manie in den Schatten gestellt hätte: Zwei Millionen Menschen drängten sich auf den Straßen von Dublin um sein Hotel herum und das Geräusch, das sie erzeugten, war mit nichts zu vergleichen, was Merle je gehört hatte. Irgendwie hatten es die Künstler geschafft, vom Flughafen zum Hotel zu kommen und über eine Hintertür hineinzugelangen, und dann hatte Gene Merle auf einen Drink in sein Zimmer eingeladen. Merle trank ganz gerne. Genau wie Gene. Gene war eine Spur weltlicher als die Filmfigur, die für den Verkauf der Eintrittskarten sorgte.

Sie tranken mehrere Gläser Whiskey, ohne ein Wort zu sagen, während sie einfach dort im Zimmer saßen und sich das unglaubliche Geschrei anhörten, das durch die offenen Fenster drang. Schließlich sagte Merle: »Gene, vielleicht solltest du raus auf den Balkon gehen und dich den Leuten zeigen.«

Gene brummte. »Hmm. Meinst du?«

»Ja, das meine ich.«

»Gut, aber lass uns erst noch einen trinken.«

Sie tranken noch einen und dann noch einen, dieweil die Menge immer lauter wurde – ein unaufhörliches Getöse. Der Wunsch, einen Blick auf ihren Helden zu erhaschen, brachte die Leute zur Raserei.

Merle wurde langsam unruhig. »Gene, ich finde wirklich, du solltest raus auf den Balkon gehen und den Leuten mit deinem weißen Hut zuwinken. Zeig dich mal.«

»Meinst du?«

»Ja, das meine ich.«

»Okay, aber einen trinken wir noch, bevor ich es tue.«

Sie schenkten sich noch einen Drink ein und Gene lehnte sich wieder zurück, ohne die geringsten Anstalten zu machen hinauszugehen. Schließlich hielt Merle es nicht mehr aus.

»Gene, nun komm schon. Geh raus auf den Balkon und wink den Leuten zu!«

Gene raffte sich auf. »Bei Gott, ich werde es tun!«, sagte er und schritt zum Balkon. Er ging hinaus, riss sich den Hut vom Kopf und der Lärm explodierte. Er winkte mit dem Hut erst den Leuten auf seiner linken Seite zu und Hunderttausende von Stimmen kreischten und schrien. Dann winkte er mit dem Hut nach rechts und Millionen andere brüllten noch lauter. Es war unglaublich. Es war ein ohrenbetäubender Lärm. Dann setzte er sich den Hut wieder auf, drehte sich um und kam zurück ins Zimmer. Er schenkte sich einen frischen Whiskey ein und setzte sich.

Gene leerte schweigend sein Glas und schenkte sich ein neues ein. Er hatte es schon fast ausgetrunken, als er sagte: »Travis, weißt du was?«

»Was denn, Gene?«

»Diese verdammten Iren lieben mich.«

Legenden und Lügen, Narren und Betrunkene, alte Freunde und Engel. Sie alle gehören in dieses Buch. Meine Sorge ist, dass ich einige auslassen könnte, die hier erwähnt werden sollten. Es gab furchtbar viele wichtige Menschen in meinem Leben.

Johnny Horton ist einer davon. Er war ein ähnlich guter Freund wie Carl und Roy, eher ein Bruder als einfach nur ein Mann, den ich kannte und mochte. Ich traf ihn bei der »Hayride« – er hatte sich geweigert, von dort aus zur »Opry« zu wechseln, selbst nachdem er mit *Battle of New Orleans* 1959 einen Riesenhit gelandet hatte – und wir fühlten uns sofort zueinander hingezogen. Ich mochte auch seine Frau: Billie Jean Horton, früher hieß sie noch Billie Jean Williams, die Witwe von Hank Williams, der am Neujahrstag 1953 gestorben war. Sie heiratete Johnny, nachdem sie Hank verloren hatte, und sie und ich blieben Freunde, nachdem wir beide Johnny verloren hatten.

Er hatte einen schrecklichen, aber schnellen Tod. Er starb, als er mit fast hundert Meilen pro Stunde frontal in ein entgegenkommendes Auto raste. Das wunderte mich überhaupt nicht. Er liebte es, schnell zu fahren. Mit Alkohol und Drogen hatte er keine Probleme und tatsächlich war er zum Zeitpunkt seines Todes stocknüchtern. Allerdings könnte man dennoch sagen, dass der Alkohol ihn umgebracht hat, trotz seiner Abstinenz. Der Fahrer des anderen Wagens war nämlich betrunken, als er über die Mittellinie zog und frontal in Johnny reinrauschte. Tillman Franks, der bei der »Hayride« Bass spielte und inzwischen Johnnys Manager war, saß auf dem Beifahrersitz und Tommy Tomlinson, sein Gitarrist, schlief auf dem Rücksitz. Sie wurden beide verletzt, aber sie überlebten.

Mir gefielen die Worte sehr, die Billie auf den Grabstein schreiben ließ: *Hier liegt mein Ehemann, der vollkommene Mann.* So einfach und – obwohl Johnny ein menschliches Wesen war und deshalb gar nicht vollkommen sein konnte – der Wahrheit doch so nahe. Er war wirklich ein wunderbarer Ehemann und Freund, zuverlässig und ehrlich.

Er war auch ein hervorragender Angler. Dass man ihn »The Singing Fisherman« nannte, war nicht nur ein billiger Werbegag. Er war der Beste. Er konnte den Köder genau dorthin platzieren, wo er ihn haben wollte. Und wenn das sieben Zentimeter entfernt von diesem einen speziellen Baumstumpf am anderen Flussufer sein musste, dann schleuderte er ihn eben genau an diese Stelle. Er konnte die Angel über ins Wasser hängende Äste hinweg auswerfen, den Köder langsam wieder einholen und ihn dann, genau im richtigen Moment, mit einem kleinen Ruck über den Ast springen und zurück ins Wasser fallen lassen, einfach so.

Wir angelten oft zusammen und ich besaß sogar einen kleinen Anteil an seiner Firma, die er gegründet hatte, um einen von ihm selbst entwickelten Köder auf den Markt zu bringen. »Ole Fireball« nannte er ihn und es war in der Tat ein Feuerball. Das Ding machte die Barsche total verrückt, sie konnten einfach nicht davon ablassen. Er und ich zogen sie in Scharen heraus, als wir die letzten Male zusammen angeln waren, und so ging es jedem, der es benutzte, auch wenn nicht viele Leute die Gelegenheit dazu bekamen. Als Johnny starb, waren gerade erst ein paar Dutzend Fischer begeisterte Anhänger von Ole Fireball geworden. Ich habe heute noch ein paar dieser Köder in meinem Safe liegen. Es ist eine große Versuchung für mich, einen davon an den Barschen in Tennessee auszuprobieren, was meines Wissens noch keiner gemacht hat, aber es wäre schlimm für mich, wenn ich einen verlöre, und ich bin mir ziemlich sicher, dass genau das passieren würde.

Johnny nahm Billie Jean einmal für ein ganzes Jahr zum Angeln mit – man könnte auch sagen, sie nahm ihn mit. Das war, als sie ihren Anteil aus dem Nachlass von Hank Williams erhielt – gerade mal 35 000 Dollar, eine lächerliche Summe, aber sie konnten davon eine Reise finanzieren, auf der sie von Alaska bis nach Mexiko so gut wie an jedem kleinen Flüsschen angeln waren. Hank hätte das gutgeheißen, glaube ich. Die Ehe zwischen Billie Jean und Hank, die nur drei Monate währte, war nicht übermäßig glücklich – wie hätte sie das auch sein können, bei seinem ruhelosen Leben, voller Schmerzen, Morphium und Schnaps? – und obwohl ich Hank nicht persönlich kannte, kann ich mir nicht vorstellen, dass er Billie Jean das Glück, das sie mit Johnny gefunden hat, missgönnt hätte. Die beiden gaben ein wunderbares Paar ab und eine tolle Familie. Sie hatten drei Töchter, Jerry, Nina und Melody. Ich habe ein selbst geschriebenes Instrumentalstück nach ihnen benannt: *Jerry and Ninas Melody,* das ich 1961 mit den Tennessee Two aufgenommen habe. Melody war noch ein Baby, als ihr Vater ums Leben kam.

Er wusste, dass er sterben würde. In den letzten Monaten vor seinem Tod erzählte er mir mehrmals, dass es nicht mehr lange dauern würde. »Meine Tage sind gezählt«, sagte er. »Pass auf meine kleinen Mädchen auf, wenn ich nicht mehr da bin. Machst du das?«

»Ja, das mach ich«, antwortete ich, »aber was ist, wenn ich vor dir dran bin? Passt du dann auf meine Mädchen auf?«

»Nein«, sagte er. »Du wirst nicht vor mir dran sein. Ich werde bald sterben. Es ist jetzt nur noch eine Frage von Tagen.«

Und er hatte recht. Als er mir das erzählte, waren wir zusammen in Saskatchewan. Keine zwei Wochen danach starb er, als ich gerade bei der Disc Jockey Convention in Nashville war, einen Abend bevor wir uns in Stuttgart in Arkansas treffen wollten, um zusammen auf Entenjagd zu gehen. Ich fuhr nicht nach Stuttgart. Seine Fahrt endete auf jener Straße in Texas.

Johnny wusste nicht nur, dass sein Tod unmittelbar bevorstand. Er wusste auch, dass es ein plötzlicher und gewaltsamer Tod sein würde, und er hatte das Gefühl, dass es sehr wahrscheinlich auf der Straße passieren würde – was ein paar sehr interessante Fragen aufwirft, um es mal ganz harmlos auszudrücken. Ich habe keine Antworten darauf, aber ich bin davon überzeugt, dass er sich seinen Tod auf keinen Fall herbeigewünscht hat. Er hatte überhaupt nichts Düsteres an sich. Er hatte es allerdings mit Autosuggestion und die wendete er manchmal an, um mich zu hypnotisieren. Er befahl mir, mich vollständig zu entspannen, bis ich meine rechte Hand nicht mehr heben konnte, und wenn er mich so weit hatte, sagte er: »Jetzt bist du so entspannt, dass du dich nicht einmal bewegen kannst. Du kannst nicht mal mehr deine Hände heben. Du kannst auf keinen Fall deine rechte Hand heben. Versuche, sie zu heben. Du kannst es nicht.« Und ich konnte es nicht. Ich war vollkommen klar und nahm deutlich wahr, was um mich herum passierte – das hatte nichts mit tiefer Trance zu tun –, aber ich schaffte es einfach nicht, meine eigene Hand zu heben. Sobald ich in diesem Zustand war, begann Johnny, mir einen Zugang zu meinen Erinnerungen zu öffnen. Auf diese Weise konnte ich *I'd Still Be There* zu Ende schreiben, den Song, den ich Webb Pierce mal in einem Traum hatte singen hören.

Damals hatte ich gleich nach dem Aufwachen einen Teil davon aufgeschrieben, aber ich konnte mich nicht an alles erinnern. Ich erzählte Johnny davon. Er hypnotisierte mich und sagte dann: »Okay, hol jetzt Stift und Papier raus. Wir suchen jetzt in deinen Erinnerungen, versetzen dich in den Traum zurück.« Dann war ich wieder in dem Traum und hörte Webb die Zeilen singen, die mir fehlten, schrieb alles nieder, so schnell ich konnte, und hatte den Song. Er war recht gut, einer von den vierzig oder fünfzig, die man normalerweise hört, bevor ein wirklich toller Song kommt: gut genug, um ihn aufzunehmen, aber nicht die Art von Song, die den Menschen in Erinnerung bleibt, nicht einer jener Titel, die jeden Abend auf der Bühne vom Publikum verlangt werden. Der Song klang viel mehr nach Webb Pierce als nach Johnny Cash, sodass ich schon Angst hatte, Webb würde ihn covern, aber er tat es nicht. Er landete auf der B-Seite von *Ring of Fire* und geriet mehr und mehr in Vergessenheit (oder wurde erst gar nicht gehört).

Von Johnny habe ich gelernt, mich selbst zu hypnotisieren, und heute nutze ich diese Fähigkeit, wenn ich Schmerzen habe. Diese Technik hat nichts mit Übersinnlichem zu tun – ich habe mich nie groß mit paranormalen Phänomenen beschäftigt und auch nie mehr als eine durchschnittliche Neugier für diesen ganzen Erfahrungsbereich empfunden –, sondern es ist eine geistige Technik, eine Möglichkeit, eine Reise in mein Inneres anzutreten, um den Frieden Gottes zu finden.

Ich suche mir einen Platz, wo ich weiß, dass ich nicht gestört werde, setze mich hin, werde ruhig und zähle dann langsam von zehn bis eins. Das bringt mich an einen Ort, wohin kein Schmerz mir folgen kann. Es ist ein ganz besonderer Ort, den ich ausgewählt habe, weil er für mich der schönste Fleck auf dieser Welt ist: eine kleine sandige Landzunge in Alaska, an der zwei unberührte Flüsschen, Painter Creek und Salmon Creek, zusammenfließen. Ich kann mich dort auf den Boden setzen, den Sand zwischen meinen Zehen spüren und das Salz in der Luft auf meinen Lippen schmecken. Der Wind weht vom Meer herein, vom Golf von Alaska, der nur wenige Meilen von hier entfernt ist. Etwa hundert Meter flussaufwärts am Ufer des Painter Creek kann ich hinter einem kleinen Hain die Tragfläche des kleinen Wasserflugzeugs hervorragen sehen, das mich hierhergebracht hat. Lachse springen, ein Biber platscht ins Wasser, schwimmt über den kleinen Fluss und taucht dann am gegenüberliegenden Ufer zum Eingang seines Baus hinab. Ich sehe sieben Wildenten – immer sieben. Ich zähle sie jedes Mal. Die Sonne wärmt meine Haut. Die Luft ist frisch. Irgendwo da draußen auf einer der Aleuten-Inseln ist ein Vulkan aktiv und ich beobachte die weit entfernte Rauchsäule, die er in den Himmel hinaufsendet. Ich denke daran, dass das Wasser im Painter Creek auch von einem Vulkan kommt, landeinwärts von der Stelle, an der ich sitze. Es ist vom Feuer gereinigtes Wasser. Dieser Ort ist so sauber, gesund und ursprünglich, dass er richtig heilig auf mich wirkt.

In meiner Vorstellung stehe ich auf und eine Musik erklingt – das fing vor etwa einem Jahr an, vorher gab es nur die Klänge der Natur – und sie begleitet mich, während ich barfuß über den sandigen Boden und dann über Stellen mit kleinen Kieselsteinen, die an den Füßen schmerzen, das Flussufer hoch zum Flugzeug laufe. Eine männliche Stimme, ich weiß nicht, wem sie gehört, singt *You'll Never Walk Alone* zu einem kunstvoll arrangierten Orchesterpart von großer Schönheit. Das Lied hat natürlich eine Bedeutung.

Der Song endet und ich bleibe stehen. Dann drehe ich mich um, um meine Fußspuren zurückzuverfolgen, und die Musik beginnt von Neuem, sodass ich sie zweimal von Anfang bis Ende gehört habe, wenn ich wieder die Stelle erreiche, an der die beiden Flüsschen zusammentreffen. Das Ganze dauert ungefähr zehn Minuten. Zehn Minuten voller Schönheit, fern aller Schmerzen.

In dieser Situation empfindet nur mein Körper Schmerz, nicht mein Geist. Während ich im Geiste nach Alaska gewandert bin, habe ich meinen Körper hinter mir zurückgelassen. Ich denke, der nächste Schritt wird sein, die Schmerzen mitzunehmen und sie einfach dortzulassen. Sie am Painter Creek zu begraben. Sie Gott zu überlassen.

↳ MEINE GITARRISTEN

Im Fillmore lief es ganz gut. Wir zogen bei *Rusty Cage* alle an einem Strang und schafften es ohne Patzer, es hatte sogar Schwung und den Leuten gefiel es, und das wiederum gefiel mir. Ich spiele gerne für Leute vom Land, genieße ihre Freundlichkeit und ihre stille Anerkennung, aber ich kann auch richtig aufblühen, wenn ich vor einer hochgeputschten Meute von Großstadtkids stehe (oder genauer gesagt, jungen Erwachsenen, die sich für die Intensität einer Stadt wie San Francisco entschieden haben – was natürlich nicht heißt, dass es überhaupt andere Städte gibt, die man mit San Francisco vergleichen kann). So ein Publikum kann eine ziemlich gute Show aus mir herausholen und gestern Abend war das auch so. Es war zunächst etwas ermüdend, und zwar vor allem deshalb, weil sich die üblichen Begrüßungsrituale vor dem Konzert ungewöhnlich in die Länge zogen, bei denen ich Leute von meinem Verlag und meiner Plattenfirma traf sowie die übliche Anzahl von Freunden, Bekannten aus der Musikbranche und lokalen Radiopersönlichkeiten, die jedes Mal kommen, wenn ich in der Stadt einen Auftritt habe.

Heute Abend stand ich also in dieser muffigen kleinen Garderobe und tat genau das, was schon so viele Musiker getan haben, seit Bill Graham diesen Laden damals im »Summer of Love« zum Laufen gebracht hat. Ich fühlte mich wie ein Hochstapler, der einen König spielt und seine Höflinge empfängt. Andererseits fühlte ich mich auch einfach nur wie ein Mann, der sich mit anderen Leuten trifft. Ich ziehe es vor, mich vor dem Auftritt mit Leuten zu treffen, nicht danach. Wenn ich von der Bühne gehe, bin ich nicht mehr die Person, die ich war, während ich die Songs gesungen habe – die Geschichten sind alle erzählt, ihre Bot-

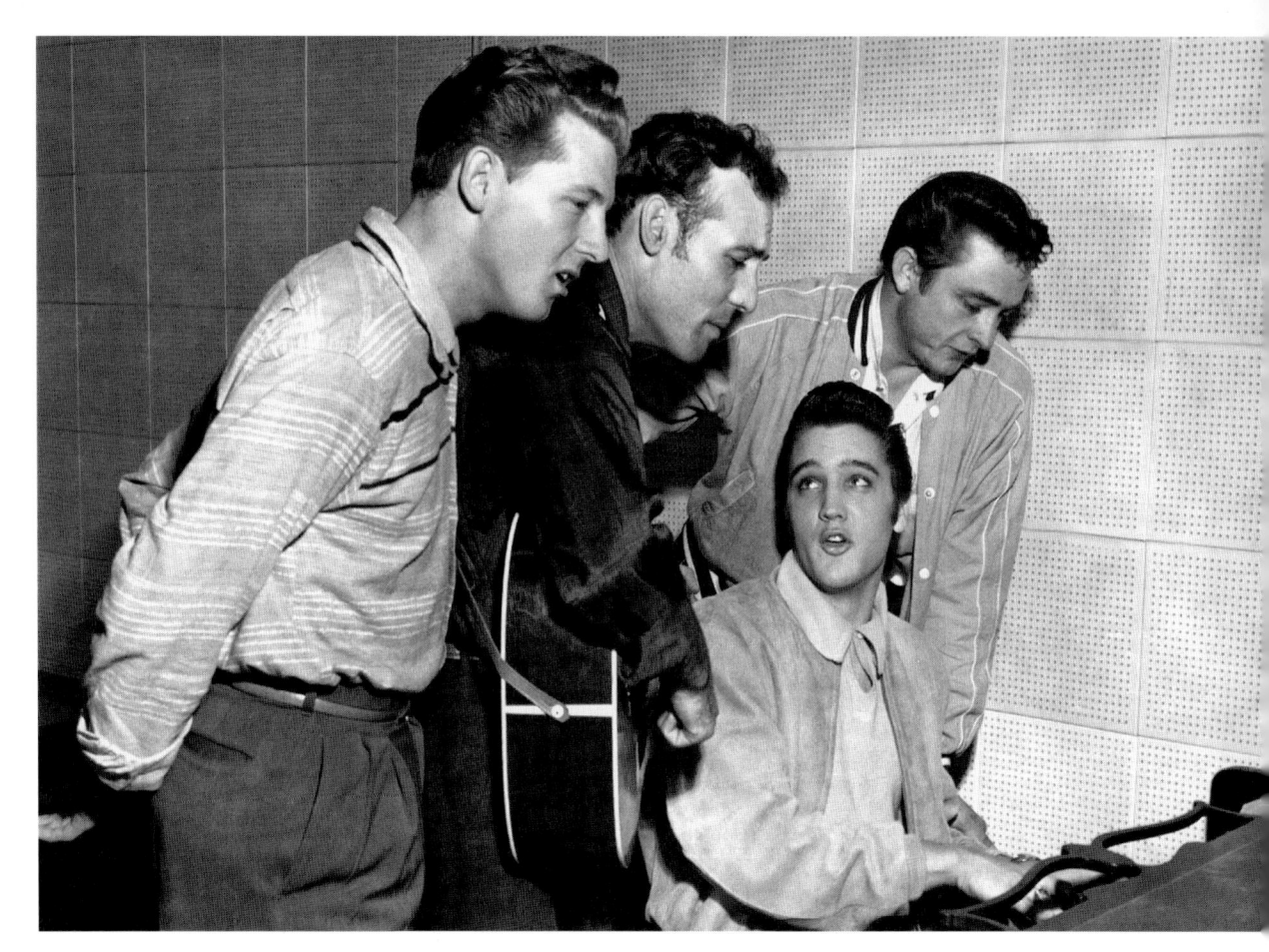

Das Million-Dollar-Quartet: Jerry Lee Lewis, Carl Perkins, Elvis Presley und Johnny Cash, 1956 in Memphis

schaften weitergegeben –, aber oft dauert es dann noch eine ganze Weile, bis ich wieder J. R. bin. Wenn ich mich mit Leuten treffe, ist es für beide Seiten wichtig, dass ich J. R. bin.

Langsam meldet sich die Erschöpfung, obwohl ich immer noch von der Energie des Auftritts durchströmt hin. Das Gefühl ist irgendwie unangenehm, obwohl ich es schon tausendmal erlebt habe, aber ich weiß, dass im Grunde alles in Ordnung ist. Der Abend ist gut gelaufen. Ich war gut. Die Band war gut. Ich mag meine Band, wir passen zusammen. Wenn wir alle unsere Sache gut machen, können wir genau so klingen, wie meine Musik klingen muss.

Während sich Unit One langsam vom Fillmore entfernt und zum Nob Hill hinauffährt, höre ich von vorne die Stimme von Bob Wootton, der sich mit Vicki über die Fahrtroute unterhält, und ich fange an über ihn nachzudenken, über mein Verhältnis zu Gitarristen überhaupt.

Ich habe nicht mit vielen zusammengearbeitet, aber die, die länger bei mir geblieben sind, vor allem Bob, Marty Stuart und natürlich Luther, habe ich wirklich sehr gemocht.

Carl Perkins spielte auch ein paar Jahre in meiner Band, aber ich zögere, ihn als »meinen Gitarristen« zu bezeichnen. Es war Klasse, wenn er mit auf Tour war, er war ein hervorragender Opening Act. Aber mir war nie ganz wohl dabei, ihn hinter mir auf der Bühne zu haben, buchstäblich in meinem Schatten. Er ist immerhin *Carl Perkins*. Ich kenne mich in dem Bereich nicht genügend aus, um beurteilen zu können, ob Musikhistoriker und Rock'n'Roll-Fans Carl heute den Stellenwert einräumen, den er verdient, aber wenn er in hundert Jahren nicht als großer Meister und Vorreiter anerkannt wird, dann hat irgendjemand ganz schön Mist gebaut.

Man bekommt auf jeden Fall den Eindruck, dass Carl Perkins im Schatten von Elvis, Jerry Lee und mir steht. Das erkennt man schon daran, wie die Leute über die sogenannte »Million Dollar Quartet«-Session reden oder schreiben – meines Wissens das einzige Mal, dass wir alle vier zusammen gesungen haben. Irgendwie wird Carls Name in der Liste der Teilnehmer immer als Letztes genannt, dabei war das damals eigentlich seine Session. Er war der Einzige, der an dem Tag fürs Studio eingetragen war. Ich war dort – ich war der Erste, der kam, und der Letzte, der ging, auch wenn später etwas völlig anderes geschrieben wurde –, aber ich war nur dort, um Carl bei den Aufnahmen zu beobachten. Das ging bis zum Nachmittag, als Elvis mit seiner Freundin hereinkam.

Daraufhin wurde die Session abgebrochen und wir begannen rumzualbern und Sprüche zu klopfen. Dann setzte Elvis sich ans Klavier und wir fingen an, Gospelsongs zu singen, die wir alle kannten, dann ein paar Songs von Bill Monroe. Elvis wollte hören, was für Songs Bill außer *Blue Moon of Kentucky* noch geschrieben hat, und ich kannte das ganze Repertoire. Und deshalb ist, wieder mal entgegen dem, was einige Leute geschrieben haben, meine Stimme tatsächlich auf dem Band. Sie kommt zwar nicht sehr deutlich raus, weil ich am weitesten vom Mikrofon entfernt saß und wesentlich höher sang als üblich, um in der gleichen Tonart wie Elvis zu singen, aber ich garantiere, ich bin drauf. Ich weiß nicht mehr genau, wann Jerry Lee reinkam, aber ich erinnere mich noch genau an den Moment, als Elvis ihn aufforderte, am Klavier zu übernehmen, und er mit *Vacation in Heaven* loslegte. Es war das erste Mal überhaupt, dass ich Jerry Lee hörte, und es war umwerfend. Er war so großartig, dass ich nicht einmal mitbekam, wie Elvis und seine Freundin gingen. Woran ich mich danach noch erinnern kann, abgesehen davon, dass ich nach nebenan ging, um Kaffee und Cheeseburger zu holen, ist, dass ich das inzwischen berühmte Foto vom »Million Dollar Quartet« in der Memphis Commercial Appeal sah und mich fragte, was mit Elvis' Freundin passiert war. Sie hatte auf dem Klavier gesessen, als das Foto gemacht wurde.

Man könnte sich jetzt fragen, warum Elvis ging, kaum dass Jerry Lee angefangen hatte zu spielen. Darauf gibt es eine einfache Antwort: Keiner, nicht einmal Elvis, wollte je nach Jerry Lee spielen. Ich kann mich nicht daran erinnern, dass Jerry Lee jemals etwas Verächtliches über Elvis gesagt hätte. Es war nicht so, dass er Elvis gegenüber besonders arrogant gewesen wäre. Er war einfach immer arrogant.

Nun, da ich die Rockabillygeschichte um ein paar weitere Details bereichert habe, will ich auch meine persönliche Meinung noch hinzufügen – dass nämlich Carl Perkins der King des Rockabilly ist – und wieder auf die Leute zu sprechen kommen, die ich *wirklich* als meine Gitarristen bezeichnen kann. Ich beginne mit dem ersten: Luther Monroe Perkins.

Er war ein liebenswürdiger Mann, etwa fünf Jahre älter als ich. Er war ein guter Fahrer und es machte ihm Spaß zu fahren. Oft saß er die ganze Nacht über am Steuer, ohne einen Ton von sich zu geben, während ich es mir auf dem Rücksitz bequem machte, erst im Plymouth, dann im Lincoln und später in den anderen Wagen. Als ich ihn 1954 zum ersten Mal traf, hatte er eine Fender-Telecaster, bei der die Platte fehlte, auf der normalerweise der Handballen aufliegt, und einen kleinen Fender-Verstärker mit einem Acht-Zoll-Lautsprecher; die Ausrüstung, die er auf meinen Platten bei Sun verwendete. Er legte die rechte Hand auf die Saiten, um sie beim Spielen etwas zu dämpfen. Daher kam das *boom-chicka-boom:* von Luthers rechter Hand.

Wie ich schon gesagt habe, war Luther alles andere als ein meisterhafter Musiker und manchmal brauchte er ziemlich lange, um einen neuen Song zu lernen. Aber wenn er ihn einmal draufhatte, dann saß er. Er änderte nie etwas an seinem Part, wandelte ihn weder radikal ab noch verfeinerte er ihn durch kleine Details. Er spielte ihn immer genau gleich, und er klang wirklich immer gut. Es war zwar etwas unorthodox, wie wir es hinbogen, dass seine Gitarre zu meinem Gesang passte, aber das, was dabei herauskam, war gut und den Leuten gefiel es. Kaum waren die ersten Platten herausgekommen, begannen Gitarristen auf der ganzen Welt, den Stil von Luther Perkins nachzuahmen, und er wurde eine Art Kultfigur. Keith Richards kam in den frühen Sechzigern zu einem unserer Englandkonzerte auf einem US-Militärstützpunkt, aber er war nicht an mir interessiert – Luther war derjenige, den er unbedingt sehen wollte.

Luther nahm das alles mit höflicher Gelassenheit hin, nachdem er irgendwann begriffen hatte, dass sie sich nicht über ihn lustig machten, und es stieg ihm nie zu Kopfe. Ihm war klar, dass sein Stil einzigartig war, aber auch, dass sich das auf seine beschränkten technischen Fähigkeiten zurückführen ließ – was bei vielen neuartigen Sounds in der Popmusik der Fall ist, auch wenn einige von uns es nicht gerne sehen, wenn das so in die Geschichte eingeht.

Luther war im Allgemeinen ein sehr toleranter Mann. Ich weiß noch genau, wie er in der Zeit, als sich meine Amphetaminsucht in zerstörerischen Handlungen äußerte, reagierte. Als ich einmal mit einer Feueraxt einen neuen Durchgang in die Wand zwischen meinem Motelzimmer und dem von Marshall Grant schlug, saß er nur da, sah mir grinsend zu und sagte im Ton aufrichtiger Verwunderung: »Hey, ich glaubs nicht. Ich glaub das einfach nicht.«

Temperament hatte er allerdings schon und er konnte es auch rauslassen. Im Laufe der Jahre bekam so mancher Verstärker frustrierte Tritte von ihm ab und man hörte ihn oft wild vor sich hin fluchen. Er hatte sich zwar etwas mehr unter Kontrolle als ich, aber diese gewisse Nervosität zeichnete uns beide aus.

In meinen allerschlimmsten Zeiten war Luthers Haus für mich wie ein Hafen im Sturm. Ich konnte mitten in der Nacht zu ihm rübergehen und dann standen Luther und seine Frau Margie auf, machten Kaffee, hörten mir zu und versuchten mich aufzubauen. Dixie Dean, die gerade aus England gekommen war und später Tom T. Halls Frau wurde, war auch so ein Mensch, der mir in schweren Zeiten sehr viel Freundlichkeit entgegenbrachte. Während eines solchen Akts der Barmherzigkeit spielte sie mir mal ein Demo von Tom vor, auf dem er *I Wash My Face in the Morning Dew* sang, seine erste Platte. Ich erkannte sofort, an welch großer Gabe er uns bald alle teilhaben lassen würde. Na ja, mich vielleicht nicht. Damals hatte ich meine Zweifel, ob ich noch lange zu leben hatte.

Luther starb 1968. Auch er wurde Opfer eines Wohnungsbrands am Old Hickory Lake. Ich bin davon überzeugt, dass er mit einer brennenden Zigarette in der Hand auf der Couch einschlief und durch den Rauch bewusstlos wurde. Als Margie ihn fand, lag ein Wels in der Küchenspüle und daneben ein Zettel, auf dem stand: »Siehst du, habe ich dir nicht gesagt, dass ich Welse fangen kann?« Sie hatte ihm ständig gesagt, dass das mit der Grundangel, die er in den See auswarf, nie funktionieren würde, aber offensichtlich funktionierte es doch und er freute sich darüber. Das sieht nicht aus wie die letzte Tat eines Mannes, der im Begriff ist, sich umzubringen, wie das nämlich die Polizei vermutete – das oder Mord.

Luther starb nicht sofort, aber wir wussten, dass er sterben würde. Als Marshall, Carl Perkins und ich zu ihm ins Krankenhaus gingen, kam einer der Ärzte heraus und sagte: »Also, er sieht eigentlich gut aus. Er ist in guter Verfassung; wenn er nur aufwachen würde.« Als wir ihn sahen, wussten wir gleich, dass das nicht stimmte. Uns allen war sofort klar, dass er so gut wie tot war.

Das einzig Gute, was der Verlust von Luther mit sich brachte, war Bob Wootton, glaube ich. Nachdem er an jenem Abend in Oklahoma so plötzlich aufgetaucht war – als wäre er genau in dem Moment, als wir ihn brauchten, einfach vom Himmel gefallen, bereit und in der Lage, jeden Song aus meinem Repertoire Note für Note genauso zu spielen, wie Luther ihn auf Platte gespielt hatte –, gehörte er sofort dazu und konnte die Lücke, die Luther hinterlassen hatte, besser füllen als irgendein anderer.

Wenn ich an Marty Stuart denke, der mehrere Jahre in meiner Band spielte, bevor er mit seiner Solokarriere begann, hebt sich meine Laune immer sofort. Marty muntert jeden auf. Er ist einer dieser Typen, die eine geradezu elektrisierende Wirkung auf die Leute in ihrer Umgebung haben. Er ist weniger eine Energiequelle als ein Energieverstärker, ein Katalysator und eine Schnittstelle, jemand, der die kreativen Energien in einer Gruppe von Menschen entfacht, sie bündelt und die Energie in genau die Richtung fließen lässt, in die es sie drängt. Das ist natürlich nicht seine einzige Begabung. Er ist auch ein meisterhafter Musiker, im wahrsten Sinne des Wortes, ein Künstler der Extraklasse. Er hat Witz, sieht gut aus und er weiß genau, wie er sich zu kleiden, zu verhalten und zu präsentieren hat. Er ist schon erstaunlich, wirklich.

Außerdem ist er ein Mensch, wie ihn die Countrymusik wirklich braucht, nicht nur weil er eine so große Sammlung hat – all die Artefakte der Countrymusik, die er in über zwanzig Jahren aufspürte, auflas, kaufte und eintauschte –, sondern weil er ein Geschichtenerzähler ist. Er steckt voller Storys, er baut Legenden um andere Menschen und er kennt sich *wirklich* aus, kennt jeden aus der Branche und dessen Bedeutung für die Musik, kennt die Geschichte der Musik, weiß, was wichtig ist und was nicht.

Ich weiß nicht mehr genau, wo oder wann ich ihm zum ersten Mal begegnete. Es war wahrscheinlich, als er in der Band von Lester Flatt Mandoline spielte, bei dem er anfing, als er gerade mal dreizehn war. Allerdings weiß ich noch, wie ich ihn engagierte. Er kam zu einem meiner Auftritte, als er Anfang zwanzig war, und zeigte mir, was er auf seiner Gitarre konnte. Ich engagierte ihn vom Fleck weg.

Er wurde weit mehr als der Multiinstrumentalist der Band. Er war ein hervorragender Mann für die Öffentlichkeitsarbeit, ein hervorragender Schlichter bei Konflikten, ein hervorragender Kontaktmann zur musikalischen Szene in Nashville und über die Grenzen von Nashville hinaus. Er wusste, wo man die guten Songs finden konnte, die guten Gitarristen, die guten Studios, einfach alles, und natürlich war es eine tolle Sache, im Studio einen Mann wie ihn an der Hand zu haben. Er konnte *alles* spielen. Und als ob das nicht schon genug wäre, liebte er auch noch seine Mutter. Und er liebt sie noch immer: Hilda Stuart, eine wundervolle Frau.

So wie Marty über fast jeden in der Countrymusik eine Lieblingsgeschichte hat, so haben wir auch unsere Lieblingsgeschichten über ihn. Bei meiner geht es allerdings eigentlich mehr um mich. Im Mittelpunkt steht eine Gitarre, die er mal hatte, ein richtig schäbiges, ramponiertes Teil, das noch schlimmer aussah als Willie Nelsons berühmt-berüchtigtes Instrument. Es war wahrscheinlich eine wunderbare Gitarre, eine der besten Martins, die je gebaut wurden – so behandelte er sie jedenfalls –, aber ihre Hässlichkeit war unbestreitbar. Sie war mir ein ständiger Dorn im Auge.

Eines Abends auf der Bühne irgendwo in Minnesota unterbrach ich das Konzert irgendwann und erzählte dem Publikum: »Wisst ihr, Marty Stuart fing im Musikgeschäft an, als er zwölf Jahre alt war. Mr. Lester Flatt engagierte ihn und sah in ihm einen jungen Mann, der es noch weit bringen konnte. Marty war dafür sehr dankbar und seither sucht er sich mindestens einmal im Jahr einen zwölf- oder dreizehnjährigen Jungen aus, um ihm etwas Gutes zu tun, so wie Lester es für ihn tat.«

Während ich das sagte, ruhte mein Blick auf genau solch einem Jungen, der in der vordersten Reihe saß.

Ich riskierte es. »Heute Abend sitzt ein junger Mann hier in der ersten Reihe«, sagte ich, »und Marty würde diesem jungen Mann gerne seine Gitarre schenken.«

Bevor Marty irgendetwas dagegen tun konnte, nahm ich ihm diese hässliche Gitarre weg und streckte sie dem Jungen in der ersten Reihe entgegen. Der Junge konnte sein Glück gar nicht fassen. Er kam nach oben, lief zu Marty, umarmte ihn und bedankte sich wieder und wieder bei ihm. Schließlich ließ er von ihm ab und ich schüttelte ihm die Hand, bevor er von der Bühne ging. »Lerne, darauf zu spielen, mein Sohn«, sagte ich zu ihm. »Lerne, darauf zu spielen wie Marty.«

Ich schaute rüber zu Marty und sein Gesicht war rot vor Zorn. Einen Moment lang dachte ich wirklich, er raste aus. Ich sah ihn einfach nur an. Ich erwiderte seinen Blick und fing an zu grinsen und plötzlich entspannten sich seine Züge und er grinste zurück.

Marty hatte einen wunderbaren Humor. Eines Abends spielte er im Freien auf einem Volksfest, in einem besonders auffälligen, knallbunten, mit Strass besetzten Anzug. Wie der Zufall es wollte, lag die Bühne dicht neben einem gigantischen, hell erleuchteten Riesenrad, das bedrohlich über einen Teil des Konzertgeländes ragte. Mitten in der Show schlenderte er zwischen zwei Nummern zum Mikro. »Wundert euch nicht, wenn ich heute Abend einen leichten Linksdrall habe«, sagte er in breitem Südstaatendialekt. »Irgendwie zieht es mich ständig da rüber.« Dann deutete er zum Riesenrad hinauf. »Mein Anzug hält das Ding da für seine Mutter.«

Marty kennt mich gut. Einmal, als er noch mit mir zusammenarbeitete, kam er zu mir und fragte: »Nimmst du Schmerztabletten?«

»Nein, noch nicht«, antwortete ich.

Er sah mich an und grinste. »Tut dir dein Fuß weh?«, fragte er. Ich hob meinen linken Fuß und trat mir damit auf den rechten. »Jetzt, ja«, sagte ich und nahm eine Pille.

Wie wir alle geahnt hatten, kam irgendwann der Moment, wo Marty sich selbstständig machte. Noch bevor er selbst den Entschluss dazu fasste, stachelten wir ihn an: »Hey Marty, wen nimmst du als Vorgruppe?« »Freu dich über deinen Gehaltszettel, Stuart. Bald bist du derjenige, der die Dinger verteilt.« Irgendwann hatte er sich endlich dazu durchgerungen und so kam er eines Abends zu mir. »Meinst du, es wird Zeit, dass ich mich verändere?«, fragte er. Das müsse er selber wissen, sagte ich, aber meiner Ansicht nach sei er so weit. Ich sagte, wenn er sich dazu entschlossen habe, Karriere zu machen, müsse er als Erstes damit aufhören, Johnny Cash immer den Vorrang zu geben. Und so ging er – aus eigenem Antrieb, begleitet von meinem Dank und meinen besten Wünschen.

Natürlich kam er von Zeit zu Zeit zurück. Er trug wesentlich zu meinem *Unchained*-Album bei, indem er im Studio als Bindeglied zwischen mir und meiner Welt einerseits und der musikalischen Ausdrucksweise von Tom Petty and the Heartbreakers andererseits fungierte. Dabei waren keineswegs große Distanzen zu überbrücken, denn Tom, seine Band und ich kennen uns schon lange (eigentlich gehören sie zur Familie: Howie Epstein und Carlene haben jahrelang zusammengelebt), aber die Bindung ist auch wiederum nicht so eng, dass sie nicht durch Martys Vertrautheit mit all den amerikanischen Musikstilen hätte gefestigt werden können. Er machte sich wirklich gut bei diesen Aufnahmesessions. Genau wie Tom und seine Heartbreakers. Wir hatten enormen Spaß bei der Produktion dieses Albums.

Marty war, wie manche von euch vielleicht wissen, früher mal mit meiner Tochter Cindy verheiratet, auch wenn das heute nicht mehr so ist. Für mich spielt das keine Rolle. Er ist immer noch mein Freund und war es immer. So stehe ich zu all meinen Schwiegersöhnen, oder zumindest zu denen, die ich mag. Schon vor langer Zeit habe ich beschlossen, dass mich die Eheangelegenheiten der jüngeren Generation(en) unserer Familie – und zwar von allen, einschließlich Junes Töchtern und der ständig wachsenden Schar von Enkelkindern – nichts angehen. Als Cindy und Marty sich scheiden ließen und das Gerede losging, wer wem was angetan hatte, stellte ich mich einfach taub. Ich wollte nichts davon hören. Wie ich Cindy einmal sagte: »Ich habe euch nicht geraten zu heiraten, ich habe euch nicht zusammengebracht und ich bin nicht schuld daran, dass ihr euch scheiden lasst.« Es ist nicht so, dass ich die Probleme in ihrer Ehe nicht gesehen oder nicht mit ihnen gefühlt hätte. Ich wollte einfach nicht ihre Probleme zu meinen machen: *Don't give me your troubles, I've got troubles of my own ...*

Das Gleiche galt für Carlene und Nick Lowe sowie für Rosanne und Rodney Crowell. Ich mochte diese beiden Männer schon immer und ich mag sie heute noch. Sie sind Freunde von mir und Freunde der Familie und zwischen Carlene, Rosanne und mir ist das absolut kein Problem. Man muss sich nur mal das Chaos vorstellen, wenn es anders wäre. Ich rede hier nämlich von ganz schön vielen Menschen, und zwar auch nicht von irgendwelchen x-beliebigen Leuten von früher. Wenn man meine Sammlung von Schwiegersöhnen, aktuelle und ehemalige, auf eine Platte zwängen könnte, käme die erlesenste Namensliste zusammen, mit den großartigsten Songs, die man sich nur wünschen kann, und einer Band, die voll einschlüge. Nähme man dann noch meine Töchter, Junes Töchter und unseren Sohn hinzu, könnten sich die Aktionäre auf der Stelle zur Ruhe setzen. Ist es nicht schön, mit seinen Kindern zu prahlen? Es gehört zu den schönsten Gefühlen, die das Leben zu bieten hat.

Als Marty uns verließ, um alleine weiterzumachen, engagierte ich Kerry Marks, einen hervorragenden Gitarristen, der heute Leadgitarre in der Prime-Time-Country-Band bei TNN spielt. Er passte sich sofort ein und füllte die Lücke, die Marty hinterlassen hatte, so gut, wie das nur irgend möglich war.

Einmal spielte sogar Waylon Jennings für mich Gitarre. Ich hatte ein Engagement für fünf Tage in einem Theater in Toronto, aber in letzter Minute wurde Bob krank und nun saß ich in der Patsche. Ich hätte die Auftritte nur *äußerst* ungern abgesagt, aber ich hatte keine Idee, wer für Bob einspringen könnte. Gab es überhaupt jemanden, der mein Material gut genug kannte? Ich konnte diese Frage nicht beantworten, weil ich in der Musikszene von Nashville nie so richtig zu Hause gewesen war. Das ist heute noch so – ich bin es eigentlich weniger denn je –, aber immerhin kannte ich jemanden, der mit dieser Szene vertraut war. Waylon, ein guter alter Freund und ehemaliger Zimmergenosse, kannte jeden Gitarristen der Stadt und wusste von jedem Einzelnen genau, was er draufhatte. Ich rief ihn an und er war zu Hause. Er werde sich sofort darum kümmern, sagte er.

Am nächsten Tag rief er mich zurück und sagte: »Ich habe einen guten Gitarristen für dich gefunden.«

»Wen denn?«, fragte ich.

»Mich«, sagte er.

»Nein, nein, nein«, sagte ich. »Du machst Witze. Das kannst du nicht machen. Ich kann doch dich nicht für mich Gitarre spielen lassen.

Es geht einfach nicht, dass sich ein Star von deinem Format auf die Bühne stellt und für mich Gitarre spielt.«

Er ließ sich nicht davon abbringen. »Hoss, ich werde dich begleiten. Ich werde dort sein. Ich habe die nächsten fünf Tage frei, also werde ich in Toronto für dich Gitarre spielen, so einfach ist das. Ich werde nicht besonders toll sein, aber ich werde mein Bestes geben.«

Ich nahm sein Angebot dankend an, unter der Bedingung, dass wir neben meinem gewohnten Programm ein paar gemeinsame Stücke spielen würden.

Es lief sehr gut. Als wir in Toronto auf die Bühne kamen, schlug ich vor, er solle sich während der ersten paar Songs etwas nach hinten ins Dunkle stellen und dann immer wieder ein kleines Stück weiter nach vorne kommen. Als er nach und nach aus dem Schatten trat, merkten die Leute langsam, dass es nicht Bob war, der dort oben auf der Bühne stand. Als Nächstes kam ihnen irgendetwas an dem Mann bekannt vor, die Art, wie er dastand, wie er sich bewegte, wie er seine Gitarre hielt. Sie stießen sich gegenseitig an, fingen an, miteinander zu flüstern und mit dem Finger auf ihn zu zeigen. Ich beobachtete sie und es war richtig lustig. Schließlich stand er voll im Licht und selbst die Leute, die sein Gesicht nicht erkennen konnten, sahen die schwarz-weiße, lederverzierte Telecaster, die allen Countryfans förmlich WAYLON! entgegenschreit.

Dann bestätigte ich es ihnen. »Also, ihr habt recht«, sagte ich ins Mikro. »Ich habe heute Abend den großartigsten Gitarristen der Welt auf der Bühne. Hier ist Waylon Jennings.«

Als der Applaus sich langsam legte, trat er nach vorn und wir erzählten, wie es dazu gekommen war, dass er jetzt hier bei mir auf der Bühne stand, und dann spielten wir weiter. Und so ging es fast eine Woche lang.

Waylon war jeden Abend dabei, und als es vorüber war, wollte er keinen Pfennig dafür.

Diese Geschichte sagt einiges darüber aus, was für eine Art Freund Waylon für mich ist. Um es einfach zu sagen: Auch er ist wie ein Bruder für mich. Ich suche immer noch nach einer Gelegenheit, ihm mal einen Gefallen zu tun. Was aber am meisten zählt: Wir können uns jederzeit anrufen, wenn es einem von uns schlecht geht oder einer in Schwierigkeiten steckt. Wir beide spüren diese Verbundenheit, obwohl wir uns schon lange nicht mehr gesprochen haben. Wir wissen, dass wir fast wie Blutsbrüder sind. In unserer Freundschaft gab es einige raue Zeiten, einige Höhen und Tiefen, Dinge, die sie hätten auf die Probe stellen oder gar beenden können, aber ich denke heute genauso gut von Waylon wie seit eh und je. Wir hätten beide Grund genug, schlecht drauf zu sein – wir haben viel mitgemacht, er mit seiner Sehnenscheidenentzündung am Handgelenk, ich mit meinem Kiefer, wir beide mit ernsten Herzproblemen –, aber ich bin mir sicher, dass es das nächste Mal, wenn ich seine Stimme am Telefon höre, genauso sein wird wie immer: keine Vorwürfe, warum man so lange nichts vom anderen gehört hat, sondern einfach: »Was machst du gerade, John?«

»Nichts Besonderes, Waylon. Hast du Lust vorbeizukommen?«

Mit Waylon Jennings bei einem CBS TV-Special

FARON YOUNG

Wir bewegen uns jetzt langsam auf den tiefsten Winter zu – ich bin in Texas. Unit One rollt dahin und verschlingt eine sich endlos windende zweispurige Asphaltstraße, die durch die mit Gestrüpp bedeckte Hochebene nordwestlich von Dallas führt, eine Landschaft aus kargen, flachen Hügeln und verkrüppelten Bäumen, in der das Leben dürftig ist und nicht viel hergibt, weder für die Natur noch für die dort lebenden Menschen. Auf dem Boden lässt sich so gut wie nichts anbauen, und wenn es in dieser Gegend jemals Geld gegeben hat, wurde es offenbar von den Winden davongetragen, die von weit her aus Kanada kommen und hier über die Great Plains wehen, oder es wurde von dem Reichtum in Dallas und Fort Worth magnetisch angezogen. Man kann hier, so wie wir es gerade getan haben, hundert Meilen den Highway in Richtung Oklahoma und Nord-Texas entlangfahren, ohne irgendetwas anderes zu sehen als Raststätten und Wohnwagen.

Ich bin auf meiner Tour schon ziemlich herumgekommen, seit ich in Kalifornien war. Ich war in Chicago, ich war in Toronto, in New York. Ich war in Philadelphia, ich war hier und ich war dort. Ich war ein- oder zweimal zu Hause. Ich war nicht in London, um die Queen zu besuchen, ganz recht (ich werde nicht vor dem nächsten Frühling nach Europa gehen), aber ich war beim amerikanischen Gegenstück: Ich war in Washington und habe Mr. Clinton getroffen. Man ließ mich dorthin kommen, um mir einen Kennedy Center Award zu überreichen, und abgesehen davon, dass es ziemlich anstrengend und gefährlich für mein Ego war, war das Ganze höchst erfreulich, eine tolle Sache. Es war schon fantastisch, mit dem Präsidenten der Vereinigten Staaten und der First Lady dort zu sitzen, während mich meine berühmten Freunde und Familienmitglieder von der Bühne aus ehrten, vor laufenden Fernsehkameras und vor einem Publikum, das sich aus den einflussreichsten Menschen der Welt zusammensetzte. Jedes Mal, wenn jemand etwas besonders Nettes und Schmeichelhaftes über mich sagte, und das kam ziemlich oft vor, sahen mich alle an und applaudierten.

Wem stiege das nicht zu Kopf? Während all das Lob und die Bewunderung auf mich niederprasselten, musste ich glücklicherweise an etwas denken, das Ernest Tubb 1955 bei unserer ersten Begegnung zu mir gesagt hatte. Das war damals auch kein schlechter Abend. Ich hatte gerade ein paar Zugaben in der »Grand Ole Opry« gegeben, und jetzt traf ich auch noch Ernest Tubb, den texanischen Troubadour, höchstpersönlich. Er sah mich an und sagte mit seiner gewaltigen, rauen Stimme, die ich aus dem Radio kannte: »Denk immer daran, mein Junge: Je höher du die Leiter hinaufkletterst, umso heller strahlt dein Arsch.«

Einen Tag nach der Veranstaltung im Kennedy Center wurde ich noch weiter auf den Boden zurückgeholt, als ich mit meinen Töchtern zusammenkam und sie einige sehr tiefe Gefühle äußerten, die ihnen schon seit Langem zu schaffen machten – sie erzählten mir so einiges, zum Beispiel über das Leben junger Mädchen, deren Vater sie einer Droge wegen verlassen hat. Das war sehr hart.

Ich habe gerade eine Erkältung, die sich langsam zu einer ernsteren Sache auswächst. Mein Kopf fühlt sich genauso an wie der graue Himmel dort draußen auf der anderen Seite des Busfensters. Als Nächstes bekomme ich sicher Fieber und eine Halsentzündung. Wenn es mal so weit ist, hören sie auf, die einzelnen Symptome zu erkunden, und nennen das Ganze einfach »Erschöpfung«.

Und Faron hat Selbstmord begangen. Das war das Hauptthema der letzten Tage. Faron – keiner, der sich in der Countrymusik auskennt, muss seinen Nachnamen Young hinzufügen – hat sich erschossen. Er lag noch eine Weile im Koma, bevor er uns verließ. Er hatte ernsthafte gesundheitliche und seelische Probleme und natürlich trank er auch sehr viel. June und ich liebten ihn wirklich sehr.

Mit Young Faron, circa 1965

Er hinterließ eine Fülle unglaublicher Geschichten, denn er war tatsächlich die schillernde Persönlichkeit, als die er immer dargestellt wird. Am deutlichsten erinnere ich mich im Augenblick aber an ein Weihnachtsfest vor ein paar Jahren, als ich mich kurz vor dem großen Tag mit ihm unterhielt und ihn fragte, was er vorhabe. Ach, sagte er, er bleibe wahrscheinlich einfach zu Hause und machte sich ein Omelette oder so. Wir überredeten ihn, zu uns nach Hause zu kommen, zu dem großen Familienweihnachtsfest, das wir immer veranstalten – und wir haben einiges an Familie zu bieten, es ist also wirklich ein großes Fest –, und an dem Tag war er ein absoluter Prinz. Er konnte so nett, ein so liebenswürdiger und feiner Mann sein.

Wir waren traurig, als er starb, aber nicht sonderlich überrascht. In den letzten zehn Jahren seines Lebens hatten June und ich ihn mehr als einmal im Krankenhaus besucht – ich war manchmal auch alleine hingegangen – und wir hatten mit ihm über den Alkohol gesprochen. Ich sagte ihm immer wieder, er müsse davon loskommen, sonst gehe er noch daran zugrunde, aber er entgegnete nur: »Hast du nie meinen Song *Live Fast, Love Hard, Die Young* gehört?« Ich sagte: »Klar, aber das meinst du doch nicht ernst, oder?«, und er gab zu, dass es nicht so war, dass er nur große Töne spuckte. Der letzte Kontakt, den ich zu ihm hatte, war eine Benachrichtigung, dass er krank sei und ich ihn bitte anrufen solle. Ich rief ihn an, aber ich bekam keine Verbindung unter der Nummer, die man mir gegeben hatte, und dann musste ich wieder auf Tour und ging der Sache nicht weiter nach.

Faron hatte einen Tag vor mir Geburtstag und Liz Taylor einen Tag nach mir. Im Laufe der Jahre gab das viel Anlass zur Heiterkeit. Er rief mich an oder ich rief ihn an und dann sprachen wir über Liz Taylor. Und selbst nachdem ich Liz tatsächlich kennengelernt hatte und anfing, auch mit ihr Geburtstagsgrüße auszutauschen, machten wir damit weiter. Und deshalb werde ich jetzt wohl immer an Faron Young denken müssen, wenn ich eine Geburtstagskarte von Liz bekomme. So sehr ich ihn auch geliebt habe, ich glaube, es wäre mir lieber, ich dächte an Liz Taylor.

Es gibt Tausende von Geschichten über ihn. Die Leute aus der Branche werden sie noch jahrelang erzählen, so wie sie es schon seit Jahrzehnten tun, und einige davon werden zweifellos auch zu einem breiteren Publikum durchdringen. Ich bin im Moment allerdings nicht in der Stimmung, mich fröhlich darüber auszulassen, und darum werde ich nur eine davon erzählen, in der Hoffnung, einen kleinen Eindruck davon zu vermitteln, wie skurril Faron sein konnte.

Wir waren auf unserer ersten gemeinsamen Tour und checkten in einem Motel in Birmingham, Alabama, ein, als er plötzlich einen Entschluss fasste. Der Portier und die Hotelpagen in diesem Motel trugen weiße Handschuhe. Faron warf einen Blick darauf, ging dann rüber zur Rezeption, hämmerte auf die Theke und verlangte, den Manager zu sprechen. Irgendjemand ging los und holte ihn.

»Nun, mein Herr, was kann ich für Sie tun?«

Faron schnaubte. »Warum – *warum* – lassen Sie diese Pagen und den Portier weiße Handschuhe tragen?«, wollte er wissen. »Sie müssen mit dem ganzen schmutzigen Gepäck herumhantieren. Das ist unmöglich. Ihr seid wirklich rücksichtslos, den Pagen und dem Portier zu befehlen, diese weißen Handschuhe zu tragen, obwohl sie gar nicht verhindern können, dass sie sich *schmutzig* machen! Und was macht ihr, wenn das passiert? *Feuert* ihr sie, wenn sie ihre Handschuhe schmutzig machen?«

»Nein, Sir, das tun wir selbstverständlich nicht.«

»Sie lügen. Ich wette, Sie tun es. Ich wette, Sie feuern diese Leute!«

Der Manager war völlig ratlos. Er wusste überhaupt nicht, wie er mit dieser Situation umgehen sollte. Wer hätte das schon gewusst? Und Faron ließ nicht locker. Er schimpfte immer noch auf den armen Mann ein, als ich eilig auf mein Zimmer ging, um das nicht länger mit anhören zu müssen.

Einmal kriegte ich ihn dran, was seine Flucherei anging. Er lag im Krankenhaus, nach einem Autounfall, bei dem sich – man frage mich nicht wie – seine Zunge um das Lenkrad gewickelt hatte, sodass sie ihm fast aus dem Mund gerissen wurde. Es hieß, sie habe nur noch an einem Faden gehangen, als er eingeliefert wurde. Das war äußerst merkwürdig, denn ein paar Wochen vor dem Unfall hatte ich zu ihm gesagt: »Faron, wenn du nicht aufhörst, solche lästerlichen Reden zu schwingen, reißt Gott dir noch mal die Zunge aus dem Schädel.«

Da lag er nun, mit total verschwollenem Gesicht, den Mund voller Nähte und Verbände. Ich schlenderte zu ihm rüber, grinste und sagte: »Sag mal ›Scheiße‹, Faron.«

»Hhheisheearl.« Ich vermutete, er meinte mich.

Faron werde ich sehr vermissen.

Wir sind jetzt in Wichita Falls und ich habe es fast geschafft. Wir parken vor dem Hintereingang der Festhalle, unsere Anlage steht aufgebaut auf der Bühne und die ersten Leute kommen bereits durch die Türen und nehmen ihre Plätze ein. Aber ich kann nicht. Ich habe Fieber, einen Druck im Kopf, mein Hals schwillt zu und ich bin ganz schwach und benommen.

Ich gebe auf. Ich habe Lou, meinem Manager, gerade gesagt, er soll den Auftritt absagen und veranlassen, dass die Leute ihr Geld zurückbekommen, und er ist sofort losgegangen, um das zu erledigen. Es gab keine langen Diskussionen, wie das bei vielen anderen Managern vielleicht der Fall gewesen wäre. Er kennt mich schon lange und gut genug, um genau zu wissen, dass ich einen Auftritt nicht leichtfertig absage (und nie leichtfertig abgesagt habe) und dass mir das wirklich sehr schwer fällt. Wir werden auf jeden Fall wieder hierherkommen und das Konzert für die Fans, die wir enttäuscht haben, nachholen. Jetzt will ich nur noch, dass der Bus wendet, zurück zum Flughafen fährt und ich nach Tennessee fliegen kann.

Ich liebe es, unterwegs zu sein. Ich liebe es, ein Zigeunerleben zu führen. In gewisser Weise lebe ich dafür, und in gewisser Weise hält es mich auch am Leben. Wenn ich nicht mehr durch die Welt reisen und meine Songs live singen könnte, vor lebendigen Menschen, die sie wirklich hören möchten, dann könnte ich mich, glaube ich, genauso gut vor den Fernseher setzen und darauf warten, dass ich sterbe. Diese Tour führt mich jetzt allerdings nirgendwo mehr hin. Ich habe gegeben, was ich geben konnte, aber sie verlangt noch mehr von mir, und jetzt reichts. Ich fahre nach Hause.

Manchmal muss man etwas zurückstecken, damit man, wenn die Zeit dafür gekommen ist, wieder kämpfen oder, wie in meinem Fall, wieder spielen kann. Denn letzten Endes ist es genau das, worum es mir beim Touren geht, trotz all der kleinen Härten und großen Herausforderungen. Es bedeutet Abenteuer, Kameradschaft, Kreativität, Freiheit. Es ist die Stimme eines sehr alten, geliebten Freundes, vielleicht auch die eines Jungen damals in Arkansas oder eines jungen Mannes in Memphis, die trotz all der Jahre immer noch frisch und rein geblieben ist und ruft: »Komm schon, J. R., lass uns spielen gehen!«

↵PORT
RICHEY

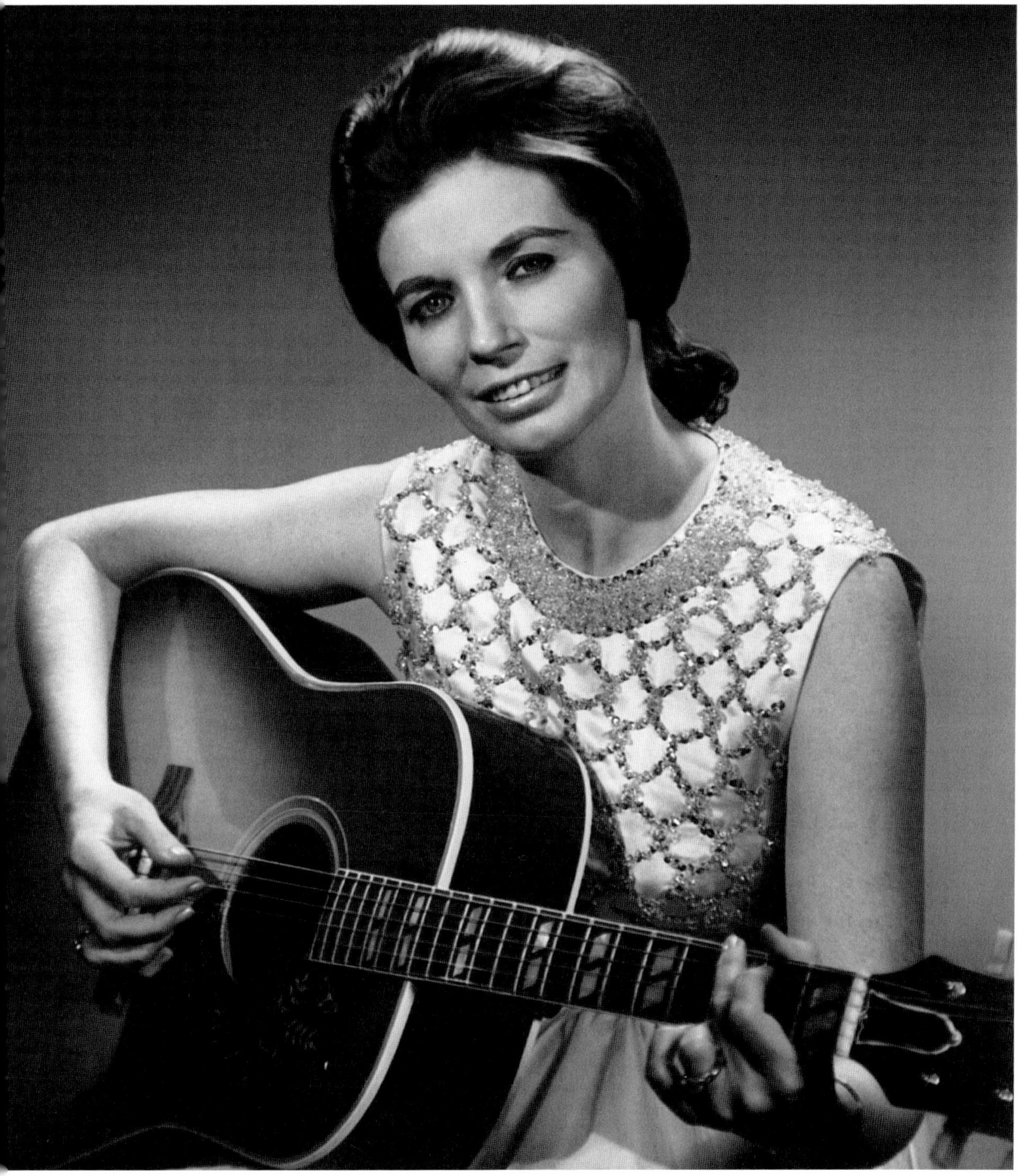

DIE CARTER FAMILY

Ein Nachtrag zu Faron. Es war sein Wunsch, dass er eingeäschert und seine Asche über dem Old Hickory Lake verstreut würde, und so erhielten wir kurz nach der Trauerfeier einen Anruf von seinem Sohn Robin. Er wollte zu unserem Haus rüberkommen, eine kleine Feier veranstalten und die Asche an unserem Bootsanlegeplatz dem See übergeben. Wir sagten, dass das eine gute Idee sei und dass wir uns geehrt fühlen würden. Ich fand es nur bedauerlich, dass ich zu der Zeit gerade auf Tour sein würde.

Der Tag kam und die Feier lief wie geplant, bis zu dem Augenblick, als ein Teil der Asche auf einem angelegten Teil unseres Gartens verstreut werden sollte, den wir Faron mit einer kleinen Gedenktafel aus Messing widmen wollten.

Die Sache ging etwas daneben (oder lief prima, wie mans nimmt; Faron selbst hätte sich wahrscheinlich köstlich amüsiert). Gerade als die Asche aus der Urne rieselte, genau in diesem entscheidenden Augenblick, kam plötzlich ein Windstoß und wehte sie in den Hof zu den Trauergästen hinüber. Da standen sie nun und hatten Faron in ihren Gesichtern, Faron auf ihren Mänteln, Faron auf ihren Schuhen, Faron in ihren Haaren. Als ich später nach Hause kam und in mein Auto stieg, entdeckte ich, dass ich Faron auch auf meiner Windschutzscheibe hatte. Ich schaltete die Scheibenwischer ein. Da ging er nun hin, vor und zurück, vor und zurück, bis er schließlich ganz verschwunden war.

Heute bin ich mit June in Florida in dem kleinen Haus, das sie von ihren Eltern, Ezra und Maybelle Carter, geerbt hat. Ezra war der Bruder von A. P. Carter, dem Bandleader der ursprünglichen Carter Family, die als »erste Familie der amerikanischen Folkmusik« gefeiert wurde. Ich widmete *Man in Black* dem Andenken an Ezra, der 1975 starb. Maybelle, deren Gesang und musikalisches Können für den Sound der Gruppe so wichtig war, folgte ihm 1978. Wir waren seit 1962 befreundet, als June und die Carter Family der Sechzigerjahre sich meiner Show anschlossen.

Ihr Haus liegt in Port Richey, einer Gemeinde, die 1961 von der Zeitschrift *Consumer Reports* als der beste und billigste Ort zum Leben in den ganzen Vereinigten Staaten ausgewiesen wurde. Das war der Beweggrund für Ezra beziehungsweise Pop Carter, wie wir ihn alle nannten, hierherzukommen und sich nach einem Grundstück umzusehen. Er entdeckte dieses Haus am Fluss und begann zu verhandeln. Nach ungefähr einem Jahr hatte er mit dem Eigentümer einen guten Preis ausgehandelt.

Natürlich folgten viele andere Bürger dem Signalfeuer, das die *Consumer Reports* gezündet hatte, und innerhalb kürzester Zeit begann Port Richey explosionsartig zu wachsen, sodass die Gemeinde schon sehr bald viele der Qualitäten verlor, die sie zunächst so begehrenswert hatten erscheinen lassen. Heute ist sie nur noch eine von vielen kleinen Küstenstädten, die auf einer Länge von 65 Kilometern zu einem gänzlich urbanisierten Streifen zwischen der Nationalstraße 19 und dem Golf von Mexiko von Nord nach Süd zusammengewachsen sind. Der Highway ist von dem dichten Verkehr meist so verstopft, dass die Leute darüber reden wie Kalifornier über Erdbeben oder New Yorker über Kriminalität, und in manchen Souvenirläden kann man T-Shirts kaufen, auf denen steht: »I Survived U.S. 19« [Ich habe die U.S. 19 überlebt].

Und doch, wenn man erst mal in unserer kleinen Straße steht, auf Pop Carters vorderer Veranda, mit dem Fluss auf der anderen Straßenseite und dem Boot, das sich am Steg auf und ab bewegt und nur darauf wartet, einen raus aufs offene Meer in den nur wenige Hundert Meter entfernten Golf zu bringen, dann könnte man ebenso gut in einem anderen Land sein. Hier gibt es Gezeiten, Süßwasser, das auf Salzwasser trifft, Seevögel, Sumpfvögel und Landvögel. In der Wetterküche brauen sich die plötzlichen subtropischen Stürme über dem Horizont zusammen oder landeinwärts türmt sich den ganzen Nachmittag über einer dieser immensen, beeindruckenden Wolkentürme wie ein Bollwerk auf und später, wenn der Nachmittag ganz allmählich in den Abend übergeht und sich das gewaltige Turmgebäude purpur-grau verfärbt, stürzt das Ganze über einem zusammen, prasselt auf einen nieder und verwandelt dabei alles in Wind und Wasser. Meist kommt man im Sommer in diesen Genuss, deshalb erlebe ich es nur selten. So wie andere Nichteinheimische, die über genügend Geld und Verstand verfügen, verlassen auch wir Florida während der Monate, in denen hier achtzig Prozent Luftfeuchtigkeit herrschen. Wenn ich es allerdings mal erlebe, muss ich immer wieder staunen – über die ungeheure Größe, Kraft, Schönheit und Vielfalt der Schöpfung Gottes und darüber, auf welch einfache und starke Weise ich als Mensch in der Natur verwurzelt bin.

Das Haus selbst ist ruhig und behaglich, es hat nichts von der Pracht von Cinnamon Hill oder unserem Hauptwohnsitz am Old Hickory Lake. Es ist einfach nur ein gewöhnlicher Familienbungalow in Florida vom Anfang dieses Jahrhunderts – 1912, glaube ich –, mit Holzrahmen, farbiger Holzverkleidung und einer großzügig überdachten Veranda auf der Vorderseite. Es erinnert mich sehr an die Farmhäuser, die man in den heißeren, nördlichen Landesteilen Australiens sehen kann. Aber anders als dort üblich, haben wir unsere Nachbarn in unmittelbarer Nähe. Zum Nachbarhaus sind es gerade mal sieben Meter. Dadurch müssen wir uns nicht so sehr wie Prominente fühlen und die Leute in unserer Nachbarschaft machen es uns in dieser Hinsicht noch leichter. Sie sind freundlich, aber sie lassen uns in Ruhe. Manchmal klopfen Fremde bei uns an, um Hallo zu sagen oder um ein Autogramm zu bitten, aber nicht so oft, dass wir uns dadurch gestört fühlen.

Das Innere des Hauses ist sehr verwinkelt. Die Zimmer sind nicht sehr groß und die meisten sind noch fast genauso eingerichtet und möbliert wie damals zu Pops und Maybelles Zeiten. Viele Dinge von Pop und Maybelle stehen noch an der gleichen Stelle wie früher. Und das ist gut so. Es ist ein gutes Gefühl, eine so spürbare Verbindung zu ihnen und ihrer Zeit zu haben. Zu Zeiten, als uns das Geld knapp wurde, haben wir ernsthaft erwogen, das Haus zu verkaufen (wir haben ja noch Cinnamon Hill), aber letztendlich waren wir nie wirklich dazu gezwungen und ich bin froh, dass wir uns immer dafür entschieden haben, es zu behalten. Es gehört zur Familie.

Das Gleiche gilt für das Haus der Carter Family in Maces Springs in Virginia, das wir vor etwa fünfzehn Jahren Junes Tante Theda abkauften. Heute gehört es June, John Carter und mir. Wir erneuerten den Anstrich, die Elektrik, die Heizung und die Klimaanlage und bauten ein zusätzliches Badezimmer ein. Aber abgesehen davon wollen wir den Originalzustand so weit wie möglich erhalten. Es steht in Virginia auf der Liste der Kulturdenkmäler, weil Maybelle Carter darin lebte und June Carter dort geboren wurde. Es hat eine ganz eigene Atmosphäre: ein einfaches weißes Haus, am Hang des Clinch Mountain gelegen, mit einem von Buchsbaumgewächsen umrahmten Quellwasserbach, der durch den Hof fließt. Es riecht herrlich dort und das Wasser ist kalt, klar und rein.

Etwa eine Meile vom Haus entfernt befindet sich die »Carter Family Fold«, die von A. P.s Sohn Joe Carter, seiner Tochter Jeanette und zwei von deren Kindern, Dale Jett und Rita, mit Unterstützung durch zahlreiche Freunde des Carter-Clans erbaut wurde. Es handelt sich um einen Veranstaltungsort, der der »Mountain Music« gewidmet ist: eine von der Straße abgewandte Bühne und etwa tausend Sitzplätze, die stufenförmig auf dem Hang angeordnet sind, jeden Samstagabend versammeln sich hier die Fans der traditionellen akustischen Musik – heute wieder eine sehr lebendige, blühende Kunst –, die den Bands zuhören oder die Holzschuhtänzer sehen wollen. In diesem Teil Virginias gibt es eine besondere Art von Holzschuhtanz, der *flat footing* [Plattfüßler] genannt wird. Er hebt sich von den anderen etwas ab und sieht ziemlich lustig aus. Leute jeden Alters, bis runter zu den Zwei- und Dreijährigen, begeistern sich dafür und alle sind mit viel Freude bei der Sache. Man kann sich im Carter Family Fold prächtig amüsieren – ja klar, das soll Werbung sein. Jeanette bekommt einen kleinen Zuschuss von der Rockefeller Foundation und ich gebe dort einmal im Jahr ein kostenloses Konzert. Aber was die ganze Sache wirklich am Leben hält und somit dazu beiträgt, dass Musiker weiterhin in der reichen und schönen Tradition der »Mountain

Music« arbeiten können, sind die Leute, die dort hingehen. Also, geht hin! Es wird euch gefallen. Mir gefällt es jedenfalls. Als ich das letzte Mal dort war, sah ich die Red Clay Ramblers und sie waren umwerfend.

Ich habe dort einen besonderen Status: Meine Band darf als Einzige auf elektrisch verstärkten Instrumenten spielen. Sie lassen es mir durchgehen, weil ich – ein recht fragwürdiges Argument in meinen Augen – bereits elektrisch spielte, als June mich kennenlernte. Ich werde mich nicht darüber beklagen. Als ich das letzte Mal dort spielte, brachte ich nicht mal Bob und Fluke und die Jungs mit, es waren nur June und ich mit akustischen Instrumenten sowie die Band, die dort engagiert war und ihre Sache wirklich gut machte. Sie begleiteten mich bei fast allem, was ich spielen wollte: bei meinen eigenen Songs, einem Song der Carter Family, einem Song der Bayles Brothers, einem von Merle Travis, einem von Bill Monroe und einem von Bradley Kincaid. Bei meiner Musik eben.

Ich wuchs mit der Carter Family auf. Seit sie 1927 in einem improvisierten Studio in Bristol, Tennessee, ihre ersten Aufnahmen für Ralph Peer machten, einen Talentsucher der Victor Recording Company aus New York, war ihre Musik überall im Süden (aber auch anderswo) zu hören. Man kann ihre Bedeutung und ihren Einfluss auf die amerikanische Country-, Folk- und Popmusik gar nicht genug hervorheben. Ihre Alben – die ersten, die Southern Folk Music im großen Stil bekannt machten –, waren eine Mischung aus Eigenkompositionen und Songs aus ländlichen Gegenden, die vom ursprünglichen Bandleader A. P. Carter überarbeitet wurden. Viele der Songs sind inzwischen ein elementarer Bestandteil der Country- und Folkmusik und werden heute immer noch gespielt und aufgenommen – vielleicht sogar öfter als zur Blütezeit der ursprünglichen Carter Family: *Keep on the Sunny Side, Bury Me Under the Weeping Willow, I'm Thinking Tonight of My Blue Eyes, Hello, Stranger, Worried Man Blues, Wildwood Flower, Will the Circle Be Unbroken* und Hunderte mehr.

Die Musik der Carter Family war eine der wichtigsten Inspirationsquellen für die Renaissance der Folkmusik in den späten Fünfziger- und frühen Sechzigerjahren. Und die heutige »alternative« Countrybewegung trägt den Namen »No Depression«, in Anlehnung an ihren Song

There'll Be No Depression in Heaven. Die Carter Family und Jimmy Rodgers, der Ralph Peer damals am selben Tag in Bristol vorspielte, waren die ersten großen Stars der Countrymusik. Im Gegensatz zu den großen Stars der späteren Jahre (und zu Rodgers) brachte das den Carters jedoch nie den großen Geldsegen. Es ging ihnen besser als zu der Zeit, als A. P. sein Geld mit dem Verkauf von Obstbäumen im Südwesten Virginias verdiente, aber reich wurden sie nie – und der Ausdruck »Star« passt sowieso zu keinem von ihnen, nicht einmal annähernd. Sie waren herausragende, glänzende Musiker, das mit Sicherheit, aber sie betrieben nie diese Selbstglorifizierung, die das Wesen des Starkults ausmacht.

Das Quartett, das 1962 in meiner Show mit auftrat, war nicht »The Original Carter Family«. Die hatte aus A. P., seiner Frau Sara und Maybelle bestanden. Im Jahr 1962 war A. P. bereits gestorben und Sara hatte sich zurückgezogen und es Maybelle überlassen, die Familiengruppe mit ihren Töchtern Helen, June und Anita weiterzuführen.

An dieser Stelle möchte ich ein Thema ansprechen, über das ich lange Zeit geschwiegen habe. In gewissen Kreisen wurde verschiedentlich geäußert – sowohl von einigen meiner Sängerkollegen als auch von ein paar Musikkritikern und dem einen oder anderen Manager einer Plattenfirma –, dass die Zusammenarbeit mit der Carter Family meiner Karriere geschadet habe. Es wurde unterstellt, dass sie und ich nur deshalb jahrelang gemeinsam aufgetreten seien und Platten aufgenommen hätten, weil ich in die Familie eingeheiratet hätte.

Das ist natürlich völliger Unsinn. So ist es nicht und so war es nie. Es war für mich vom ersten Tag an, damals 1962, ein tolles Gefühl, auf der Bühne von ihnen begleitet zu werden – eine große Ehre und eine echte Chance. Ich wuchs, wie gesagt, mit dem Gesang von Mutter Maybelle auf, und sie in meiner Show zu haben war eine enorme Bestätigung und Weiterführung der Musik, die ich am meisten liebte. Dadurch konnte ich die Tradition, aus der ich komme, nahtlos fortführen, ohne den Kreislauf zu unterbrechen. Das war mir schon immer sehr wichtig, und es hat sich gelohnt. Außerdem durfte ich mit der großartigen Anita Carter zusammen singen, nicht nur ein-, zweimal oder bei besonderen Gelegenheiten in meiner Karriere, sondern jeden Abend, wenn ich auf die Bühne ging. Ich wette, wenn man sich mal an die Leute wenden würde, die *wirklich* etwas davon verstehen – die wenigen Musiker, Sänger und Fans, die genug gehört haben, um sich wirklich ein fundiertes Urteil bilden zu können, und die nicht nur die Musik kennen, die man jederzeit im Radio oder auf Platte zu hören bekommt –, dann würden ziemlich viele von ihnen Anita Carter als die bedeutendste Countrysängerin überhaupt bezeichnen. Andere würden sich vielleicht für Connie Smith entscheiden. Aber wie auch immer, mehr habe ich dazu nicht zu sagen und ich hoffe, es war deutlich genug.

Na ja, vielleicht war es doch noch nicht alles, denn eines sollte ich noch anmerken: Die Tatsache, dass man von Anita Carter kein Soloalbum kaufen kann, wie sehr man auch danach suchen mag (ihre Hits im Duett mit Hank Snow aus den frühen Fünfzigerjahren nicht mitgerechnet), ist vor allem darauf zurückzuführen, dass sie ihre gesamte Zeit und Energie der Carter Family widmete, um sie zusammenzuhalten und die Tradition weiterleben zu lassen. Dafür bewundere ich sie wirklich. Im Grunde gilt das auch für June und Helen. Ich habe oft genug erlebt, wie sie mit dem einen oder anderen Plattenvertrag auch mal versuchten, eigene Wege zu gehen, und dann irgendwann doch sagten: »Also, auf dieser Platte muss ich unbedingt mit meinen Schwestern zusammen singen«, und am Ende war es doch eine Platte der Carter Family.

Am ehesten gelang es wohl June, mit *Appalachian Pride* ein wirklich authentisches, eigenständiges Album zu machen. June ist wohl eine der verkanntesten Künstlerinnen der Countrymusik. Ganz abgesehen davon, dass sie eine hervorragende Sängerin und Songwriterin ist (zu ihren Kompositionen zählen *Gone, A Tall Lover Man, Ring of Fire,* das sie gemeinsam mit Merle Kilgore schrieb, und *Kneeling Drunkard's Plea,* das in Zusammenarbeit mit ihren Schwestern entstand), ist sie eine wunderbare Komödiantin und eine sehr talentierte Prosaschriftstellerin. Sie spielt Gitarre, Mandoline, Zither und Banjo – Zither genau wie Maybelle damals und Banjo in dem wild schrammelnden Stil, in dem Onkel Dave Macon spielte. Außerdem gibt es kaum einen lebenden Künstler, der schon so lange auf den großen Bühnen der professionellen Countrymusik steht wie sie. Sie begann im Alter von neun Jahren und steht schon jetzt länger auf der Bühne als Bill Monroe in seinem ganzen Leben. Es macht mich traurig, dass ihr Beitrag zur Countrymusik wahrscheinlich nur deshalb nicht genügend gewürdigt wird, weil sie meine Frau ist. Zumindest war es bisher so. Das ist bedauerlich – es ist wirklich das Einzige, was ich daran bedauere, dass ich sie geheiratet habe.

Es hat mir immer enorm viel Spaß gemacht, mit den Carter-Mädchen (später Frauen, jetzt Ladys) zusammenzuarbeiten. Sie haben ein riesiges Repertoire an traditionellen Songs und oft musste ich nur eine einzige Zeile singen, die mir in Erinnerung geblieben war, und schon wussten sie Bescheid. Ich gab die Zeile vor und eine von den Carters, meistens war es Helen, lieferte mir daraufhin den kompletten Song. Manchmal kam es vor, dass ich auf der Bühne stand und plötzlich Lust hatte, eines meiner alten Lieblingslieder zu singen, einen Song, den ich schon jahrelang oder gar jahrzehntelang nicht mehr gespielt hatte. Er musste nicht mal unbedingt von mir sein. Ich brauchte ihn nur anzusagen – »Ich würde jetzt gerne einen Song für euch singen, den meine Mutter sehr mochte, *Life's Railway to Heaven*« – und in der zweiten Strophe begleiteten sie mich mit ihrem mehrstimmigen Gesang, trafen genau die Töne und hatten sofort den richtigen Text parat. Sie konnten das einfach so aus dem Nichts hervorzaubern, es war einfach fantastisch. Und natürlich waren sie schon ewig auf Tour, schon seit ihrer Kindheit, sie wussten also alles, was man über das Leben auf Tour, das Musikgeschäft und all diese Dinge eben wissen musste. Helen war von Anfang an dabei – im wahrsten Sinn des Wortes: Sie war im Bauch ihrer Mutter, als Maybelle, Sara und A. P. in A. P.s Ford Model A aus den Bergen runter nach Bristol fuhren, um sich dort mit Ralph Peer zu treffen und *Wildwood Flower* aufzunehmen. Mit Maybelle und ihren Mädchen durchs Land zu reisen war wunderbar.

Mit Maybelle zu arbeiten war besonders angenehm. Sie war die Letzte, die irgendjemandem Probleme bereitet hätte. Sie hatte eine tolle Lebenseinstellung. Wenn wir eine Autoreise von tausend Meilen vor uns hatten, etwas, worauf wir uns nun wirklich nicht freuen, sagte sie nur: »Also, lasst uns losfahren.« Das war ihre Art, mit schwierigen Situationen umzugehen: *Also, packen wirs an.* Das Zigeunerleben war nie schöner für mich als in diesen Jahren.

Mutter Maybelle war ein großartiger Mensch. Sie war eine ruhige, bescheidene, gutherzige Christin, aber sie war auch den weltlichen Dingen sehr zugeneigt und sie lachte gerne. Sie schien nie müde zu werden, obwohl ich sicher bin, dass das nicht so war. Manchmal kamen wir alle nach einem langen Tag in der Sonne draußen auf dem Meer zurück zum Haus, spritzten unsere Angelruten und -rollen ab, stellten sie zum Trocknen auf die Veranda und klappten dann vor Erschöpfung fast zusammen. Maybelle nicht. Sie ging schnurstracks in die Küche und fing an zu kochen. Es war ihr egal, für wie viele Leute sie kochen musste, und selbst wenn es über ein Dutzend waren, machte es ihr nichts aus, solange sie nur wusste, wie viele Mäuler sie zu stopfen hatte. Ezra war genauso. Er verschwand immer sofort mit ihr in der Küche und nach dem Abendessen setzten sich die beiden dann zusammen und spielten ein Kartenspiel, das sie »Don't Get Mad« nannten. Ich weiß heute noch nicht, was für ein Spiel das eigentlich war, aber sie regten sich immer furchtbar dabei auf. Das ganze Haus hallte wider von ihrem Geschrei.

Maybelle war meine Lieblings-Angelpartnerin, genau die Art von Freundin, die man sich wünscht, wenn man seine Leine ins Wasser hängen will und einfach nur dasitzen, schweigen und sich entspannen will, bis etwas anbeißt. Sie angelte mit Würmern. Im Gegensatz zu vielen anderen Menschen machte es ihr nichts aus, den Wurm in die Hand zu nehmen und ihn mit dem Haken zu durchbohren. Es fuchste mich etwas, dass sie mehr Fische fing als ich, aber schließlich musste ich ja das Boot steuern und somit blieb ihr mehr Zeit zum Angeln als mir. Zumindest war das immer meine Entschuldigung.

Ich fuhr von hier aus früher oft mit einem Garnelenfänger aus, oder zumindest besaß ich mal einen, »Mister J.C.«, der von meinem Freund Bill Riffle geführt wurde. Ich kaufte ihm das Boot anstelle seines vorherigen, das weder groß genug noch gut genug war. Er hatte mich jahrelang zum Garnelenfang mitgenommen. Deshalb dachte ich, wenn ich ihm ein neues Boot besorgte, sei das die beste Garantie, dass ich weiterhin mit an Bord gehen und ihm helfen könnte, wenn mir danach war. Es machte mir enorm viel Spaß. Es ist harte Arbeit und es kann ziemlich gefährlich werden, aber es ist wirklich eine Welt für sich, mit eigenen Gebräuchen und Gesetzen und einer eigenen Sprache. Es gibt eindeutige Regeln, wie man etwas macht, und eindeutige Gründe, warum man es so macht. Der Garnelenfang an der Westküste von Florida ist mit nichts auf der Welt zu vergleichen.

Wir fischten Garnelen, die als Köder, nicht zum Essen bestimmt waren. Wir fuhren immer nachts aus, mit Lichtern und Funkgerät an Bord, warfen unsere Schleppnetze aus und ließen sie jeweils ein paar Minuten treiben. Dann holten wir sie wieder ein und kippten den Fang in große Behälter auf Deck. Anschließend nahmen wir einen Eispickel, um alles aus den Behältern auszusortieren, was uns verletzen konnte – Muränen, elektrische Fische und alles andere, was beißt oder sticht –, und warfen es über Bord, bevor wir mit den Händen hineingriffen, um die Garnelen herauszuholen. Ich war verblüfft über den großen Artenreichtum in diesen Behältern. Ich machte das jahrelang, bis das Boot langsam zu klapprig wurde und ich auch. Garnelenfang ist zwar eher zu empfehlen als Baumwollpflücken, aber es geht auch ganz schön auf die Muskeln und Knochen, selbst wenn man es nur zum Vergnügen macht.

Heute laufen hier keine Garnelenfänger mehr aus. Die Sport- und Freizeitfischer haben ihren Kampf gegen die Garnelenfischer gewonnen, die sie für den Rückgang der Fischbestände verantwortlich gemacht hatten: Der Staat Florida hat den Garnelenfang gesetzlich verboten. Ich kann ihnen jetzt also nicht mehr zusehen, um all diese Erinnerungen noch einmal zu durchleben. Was ich dafür jetzt sehe, ist das Allerneueste: ein schwimmendes Spielkasino, umstritten sowohl wegen seiner Größe als auch wegen dem, was sich an Bord abspielt – es ist größer als alle Schiffe, die je die Flussmündung passiert haben. Ich muss sagen, es gefällt mir nicht besonders. Andererseits muss ich, immer wenn ich es sehe, daran denken, wie sehr es Mutter Maybelle gefallen hätte, wenn es sozusagen direkt vor ihrer Haustür vorbeigekreuzt wäre. Da muss ich dann doch lächeln.

Das Glücksspiel war Maybelles Laster, aber es war kein sehr großes. Sie spielte nie mit hohen Einsätzen, verlor nie übermäßig viel und sie amüsierte sich immer gut dabei. Ihre Begeisterung galt den Spielautomaten und dem Bingo. Wann immer wir nach Las Vegas, Reno oder Lake Tahoe kamen, ging sie schnurstracks zu den Geldspielautomaten und blieb den ganzen Abend dort. Aber sie wusste genau, was Sache war. »Wenn man gegen das Haus gewinnen könnte, gäbe es das Haus gar nicht«, sagte sie immer.

Sie war wirklich eine sehr bescheidene Person, es war manchmal schon fast absurd. Sie hat nie begriffen, wie wichtig sie für die Musik war, wie sehr sie von allen verehrt wurde, von Pete Seeger und Bob Dylan bis hin zu Emmylou Harris und Michelle Shocked. Wir sagten es ihr immer wieder, aber sie entgegnete nur: »Ach was, das war einmal.« Oft war man drauf und dran, mit ihr darüber zu streiten, sich sogar richtig darüber zu ärgern, aber das half ja doch nichts.

Ich habe oft versucht, sie zum Reden zu bringen und etwas über die Leute zu erfahren, die sie kannte, und über Dinge, die sie erlebt hatte, aber sie war sehr zurückhaltend, besonders wenn es um Personen ging, die auch nur ein Hauch von Skandal oder Gerüchten umgab. Als ich sie auf Jimmie Rodgers ansprach, reagierte sie auf ihre typische Art. Ich wusste, dass die beiden 1932 oder 33 in Louisville in Kentucky ein paar gemeinsame Aufnahmen gemacht hatten, ich wusste auch von ihrer ersten Begegnung 1927 und deshalb ging ich davon aus, dass sie genügend Gelegenheit gehabt hatte, ihn etwas näher kennenzulernen. Ich interessierte mich wirklich sehr für ihn – eine Zeit lang war ich geradezu besessen von ihm –, also fragte ich sie, was für ein Mensch er war. Kannte sie ihn gut?

»Nun, ich glaube schon«, antwortete sie widerwillig. »Ich habe viel mit ihm zusammengearbeitet.«

»Also, wie fandest du ihn? Hast du ihn gemocht?«

Sie zögerte einen Moment. »Na ja, manchmal war er ein ziemlicher Angeber.«

Wie ich sie kannte, bedeutete das, dass Jimmie Rodgers einen Annäherungsversuch bei ihr gemacht hatte. Das hätte sie natürlich nie gesagt, aber sie ging dann doch ein wenig auf die Hintergründe ein.

«Weißt du, er war damals sehr krank. Er hatte TB und jeder wusste, dass er sterben würde. Also kamen wir ihm alle ein bisschen entgegen. Er nahm Drogen und trank, um die Schmerzen zu betäuben, und dadurch spielte er manchmal ein bisschen verrückt.«

Ich wechselte zu rein musikalischen Themen. »Hat es dir gefallen, wie er Gitarre spielte?«

»Oh ja«, sagte sie, »sehr. Ich spielte mit ihm zusammen, und auf ein paar seiner Platten, ich weiß nicht mehr welchen, spielte ich sogar an seiner Stelle, als er schließlich nicht mehr selbst Gitarre spielen konnte.«

Was sie mir da erzählte, hatte für mich die gleiche Bedeutung, wie wenn zum Beispiel John Lennon irgendwann zugegeben hätte, dass er anstelle von Bob Dylan auf *Highway 61 Revisited* Gitarre gespielt und es vorher einfach noch nicht erwähnt hätte – obwohl Maybelle in musikalischer, wenn auch nicht kultureller Hinsicht einflussreicher war als Lennon und Dylan zusammen. Sie entwickelte eine Methode, auf den unteren Saiten der Gitarre die Melodie und gleichzeitig auf den höheren Saiten Akkorde zu spielen, und erfand somit den einflussreichsten Gitarrenstil der Country- und Folkmusik.

»Und«, fragte ich weiter, »seid ihr gut miteinander ausgekommen?«

»Aber ja, bei der Arbeit im Studio sind wir prima miteinander ausgekommen.«

Und das wars zum Thema »Jimmie Rodgers und die Carter Family«. Äußerst frustrierend.

Maybelles Ehemann, Ezra (Pop) Carter, war auch so ein guter, zuverlässiger und zurückhaltender Mensch vom Lande und in der Zeit meines Drogenmissbrauchs war er mir gegenüber die Güte und Toleranz in Person. Er kannte sich sehr gut in der Bibel aus, ein Hobbytheologe, und das machte einen wichtigen Teil unserer Beziehung aus. Wir wurden

Brieffreunde, schrieben uns, meist über poetische und theologische Themen. Wie Maybelle war auch er kein Kind von Traurigkeit. Er war ein unheimlicher Spaßvogel – bei seiner Familie und seinen Freunden war er berühmt dafür – und er wusste dieses Talent auch bei anderen zu schätzen. Er war es, der mir meine Lieblingsgeschichte über die frühen Tage der Carter Family erzählte.

Er, Maybelle, Sara und A.P. quälten sich in ihrem Ford Model A über schlechte Straßen – ich glaube, sie waren damals auf dem Weg nach Bristol zu ihrem ersten Treffen mit Ralph Peer –, als sie beim Durchqueren eines kleinen Wasserlaufs einen Platten bekamen. (Soweit Maybelle sich erinnern konnte, hatte A.P. fast immer einen Platten, wenn er ins Auto stieg.) Die Reifen waren damals noch nicht so weit entwickelt, genauso wenig wie die Straßenbeläge.

A.P. fuhr fluchend aus dem Bach heraus und hielt an. Er und Ezra stiegen aus, um das Flickzeug zu holen und den Reifen zu reparieren, da fiel A.P. die Brieftasche heraus. Sara hob sie auf und sah sofort, was nicht zu übersehen war: den ringförmigen Abdruck eines Kondoms, der sich von innen gegen das Leder abzeichnete. Das war damals nichts Ungewöhnliches. Man trug ein Kondom in seiner Brieftasche, um sich und anderen Männern zu zeigen, dass man einer dieser tollen Jungs war, ein allzeit bereiter Lebemann, egal ob man es nun wirklich verwenden wollte oder nicht.

Sara wusste genau Bescheid. »Tja«, sagte sie, während sie das Kondom aus dem Geldbeutel zog und Maybelle vor die Nase hielt, »was will er denn damit?« Sie jedenfalls wusste, was sie wollte. Sie nahm es fest in beide Hände, weitete die Öffnung und zog es über die Elfenbeinkugel auf dem Ganghebel, der beim Model A aus dem Bodenbrett herausragte.

»So«, sagte sie mit einem munteren Nicken zum Zeichen ihrer Befriedigung.

A.P., immer noch in Rage, kam zum Auto zurück, fand seine Brieftasche auf dem Fahrersitz, steckte sie in die Tasche und stieg wieder ein. Pop sagte, er werde nie den Gesichtsausdruck von A.P. vergessen, als

**Die Carter Family:
Mutter Maybelle Carter mit
Helen und Anita Carter**

er seine linke Hand auf das Lenkrad legte, die Kupplung trat und seine rechte Hand auf die Gangschaltung fallen ließ.

»Whoooooaaaah« war alles, was er sagte. Und dann, als ihm blitzschnell klar wurde, was vorgefallen sein musste: »Sara, warum hast du das getan?«

»Nur damit du weißt, dass ich Bescheid weiß«, sagte sie. Sie fuhren schweigend weiter, keiner traute sich so recht zu lachen.

Maybelle beendete ihr Tourleben, als das parkinsonähnliche Zittern, an dem sie mehr und mehr litt, so stark wurde, dass sie schon Angst hatte, sie würde sich auf der Zither verspielen. Sie hat sich nie verspielt. Sie spielte genauso gut wie immer, aber es gefiel ihr nicht, sich ständig Gedanken darüber machen zu müssen, deswegen zog sie sich von der Bühne zurück und wandte sich den Bingohallen zu. Sie starb am 23. Oktober 1978.

Es macht mich traurig, dass Anita und Helen sehr wahrscheinlich nie wieder mit mir zusammen auftreten können; ihre Gesundheit erlaubt es einfach nicht mehr. Die Familientradition wird allerdings trotzdem weitergeführt. Rosie Carter, Junes jüngere Tochter, steht oft mit uns auf der Bühne, genau wie John Carter. Andere waren früher auch schon dabei und vielleicht werden sie es auch in Zukunft wieder sein, vor allem

**Bei der Johnny Cash und Carter Family-Show in den 1970ern.
Von links nach rechts: Luther, W. S. »Fluke«, Marshall, Maybelle, Hellen,
Johnny, Anita, June, Harold, Phil, Don und Lew**

Helens Sohn David und Anitas Tochter Lorrie. Zwischen all den Carters auf der Bühne, so viel es auch sein mögen, und den Stimmen, die immer dabei sind – die von Bob, Dave und Earl –, kann June in ihrem Teil unserer Show den Songs der Carter Family also immer gerecht werden. Manchmal singe ich mit, aber meistens bin ich schon zufrieden – glücklich – damit, den alten Songs der Heimat zu lauschen, ihren und meinen, und in Erinnerungen zu schwelgen. Während ihres Showteils bin ich nicht auf der Bühne, aber ich habe immer einen Lautsprecher in meiner Garderobe und höre zu.

Das ist alles – zumindest vorerst –, was ich über die Carters zu sagen habe, vielleicht bis auf eine abschließende Bemerkung zu Pop, auf dessen Stuhl ich gerade sitze, und Maybelle, mit der ich in diesem Haus in Port Richey oft zusammensaß. Sie waren gute christliche Menschen, tolerant und liebenswürdig. Sie trugen wesentlich dazu bei, dass ich die schlimmsten Jahren meines Lebens überstanden und mich davon erholt habe. Diese Jahre stehen mehr oder minder im Mittelpunkt des nächsten Teils meiner Geschichte. Es geht dabei nicht nur um die schlimmste Zeit meines Lebens, sondern auch um das Überleben, die Genesung und die Hoffnung auf Erlösung.

EIN DÄMON NAMENS TÄUSCHUNG

Ich kann mich noch genau an das erste berauschende Medikament erinnern, das je in meinen Körper drang. Als ich noch ein Kind war, ich glaube, ich war elf, hatte ich mit einem Freund, Paul East, in der Schule einen kleinen Ringkampf. Paul war ein großer Junge mit großen Füßen, die in großen Quadratlatschen steckten, und beim Herumwälzen traf mich sein Absatz in der Seite und brach mir eine Rippe. Anfangs tat es sehr weh, aber nach kurzer Zeit spürte ich überhaupt nichts mehr. Ich kam gar nicht auf die Idee, dass meine Rippe gebrochen war – bis ich mitten in der Nacht aufwachte. Ich hatte mich gedreht und dann war es passiert, die Rippe war zerbrochen und zersplittert und stach mir in die Lunge. Ich hatte fürchterliche Schmerzen. Bei jedem Atemzug schrie ich auf.

Daddy spannte die Maultiere an, hüllte mich in Decken und Kissen, setzte mich auf den Wagen und fuhr mich die zweieinhalb Meilen ins Dyess Hospital zu Doktor Hollingsworth. Ich schrie jetzt nicht mehr bei jedem Atemzug, aber nur weil ich stark dagegen ankämpfte. Die Schmerzen waren immer noch unerträglich, die schlimmsten, die ich je erlebt hatte. Doc Hollingsworth warf einen kurzen Blick darauf und machte sich sofort an die Arbeit. »So, das hört jetzt gleich auf«, erklärte er, als er mir eine Spritze gab, die die Schmerzen beseitigte, kaum dass die Nadel eingedrungen war. Und nicht nur das, ich begann, mich richtig gut zu fühlen. Das sei das Morphium, sagte Doc Hollingsworth. Es wirkte hervorragend.

Ich dachte, *Junge, das ist ja echt super. Das ist doch wirklich das beste Zeug der Welt, wenn es dir damit plötzlich so gut geht, obwohl du vorher solche*

Schmerzen hattest. Irgendwann muss ich unbedingt noch mehr davon bekommen. Komischerweise dachte ich dann aber erst viele Jahre später wieder an das Morphium, als es mir gegen die Schmerzen nach einer Operation gegeben wurde. Da fiel mir plötzlich wieder ein, wie gut man sich damit fühlte, was bald zu einem Problem wurde.

Wie ich schon sagte: Jedes berauschende Medikament birgt auch einen Dämon namens Täuschung in sich. Du denkst: *Wenn das Zeug wirklich so schlimm ist, warum tut es dir dann so verdammt gut?* Ich sagte mir immer: *Gott hat es erschaffen. Es muss die beste Sache der Welt sein.* Aber das ist wie das alte Sprichwort vom Trinker: Zuerst trinkt er aus der Flasche, aber dann fängt die Flasche an, aus ihm zu trinken. Der Mensch fängt an, Drogen zu nehmen, aber dann ergreift die Droge Besitz von dem Menschen. Genau das ist mir passiert.

Mein erstes Amphetamin, eine kleine, weiße Benzedrintablette mit einem eingekerbten Kreuz, nahm ich 1957, als ich mit Faron Young und Ferlin Husky auf Tour war, und ich war begeistert davon. Es gab mir Energie und schärfte meinen Geist, es vertrieb meine Schüchternheit und verbesserte mein Timing, es turnte mich an, wie Strom, der in eine Glühbirne fließt. Die neue Welt, die sich mir dadurch auftat, beschrieb ich in *Man in Black:*

> Bei all den Reisen, die ich machen musste, wenn ich müde und erschöpft in einer Stadt ankam, konnten mich diese Pillen wieder aufpeppen und mir richtig Lust auf einen Auftritt machen ... Bei diesen weißen Pillen hatte man die Auswahl zwischen einem Dutzend Formen und Größen ... Sie hießen Amphetamin, Dexedrine, Benzedrin oder Dexamyl. Sie wurden mit einer Fülle netter kleiner Namen versehen und es gab sie in allen Farben. Wem Grün nicht gefiel, der konnte sie in Orange haben. Wer Orange nicht mochte, der bekam sie auch in Rot. Und wenn man den totalen Kick haben wollte, konnte man sie auch in Schwarz haben. Diese schwarzen brachten einen bis nach Kalifornien und zurück, in einem 53er-Cadillac, ohne zu schlafen.

Und so fing es an. Die Reise in die Abhängigkeit wurde in den letzten Jahren schon so oft von so vielen Leuten beschrieben, dass es, glaube ich, nichts bringt, wenn ich hier auch noch meinen eigenen Weg mit all seinen Niederungen schildere. Vielleicht hätte das in den späten Fünfziger- oder frühen Sechzigerjahren noch einen Sinn gehabt. Heute ist es nur eine von vielen Geschichten, zwar mit etwas anderen Details, aber nach dem gleichen Muster, mit den gleichen Stufen und dem gleichen Verlauf wie bei jedem anderen Süchtigen. Wenn ich jetzt also schon davon erzählen muss, versuche ich wenigstens, niemanden damit zu langweilen. Ich werde sozusagen nur die absoluten Tiefpunkte ansprechen.

Das Wichtigste und vielleicht Schlimmste an der Sache war, dass jede Pille, die ich schluckte, ein Versuch war, dieses herrliche, natürliche euphorische Gefühl wiederzuerlangen, das ich beim ersten Mal erlebt hatte, und das hat keine Einzige davon, nicht eine unter den vielen Tausenden, die mich langsam von meiner Familie und von Gott und von mir selbst entfernten, je geschafft. Ich konnte machen, was ich wollte, es war nie wieder so toll wie beim ersten Mal.

Das heißt aber nicht, dass ich mich damit nicht gut gefühlt hätte. Eine Zeit lang wirkten die Pillen ganz gut, ohne allzu deutliche Folgen. Die Ärzte verschrieben sie mir damals freigiebig, für jeden Grund, den ich ihnen nannte – weil ich lange Strecken fahren oder spät abends auftreten musste –, und obwohl ich sie eigentlich nahm, um gut draufzukommen, schluckte ich sie zunächst nur auf Reisen und/oder bei Auftritten. Kollegen aus der Musikbranche – die Leute, mit denen ich zusammenarbeitete – hatten von Anfang an den Eindruck, dass ich ständig high war, aber das lag daran, dass ich immer dann high war, wenn ich mit ihnen zu tun hatte. Genau genommen war ich, in der Sprache des Alkohols, in dieser ersten Zeit so etwas wie ein »Gelegenheitstrinker«. Ich weiß nicht, wie andere Drogensüchtige dazu sagen.

Ich fühlte mich prima, solange ich high war, aber selbst in dieser Anfangszeit war der Morgen danach nicht angenehm. Kaum war ich aufgewacht, überkamen mich die Schuldgefühle. Mir fiel meistens wieder etwas richtig Blödes ein, das ich zu irgendjemandem gesagt hatte, oder etwas Schwachsinniges und Destruktives, das ich getan hatte. Mir fiel ein, dass ich vergessen hatte, zu Hause anzurufen und meinen Mädchen gute Nacht zu sagen. Und natürlich ging es mir dann manchmal so schlecht, dass ich gleich wieder ein oder zwei Pillen schlucken musste, um mich wieder gut zu fühlen. Das Amphetamin wirkte und ich begann mich etwas wohler zu fühlen, und dann wirkte es noch etwas mehr und ich fühlte mich gut, und dann fühlte ich mich *richtig gut,* und so weiter, bis zum nächsten Mal. Nach und nach wurden die Rauschzustände länger, die Abstürze schlimmer, die Phasen der Nüchternheit immer kürzer. Die Spirale drehte sich erbarmungslos weiter.

Es dauerte nicht lange, bis die Abstürze wirklich schlimm wurden. Sobald ich aufwachte, spürte ich kleine Dinge in meiner Haut, Dornen oder Holzsplitter. Sie juckten furchtbar, sodass ich immer wieder versuchte, sie herauszuziehen. Ich machte das Licht an, um sie besser sehen zu können, aber da war nichts. Das hatte ich immer wieder und es wurde noch schlimmer – sie wurden lebendig, begannen in meinem Fleisch regelrecht zu zucken und sich zu winden, es war nicht zum Aushalten. Jetzt *musste* ich mehr Pillen nehmen. Ich sprach mit anderen Leuten darüber, die auch Amphetamine schluckten, aber keiner kannte dieses Problem, aus dem ganz einfachen Grund, weil niemand so viele Pillen nahm wie ich. Ich versuchte, die Sache etwas einzuschränken, und es hörte auf. Also dachte ich: *Okay, ich nehme nur noch soundso viel, aber nicht mehr.* Manchmal klappte das. Und dann vergaß ich es wieder – na ja, vergessen habe ich es nie, es war mir einfach egal – und machte weiter, putschte mich auf, so viel ich wollte. Es endete wieder damit, dass ich versuchte, kleine Tierchen aus meinem Körper herauszuziehen.

Einige Leute, die erkannten, wie selbstzerstörerisch das alles war, versuchten mich davon abzubringen. Auf Tour gab es Künstler wie Sonny James und Jimmie C. Newman, die mich beide immer wieder warnten, ich würde mich noch selbst umbringen. Ich ließ sie einfach reden, war überzeugt davon, dass ich mich mit Drogen wesentlich besser auskannte als sie und besser beurteilen konnte, ob ich mich damit umbringen würde oder nicht, und deshalb musste ich nicht so viel auf das geben, was sie sagten. Ich lenkte ein, stimmte ihnen zu und dann tat ich doch, was ich wollte.

Mit Vivian war das schon schwieriger und es fällt mir jetzt noch schwer, darüber zu schreiben. In meinem Leben gibt es so einige schmerzliche Erinnerungen – dieses Buch verlangt mir in dieser Hinsicht einiges ab –, aber man kann sich sicher vorstellen, dass es mir ganz besonders schwerfällt, über meine erste Ehe zu sprechen. Ich habe mich bei Vivian entschuldigt und versucht, den Schaden wiedergutzumachen, den ich angerichtet habe. Heute fühle ich mich nicht mehr schuldig wegen damals, sodass ich die Geschichte jetzt erzählen kann (das war nicht immer so). Aber es widerstrebt mir immer noch. Alte Wunden heilen nur schwer.

Ich lernte Vivian in einer Eislaufhalle in San Antonio, Texas, kennen, kurz bevor ich mich mit der Air Force nach Übersee einschiffte, und zwischen uns entwickelte sich eine Liebesbeziehung, die per Post gefestigt wurde. Wir schrieben uns fast jeden Tag und mit der Zeit wurden die Briefe immer leidenschaftlicher und intimer – jede Zeile von mir war mit grüner Tinte geschrieben, eine Farbe, die ich nur für sie reserviert hatte. Vivian bewahrt diese Briefe heute noch bei sich zu Hause in einer Truhe auf, alle bis auf vierundzwanzig. Letztes Jahr zu Weihnachten hat sie unseren vier Mädchen jeweils sechs davon geschenkt. Zuerst war ich darüber erschrocken, aber ich glaube, es war schon richtig so.

Als ich am 4. Juli 1954 von der Air Force nach Hause kam, standen für Exsergeant Cash und Miss Liberto zwei Dinge fest: Wir würden heiraten und eine Familie gründen und ich würde Sänger werden. In beiden Dingen hatte ich ihre volle Unterstützung, obwohl sie mich zu der Zeit nur auf einer einzigen Platte hatte singen hören, die ich in einer kleinen Aufnahmekabine am Münchener Bahnhof für 1 DM gemacht hatte – meine erste Platte, eine unbegleitete Interpretation von Carl Smiths *Am I the One?* Sie hörte sie so oft, dass die Platte irgendwann total zerkratzt war. Im Gegensatz zu den Barbarian-Tapes ist sie heute in keinem Archiv mehr zu finden. »Am I the one who'll always hold you, 'til the end of time...«. Im Nachhinein ist es schon eigenartig, dass ich einen Song von Carl Smith auswählte. Er war damals June Carters Ehemann.

Vivian und ich wurden am 7. August 1954 von ihrem Onkel, Pastor Vincent Liberto, getraut.

Bis Mitte 1955 ging es uns gut miteinander. Vivian kam mit zu den Auftritten, die ich für Luther, Marshall und mich in der Umgebung von Memphis organisiert hatte, in Orten wie Osceola und Lepanto, dann auch etwas weiter weg in Tennessee, in Arkansas und sogar in Mississippi. Das machte wirklich Spaß. Marshalls Frau Etta und sein Sohn Randy kamen auch mit, Luthers Frau war ebenfalls dabei und wir besuchten uns ständig gegenseitig. Wir waren eine lustige Truppe. Vivian lernte, wie man Maisbrot, Buttermilch, Navy-Beans und Schweinekoteletts zubereitet – die Art Landkost, die schnell dick macht, wenn man nicht gerade jeden Tag draußen auf den Feldern arbeitet –, und ich lernte allmählich, wie man mit einer Frau zusammenlebt. Alles lief bestens.

Das erste große Problem zwischen uns tat sich am 5. August 1955 auf, an jenem Abend, an dem ich den ersten großen Auftritt meiner Karriere hatte. Es war im Overton-Park-Pavillon und Elvis war der Top-Act des Abends. Die Zeitungsanzeige habe ich heute noch, schön eingerahmt. THE ELVIS PRESLEY SHOW stand da in großer, fetter Schrift und direkt darunter: *Zugabe – Johnny Cash singt »Cry, Cry, Cry«*. Der Auftritt lief gut und Elvis bat mich, mit ihm zusammen auf Tour zu gehen. Ich war sofort einverstanden und nahm, wie immer, Vivian mit. Aber es machte ihr Angst. Als sie sah, wie die Frauen beim Anblick von Elvis durchdrehten, und ihr klar wurde, dass ich mich auf diese Welt zubewegte, ließ ihre Begeisterung über meine angestrebte Platten- und Bühnenkarriere doch deutlich nach.

Als unsere zweite Tochter Kathy zur Welt kam, führte ich schon ein ziemlich ausgeprägtes Wanderleben, und obwohl man die Entscheidungen in seinem Leben eigentlich selbst trifft, hatte ich hier das Gefühl, überhaupt keine Kontrolle mehr darüber zu haben. Als Musiker, der Platten herausbrachte, musste man auch auf Tour gehen. Das wiederum hieß, man musste die Familie alleine lassen. Meine Kinder litten darunter – Daddy fehlte bei Schulfesten, beim Picknick am Unabhängigkeitstag und bei den meisten kleineren Ereignissen, die im Leben eines Kindes wich-

Backstage in den 1960ern

tig sind. Obwohl Vivian wirklich gut mit der Situation umging – sie war nicht nur eine Mutter, sondern auch wie eine Schwester für die Mädchen und kümmerte sich sehr gut um sie –, war meine Abwesenheit ein Verlust, der nie wieder gutzumachen ist.

Wegen der Pillen gab es natürlich ständig Streit. Sie hielt die Pillen für eine tödliche Sache, schon seit unserer Anfangszeit in dem kleinen Haus in Sandy Cove, als ich oft, wenn sie morgens aufstand, hellwach und mit roten Augen dalag, nachdem ich die ganze Nacht mit Komponieren, Singen und Bandaufnahmen im Arbeitszimmer zugebracht hatte. Sie drängte mich, sie nicht mehr zu nehmen, und das trieb den Keil natürlich noch tiefer zwischen uns. Ich tat ihre Bitten mit einem Achselzucken ab. Als meine Sucht eskalierte, flehte sie mich sogar an – »Bitte, *bitte*, du musst von diesen Pillen loskommen. Sie werden uns noch beide zerstören!« –, aber ich machte innerlich völlig dicht und ließ es einfach an mir abprallen.

Als wir Anfang 1959 Memphis verließen, um nach Kalifornien zu ziehen, hatten wir bereits drei Töchter und eine Ehe, die bis aufs Äußerste strapaziert war. Zuerst mietete ich uns ein Haus am Coldwater Canyon, dann kaufte ich – damals für 165 000 Dollar, heute ist es ein paar Millionen wert – John Carsons Haus an der Avenhurst Avenue in Encino, als John nach New York zog, um mit der »Tonight Show« anzufangen. Und weil Rosanne allergisch gegen den Smog war und jeden Tag mit Tränen auf dem Kinn von der Schule nach Hause kam, zogen wir schließlich ins Ojai Valley, ungefähr fünfzehn Meilen landeinwärts von Ventura. Ich baute ein Haus für uns und kaufte eines für meine Eltern und mir gefiel es dort sehr. Es war ein schönes Stück Land. »Ojai« heißt »sich einnisten«. Eingenistet habe ich mich allerdings nicht.

Touren und Drogen, das war meine Beschäftigung, wobei die Drogen allmählich immer mehr Zeit in Anspruch nahmen. Das Problem war nicht nur mein steigender Bedarf, sondern auch das verringerte Angebot. In den frühen Sechzigerjahren wurde sich die American Medical Association langsam der Gefahren bewusst, die mit dem unbegrenzten Verschreiben von Amphetaminen für alles und jeden einhergingen. An Drogen heranzukommen artete langsam, aber sicher in Arbeit aus, besonders wenn man auf Reisen war. Man konnte nicht mehr einfach den Hotelarzt anrufen und ihn mal eben sechzig Pillen vorbeibringen lassen. Wenn ich auf eine zehntägige Tour ging, musste ich entsprechend vorausplanen und das konnte ganz schön kompliziert sein. Wie viele Rezepte hatte ich? Vier? Vier mal sechzig, geteilt durch zehn, besser durch zwölf, nur für den Fall, ergibt … hmmmm, vielleicht nicht genug. Ich brauchte vielleicht doch noch eine Quelle vor Ort. Vielleicht sollte ich noch bei einem anderen Doktor anrufen, bevor ich losfahre. Vielleicht sollte ich auch zu dem Apotheker vierzig Meilen außerhalb fahren und mir unter der Hand ein- oder zweihundert verkaufen lassen. Vielleicht sollte ich bei einem Freund oder bei Freunden anrufen und die bitten, noch ein Rezept zu besorgen. Als letzte Möglichkeit blieb mir dann immer noch, irgendwo unterwegs etwas zu besorgen.

Vivians Unmut über mein Engagement im Musikbusiness war 1960 schon sehr groß. Unser gemeinsames Erlebnis bei der Disc Jockey Convention in Nashville in jenem Jahr war bezeichnend dafür. Ich wollte überall mal reinschauen, in all die Gästesuiten der vielen Schallplattenfirmen und Musikverlage, wollte mit meinen Freunden zusammen sein, Songs singen und Gitarre spielen, Spaß haben, alles Mögliche tun, aber Vivian hatte ganz eigene Vorstellungen. Sie wollte, dass ich in erster Linie ihr meine Aufmerksamkeit schenke. An diesem Abend hatten wir eine unserer schlimmsten Auseinandersetzungen. Es war auch keine große Hilfe, dass June Carter bei uns im Zimmer anrief, um zu sagen, dass sie und Don Gibson gerade zusammen sängen und Songs komponierten und ob ich nicht rüberkommen und mitmachen wolle? »Na klar«, sagte ich und legte auf. Als ich gehen wollte, bekam Vivian einen Wutanfall (was nicht verwunderlich war, angesichts dessen, wie sich die Dinge zwischen mir, June und ihr entwickelten). Es endete damit, dass ich mich trotzdem in den anderen Zimmern herumtrieb und die ganze Nacht aufblieb.

In der gleichen Nacht erfuhr ich, dass Johnny Horton ums Leben gekommen war. Ich nahm eine Menge Pillen und ich trank auch ziemlich viel. Ich sah grässlich aus und das Licht des nächsten Tages machte es noch schlimmer. Verkatert, überspannt, geschockt, voller Gewissensbisse, mein bester Freund tot, meine Frau tief gekränkt, traurig, verbittert und wütend...

1 ABGEBRANNT

Es lief sehr schlecht zwischen Vivian und mir und es wurde nicht besser. Ich wollte das Leben nicht aufgeben, das meine Musik mit sich brachte, und Vivian konnte das nicht mehr akzeptieren. Da waren wir nun, tief unglücklich. Zu Hause stritten wir uns ständig. Für sie war es hoffnungslos, weil ich einfach nicht das tat, was sie von mir verlangte, und für mich war es hoffnungslos, weil sie geschworen hatte, dass sie mich niemals freigeben würde. Sie war eine fromme Katholikin. Sie sagte, sie würde eher sterben, als in eine Scheidung einzuwilligen.

Im Laufe der Zeit wurde alles noch schwieriger, mit Vivian und auch mit den Drogen. Die Sache mit den Amphetaminen ist schwer in den Griff zu bekommen und wenn man sie einmal nimmt, egal wie viel, verspürt man schnell ein drängendes Verlangen nach noch mehr Chemie. Ich fing schon bald damit an, Alkohol zu trinken, meistens Wein oder Bier, um mich wieder etwas runterzuholen, wenn meine Höhenflüge zu steil wurden, oder um mir nach Tagen des Wachseins den Rest zu geben. Und nach einiger Zeit nahm ich auch Barbiturate.

Ich war nicht *immer* auf Drogen. Manchmal konnte ich keine Pillen auftreiben und saß unterwegs irgendwo fest und musste ohne Drogen auskommen. Davor hatte ich mehr Angst als vorm Sterben, aber wenn es dann mal passierte, fühlte ich mich nach zwei oder drei Tagen ohne Drogen wieder richtig gut. Wenn ich dann allerdings wieder nach Hause kam, meistens montags, setzten mir die Spannungen in meiner Ehe so zu, dass ich zu meinem speziellen Apotheker fuhr, mir zwei- oder dreihundert Pillen geben ließ und mit meinem Camper raus in die Wüste fuhr. Dort blieb ich dann, high, wie ich war, so lange es ging. Manchmal tagelang.

Vivian, mein Prediger und einige meiner Freunde kämpften um mich, versuchten mich davon abzubringen, aber das machte mich noch wütender und ich kam noch seltener nach Hause. Ich ging auf Tour und wenn sie vorbei war, blieb ich einfach noch fort. Unterdessen wurde meine Sucht immer schlimmer statt besser.

Ich wusste das, aber ich wollte es mir nicht eingestehen. Die Abstürze folgten immer dichter aufeinander und ich strapazierte meinen Körper bis hin zur totalen Erschöpfung und darüber hinaus. Ich verdoppelte, verdreifachte, vervierfachte meine Dosis und die erhoffte Wirkung wurde immer schwächer. Ich konnte deutlich erkennen, wohin mich das letzten Endes führen musste – nämlich in den Tod –, wenn ich von einem Trip runterkam und es mich schüttelte, wenn ich schwitzte, Krämpfe und Schmerzen hatte und eine Panik verspürte, die mir keine Chemie auf Erden nehmen konnte. Dieser Zustand war aber nur vorübergehend. Der Alkohol und die Barbiturate schickten mich schließlich in den Schlaf und nach einiger Zeit, nach Stunden oder Tagen, war ich wieder bereit für den nächsten Trip.

Ein paar Worte zu meinem Camper. Ich nannte ihn »Jesse«, nach Jesse James, denn ich war ein Outlaw und mein Camper musste auch einer sein. Ich stellte mir Jesse als einen freien, rebellischen Geist vor, der in den entlegensten Winkeln der Welt umherstreifte und mich und sich forttrug von den Menschen, ihren Bedürfnissen und ihren Gesetzen. Ich sprühte seine Fenster schwarz an, damit ich tagsüber darin schlafen konnte, aber einfach auch deswegen, weil es mir Spaß machte, Dinge schwarz anzusprühen.

Ich weiß nicht mehr, wie lange ich schon nicht mehr geschlafen hatte, als ich den ersten Unfall mit ihm baute. Es waren auf jeden Fall schon mehrere Tage. Ich fuhr alleine durch die Nacht, auf einer verlassenen Straße in der Nähe von Santa Maria, Kalifornien, mit ungefähr 40 Meilen pro Stunde. Und plötzlich war es ganz still und alles war schief und mein Kiefer tat mir weh. Ich war auf einen Erdwall gefahren und Jesse war umgestürzt und über den Highway geschlittert, bevor er schließlich auf der Seite liegen blieb. Ich war durch einen Schlag bewusstlos geworden und mein Kiefer war gebrochen. Jesse hatte ein paar Schrammen und Beulen. Nichts Schlimmes.

Bei meinem nächsten kleinen Missgeschick war es ähnlich. Luther Perkins und ich näherten uns der überdachten Veranda des alten Hotels Sahara in Las Vegas, als mir plötzlich klar wurde, dass Jesse höher war als das Vordach, auf das wir gerade zusteuerten.

»Luther«, sagte ich, »der Camper passt nicht unter dieses Vordach.«

Er war eifrig am Erzählen. Er achtete überhaupt nicht auf das, was ich sagte.

»Hey Luther! Der Camper passt nicht unter das Vordach!«

Er redete einfach weiter.

»LUTHER!!«

Er schaute mich an, erschrocken und etwas gekränkt über meinen Tonfall, als wir auch schon hineinkrachten. Es war sofort klar, dass wir großen Schaden angerichtet hatten.

Uns selbst war allerdings nichts passiert, auch Jesse nicht. Die Leute vom Hotel Sahara zogen uns unter den Trümmern hervor. Wir waren zwar etwas benommen, aber ansonsten völlig unversehrt. Dann ließen sie etwas Luft aus Jesses Reifen, um ihn ein paar Zentimeter abzusenken, und zogen auch ihn heraus. Die Veranda war eingestürzt, aber sie nahmen das ganz gelassen. Sie rissen sie einfach ab, bauten sich eine neue und wollten nie einen Pfennig dafür.

Die US-Regierung war nicht so nachsichtig. Sie verlangte eine Menge Geld von mir für das feurige Ende von Jesse. Ich bin tatsächlich der einzige Bürger, den die Regierung jemals für das Verursachen eines Waldbrandes erfolgreich verklagt und finanziell belangt hat.

Ich hatte das Quietschen des Rades schon eine ganze Weile gehört, bevor ich im National Wildlife Refuge von Los Padres hinter den Bergen von Ventura, Kalifornien, eine Pause einlegte. Aber als Jesse dann zum Stehen kam, war es nicht mehr zu übersehen. Aus einem gebrochenen Radlager tropfte Öl auf das bereits glühende Rad und das Gras fing an zu brennen. Das Feuer breitete sich in dem Wind rasend schnell aus, ohne

Backstage mit erster Ehefrau Vivian Liberto, circa 1957

dass ich es verhindern konnte. Es fegte den nahe gelegenen Berghang hinauf und schon bald tobte eine gewaltige Feuersbrunst.

Mein Gehirn begann zu arbeiten. Ich schnappte meine Angelrute hinten aus dem Wagen und lief hinunter zu einem Bach. Und obwohl er nicht einmal zehn Zentimeter tief war, nahm ich mir vor, einfach so zu tun, als sei ich so ins Angeln vertieft gewesen, dass ich einfach nicht bemerkt hätte, wie das Feuer die Landschaft, meinen Camper und den kleinen Berg hinter mir auffraß.

Ich saß da, als die Feuerwehrmannschaften anrückten und mit ihren Schaufeln, Äxten und Kettensägen den Berg hinaufliefen. Dann kamen die Löschflugzeuge angerauscht, um ihre Borladungen abzuwerfen. Ich saß immer noch da, als ein Mann vom Forstamt zu mir rübergelaufen kam und mich, trotz der Angel in meiner Hand, fragte: »Haben Sie das Feuer verursacht?«

Ich konnte nicht lügen, aber ich versuchte es: »Das war mein Wagen«, sagte ich.

Er fragte nach meinem Namen und meiner Adresse und ich nannte sie ihm. Er schrieb alles auf und sagte: »Sie werden von uns hören.« Dann ging er wieder.

»Warten Sie einen Augenblick«, sagte ich. »Wie komme ich hier wieder weg?« Mein Wagen war ausgebrannt. Ich hatte also momentan kein Transportmittel. Es war ein langer Weg zurück in die Zivilisation.

Er sah nicht so aus, als ob ihn das irgendwie bekümmerte. »Ich weiß nicht«, war alles, was er sagte, und dann packten er und seine Kameraden ihre Ausrüstung zusammen und fuhren davon.

In dieser Nacht schlief ich auf dem nackten Boden. Früh am nächsten Morgen, als ich einen Lastwagen die unbefestigte Straße entlangtuckern hörte, dachte ich schon, es würde doch noch alles gut werden. Ich rannte hinauf und tatsächlich, da kam ein Mann in einem langen Tieflader angefahren. Ich winkte ihm, er solle anhalten, und erzählte ihm von meiner Misere. Er schien Verständnis zu haben. Außerdem fuhr er in meine Richtung. Die Fahrerkabine war voll – er hatte noch zwei Männer dabei –, aber er war bereit, noch jemanden mitzunehmen. »Du kannst hintendrauf mitfahren«, sagte er.

Ich schaute nach hinten in den Laster. Er hatte Bienenkörbe geladen, ungefähr ein Dutzend, alle voller Bienen – Millionen von Bienen. Wenn ich da hineingestiegen wäre, hätten sie mich innerhalb von Sekunden zu Tode gestochen. Hmmm, dachte ich, *lieber nicht*.

Der Laster fuhr davon und ich lief los. Der Tag verging, ohne dass ich jemandem begegnete, der bereit gewesen wäre, mir eine weniger gefährliche Mitfahrgelegenheit anzubieten, aber schließlich fand ich doch noch jemanden und wie man sieht, habe ich überlebt.

Wie sich herausstellte, hatten Jesse und ich einen schlechten Ort ausgesucht, um ihn in Flammen aufgehen zu lassen. Die drei Berge, die das Feuer verwüstet hatte, gehörten zu einem Wildreservat, das unter anderem für den bedrohten Kalifornischen Kondor eingerichtet worden war. Vor dem Feuer hatte man dreiundfünfzig Exemplare davon gezählt. Nach dem Feuer waren es nur noch neun.

Das Ganze war so schlimm, dass ich einfach total abschaltete. Bei meinen Aussagen war ich vollgepumpt mit Amphetaminen und furchtbar arrogant. Ich weigerte mich, ihnen klare Antworten auf ihre Fragen zu geben.

»Haben Sie das Feuer verursacht?«
»Nein, es war mein Wagen und der ist jetzt tot. Sie können ihn also nicht mehr befragen.«
»Tut es Ihnen leid, was Sie getan haben?«
»Nun, im Moment gehts mir ganz gut.«
»Und was ist mit all den Kondoren, die Sie aus dem Schutzgebiet vertrieben haben?«
»Sie meinen diese großen, gelben Bussarde?«
»Ja, Mr. Cash, diese gelben Bussarde.«
»Die sind mir scheißegal, eure gelben Bussarde. Was geht mich das an?«

Und so weiter. Es war einfach widerlich, von vorne bis hinten. Sie beschlossen, mich zu verklagen, und das Ganze endete damit, dass ich ihnen, damals im Jahr 1964, 125 000 Dollar zahlen musste, das sind heute etwa eine Million Dollar.

Bei der nächsten Campergeschichte geht es um einen Tank mit Propangas, den ich für Jesse gekauft hatte, als er noch ganz neu war. Ich lud ihn in den Kofferraum meines 1958er-Cadillac, den ich als Ersatz für den Lincoln gekauft hatte, den ich wiederum Ferlin Husky als Ersatz für meinen 54er-Plymouth mit dem Kontrabass auf dem Dach abgekauft hatte. Als ich den Propantank kaufte, war ich high. Und ich war immer noch high, als ich über den Coldwater Canyon nach Beverly Hills fuhr und mir irgendwann der Geruch von Propangas in die Nase drang. Der Geruch passte zu dem Geräusch des im Kofferraum hin und her rollenden Tanks, aber mein Gehirn setzte sich in Bewegung und ich redete mir ein, dass schon alles in Ordnung war, dass ich es bis nach Hause schaffen würde, ohne anhalten zu müssen.

Das war ein Irrtum. Am Coldwater Canyon kommt erst ein gerades Straßenstück, ungefähr vier Häuserblocks lang, bevor die Straße eine

Kurve macht. Wenn man die Kurve nicht kriegt, knallt man direkt auf eine große alte Palme. Genau an dieser Stelle war ich und versuchte die Kurve zu nehmen, als der Wagen explodierte.

Irgendwie hatte ich damit gerechnet, dass so etwas passieren könnte, ich war also vorbereitet. Ich hatte schon die Hand an der Tür, als der Propantank hochging, und in dem Moment, als ich die Erschütterung spürte, riss ich an dem Türgriff und rollte mich hinaus.

Ich traf auf der Straße auf, überschlug mich mehrfach und landete mitten in einem Vorgarten, gerade rechtzeitig, um das fantastische Feuerwerk mit ansehen zu können. Es war spektakulär. Als der Caddy gegen den Baum knallte, schossen die Flammen dreißig, vierzig Meter hoch und brannten, bis der ganze Propantank leer war. Das Ventil war offen, der Verschluss hatte sich gelöst, als der Tank im Kofferraum herumgerollt war.

Mit mir war alles in Ordnung: blaue Flecken, Schnitte, Aufschürfungen und Brandwunden – meine Haut sah aus wie die eines Alligators –, aber sonst fehlte mir nichts. Mein Gesicht wurde mit Vitamin-A- und Vitamin-E-Präparaten behandelt und es verheilte gut, nicht eine Narbe blieb zurück.

Am Anfang sah ich allerdings schrecklich aus – so schlimm, dass die schwangere Frau eines Freundes, der mich mit ihr im Krankenhaus besuchte, völlig die Fassung verlor und später am Abend eine Fehlgeburt hatte.

Bisher klangen meine Unfälle vielleicht ziemlich amüsant, so nach dem Motto »schnell leben, früh sterben, ein Teufelskerl sein«. Ich finde allerdings, das Leben im Leib dieser Frau war zu jung zum Sterben. Und ich glaube auch, dass es sich lohnen würde, mal etwas intensiver über die wörtliche Bedeutung von »Teufelskerl« nachzudenken.

JUNE TRITT IN MEIN LEBEN

Ich habe Menschen nie körperliche Gewalt zugefügt, aber ich habe sicher viele verletzt, besonders die, die mir am nächsten standen. Und mit Gegenständen ging ich auch sehr schlecht um. Ich trat sie, hämmerte auf sie ein, zertrümmerte sie, schlug sie, schoss auf sie oder durchstach sie mit meinem Bowiemesser. Wenn ich high war, war mir alles egal. Wenn ich meine Wut ablassen wollte, dann tat ich es einfach. Mein Egoismus ging so weit, dass mir der Wert der Dinge, die ich zerstörte, vollkommen gleichgültig war – was sie gekostet hatten oder was sie dem jeweiligen Besitzer oder Benutzer bedeuteten. Es kostete mich ja nur Geld (wenn überhaupt) – Thema erledigt. Irgendein anderer, meistens Marshall Grant, musste dann den Leuten gegenübertreten und ihnen das Geld geben.

Ich werde jetzt nicht schon wieder die ganzen Vorfälle im Detail durchgehen. Ich habe früher schon darüber geschrieben und in Interviews darüber gesprochen und die Sache ist für mich jetzt erledigt. Um ehrlich zu sein, habe ich es satt, immer wieder diese alten Geschichten erzählen zu müssen, umso mehr, weil ich inzwischen schon mit der dritten Generation von Fragestellern zu tun habe. Es beunruhigt mich auch, der Tatsache ins Auge zu sehen, dass die Art von Hotelvandalismus, der ich den Weg bereitet habe, für viele Leute heute eine Art Totem der Rock-'n'-Roll-Rebellion ist, eine harmlose und sogar bewundernswerte Mischung aus jugendlichem Übermut und Missachtung von Konventionen. Für mich war es damals etwas völlig anderes. Es war dunkler und tiefer. Es war *Gewalt*.

Es gab natürlich auch eine andere Seite, denn auch wir brachten unseren jugendlichen Übermut zum Ausdruck. Ich hatte allerlei gute Gags auf Lager, die niemanden gefährdeten und nichts zerstörten, genau wie meine Freunde. Stu Carnall, der gemeinsam mit Bob Neal aus Memphis meine Angelegenheiten regelte, seit ich mich in Kalifornien niedergelassen hatte, war auf diesem Gebiet äußerst talentiert. Während Bob, ein liebenswürdiger Mann ohne Vorurteile, mich von meinen Verrücktheiten abzuhalten versuchte (und von meinem zunehmenden Drogenkonsum), kam Stu, der mit uns auf Tour ging, während Bob im Büro blieb, nach einiger Zeit zu dem Entschluss, lieber mitzumachen, als gegen mich anzukämpfen. Er schlug zwar einen anderen Weg ein, bevorzugte Alkohol statt Pillen und machte vor Zerstörung und Vandalismus halt, aber er war äußerst kreativ. Er staffierte sich gern mit Zylinder und einem langen schwarzen Umhang aus, marschierte so an die Rezeption und fragte nach seinen Zimmern. Wenn zufällig keine Reservierung für einen Baron von Karnal vorlag, was natürlich nie der Fall war, schlug er mit seinem Stock auf den Tisch und brüllte: »Junger Mann, ich verlange meine Suite!« Es war erstaunlich – oder auch nicht –, wie oft er damit durchkam und obendrein einen besonderen Service erhielt. Natürlich machte er das nur in den großen Städten. In kleineren Orten hätte das nie funktioniert. Als Stu sich entschloss, die Zusammenarbeit mit Bob zu beenden und sein eigenes Büro zu eröffnen, haben wir ihn und seine Beiträge zu unserer Unterhaltung wirklich vermisst.

Gordon Terry war auch eine sehr vitale Persönlichkeit. Die Frauen liebten ihn und er liebte sie, ungeachtet der Tatsache, dass er auch seine Frau Virginia liebte und seine zwei Töchter Betsy und Rhonda. Sie waren eine nette Familie und Virginia war eine großartige Köchin, ihre Fried Chicken gehörten zu den besten weit und breit – das ist heute noch so und sie kann noch vieles mehr. Sie betreibt heute einen Cateringservice in Nashville. Sie war Gordon total ergeben, was er auch tat oder nicht tat. Und ganz nebenbei hielt sie auch noch die Familie zusammen.

Gordon konnte mit der Geige genauso gut umgehen wie Virginia mit der Bratpfanne. Kurz nachdem er Ferlin Huskys Band verlassen hatte, fing er in meiner Show an, mit einem Solopart als Eröffnungsnummer. Auf der Bühne war er eine enorme Persönlichkeit, ein sagenhafter Entertainer und er war heiß – er spielte diese Geige mit wahrem Feuereifer. Er heizte den Leuten richtig ein.

Johnny Western war auch ein lustiger Typ. Er brachte etwas Cowboyglamour in die Show, und der war absolut nicht vorgetäuscht. Er war eine echte Autorität, was den Wilden Westen betrifft, für den echten als auch für den der Musik, des Fernsehens und der Filme. Außerdem war er damals der schnellste Pistolenschütze seiner Zeit. Ich habe nie jemanden gesehen, der schneller ziehen konnte als Johnny Western. Obwohl ich nie seine Schnelligkeit erreichte, konnte ich doch ziemlich schnell ziehen, als ich durch seine Schule gegangen war. Er war auch ein sehr guter Gitarrist, einer der ganz wenigen, die im Stil eines Luther Perkins spielen konnten, *fast* so gut wie Luther selbst. (Er war der Erste, den ich anrief, als Luther starb, aber er hatte bereits andere Verpflichtungen.) Mit ihm, Gordon Terry und manchmal auch den Collins Kids, Larry and Lorrie, ging es auf der Bühne schon heiß her, wenn ich schließlich selbst dazukam.

Es war mein neuer Manager, Saul Holiff, der mich dazu drängte, meine Show und meine Karriere auf ein höheres Level zu bringen. Ich war eigentlich glücklich und zufrieden, das zu tun, was ich gerne tat, und dafür auch noch bezahlt zu werden, aber seit ich Saul kannte – wir trafen uns zum ersten Mal, als er in London, Ontario, wo er wohnte, einen Auftritt für mich arrangierte –, fand ich mehr und mehr Gefallen an seinen Ideen. Statt immer nur in irgendwelchen Tanzsälen und Hotelhallen in Amerika und Kanada zu spielen, sagte er, könne ich doch darauf hinarbeiten, in Europa, im Orient und in größeren Häusern der amerikanischen Metropolen zu spielen, vielleicht in der Carnegie Hall oder in der Hollywood Bowl. Und das wäre vielleicht nur der Anfang. Ich engagierte ihn und er ließ seinen Worten Taten folgen. Saul war das ganze nächste Jahrzehnt über mein Manager, bis in die frühen Siebzigerjahre, als er beschloss, dass er genug vom Showbusiness hatte, und sich zur Ruhe setzte, um ein glückliches Leben zu führen. Viele der wichtigsten

Veränderungen in meiner Karriere führte er herbei und ich habe ihm viel zu verdanken. Ich glaube nicht, dass ich ihn geschafft habe, keiner konnte das. Er hatte einfach nicht mehr das Bedürfnis weiterzuarbeiten, also tat er es auch nicht. Aber ich war sicher auch nicht sein einfachster Kunde, obwohl Saul von den ganzen Querelen weitgehend verschont blieb. Wenn ich wieder mal etwas angerichtet hatte – Sachen beschädigt, Leute beleidigt, Geld rausgeworfen, Gesetze gebrochen, Arrestzellen besucht –, hatte er seine eigene Methode, damit umzugehen: Er verschwand einfach von der Bildfläche. Er fuhr entweder heim nach Ontario oder er war einfach nicht zu erreichen, nicht mal telefonisch. Marshall Grant war dann derjenige, der sich darum kümmern musste.

Saul war es auch, der mich – in geschäftlicher Hinsicht – mit June zusammenbrachte, indem er sie für meine Show am 5. Dezember 1961 in der »Big D Jamboree« in Dallas engagierte. Ich wusste genau, dass dieser Tag für mich der Beginn von etwas Großem sein würde. Vielleicht wusste er das auch.

Das erste Mal hatte ich mit achtzehn ein Auge auf June Carter geworfen, bei einem Oberstufenausflug der Highschool in Dyess zur »Grand Ole Opry«. Mir hatte schon gefallen, was ich von ihr im Radio gehört hatte, aber das, was ich vom Balkon des Ryman-Auditoriums aus von ihr zu sehen bekam, gefiel mir noch viel besser. An diesem Abend sang sie zusammen mit der Carter Family, sie hatte aber auch einen Soloauftritt mit ihrer Comedynummer, bei der Ernest Tubb ihren tugendhaften Ehemann spielte. Sie war großartig. Sie war wundervoll. Sie war ein Star. Ich verknallte mich total in sie, ernsthaft. Sechs Jahre später sah ich sie wieder, ebenfalls in der »Opry«, aber dieses Mal hinter der Bühne, denn inzwischen war ich selbst Musiker. Ich ging zu ihr hin und sagte ohne Umschweife: »Du und ich, wir werden eines Tages heiraten.«

Entweder war sie noch mit Carl Smith verheiratet oder kurz davor, Rip Nix zu heiraten, ich weiß es nicht mehr genau. Auf jeden Fall war sie nicht mehr zu haben und ich wusste das auch. Ich wollte ihr nur zu verstehen geben, wie viel sie mir bedeutete, wie toll ich sie fand.

Sie lachte. »Wirklich?«, fragte sie.

»Ja.«

»Also gut«, sagte sie. »Ich kann es kaum erwarten.« Und damit war der Anfang gemacht.

Bis zum 5. Dezember 1961 vergingen noch fünf Jahre. Gordon Terry und Johnny Western standen beide mit auf dem Programm, aber die »Big D Jamboree« war schon etwas Besonderes und Saul überlegte sich, dass wir vielleicht noch eine Nummer einbauen sollten. »Ich weiß, dass dir June Carter gefällt, das Mädchen aus der ›Grand Ole Opry‹, ich habe sie also auch für heute Abend verpflichtet«, teilte er mir mit. Womit ich mehr als einverstanden war. An diesem Abend war sie besser als je zuvor, was mich gar nicht überraschte und wodurch mir meine Frage sehr viel leichter fiel.

»Wie wärs, wenn du bei uns einsteigst und wir das noch ein paarmal wiederholen?«, fragte ich sie.

Sie dachte kurz darüber nach und sagte dann: »Na ja, ich weiß nicht. Ich werde mal mit Saul sprechen und sehen, ob ich das mit ihm arrangieren kann. Und wenn wir uns einig werden, dann geht alles klar. Ich würde es sehr gerne machen.«

Das machte mich wirklich glücklich. Sie und Saul arbeiteten die finanzielle Seite aus und am 11. Februar 1962 schloss sie sich in Des Moines, Iowa, unserer Tour an, für einen Auftritt im KRNT-Theater, den Smokey Smith, ein Discjockey und Freund von mir, arrangiert hatte. Patsy Cline nahm auch an der Show teil sowie Barbara Mandrell, die mit zwölf Jahren damals auf ihrer ersten Tournee war.

Es fing sofort an. Ich war schon ganz auf den Auftritt an diesem Abend eingestellt, hatte mich herausgeputzt, und was mich betraf, konnte es losgehen, aber June war da ganz anderer Ansicht.

»Gib mir das Hemd!«, befahl sie mir.

»Was für ein Hemd?«, fragte ich.

»Das, was du anhast«, erwiderte sie. »Mit so einem zerknitterten Hemd gehst du nicht auf die Bühne!«

Ich war es nicht gerade gewohnt, von Leuten so herumkommandiert zu werden, sodass ich einen Moment lang richtig wütend wurde.

Dann riss ich mir das Hemd vom Leib und warf es ihr zu. Sie bügelte es und ich ging mit einem schön geplätteten Hemd auf die Bühne. So begann ihre lebenslange Aufgabe, mich sauber zu halten, und meine lebenslange Anerkennung dieser Mission.

Ich war begeistert. Da kam dieses lebhafte, witzige, fröhliche Mädchen, so talentiert, temperamentvoll und eigenwillig, wie man nur sein kann, und holte das Beste aus mir heraus. Ich fühlte mich wunderbar. Und es gefiel uns allen. Sie wirkte belebend auf unsere ganze Crew. Das Leben auf Tour verbesserte sich enorm.

Nach Des Moines gingen wir nach Oklahoma City, um mit Carl Perkins, Sonny James und der hübschen kleinen Norma Jean gemeinsam aufzutreten. June fuhr bereits bei mir im Auto mit. Ich konnte Luther, Marshall und Fluke sehr gut leiden, aber nicht so wie June Carter. Und was das hieß, machte ich den anderen Jungs unmissverständlich klar, auch Johnny Western und Gordon Terry. Ich ließ sie vom ersten Tag an wissen: »Lasst die Finger von June Carter. Sie gehört zu mir. Ich werde sie bewachen wie ein Löwe. Vergesst das bloß nicht!« Sie vergaßen es nicht. Gordon fiel es besonders schwer, sich zurückzuhalten und mit diesem hübschen Mädchen direkt vor seinen Augen nicht anzubändeln. Es war ganz hilfreich, dass June bei den Leuten im Musikbusiness einen sehr guten Ruf hatte. Es war bekannt, dass sie nicht leichtfertig war, und wenn sie sich mit jemandem einließ, dann meinte sie es ernst.

Am Ende dieser ersten Tournee bat ich Saul, er möge dafür sorgen, dass sie auch bei unseren zukünftigen Tourneen dabei sei. Das tat er auch und von da an war June immer bei mir, wenn ich auf Tour ging, in guten wie in schlechten Zeiten.

June Carter bei einem Auftritt in der Grand Ole Opry, 1958

MINNEAPOLIS AUDITORIUM

SAT APR 22
SHOW 8:30 pm
Blockbuster Number 18

SMOKEY SMITH Presents

THE FABULOUS JOHNNY CASH SHOW

JUNE CARTER
THE TENN. THREE
MOTHER MAYBELLE & CARTER FAMILY
The STATLER BROS.
CARL PERKINS

TICKETS ON SALE
DOWNTOWN TICKET OFFICE - MINNEAPOLIS
FIELD SCHLICK TICKET OFFICE - ST. PAUL

EVERY SEAT RESERVED $1.50 - $3.00 - $2.50 - $2.00

Konzertplakat aus den 50er-Jahren

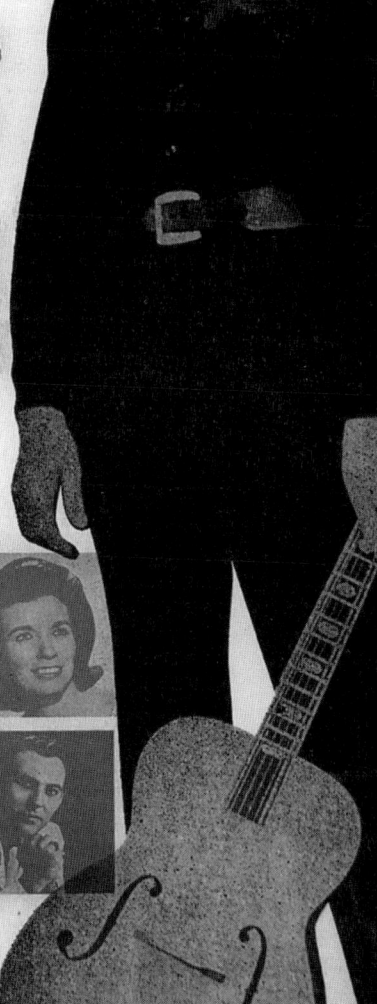

1 UNENDLICH WEIT VON GOTT ENTFERNT

Eines meiner schlimmsten Erlebnisse hatte ich schon ziemlich am Anfang: mein Konzert in der Carnegy Hall im Mai 1962, das an und für sich schon eine große Sache war; darüber hinaus war es aber auch der Abschluss einer Tournee und der Beginn einer neuen.

Als ich nach New York kam, war ich bereits ausgebrannt. Ich war mit Merle Travis und Gordon Terry in Neufundland gewesen, auf einer Elchjagd, die von einer Firma gesponsert wurde, die Walkie-Talkies auf dem zivilen Markt einführen wollte. Eine Sache, für die Walkie-Talkies ihrer Meinung nach nützlich sein konnten, war die Kommunikation zwischen Jägern im Wald und wir sollten dafür Werbung machen. Doch wir benutzten die Funkgeräte letztlich kaum. Ich erlegte ungefähr dreihundert Meter von der Hütte entfernt einen Elch und rief Merle über das Walkie-Talkie, um ihm davon zu berichten. Das Gespräch lief in etwa so ab:

»Merle, ich habe einen Elch erwischt.«

»Wie schön. Vielleicht erwische ich ja auch einen, wenn du endlich von diesem Ding wegbleibst.«

Das war es dann auch mit den Walkie-Talkies. Wenn man sich zusammen in eine Hütte verkriecht, um Drogen zu nehmen und Alkohol zu trinken, braucht man diese Dinger nicht. Und genau das haben wir in diesen drei Tagen getan. Wir hatten da alle unsere eigenen Vorlieben – Merle nahm Schlaftabletten, ich nahm Amphetamine –, aber es klappte einigermaßen. Solange Merle die richtige Dosis wählte, blieb er lange in einer, wie er es nannte, heiteren Stimmung und war völlig entspannt. In diesem Zustand konnte er sehr komisch sein, ein wundervoller Gesprächspartner und Anekdotenerzähler. Irgendwann nahm er dann so viele Pillen, dass sie ihre eigentliche Wirkung entfalteten und ihn in den Schlaf beförderten, aber das konnte drei oder vier Tage dauern. Für mich galt es, meinen hochgeputschten biochemischen Rhythmus in Übereinstimmung mit seinem zu bringen. Manchmal klappte es und wir erzählten uns tolle Geschichten und tauschten interessante Gedanken aus. Manchmal klappte es auch nicht und dann war es ziemlich öde.

Merle war wirklich einer der interessantesten Männer, die ich je getroffen habe. Auf jeden Fall war er auf vielen Gebieten außerordentlich begabt. Er war ein hervorragender Sänger, Texter, Komponist und er entwickelte das »Travis Picking«, einen neuen Gitarrenstil, der noch einen Schritt über den Stil hinausging, den Mutter Maybelle eingeführt hatte. Ganz nebenbei zeichnete er herrliche Cartoons, erzählte fabelhafte Geschichten und verfügte über ein fundiertes Wissen auf vielen verschiedenen Gebieten. Außerdem war er ein geübter Tierpräparator, ein meisterhafter Uhrmacher und geschickter Messerwerfer (von ihm habe ich gelernt, wie man aus 15 Metern ein Bowiemesser wirft, sodass es stecken bleibt). Die Kombination klingt vielleicht ein bisschen seltsam, ich weiß, aber Merle war wirklich ein Mann für alle Fälle, in mancherlei Hinsicht der ideale Freund. Nach den drei Tagen mit ihm auf der Hütte hätte ich ihn allerdings umbringen können. Wahrscheinlich dachte er das Gleiche über mich, und Gordon Terry wiederum dachte es über uns beide. Wir waren sehr erleichtert, als wir endlich da rauskamen mit unserem Elchfleisch und wieder unsere eigenen Wege gehen konnten.

Ich ging mit meiner Familie nach New York City und traf mich mit meiner Stammbesetzung, aber ich war mittlerweile total am Ende: keine Stimme mehr, keine Nerven, kein Urteilsvermögen. Ich machte ein Interview mit Mike Wallace, bei dem ich ihm fast den Kopf abgerissen hätte (Frage: »Countrymusik in der Carnegy Hall. Warum?« Antwort, wütend: »Warum nicht?«). Wir sprachen uns mit dem Küchenchef vom Barbizon Plaza ab und servierten Elchfleisch auf unserem Presseempfang, wobei wir uns möglicherweise verkalkulierten (oder auch nicht, ich weiß es nicht mehr). Dann stand das eigentliche Konzert an. Merle Kilgore ging auf die Bühne und machte seine Sache gut, dann Tompall und die Glaser Brothers, danach June und die Carter Family. Schließlich war es Zeit für den Star des Abends, für mich.

Ich stand damals total auf Jimmie Rodgers, also hatte ich mir etwas ganz Besonderes ausgedacht. Mrs. Rodgers hatte mir, bevor sie starb, einige Sachen von Jimmie geschenkt. Als ich an diesem Abend auf die Bühne ging, hatte ich nicht nur vor, ausschließlich Songs von Jimmie Rodgers zu singen, sondern ich trug auch seine Kleidung und hatte seine Eisenbahnlaterne in der Hand. Ich zündete sie hinter der Bühne an, ließ alle Lichter im Haus löschen und trat dann in der Dunkelheit auf die Bühne, nur vom Licht der Laterne angestrahlt. Ich hatte vor, die Laterne mitten auf der Bühne auf einen Stuhl zu stellen, mich genau wie Jimmie mit einem Knie auf dem Stuhl abzustützen, dann *Waiting For a Train* anzustimmen und auf das Raunen im Publikum zu warten, wenn sie das alles wiedererkannten.

Es kam allerdings ganz anders. Wenn überhaupt jemand im Publikum war, der Jimmie Rodgers kannte (und ich bin mir sicher, dass es zumindest ein paar Leute gab), brauchten sie ziemlich lange, um zu begreifen, was sie da sahen. Keiner wusste, was das Ganze sollte. Ich hatte gedacht, sie würden vor Ehrfurcht erstarren – *Das muss etwas ganz Besonderes sein. Was macht er als Nächstes?* –, aber dem war nicht so. Noch bevor ich überhaupt zum Mikrofon kam, schrien sie schon nach *Folsom Prison Blues*. Also drehte ich mich um, gab irgendjemandem die Laterne und fing mit meiner üblichen Eröffnungsnummer an, was immer das damals war. Und ich glaube, sie wäre auch ganz gut angekommen, wenn ich nur hätte singen können. Aber ich konnte nicht. Ich formte die Worte mit meinem Mund, aber es kam nichts heraus. Alles, was die Leute von mir zu hören bekamen, war meine Gitarre.

Zuerst lachten sie. Sie dachten, ich mache Blödsinn, es sei nur ein Spaß. Dann verstummten sie und ich musste irgendetwas tun. Ich brach mitten im Song ab. »Ich habe heute eine Halsentzündung«, sagte ich. »Ich habe keine Stimme. Ich weiß nicht, ob ich überhaupt singen kann.«

Ich konnte es nicht, versuchte es aber trotzdem. Ich ließ mir immer wieder ein Glas Wasser bringen, um meine trockene Kehle zu befeuchten, aber es half nichts. Ich klammerte mich an die Hoffnung, dass mich die Pillen, die ich geschluckt hatte, irgendwann so antörnen würden, dass mir alles egal wäre, aber das funktionierte nicht. Es war ein einziger Albtraum und ich kann mich an alles noch ganz genau erinnern. Als ich *Ballad of the Heart Weaver* spielte, kam June extra in einem wunderschönen weißen Kleid mit einem aufgenähten Herzen auf die Bühne. Ich spielte *Mr. Garfield,* was nicht sehr komisch ist, wenn man nicht in der richtigen Stimmung ist, und keiner war in der richtigen Stimmung. Den Song *Give My Love to Rose* konnte ich nur flüstern. Ich versuchte es immer wieder mit Songs von Jimmie Rodgers und hoffte, die Sache irgendwie in den Griff zu bekommen, aber es gelang mir nicht. Es war ein Desaster, von Anfang bis Ende. Ich bekomme heute noch Kopfschmerzen, wenn ich nur daran denke.

Nach der Show kam June hinter der Bühne zu mir. Sie wirkte sehr bedrückt und sagte: »Ich fand, du warst sehr gut, aber deine Stimme hat einfach versagt und es tut mir wirklich sehr leid für dich.«

Ich war in einer äußerst miesen Stimmung, wütend auf alles und jeden. »So, *ich* tue mir nicht leid«, schnauzte ich sie an. Und weg war sie.

Die nächste Begegnung, an die ich mich erinnere, verlief ganz ähnlich. Ein Mann, den ich nicht kannte und der mich aus der Ecke meiner Garderobe beobachtet hatte, kam auf mich zu und sagte: »Es ist Dexedrin, nicht wahr?«

»Was ist los?«

»Das, was Sie nehmen.«

»Ja, warum?«

»Ich habe es einfach gemerkt. Wir sind einander sehr ähnlich. Ich habe dieses ganze Zeug auch genommen. Ich bin gerade auf Entzug und nehme nichts mehr, aber ich kenne Dexedrine. Das Zeug bringt Sie um, wirklich.«

Für Gelegenheiten wie diese hatte ich ein ganzes Arsenal an schnodderigen Antworten parat. »Ach, ja?«, sagte ich. »Ein Autounfall auch.«

Er gab nicht auf. »Man kann lernen, auch mit einer Kehlkopfentzündung noch einigermaßen zu singen. Ich bin Komponist und Sänger, ich bin schon mein ganzes Leben in diesem Geschäft und ich habe einiges dabei gelernt. Wenn Sie sich etwas Zeit nehmen würden, könnte ich Ihnen ein paar Dinge darüber erzählen, wie Sie etwas besser auf sich aufpassen können.«

Ich lehnte rundweg ab. Aber irgendetwas an dem Mann imponierte mir. Nachdem ich erfahren hatte, wer er war – Ed McCurdy, der Sänger von irischen und schottischen Folksongs der derberen Sorte –, sagte ich ihm, er solle am nächsten Morgen ins Hotel kommen.

Nach der Carnegie Hall hatte ich eine Weile frei und hing oft mit Ed zusammen und ein paar Tage lang nahm ich überhaupt keine Amphetamine. Eines Nachmittags jedoch kam Ed mit einem seiner Freunde vorbei, Peter LaFarge, einem Hopi-Indianer und Songwriter, und lud mich ein, mit ihnen in Greenwich Village auszugehen, um im Bitter End etwas Folkmusik zu hören.

»Okay«, sagte ich, »aber ich gehe da nicht hin, ohne etwas Dexedrine zu nehmen.«

Ed schien sich nicht daran zu stören. »Nur zu, nimm es ruhig«, sagte er. Peter störte es schon gar nicht, er wollte auch etwas einwerfen.

Ein Gespräch, das wir damals im Bitter End führten, werde ich nie vergessen. »Cash, du reitest dich schon wieder in die Scheiße«, sagte Ed zu mir. »Das weißt du ganz genau, oder? Du hast den Verstand verloren. Du verdirbst wieder alles. Kaum hast du deine Stimme zurückgewonnen, ruinierst du sie schon wieder.«

Ich war gerade zwei oder drei Tage lang mehr oder weniger clean gewesen, sodass es mein voller Ernst war, als ich zu ihm sagte: »Hey, schon gut. Ich kann damit umgehen.«

Ed und Peter warfen sich einen Blick zu und fingen an zu lachen.

Ich wurde wütend. »Ich weiß nicht, was daran so lustig ist, aber ich mag es gar nicht, wenn man mich auslacht!«

»Oh, Cash, du bist schon ein witziger Vogel«, sagte Ed. »Was du da erzählst, ist echt lustig – so dumm, dass man einfach nur lachen kann. Du kannst nicht damit umgehen. Es ist absolut unmöglich, damit umzugehen. *Es* geht mit *dir* um und am Ende bringt es dich um.«

Ich überhörte es einfach – ich kannte das alles schon, hatte es schon so oft zu hören bekommen – und der Abend ging weiter. Peter ging auf die Bühne und sang einige seiner alten Indianersongs. Ed ging rauf und sang eine archaische irische Version von *Molly Malone*. Ich nahm noch etwas mehr Dexedrine und gab Peter auch noch welches. Außerdem schob ich ihm etwas Thorazin zu, das ich irgendwo bekommen hatte und das er nehmen sollte, wenn er wieder runterkommen und schlafen wollte.

Am nächsten Tag rief Ed mich an und sagte, Peter hätte das ganze Thorazin genommen, das ich ihm gegeben hatte, acht oder zehn Tabletten, und jetzt sei er nicht mehr wach zu kriegen. Wir machten uns ernsthafte Sorgen, aber Peter starb nicht, er schlief nur drei oder vier Tage lang. Er und ich arbeiteten danach viel zusammen. Er inspirierte mich zu meinem Album *Bitter Tears* und schrieb *The Ballad of Ira Hayes*. Peter, der Sohn von Oliver LaFarge, dessen Roman *Laughing Boy* den Pulitzer Preis gewonnen hatte, war ein echter Intellektueller, aber er war auch sehr bodenständig und sehr stolz auf sein Hopi-Erbe und er war sich des Unrechts, das seinem Volk und anderen Ureinwohnern Amerikas angetan worden war, sehr deutlich bewusst. Ihre Geschichte, über die er enorm viel wusste, war den meisten weißen Amerikanern in den frühen Sechzigerjahren gänzlich unbekannt – auch wenn sich das in den folgenden Jahren zweifellos geändert hat. In gewisser Weise war seine Stimme also die eines Rufers in der Wildnis. Ich war glücklich, sie hören zu können. Peter war großartig. Mit dem Thorazin war er allerdings etwas unvorsichtig.

Nachdem wir Freunde geworden waren, hielt er sich eine Weile in Nashville auf und freundete sich mit Pop Carter an. Pop ging sogar mit ihm runter nach New Mexico in sein Reservat. Dann ging Peter zurück nach New York und ich hörte erst wieder von ihm, als Ed McCurdy anrief und erzählte, Peter sei wieder nicht aufgewacht und dieses Mal werde er nie mehr aufwachen.

In dieser Zeit fuhr ich all meine Autos zu Schrott. Und die von anderen Leuten auch. Ich demolierte Junes nagelneuen Cadillac. Ich habe es doch tatsächlich geschafft, in ein und derselben Nacht aus der »Grand Ole Opry« gefeuert zu werden und das Auto meiner zukünftigen Frau zu Schrott zu fahren.

Wenn man es genau nimmt, konnte ich eigentlich gar nicht aus der »Opry« gefeuert werden, denn ich war eigentlich gar kein richtiges Mitglied, als sie mir sagten, ich solle nicht mehr wiederkommen. Um damals an der »Opry« aufgenommen zu werden, mussten sich die Musiker dazu verpflichten, sechsundzwanzigmal im Jahr aufzutreten, also praktisch jeden zweiten Samstag. Darauf hätte ich mich nie eingelassen, denn das hätte eine drastische Einschränkung meiner Tourneen und damit auch meiner Einkünfte bedeutet. Beim »Opry«-Management hatte ich also eher den Status eines regelmäßig auftretenden Gaststars. Abgesehen von dieser kleinen Spitzfindigkeit war die Botschaft, die ich beim Abgang von der Bühne erhielt, nachdem ich während des Auftritts die komplette Bodenbeleuchtung mit meinem Mikrofonständer zertrümmert hatte, unmissverständlich. »Sie brauchen sich hier nie wieder blicken zu lassen«, sagte mir der Manager. »Wir können Sie hier nicht gebrauchen.«

Ich war ziemlich sauer darüber. Solche Sachen habe ich doch schon immer gemacht, dachte ich, warum regen die sich jetzt auf einmal so darüber auf?

June ließ, wie immer, die Stimme der Vernunft sprechen. »Geh zurück ins Motel und leg dich ins Bett«, sagte sie. »Morgen gehts dir wieder besser.«

Keine Chance. Stattdessen bat ich sie, mir ihr Auto zu leihen.

Sie hielt das für keine gute Idee, umso mehr, weil ich sehr viel Bier getrunken und Amphetamine genommen hatte. Aber es war mir ziemlich egal, wie sie darüber dachte, und ich redete so lange auf sie ein, bis sie sich erweichen ließ, und schon war ich unterwegs in ihrem hübschen neuen Caddy. Ich wusste eigentlich gar nicht, wo ich hinwollte, hatte überhaupt kein Ziel, aber das machte nichts. Ich war einfach nur wütend, saß im Wagen und raste durch die Gegend. Draußen zog ein schweres

Gewitter auf, mit grellen Blitzen und sintflutartigen Regenfällen. Das passte genau zu meiner Stimmung. Ich konnte nicht mal mehr die Straße vor mir erkennen, aber ich hätte sie sowieso nicht gesehen, selbst in einer hellen, klaren Nacht bei völlig freier Sicht.

Den Strommast erwischte ich frontal. Mein Gesicht knallte auf das Lenkrad, ich brach mir die Nase und schlug mir die Vorderzähne in die Oberlippe. Ich schaute wie gelähmt nach oben und sah zu, wie der Mast einknickte und langsam in meine Richtung fiel. Er krachte direkt über meinem Kopf auf das Dach. Die Kabel, die daran hingen, fielen rund ums Auto auf das nasse Pflaster und erhellten die Szenerie mit Hochspannungsstrom. Es sah aus wie an Weihnachten beziehungsweise wie in der Hölle – wie mans nimmt. Ein warmes feuriges Glühen rund um den Wagen.

Intelligent und vernünftig wie ich bin, beschloss ich, nicht auszusteigen. Solange das Reifengummi zwischen mir und diesen tausend Volt war, überlegte ich mir, konnte mir nicht viel passieren. Außerdem hatte ich im Auto noch einiges zu tun. Dort lagen jede Menge Bierflaschen und Pillen herum, die noch irgendwo versteckt werden mussten, bevor die Polizei eintraf. Und die ließ nicht lange auf sich warten. Ich war mitten in Nashville, nur ein paar Häuserblocks vom Vanderbilt Hospital entfernt.

Meine größte Sorge war, dass June wütend auf mich sein würde, und so erzählte ich der Polizei zwar, wessen Auto ich geschrottet hatte, verschwieg ihnen aber, wo sie die Besitzerin finden konnten, um sie zu informieren. Auch beim Arzt, der mir die Nase richtete, setzte ich meinen Willen durch. Er sagte, es werde wehtun – er verzichtete auf Euphemismen wie »das wird vielleicht ein bisschen unangenehm werden« – und deshalb werde er mir jetzt Morphium geben.

»Nein«, knurrte ich. »Geben Sie mir kein Morphium. Richten Sie einfach nur meine Nase!«

»Ohne Morphium werden Sie es nicht aushalten«, wandte er ein.

Ich wollte nichts davon hören. Ich würde ihm schon zeigen, wie viel ich aushalten konnte.

»Ach wirklich? Legen Sie los. Das will ich erleben.«

Er machte sich an die Arbeit. Ich konnte die kleinen Knochen da drin krachen hören und es war wirklich eine Qual. Ein guter Männlichkeitstest, dachte ich. Ich habe es tatsächlich ausgehalten.

June bekam natürlich ziemlich schnell Wind von der Sache mit ihrem Auto und fand mich, obwohl ich meinen Freund David Ferguson dazu hatte überreden können, mich bei sich zu Hause zu verstecken. Ich lag mit einem Gesichtsverband in einem dunklen Zimmer. Sie versuchte erst gar nicht, mich zu besuchen, weil sie wusste, dass ich sie nicht sehen wollte. Sie wartete, bis ich irgendwann wieder von alleine auftauchte, und auch dann machte sie mir kein Theater.

»Du weißt, dass du mein Auto zu Schrott gefahren hast?«, war alles, was sie fragte. »Ich schätze, ich bekomme jetzt einen neuen Cadillac.« Und sie bekam einen. Die Versicherung zahlte ihn, nicht ich.

Ich hatte ein schlechtes Gewissen wegen der ganzen Sache, zumal der Polizeibeamte, der sich mit dem Unfall befasste, Rip Nix, der damalige Ehemann von June war. Mir gegenüber erwähnte er nichts davon, aber June deutete an, dass der Vorfall bei ihr zu Hause nicht so gut angekommen war.

June sagte immer, sie kenne mich – meinen wahren Kern, tief in meinem Innern, hinter all den Drogen, dem Betrug, der Hoffnungslosigkeit, der Wut und dem Egoismus – und sie wisse um meine Einsamkeit. Sie sagte, sie könne mir helfen. Sie sagte, wir seien Seelenverwandte, sie und ich, und sie werde mit aller Kraft für mich kämpfen, auf jede erdenkliche Weise. Sie tat das, indem sie meine Kameradin, meine Freundin und meine Geliebte wurde und indem sie für mich betete (June betet mit einer Inbrunst, wie ich es noch nie erlebt habe), doch auch, indem sie meiner Drogensucht den totalen Krieg erklärte. Wenn sie Pillen von mir fand, spülte sie sie das Klo hinunter. Und sie fand sie. Sie spürte sie schonungslos auf. Wenn mir das nicht gefiel und ich ihr das auch sagte, hatte ich sofort einen Streit am Hals. Wenn ich mal durchbrannte, brachte sie Marshall, Fluke oder irgendeinen anderen aus der Crew dazu, in den frühen Morgenstunden nach mir zu suchen und mich heim ins Bett zu schicken. Wenn ich mal wieder tagelang nicht geschlafen hatte, bis ich schließlich das Bedürfnis hatte, eine Handvoll Schlaftabletten zu nehmen und mich endlich hinzuhauen – mein Instinkt sagte mir immer, wann es so weit war, irgendwo an der Grenze zwischen »beinahe« und »tödlich« –, dann wachte ich anschließend aus einem todesähnlichen Schlaf auf, um festzustellen, dass meine ganzen Drogen, alle meine Drogen, weg waren, egal wie genial ich sie versteckt hatte.

Sie gab sich nur ein einziges Mal geschlagen, Mitte der Sechzigerjahre im Hotel Four Seasons in Toronto. Zu dem Zeitpunkt war ich schon total fertig – ich hasse den Ausdruck »kaputt« – und es ist mir heute unerklärlich, dass ich mich damals überhaupt noch auf den Beinen halten konnte, dass mein Verstand überhaupt noch funktionierte. Ich war nur noch Haut und Knochen. Mein Blut bestand nur noch aus Amphetaminen. In meinem Herzen war nichts als Einsamkeit. Ich war unendlich weit von meinem Gott entfernt.

Was sie letztendlich so weit gebracht hatte, mich zu verlassen, weiß ich nicht. Ich hatte drei oder vier Tage nicht geschlafen und ich hatte ihr das Leben sehr schwer gemacht, aber das war nichts Ungewöhnliches. Ich glaube, es war ihr schlicht und einfach zu viel geworden. Sie hatte sich vorgenommen, mich zu retten, und dachte, sie hätte versagt. Unsere Zimmer lagen nebeneinander. Sie kam zu mir herein und sagte: »Ich gehe. Ich ertrage es nicht mehr. Ich werde Saul sagen, dass ich nicht mehr mit dir zusammenarbeiten kann. Es ist vorbei.«

Ich wusste sofort, dass sie es ernst meinte. Ich wollte wirklich nicht, dass sie geht. Deshalb ging ich sofort in ihr Zimmer rüber, schnappte mir ihren Koffer und ihre Kleider – alles, auch ihre Schuhe (sie war barfuß) – und nahm alles mit in mein Zimmer. Dann schob ich sie hinaus und schloss die Tür ab. *Das müsste reichen,* dachte ich. Sie hatte nichts als ein Handtuch am Leib.

Ich hörte sie eine ganze Weile in ihrem Zimmer weinen, aber schließlich kam sie an meine Tür und klopfte. Sie versprach mir, nicht zu gehen, wenn ich ihr die Kleider zurückgab. Ich glaubte ihr, also tat ich es. Und bei all den Prüfungen, die noch auf uns warteten, bevor und nachdem sie meine Frau wurde, versuchte sie nie wieder, mich zu verlassen.

1 DIE NICKAJACK-HÖHLE

Ich machte immer weiter. Ich schluckte inzwischen immer gleich eine Handvoll Amphetamine, im wahrsten Sinn des Wortes, und dazu eine Handvoll Barbiturate, nicht zum Schlafen, sondern nur gegen das Zittern, das mit den Amphetaminen einherging. Ich sagte Auftritte und Studiotermine ab und wenn ich es doch schaffte zu erscheinen, konnte ich nicht singen, weil meine Kehle von den Pillen völlig ausgetrocknet war. Ich war auf 70 Kilogramm abgemagert, und das bei einer Größe von 1,87 Metern. Immer wieder saß ich in Arrestzellen, lag in Krankenhäusern oder baute Unfälle. Ich sah aus wie ein wandelnder Toter und so fühlte ich mich auch. Ich war die jämmerlichste Gestalt auf Erden.

Anfang Oktober 1967 hatte ich genug. Ich hatte seit Tagen nicht mehr geschlafen und nichts mehr gegessen und von mir war so gut wie nichts mehr übrig. J. R. war nur noch eine blasse Erinnerung. Was auch immer aus mir geworden war, mit einem Menschen hatte es nicht mehr viel zu tun. Ich wollte nicht mehr weiterleben. Ich hatte mein Leben zerstört. Ich hatte mich so weit von Gott und allem anderen entfernt, was meinem Leben Halt gab, dass ich keine Hoffnung mehr für mich sah.

Ich wusste, was zu tun war. Ich würde zu der Nickajack-Höhle am Fluss Tennessee nördlich von Chattanooga gehen, damit Gott mich von dieser Erde nahm und an irgendeinen Ort brachte, den er für Leute wie mich vorgesehen hat.

In die Nickajack-Höhle kommt man heute nicht mehr rein. Ein Pionierkorps der Armee hat den Fluss inzwischen zu einem See aufgestaut, der nun den Eingang verschließt, den wir früher immer benutzt haben. Es war ein besonderer Ort. Die Öffnung war 45 Meter breit und 15 Meter hoch. Dahinter verbarg sich ein ganzes System von Höhlen –

einige so groß wie zwei oder gar drei Fußballstadien –, das sich unter den Bergen bis runter nach Alabama erstreckte. Ich war früher schon mit Freunden dort gewesen, einmal mit Bob Johnston, ein anderes Mal mit Hank Williams Jr. Wir hatten die Höhlen erforscht und nach Fundstücken aus dem Bürgerkrieg oder von den Indianern gesucht. Andrew Jackson und seine Armee hatten dort die Nickajack-Indianer niedergemetzelt, Männer, Frauen und Kinder. Und im Laufe des Bürgerkriegs hatten Soldaten beider Lager mehrmals in den Höhlen Zuflucht gesucht. Die Indianer hinterließen ihre Gebeine in Grabhügeln. Die Soldaten hinterließen ihre Namen, ihre Truppenzugehörigkeit und manchmal auch eine Nachricht: *John Fox, C. S. A.; Reuben Matthews, Union; Jeff Davis, Burn in Hell*, eingeritzt im Kalkstein der in der Nähe des Eingangs gelegenen Höhlenräume. Zu ihren sterblichen Überresten gesellten sich die Knochen der vielen Höhlenforscher und Abenteurer, die im Laufe der Jahre in diesen Höhlen ihr Leben verloren hatten, meistens weil sie sich verirrt hatten. Und ich hatte die Hoffnung und die Absicht, es ihnen gleichzutun. Wenn ich nur weit genug hineinkroch, dachte ich mir, fände ich nie wieder den Weg nach draußen und keiner würde mich dort entdecken, bevor ich tot war, wenn sie mich überhaupt jemals fänden. Bald sollte der Staudamm gebaut werden.

Ich parkte meinen Jeep und begann hineinzukriechen. Ich kroch und kroch, bis nach zwei oder drei Stunden die Batterien meiner Taschenlampe leer waren und ich mich hinlegte, um in völliger Dunkelheit zu sterben. Diese absolute Dunkelheit passte genau, denn in diesem Moment war ich so weit von Gott entfernt wie noch nie. Meine Trennung von Gott, die tiefste und verheerendste Einsamkeit, die ich in all den Jahren empfunden hatte, schien jetzt vollkommen.

Sie war es nicht. Ich dachte, ich hätte mich von Gott getrennt, aber Gott hatte mich nicht verlassen. Ich spürte, wie mich plötzlich etwas ungeheuer Kraftvolles durchdrang, ein Gefühl vollkommenen Friedens, vollkommener Klarheit und Nüchternheit. Ich konnte es zuerst gar nicht glauben. Ich konnte es einfach nicht begreifen. Wie war es möglich, dass ich mich, nachdem ich so lange nicht geschlafen, meinem Körper so viel zugemutet und so viele Pillen geschluckt hatte – Dutzende, ja Hunderte –, so gut fühlen konnte? Aber das Gefühl dauerte an und meine Gedanken wandten sich Gott zu. Er sprach nicht zu mir – das hat er nie getan und ich wäre sehr überrascht, wenn er es jemals täte –, doch ich glaube, dass er mir schon manches tiefe Gefühl und vielleicht sogar den einen oder anderen Gedanken eingegeben hat. Dort in der Nickajack-Höhle wurde ich mir plötzlich einer sehr klaren, einfachen Sache bewusst: Die Entscheidung über mein Schicksal lag nicht in meiner Hand. Ich konnte über meinen Tod nicht selbst bestimmen. Ich würde sterben, wann Gott es für richtig hielt, nicht wann ich es wollte. Bei meiner Entscheidung, in die Höhle zu gehen, um zu sterben, hatte ich Gott nicht um Rat gefragt, aber das hatte Gott nicht davon abgehalten einzuschreiten.

Ich kämpfte mit mir, glaubte an den äußeren Gegebenheiten scheitern zu müssen. Denn schließlich saß ich hier in völliger Dunkelheit, wusste nicht, welcher Weg mich nach oben oder nach unten, rein oder raus aus diesem unglaublichen Gewirr von Gängen und Kammern führen würde, die so tief unter der Erde lagen, dass kein Geruch, kein Licht und kein anderer Reiz aus der Außenwelt zu mir dringen konnte. Wie konnte ich dem Tod entrinnen, den ich mir selbst gewünscht hatte?

Es kam keine Antwort, aber ich verspürte auf einmal den Drang, mich zu bewegen. Und genau das tat ich dann auch. Ich begann zu kriechen, kroch in die Richtung, die sich gerade anbot, tastete mit den Händen voraus, um nicht in irgendeinen Abgrund zu stürzen, bewegte mich ganz langsam und ruhig wie ein Krebs. Ich weiß nicht, wie viel Zeit inzwischen vergangen war, aber auf einmal spürte ich einen Windhauch auf dem Rücken und wusste, wo auch immer diese Brise herkam, sie führte nach draußen. Ich folgte ihr, bis ich einen kleinen Lichtschimmer sah und schließlich den Eingang der Höhle erblickte.

Als ich nach draußen ging, stand June dort, mit einem Korb voller Essen und Getränke, und meine Mutter. Ich war völlig verwirrt. Ich dachte, sie wäre in Kalifornien. Und sie war auch wirklich dort gewesen. »Ich spürte, dass irgendetwas nicht in Ordnung war«, sagte sie. »Ich musste einfach herkommen und nach dir suchen.«

Als wir nach Nashville zurückfuhren, erzählte ich meiner Mutter, dass Gott mich davor bewahrt hatte, Selbstmord zu begehen. Ich erzählte ihr, dass ich jetzt bereit sei, mein Leben Gott anzuvertrauen, und dass ich alles dafür tun würde, von den Drogen loszukommen. Ich meinte es ehrlich.

Während der nächsten Tage machte ich einen Entzug und erholte mich dann zusehends. Ich zog mich in das Haus zurück, das ich gerade am Old Hickory Lake gekauft hatte. Zuerst hielt ich mich nur in einem einzigen Raum auf, in einem der großen, runden Zimmer mit Blick über den See. June, ihre Mutter und ihr Vater schufen eine Atmosphäre des Vertrauens, indem sie mich umsorgten und mich vor der Außenwelt abschirmten, vor allem vor Leuten, die mit mir zusammen Drogen genommen hatten, darunter auch gute Freunde. June setzte sich meinetwegen mit Dr. Nat Winston in Verbindung, dem staatlichen Leiter der Psychiatrie in Tennessee. Nat kam jeden Tag ins Haus, nahm sich meiner an und leistete mir unverzichtbaren, wichtigen Beistand.

Am Anfang war es sehr schwer für mich. Um eine Vorstellung davon zu vermitteln, beschrieb ich in *Man in Black* ein Phänomen, das begann, als ich in der dritten Nacht zu Hause um drei Uhr morgens endlich einschlafen konnte, und das dann erst zehn Tage später wieder aufhörte.

Ich hatte jede Nacht denselben Albtraum und er schlug mir langsam auf den Magen – ich glaube, weil dort die Pillen gelandet und explodiert waren und angefangen hatten zu wirken. Ich lag die ganze Zeit im Bett auf dem Rücken oder zusammengerollt auf der Seite. Die Krämpfe kamen und gingen und ich wälzte mich herum, döste vor mich hin und schlief wieder ein.

Dann breitete sich in meinem Magen plötzlich eine Glaskugel aus. Ich hatte die Augen geschlossen, aber ich konnte sie sehen. Sie wuchs zur Größe eines Baseballs, eines Volleyballs und dann eines Basketballs heran. Und wenn ich das Gefühl hatte, dass die Kugel schon etwa doppelt so groß wie ein Basketball war, hob es mich vom Bett.

Ich befand mich in einem seltsamen Zustand, halb im Schlaf und halb wach. Ich konnte die Augen nicht öffnen und ich konnte sie nicht schließen. Es hob mich vom Bett bis an die Decke, und wenn es dann durchs Dach ging, explodierte die Glaskugel und winzige, unendlich kleine Glassplitter drangen von meinem Magen in die Blutbahn ein. Ich spürte, wie die Glassplitter durch mein Herz hindurch in die Adern meiner Arme, Beine, Füße, in meinen Hals und mein Gehirn gepumpt wurden, einige kamen sogar aus den Poren meiner Haut heraus. Dann schwebte ich wieder durchs Dach auf mein Bett herab und wachte auf. Ich legte mich eine Weile auf die Seite, konnte aber nicht schlafen. Danach legte ich mich wieder auf den Rücken, döste ein, war schon fast eingeschlafen – und der Albtraum begann von Neuem.

In der Decke war im Traum nie ein Loch. Ich glitt einfach hindurch, ohne jegliche Öffnung ... Ich wollte schreien, aber ich konnte nicht.

Neben dem Glas, das aus meiner Haut und aus meinen Augenwinkeln kam, stellte sich auch wieder das alte Problem mit den Splittern und Dornen in meinem Fleisch ein, manchmal waren es auch wieder die Würmer.

Schließlich – ganz langsam und mit einigen Rückfällen und Rückschlägen – fand ich wieder zu meiner alten Gesundheit und Stärke zurück und ich stellte meine Verbindung zu Gott wieder her. Am 11. November 1967 war ich wieder in der Lage, mich vor ein Publikum zu stellen. Seit über einem Jahrzehnt trat ich zum ersten Mal wieder nüchtern auf, an der Highschool in Hendersonville, meinem neuen Heimatort. Ich hatte fürchterliche Angst, bevor ich auf die Bühne ging, aber ich war überrascht, ja fast schockiert, zu entdecken, dass die Bühne ohne Drogen gar nicht so schlimm war, wie ich es mir ausgemalt hatte. Ich war an diesem Abend sehr entspannt. Zwischen den einzelnen Nummern scherzte ich sogar mit dem Publikum. Ich war über mich selbst erstaunt.

Was dann geschah, war noch verblüffender. Vivian ließ sich von mir scheiden. June und ich heirateten (am 1. März 1968).

Am Tag unserer Hochzeit, 1968

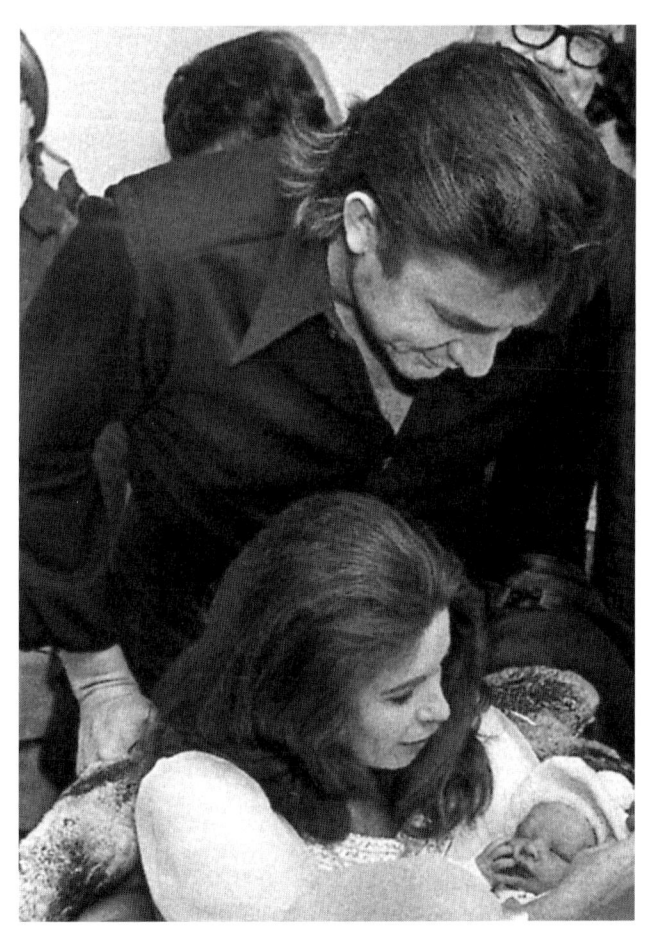

Mit June und dem kleinen John Carter

Ich ging ins Folsom-Gefängnis in Kalifornien und nahm dort mein Album *Live At Folsom Prison* auf, das mir mit *Folsom Prison Blues* zu meinem zweiten riesigen Erfolg verhalf und meiner Karriere enormen Auftrieb gab. Im darauf folgenden Jahr wurde die »Johnny Cash Show« ins Leben gerufen, die mich eine Stunde pro Woche ins ABC-Fernsehen brachte und landesweit von Küste zu Küste ausgestrahlt wurde. Am 3. März 1970 kam John Carter Cash auf die Welt und ich wurde immer glücklicher. Die Abstinenz bekam mir gut.

Gott hatte nicht nur zu mir gesprochen. Er hatte mir durch andere Leute, meine Familie und Freunde, auch seinen Willen offenbart. Die größte Freude meines Lebens war, dass ich mich nicht mehr von Gott getrennt fühlte. Heute ist Gott mein Ratgeber, mein *Rock of Ages*, auf dem ich stehe.

**June, Johnny und Reverend Gressett verlassen
Folsom Prison nach dem Konzert 1968**

WILDE TIERE UND GESPENSTER

Meine Befreiung von der Drogensucht war nicht von Dauer. Es war zwar nie wieder so, dass ich über mehrere Jahre hinweg Amphetamine nahm, aber seit 1967 hat es immer wieder Phasen unterschiedlicher Länge gegeben, in denen ich berauschende Medikamente zu mir genommen habe: Amphetamine, Schlaftabletten und verschreibungspflichtige Schmerzmittel.

Eine dieser Phasen, es war die gefährlichste und längste von allen, begann, als ich 1981 nach einer Augenoperation Schmerzmittel einnahm und sie auch weiterhin nahm, als ich sie längst nicht mehr brauchte. Die Sache eskalierte, nachdem ich beinahe von einem Strauß getötet worden wäre.

In Tennessee wird man eher selten von einem Strauß angegriffen, das stimmt, aber es passierte wirklich, und zwar in dem Park für exotische Tiere, den ich hinter den Büros des House of Cash in der Nähe meines Hauses am Old Hickory Lake eingerichtet hatte. Es geschah während eines besonders strengen Winters, als der Frost unsere Straußenpopulation auf die Hälfte reduziert hatte. Das Weibchen unseres Paares hatte sich nicht einfangen und in den Winterstall bringen lassen, deshalb war sie erfroren. Ich glaube, dass ihr Männchen deswegen anfing zu spinnen. Davor hatte er sich mir gegenüber absolut friedlich verhalten, genau wie alle anderen Vögel und Tiere, wenn ich durch das Gehege ging.

An diesem Tag war er jedoch nicht erfreut, mich zu sehen. Ich ging durch den Wald auf dem Gelände, als er plötzlich vor mir auf den Weg sprang. Er duckte sich mit ausgebreiteten Flügeln und zischte gefährlich.

Bei dieser Begegnung passierte nichts. Ich blieb einfach nur stehen, bis er seine Flügel wieder anlegte, aufhörte zu zischen und verschwand. Dann ging ich weiter und dachte nach. Wenn ich nachher wieder an dieser Stelle vorbeikäme, würde er schon auf mich warten und sich mir gegenüber genauso verhalten wie eben. Das konnte ich nicht zulassen. Ich war der Boss. Es war mein Land.

Dem Strauß war das egal. Als ich zurückkam, hatte ich einen kräftigen, fast zwei Meter langen Stock in der Hand und war bereit, ihn auch zu benutzen. Und tatsächlich, da stand er wieder vor mir auf dem Weg und zog seine Schau ab. Als er auf mich zukam, ging ich in die Offensive, holte aus und schlug nach ihm.

Ich schlug vorbei. Er war nicht mehr da. Er war in der Luft und den Bruchteil einer Sekunde später war er wieder auf dem Weg nach unten, wobei er seinen großen Zeh, größer als mein Schuh Größe 48, meinem Bauch entgegenstreckte. Er traf mich – es war klar, dass er treffen würde – und ich muss sagen, ich bin noch gut dabei weggekommen. Er hatte mir nur meine beiden untersten Rippen gebrochen und mir bis runter zum Gürtel den Bauch aufgeschlitzt. Wenn es kein guter, starker Gürtel mit einer stabilen Schnalle gewesen wäre, hätte er mir die Eingeweide aus dem Leib gerissen, genau wie er es vorhatte. So aber fiel ich nach hinten und brach mir drei weitere Rippen, als ich auf einen Stein fiel, aber ich war immerhin so geistesgegenwärtig, weiterhin den Stock zu schwingen, sodass er mich nicht ganz erledigen konnte. Ich traf ihn voll auf eins seiner Beine und er rannte davon.

Man reinigte meine Wunden, flickte mich zusammen und schickte mich nach Hause. Aber ich war alles andere als wiederhergestellt. Diese fünf gebrochenen Rippen taten verdammt weh. Und genau dafür gibt es Schmerzmittel, deshalb war es meiner Meinung nach absolut gerechtfertigt, dass ich größere Mengen davon nahm. Diese Rechtfertigung wurde allerdings immer fadenscheiniger. Nachdem die Schmerzen völlig abgeklungen waren, wusste ich, dass ich sie nur noch nahm, weil sie mich in so einen angenehmen Zustand versetzten. Ich hatte zwar ein schlechtes Gewissen, aber es war wiederum nicht so schlecht, dass es mich davon abgehalten hätte, erneut den Weg in die Abhängigkeit zu beschreiten. Bald ging ich wieder von Arzt zu Arzt, um mir die nötige Menge Pillen zu verschaffen. Als sie anfingen, mein Verdauungssystem durcheinander zu bringen, begann ich Wein zu trinken, um meinen Magen zu beruhigen, was auch ganz gut funktionierte. Der Wein milderte auch die eher unangenehme heftige Wirkung der Amphetamine ab, die ich inzwischen auch noch einwarf – na ja, weil ich eben immer noch auf der Suche nach dieser Euphorie war.

Ich war also wieder voll im Rennen, aufgekratzt, eingelullt, beschleunigt, abgebremst, total abhängig, ich amüsierte mich prächtig und durchlebte die Hölle. Es dauerte nicht lange, bis mir klar wurde, dass ich in Schwierigkeiten war – zum Beispiel hatte ich blutende Magengeschwüre –, aber ich machte trotzdem weiter. Insgeheim freundete ich mich langsam mit der Vorstellung an, das Ganze konsequent zu Ende zu bringen, nur noch Drogen zu nehmen und zu trinken, um schließlich ganz aus der Welt zu scheiden. Das war ein seltsam tröstlicher Gedanke.

Mit mir ging es bergab. Auf der Englandtournee 1983 gewöhnte ich mir an, mich am frühen Morgen in John Carters Zimmer schlafen zu legen, um June aus dem Weg zu gehen, die immer im Morgengrauen aufstand. John Carter war zwölf. Eines Morgens schaute er unters Bett und sagte: »Daddy, wo kommen all diese Weinflaschen her?«

Ich musste ihm gestehen, dass ich sie aus der Minibar geholt und im Laufe der Nacht getrunken hatte.

»Ich wusste gar nicht, dass du so viel trinkst«, sagte er. Ich sagte ihm, dass ich große Schmerzen gehabt hätte und deshalb so viel habe trinken müssen.

Meine Begegnung mit der Spinne hatte ich in England. In Nottingham, um genau zu sein, in den Midlands, einer Region, die bisher eigentlich nicht als Lebensraum angriffslustiger Spinnentiere bekannt gewesen ist. Aber wo ein Wille ist, ist auch ein Weg.

Nottingham war die letzte Station unserer Tournee und wir stiegen in einem Hotel mit wundervoller alter Holztäfelung ab. Ich war mit June zusammen im Zimmer, als ich mir plötzlich einbildete, in der Wand wäre ein Klappbett eingelassen.

»Pass auf, June, ich ziehe dieses Bett runter und du kannst es beziehen und darauf schlafen.«

»John, das ist kein Bett«, sagte sie. »Da ist nirgends ein Klappbett.« Da war ich aber völlig anderer Meinung – ich war davon überzeugt, dass da eines war –, also riss ich weiter an der Wand herum, bis die Täfelung anfing zu splittern und alter Dreck und Holzsplitter in meine Hand eindrangen. Bis ich kapierte, dass das Klappbett nur Einbildung war, war meine Hand nur noch ein blutender Klumpen.

Die Spinne bildete ich mir auch nur ein – ich sah sie mitten in der Nacht, als sie mir in die Hand biss und immense Schmerzen auslöste. Am nächsten Morgen erzählte ich June davon. Meine Hand war mittlerweile auf die doppelte Größe angeschwollen. Sie glaubte mir zunächst, genau wie ich mir selbst glaubte. Ich weiß nicht, was andere Leute gedacht haben, als wir die Story später an die Öffentlichkeit brachten: *Cash von englischer Giftspinne gebissen!* Vielleicht zogen sie sogar die Möglichkeit in Betracht, dass in Nottingham ein Wunder geschehen war oder dass die Spinne in meinem Gepäck (oder in dem eines anderen) eingeführt worden war, aus einem Teil der Welt, wo es solche Spinnen eher gab, wie Mosambik oder Mombasa, Belize oder Brasilien, oder dass es in der Nähe einen Zoo für exotische Spinnen, Reptilien und Würmer gab. Vielleicht dachten sie auch, ich sei wieder auf Drogen.

Als ich nach Hause kam, war meine Hand ein riesengroßer infizierter Ball. Ich musste also ins Baptist Hospital und sie operieren lassen. Da ich wusste, dass ich eine Weile lang drinbleiben würde, kam ich gut vorbereitet dort an. Ich versteckte eine Überlebensration Percodan, Amphetaminen und Valium – eine 50er-Schachtel Valium, die ich in der Schweiz gekauft hatte – in einem Tabaksbeutel, den ich an der Rückseite des Fernsehers in meinem Zimmer befestigte.

Meine Hand wurde operiert, aber dabei entdeckte man etwas noch Schlimmeres in meinem Bauch: die ganzen inneren Blutungen. Also ging es wieder zurück in den Operationssaal. Dieses Mal wurden mein

Zwölffingerdarm, Teile meines Magens und der Milz sowie über ein Meter Dünndarm herausgenommen. Das stellte mich vor ein ziemlich ernstes Problem, was die Befriedigung meiner Sucht anging. Aber ich fand eine Lösung. Ich nahm einfach die ganze Schachtel Valium mit auf die Intensivstation. Ich fand auch ein hervorragendes Versteck dafür: unter dem Verband meiner frisch vernähten Operationsnarbe am Bauch. Es gelang mir, den Verband hochzuziehen und sie drunterzuschieben, absolut sicher. Ich hielt mich für ganz schön clever.

Einige Tage später bekamen sie mich nicht wach. Sie schafften es zwar, dass ich einen kurzen Moment lang zu mir kam, aber ich entglitt ihnen gleich wieder, sie konnten machen, was sie wollten. Das ging eine ganze Weile so – ich weiß nicht, wie lange –, bis ich in einem Moment lebensrettenden Scharfsinns das Problem erkannte und es schaffte, trotz meines Genuschels und Gemurmels dem Doktor mitzuteilen, er solle sich meinen Verband anschauen. Zuerst verstand er nicht, was ich meinte – er sehe gut aus, sagte er, man brauche ihn nicht abzunehmen –, aber ich bestand darauf. Als er das, was von der Valiumschachtel noch übrig war, ablöste, entdeckte er, dass sich schon etwa die Hälfte der Pillen direkt in meiner Wunde aufgelöst hatte.

Ich weiß nicht, ob es am Valium lag, aber es war eine scheußliche Wunde. Es dauerte Monate, bis sie ganz verheilt war.

Wie sich herausstellte, war das mit dem Valium vollkommen überflüssig gewesen, denn meine nachoperativen Schmerzen wurden mit so hohen Morphiumdosen behandelt, dass ich sowieso schon total high war und mich in intensiven und heftigen Halluzinationen verlor. Ich zertrümmerte die halbe Intensivstation, stieß Infusionsständer um und demolierte alles, was mir zwischen die Finger kam, weil ich unbedingt jemanden auf diese Kommandos aufmerksam machen musste: Sie waren in das Krankenhaus eingedrungen und legten nun überall im Raum ihren Sprengstoff aus.

Endlich hatte jemand die Nachricht erhalten und an die Flugzeugbesatzung weitergeleitet. Der Kopilot meldete sich über Bordfunk, um mich zu beruhigen.

»Wir werden diesen Flügel des Krankenhauses von hier rausfliegen«, sagte er. »Wir bringen sie fort von diesen Leuten, die sie belästigen.«

»Gut«, sagte ich. »Lasst uns starten.«

Gesagt, getan. Ich schaute aus dem Fenster, und tatsächlich, unser Flügel des Krankenhauses hatte sich losgelöst und rollte auf die Startbahn zu. Wie waren schnell in der Luft und drehten eine Schleife über Nashville. Ich konnte den Cumberland River sehen und dann die grüne Landschaft Tennessees.

Der Pilot meldete sich über die Bordanlage. »Es sieht so aus, als ob jetzt alles in Ordnung wäre.«

Da war ich anderer Meinung. Was ich – es war eine Halluzination erster Klasse – auch zur Flugbegleiterin sagte: »Hier oben ist immer noch Sprengstoff. Die können uns immer noch in die Luft jagen.«

»Nein«, sagte sie, »Sie irren sich. Es gibt keinen Sprengstoff an Bord.«

Die Frau ist verrückt, wurde mir klar, oder schwer von Begriff oder blind oder sie gehörte auch zu der Verschwörung gegen mich: die Sprengladungen lagen überall herum, man konnte sie ganz klar erkennen.

»Schauen Sie doch hin, Sie können sie sehen!«, drängte ich sie. »Die jagen uns in die Luft, noch während wir hier oben sind!«

Irgendwie gelang es mir, mit dem Piloten zu sprechen, und der tat genau das Richtige, er drehte sofort um und begann unverzüglich mit dem Landeanflug. Die Krankenhausgebäude schwenkten ins Blickfeld, schoben sich uns entgegen, als wir zu einer fehlerfreien Landung ansetzten und langsam wieder unsere frühere Position einnahmen.

Alles lief perfekt, aber es half nichts. Die Kommandos waren sofort wieder da, bewegten sich grimmig durch die Intensivstation und legten wieder überall ihren Sprengstoff aus. »Wir kriegen dich, Cash«, sagte einer.

Das war schon schlimm genug, aber plötzlich war ich nicht mehr auf der Intensivstation, sondern in einem Zimmer und in der Tür stand ein Angehöriger des Kommandos und hielt eine Waffe an John Carters Kopf (das war nach dem Raubüberfall).

»Wir werden dich und deine ganze Familie töten!«, bellte er. Ich musste mit Schrecken erkennen, dass es da kein Wenn und Aber gab. Sie würden es einfach tun.

Ich fing an zu schreien ...

Wenn ich so intensive Halluzinationen hatte, verpassten mir die Ärzte noch höhere Dosen Morphium. Sie wussten nicht, mit wem sie es zu tun hatten oder mit was: mehr Stoff machte mich nur noch verrückter.

Die Leute, die mir am nächsten standen, hatten endgültig genug. Ohne mein Wissen trafen sie sich mit einem wunderbaren Arzt der Betty-Ford-Klinik, einem großartigen Mann, der anonym bleiben möchte, und sie planten eine »Intervention«, um es im Fachjargon auszudrücken.

Ich wusste, dass der Arzt zu mir kommen würde. Zu dem Zeitpunkt war ich schon wieder ganz munter, so ungefähr zwanzig Tage nach der Operation, ich verstand June also sehr gut, als sie mir sagte, dass der Arzt zusammen mit Gene Autrey hier in der Stadt war. Gene war in der Stadt, um einen Baseballspieler zu kaufen, und während er auf dem schnellsten Wege wieder nach Kalifornien musste, würde mir der Arzt am nächsten Tag einen Besuch abstatten.

Er kam zusammen mit June, Rosanne, meiner Mutter, John Carter, Cindy, Tara, Rosie, der Hälfte der Leute, die für mich arbeiteten, und allen Mitgliedern meiner Band – alles in allem etwa fünfundzwanzig Personen. Jeder Einzelne hatte etwas aufgeschrieben, um mir einmal zu sagen, wie ich mich ihm oder ihr gegenüber verhalten hatte. So lag ich da, buchstäblich zur Audienz gezwungen (es sei denn, ich hätte eine Reihe von Infusionsschläuchen herausgerissen und es riskiert, meine Eingeweide auf dem Boden zu verteilen), und hörte ihnen zu. Ich hörte von Verrat und gebrochenen Versprechen, Lügen und Versäumnissen, von benutzter, missbrauchter, aufgegebener und zurückgewiesener Liebe, von zerstörtem Vertrauen, von Sorge, die sich in Schmerz und Angst verwandelt hatte.

Jeder las etwas vor und jeder einzelne Brief berührte mich. Aber wieder war es John Carter, der mich am tiefsten traf. In seinem Brief ging es um einen Abend auf der Farm, als ich hingefallen, gestolpert und in der Gegend herumgetorkelt war und überhaupt vor all seinen Freunden einen Narren aus mir gemacht hatte, was ihm und den anderen furchtbar peinlich war. Ich musste ihn festhalten und umarmen, während er das vorlas, damit er nicht in Tränen ausbrach; er hatte das nicht schreiben wollen und noch viel weniger mir vorlesen.

Diese Briefe waren nicht nur dazu gedacht, dass die Verfasser einmal ihren Ärger, ihre Betroffenheit oder ihre Abscheu über mein Verhalten zum Ausdruck bringen konnten. Der eigentliche Sinn lag darin, mir zu zeigen, wie schlimm es um mich stand. Sie wollten damit ihre Liebe und ihre Sorge um mich bekunden und mich darum bitten, etwas Hilfe anzunehmen, um mich selbst zu retten. Oder, wie der Arzt es formulierte, nachdem jeder seinen Beitrag vorgelesen hatte: »Wir alle wollen, dass Sie Hilfe bekommen, Wir wollen, dass Sie ins Betty Ford Center gehen.«

Eine einfache Frage, eine einfache Antwort. »Ich bin dazu bereit«, krächzte ich, kaum fähig, einen Ton zu sprechen. »Ich möchte dorthin. Ich möchte, dass man mir hilft.«

In diesem Moment machte ich niemandem etwas vor, nicht einmal mir selbst. Ich wusste, wie ernst meine Situation war. Ich war kaputt, geschwächt, hatte jeden Tag Halluzinationen von dem Morphium, stand völlig im Abseits – kurz vor dem endgültigen körperlichen Zusammenbruch, vor Wahnsinn, seelischem Bankrott und finanziellem Ruin. Ich wusste, dass ich dem Tod so nahe war, dass ich, wenn ich es wirklich wollte, aufgeben und hinübergleiten konnte. Ganz unten an der Schwelle zum Tod angekommen hatte ich aber plötzlich festgestellt, dass ich nicht wirklich sterben wollte, ich wollte nur, dass die Schmerzen und der Ärger und das Leid endlich aufhörten, und ich war so müde, dass mir der Tod als die einzige Lösung erschien. Ich wollte mich auch nicht mehr selbst hassen müssen. Mein Selbsthass war nicht von der harmlosen und vordergründig zur Schau getragenen Sorte, es war ein gewaltiger täglicher Ausbruch von Ekel und Scham, und das musste aufhören, egal wie. Ich konnte es nicht länger ertragen. Deshalb war mir diese Intervention sehr willkommen. Als meine Freunde und meine Familie ihr Anliegen vortrugen, sagte ich mir: *Das ist es. Das ist meine Rettung. Gott hat mir diese Leute geschickt, um mir einen Ausweg zu zeigen. Ich bekomme eine Chance zu leben.*

Ich bin heute noch davon überzeugt, dass die Intervention das Werk Gottes war, dass er mir damit sagen wollte, dass noch ein langer Weg vor mir lag und es noch viel für mich zu tun gab. Die unglaubliche Unterstützung, die ich erhielt, die Zeichen, die all diese Menschen setzten, gaben mir den Glauben an mich selbst zurück. Aber zunächst musste ich demütig vor Gott treten.

Ich ging in das Betty Ford Center. Der Arzt erzählte mir, dass John und Michelle Rollins am nächsten Tag nach Nashville kämen, mit Johns Flugzeug und seinen Piloten, und dass sie mich direkt nach Palm Springs flögen. Als Erstes würde ich ins Eisenhower Medical Center eingewiesen, danach käme ich ins Betty Ford. Der Doktor und June würden mich auf der Reise begleiten.

Ich konnte mir nicht vorstellen, wie das gehen sollte. Ich hatte immer noch eine offene Bauchwunde und der Verband musste stündlich gewechselt werden. Der Arzt sagte aber, dass es schon gehen werde, also glaubte ich ihm. Er sagte sogar, dass ich alles essen könne, was ich wollte – ich hatte seit Wochen nichts Anständiges mehr zu essen bekommen –, und ich nahm ihn beim Wort. Ich aß zwei Tüten Erdnüsse und trank eine Cola, und dass mich das nicht umbrachte, überraschte mich mehr als alles andere, was ich schon überlebt hatte.

Im Eisenhower Medical Center untersuchte man mich und eröffnete mir sofort, dass ich in absehbarer Zukunft nirgendwohin entlassen werden könne, schon gar nicht in den nächsten Tagen, wie sich der Arzt das vorgestellt hatte. Aber er ließ sich nicht unterkriegen.

»Er liegt schon seit drei Wochen im Krankenhaus«, sagte er. »Er muss jetzt unbedingt in ein Therapiezentrum.« Er war der Ansicht, dass ich so schnell wie möglich von dem ganzen Arsenal berauschender Medikamente der modernen Medizin wegkommen musste.

Das meinte auch mein Therapieberater, der ebenfalls anonym bleiben muss. »Ich möchte Cash im Betty Ford haben«, sagte er. »Wir werden uns dort um ihn kümmern. Wir werden uns auch um diese Wunde kümmern.«

Ich war immer noch beunruhigt. Ich fragte, wie sie sich um meine Wunde kümmern wollten. Er sagte nur: »Machen Sie sich deswegen keine Sorgen. Man wird sich darum kümmern.« Ich gab mich damit zufrieden und stellte mir vor, dass ich regelmäßig von netten Krankenschwestern umsorgt werden würde.

Daran hatten mein Arzt und mein Therapieberater nun nicht gerade gedacht. Es stellte sich heraus, dass ich es war, der sich um die Wunde kümmern musste. Ich musste sie abtupfen – ein Wattestäbchen einige Zentimeter tief in meinen Bauch stecken, um sie zu reinigen und zu trocknen – und anschließend einen neuen Verband anlegen. Nach einer Weile gewöhnte ich mich daran und nach und nach begann sich die Wunde zu schließen. Während der nächsten vier oder fünf Wochen ging sie von zehn auf acht Zentimeter zurück, dann auf fünf und schließlich war sie nur noch ein kleines rundes Loch, das aussah, als ob es nie heilen würde, aber es verheilte dann doch.

Ich war schon drei Wochen im Betty Ford Center, bevor ich wieder richtig zum Leben erwachte, aber als es dann so weit war, fühlte ich mich wunderbar. Ich war buchstäblich wie neu geboren. Ich hatte mich nie so lebendig gefühlt. Es war ein toller Ort. Das Essen war gut, die Leute waren nett, die Vorträge waren hervorragend. Betty Ford persönlich hielt täglich eine Gesprächsrunde ab, an der ich regelmäßig teilnahm, und mein Berater vertiefte das Ganze mit mir. Er war äußerst hartnäckig und sehr erfolgreich. Er gab mir gegenüber nicht einen Zentimeter nach und wusste, wie er mit mir umzugehen hatte. Weder ich noch irgendeine der anderen bekannten Persönlichkeiten hatten auch nur die geringste Chance auszuscheren, besonders nicht während der Phase der »Erziehung« und Selbsterfahrung, im Grunde ein konzentriertes Zwölf-Stufen-Programm, der wichtigste Teil der Behandlung. Außer »absoluter Ehrlichkeit« ließ man mir nichts durchgehen.

Die Leute, die das Programm durchführten, verstanden etwas von ihrem Geschäft und von der Krankheit, die sie behandelten. Viele von ihnen kannten sie aus eigener Erfahrung. Der Arzt auf jeden Fall. Seine Krankheit, der Alkoholismus, war bei ihm so weit fortgeschritten gewesen, dass er eines Abends während einer Dinnerparty bei sich zu Hause mit einem Steakmesser auf die Veranda hinausgegangen war, sich das Messer in den Bauch gerammt und sich eine tiefe Wunde von ungefähr 20 Zentimeter Durchmesser zugefügt hatte. Anschließend war er wieder in das Speisezimmer zurückgegangen, während er sich selbst zusammenhielt, und hatte seiner Frau gezeigt, wie schlimm er verletzt war. Er habe das nur getan, um etwas Aufmerksamkeit zu bekommen, sagte er mir, dabei habe er fast die Möglichkeit übersehen, dass er sich auch hätte umbringen können – allerdings nur *fast*. Das konnte ich gut nachvollziehen. Der Arzt hatte einige Dinge erlebt, die auch ich erlebt hatte, ich konnte ihn also nicht schockieren und ihm auch nichts vormachen.

Betty Ford und all die anderen, deren Namen ich nicht nennen kann oder sollte, brachten mich wieder auf den Pfad der Nüchternheit, lehrten mich, die Mechanismen meiner Krankheit zu erkennen, und zeigten mir den Weg, wie ich sie überwinden konnte, und dafür werde ich ihnen immer dankbar sein. Ich *bin* dankbar. Jetzt weiß ich, wo ich hingehen kann, um Hilfe zu bekommen.

Ich habe diese Hilfe seit dem ersten Erwachen inzwischen schon einige Male in Anspruch genommen, im Betty Ford Center und in anderen Therapieeinrichtungen, denn ich habe immer noch das gleiche Problem. Es ist ein unaufhörlicher Kampf. Eins weiß ich jedoch: Wenn ich mich jeden Morgen Gott anvertraue und ihm und mir gegenüber ehrlich bin, dann komme ich wunderbar durch den Tag.

⌒BON
AQUA

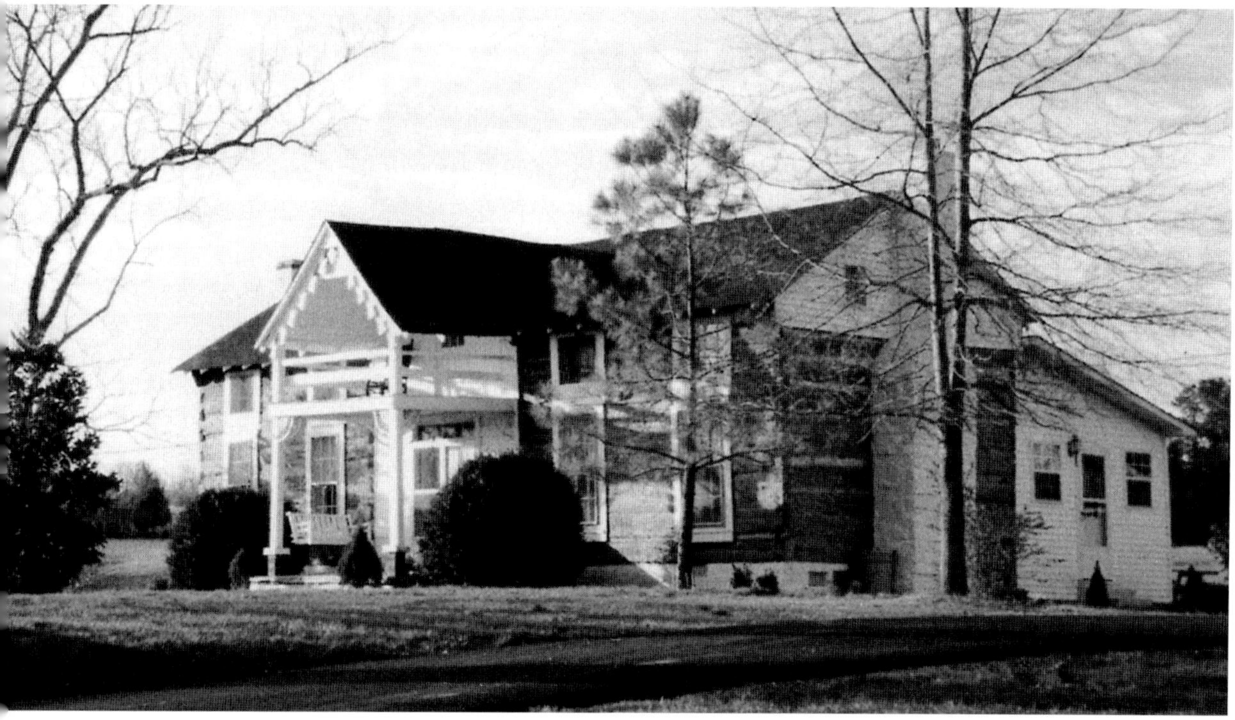

↵ DIE FARM

Ich werkle im Haus herum, wie es so schön heißt. Ich war gerade wieder auf einer Tournee – Prag, Dresden, Düsseldorf, Oslo, Bergen, Bourges, Paris, München, Graz, Wien, London, Berlin, Hamburg – und bin jetzt wieder zu Hause. Wie meistens, wenn ich von einer Tournee zurückkomme, habe ich meinen kleinen Koffer gepackt und bin raus auf die Farm, um etwas alleine zu sein. Peggy Knight, unsere Haushälterin, hat mich hinausgefahren und das Farmhaus für meinen Aufenthalt vorbereitet, aber jetzt ist sie wieder in Hendersonville im Haus am Old Hickory Lake und ich bin nach dreißig Tagen zum ersten Mal wieder ganz für mich allein.

Hier kann ich hervorragend herumwerkeln. Ich kann mir mein eigenes Essen kochen, meine Bücher lesen, mich um meinen Garten kümmern, über mein Grundstück schlendern. Hier kann ich mich besinnen, schreiben, komponieren, studieren, ausruhen und in Ruhe nachdenken.

Ich kann Selbstgespräche führen. Ich kann sagen: »Okay, wo willst du dieses Buch mit den Hymnen aus dem achtzehnten Jahrhundert hinstellen, das du bei Foyle's in London entdeckt hast? Kommt es zu den Gedichtbänden oder zu den antiken Büchern, die ich mir doch nie anschaue?«

»Zu den Gedichten, glaube ich. Dann hole ich es vielleicht mal raus und lese es.«

»Bist du sicher? Denk dran, was du dafür bezahlt hast. Du solltest es vielleicht nicht allzu oft in die Hand nehmen.«

»Also gut, ich stelle es zu den Antiquitäten.«

»Gut. Das wäre geklärt. Hast du Hunger?«

»Na ja, ich könnte schon etwas vertragen.«

»Peggy hat dir doch den Apfelkuchen dagelassen, den sie gebacken hat. Das wäre jetzt eigentlich genau das Richtige, oder?«

»Oh ja, das wär's. Moment mal! Was hatte ich zum Frühstück? Eier, Landschinken, Bratkartoffeln, frische Brötchen mit Butter und Marmelade? Wie viele Kalorien hat so ein schönes großes Kuchenstück, achthundert?«

»Ja, so ungefähr. Aber das ist dir doch egal, oder?«

»Du hast recht, es ist mir egal, also … Nein, nein, nein. Das nächste Mal, wenn ich meine Hose für den Auftritt anziehe, ist es mir ganz und gar nicht egal.«

»Also gut. Später vielleicht. Okay?«

»Ja. Gute Idee.«

Und so weiter. Die kreativen Prozesse finden bei mir üblicherweise ohne Dialog statt. Bei meinen Selbstgesprächen geht es eher um profane Angelegenheiten: wenn sich mein Ego mit den alltäglichen Dingen auseinandersetzt.

Ich werkle einfach weiter vor mich hin. Mein Blick bleibt an den Bücherregalen mit den Gedichtbänden hängen. Von den Gedichten mag ich am liebsten das kitschige Zeug: das epische Werk über Kolumbus – ich habe den Titel vergessen –, das wir in der Highschool gelesen haben – »Vor ihm keine Spur von Land/Vor ihm nur uferloses Meer« –, und im letzten Vers, nachdem er gesegelt und gesegelt ist, sieht er plötzlich »ein Licht, ein Licht, eine Lampe!« und da hat er Amerika entdeckt. Das hat mich total begeistert. Ich mag auch Emily Dickinson. Manchmal lese ich auch etwas Tiefsinnigeres, Edna St. Vincent Millay oder Milton, solange ich es aushalte, das heißt, bis mein Gehirn ermüdet. Was ich wirklich genieße, ist die Bibel. Ich teste mich gerne selbst und stelle mir eine Aufgabe. Ich suche eine Passage, die ich nicht richtig verstehe, und gehe ihr mithilfe der Konkordanz und der Querverweise auf den Grund, bis ich ihre Bedeutung begreife oder zumindest erfahre, auf welche Interpretation die versiertesten Gelehrten gekommen sind.

Auf der Farm höre ich kaum Musik, es sei denn, ich will Songs schreiben und suche etwas Inspiration. Dann lege ich etwas von den Textern und Komponisten auf, die ich schon seit Jahren bewundere und mir immer wieder anhöre (Rodney Crowell, John Prine, Guy Clark und der verstorbene Steve Goodman sind meine großen vier), oder irgendeine andere wirklich künstlerische Musik aus einem beliebigen Bereich oder etwas, worin ich eine Verbindung zu meiner eigenen Musik entdecken kann: alten Blues, alte Countrymusik, alte Gospels. Vor Kurzem hörte ich mir Rodneys CD *Jewel Of The South* an, eine seiner absolut besten, und die Gesänge der Benediktinermönche.

Ich spielte auch auf meiner tibetischen Klangschale, die eine ganz eigene wunderbare Klangwelt in sich trägt. Sie ist aus sieben verschiedenen Metallen gemacht – Gold, Silber, Kupfer, Bronze und Metalle von den Meteoriten, die unversehrt auf den Gipfeln des Himalajas landen, wo die Atmosphäre, die sie sonst vor dem Aufprall verglühen lässt, dünner ist als irgendwo sonst auf der Welt. Die Schale erzeugt eine erstaunliche Vielzahl stehender sphärischer Klänge. Dazu gehört ein in Gamsleder gewickelter Schlegel, der einem Stößel ähnelt, mit dem man in einem Mörser Korn mahlt oder Salz zerkleinert. Man reibt damit am Außenrand entlang – die Höhe und die Intensität der Töne, die die Schale erzeugt, hängt davon ab, wie schnell und wie stark man dabei reibt –, dann beugt man den Kopf über die Schale und lauscht den Klängen. Man glaubt, eine Orgel in einer Kathedrale zu hören. Es ist ein wunderbares Instrument, um sich an einen anderen, friedlicheren Ort zu führen.

Ich habe hier auf dem Gelände einen kleinen Garten, eine sieben mal elf Meter große Fläche, auf der ich früher Gemüse, Okra, Tomaten und Paprika anpflanzte, die ich aber inzwischen in einen Weingarten umgewandelt habe. So ein kleines Stück Erde kann viele Nahrungsmittel hervorbringen, wenn man es richtig bearbeitet. Ich weiß genau, dass an meinen Weinreben in absehbarer Zeit mehr Trauben hängen werden, als ich selbst verbrauchen kann. Dieses Jahr war es schon etwa ein halber Scheffel. Vor drei Jahren habe ich sie gepflanzt, mit Ablegern von meinem Wein zu Hause in Hendersonville, der wiederum aus Ablegern hervorgegangen ist, die ich 1968 aus dem Weingarten meiner Eltern in Kalifornien mit nach Tennessee genommen hatte, in nasses Zeitungspapier eingewickelt. Es sind schwarze Concord-Trauben, unempfindlich, mit köstlichem Geschmack. Die Ableger schneidet man, wenn die Nächte warm und die Tage heiß werden, in Tennessee etwa Anfang bis Mitte Mai. Man schneidet jeweils fünf Glieder eines zweijährigen Triebs ab und pflanzt sie so ein, dass zwei Glieder im Boden stecken und drei herausragen. Dann versorgt man sie mit genügend Kalium, Phosphat, Pottasche, Dung und Wasser und schaut zu, wie sie wachsen. Nach ein paar schön heißen Tagen saugt die Sonne die Blätter förmlich heraus. Ich kann gar nicht sagen, wie viel Freude mir das bereitet.

Ich habe viele Bücher zu diesem Thema gelesen und inzwischen weiß ich ganz gut, was ich tue. Der Weingarten auf der Farm blüht und gedeiht, genau wie der große Weingarten zu Hause, und beide liefern wirklich köstliche Trauben. Ich liebe es, mich um meinen Wein zu kümmern, und genieße es, wie er sich anschließend um mich kümmert.

Das Farmhaus liegt an einem Berghang und ist ein paar Stunden von Nashville entfernt. Die Farm hat eigentlich nichts Besonderes an sich, nichts wofür sie berühmt wäre, und sie unterscheidet sich kaum von Hunderten von anderen Farmen in diesem Teil Tennessees. Sie kann nur mit der üblichen Schönheit aufwarten, grün und lieblich, nichts Spektakuläres. Die Quelle, nach der das Haus benannt ist, Bon Aqua, entspringt in etwa einer halben Meile Entfernung.

Mein Farmhaus ist ein altes, schlichtes, zweistöckiges Gebäude aus Tulpenbaumholz, das im Jahre 1847 von Captain Joseph Weems, einem ehemaligen Soldaten aus dem mexikanischen Krieg, mit einer breiten Axt erbaut wurde. Im Augenblick sitze ich auf der vorderen Veranda, genau an der Stelle, wo er saß, als 1862 am Tage nach der Kapitulation Nashvilles vor den Yankees zwei Kavalleristen der Union in seinen Hof ritten. Captain Weems hielt eine Kuh auf seiner Weide – dem inzwischen freien Feld, das sich hinter dem Haus bis hoch auf den Berg erstreckt – und die Yankees wollten sie haben. Sie beschlagnahmten Hühner, Schweine, Rinder und alles, was sie finden konnten. Sie gingen dabei nicht gerade höflich vor, wie man sich erzählt – sie spielten sich furchtbar auf –, und es stimmte sie auch nicht freundlicher, dass Captain Weems in seiner vollen Uniform aus dem mexikanischen Krieg vor ihnen saß. Er hatte eine ziemlich militaristische Einstellung.

Er sagte mit scharfer Stimme: »Ihr werdet mir meine Kuh nicht wegnehmen. Ich habe kleine Kinder, die die Milch brauchen.«

»Wir nehmen sie trotzdem mit«, sagte der eine Yankee.

»Sind Sie bewaffnet?«, fragte der andere.

»Na, da müsst ihr mich schon durchsuchen, wenn ihr das herausfinden wollt«, gab der Captain zur Antwort.

Dumme Yankees. »Gut«, sagte der eine, »wenn du eine Waffe hast, werden wir sie dir abnehmen. Ihr dürft eure Waffen sowieso nicht mehr behalten.«

Er ging auf die Veranda zu. Captain Weems zögerte nicht: Er zog einfach seine Pistole und erschoss die beiden berittenen Soldaten auf der Stelle. Sie stürzten zu Boden, ziemlich genau an der Stelle des Hofs, wo gerade mein Range Rover parkt.

Ihre Kameraden fanden nie heraus, was mit ihnen passiert war. Captain Weems und seine Familie verjagten ihre Pferde, verbrannten ihre Sachen und begruben sie in anonymen Gräbern auf dem Familienfriedhof oben am Berg. Sie liegen heute noch dort, wenn auch keiner genau weiß wo. Captain Weems liegt auch dort, seine Grabstelle ist deutlich markiert.

Die Yankees versuchten natürlich, die Wahrheit herauszufinden, kamen Tag für Tag zurück, aber keiner sagte ein Sterbenswörtchen, und schließlich mussten sie aufgeben und unverrichteter Dinge wieder abziehen. Die ganze Angelegenheit blieb lange Zeit ein Familiengeheimnis, heute ist sie in dieser Gegend eine Legende. Ich hörte sie zum ersten Mal, als ich 1972 anfing, regelmäßig hierherzukommen. Ein Achtzigjähriger namens Red Frasier, der damals sozusagen zum Lokalkolorit gehörte, erzählte sie mir. Ich ging gerade von meinem Pick-up zum Lebensmittelladen hinüber, als er mir zurief:

»Hey, Junge!«

Ich war vierzig Jahre alt, aber ich wusste, dass er mich meinte. »Ja, Sir«, sagte ich.

»Hast du da oben im Teich Frösche?«

»Sie meinen Frösche zum Essen?«

»Ja, genau das meine ich.«

»Oh, ja. Ich habe da oben Frösche, die wiegen sicher zwei Pfund pro Stück.«

Noch während ich sprach, merkte ich, dass ich vielleicht doch etwas zu dick aufgetragen hatte, obwohl er nichts dazu sagte. Er grinste nur und ich ging in den Laden.

Er fing mich ab, als ich wieder herauskam. »Hey, Junge!«

»Ja, Sir!«

»Du kannst dich wohl kaum retten vor lauter Fröschen?«

Später lernte ich ihn kennen und erfuhr alle möglichen Dinge von ihm.

Damals, zu Captain Weems Zeiten, bezog die Familie ihr Wasser aus der Bon-Aqua-Quelle. Genauso mache ich es heute auch noch. Sie fließt das ganze Jahr über und ich leite das Wasser zu mir ins Haus. Auch meine beiden Teiche werden von ihr gespeist, sowohl der mit den Fröschen, den es schon gab, bevor ich hierherkam, als auch der andere, den ich angelegt und mit Fischen besetzt habe. Ich sitze gerne am Rand des neuen Teichs, manchmal zum Angeln, aber meistens, um einfach nur meinen Träumen nachzuhängen, und jedes Jahr pflanze ich zwei oder drei neue Bäume um ihn herum: Kiefern, Trauerweiden, Sumpfeichen, weidenblättrige Eichen, Magnolienbäume, Zedern. Stattliche und schöne Bäume.

Ich wühle gerne in der Erde. Ich arbeite gerne im Garten und auf den Feldern. Wenn ich hierherkomme, trage ich eine Mütze oder einen Strohhut, kein Hemd und im Sommer auch keine Schuhe. Ich lebe wie ein Junge vom Lande. Mir gefällt das und ich brauche es.

Es ist schon eine seltsame Geschichte, wie ich zu diesem Haus kam. Oder vielmehr eine traurige. Das Verbrechen eines Mannes, dem ich einmal vertraut hatte, verhalf mir zu diesem Haus.

June und ich waren gerade von einer Tournee zurückgekommen und wir fuhren runter nach Hixon, Tennessee, um einen großen Möbeleinkauf zu tätigen – viele der antiken Stücke, die jetzt tatsächlich hier und in Hendersonville stehen. Es war ein wirklich teurer Einkauf, selbst nach Junes Maßstäben. Als der Mann mir die Summe nannte, rief ich meinen Wirtschaftsprüfer an, den ich mal Pete nennen will (ein netter Mann, für unsere Kinder »Onkel Pete«), und fragte ihn, ob wir genügend Geld auf der Bank hätten, um den Scheck zu decken.

»Ooh, ich glaube, so viel hast du nicht«, sagte er.

»Ooh, ich glaube doch«, erwiderte ich. »Ich habe dir von der Tournee gerade doppelt so viel überwiesen.«

»Ja, aber da sind noch eine Menge Rechnungen zu bezahlen.«

Nun, so viele Rechnungen waren nun auch wieder nicht offen und selbst wenn, hätte er noch gar keine Zeit gehabt, sie zu bezahlen. Als ich ihm das sagte, wurde er nervös und fing an, irgendwelches unverständliches Zeug zu murmeln.

»Also gut, wir reden darüber, wenn ich zurück bin«, sagte ich. »Aber fürs Erste werde ich die Sache hier durchziehen und den Scheck ausstellen.«

Das machte ihn noch nervöser. »Dann – dann mach es halt, aber ich glaube nicht, dass genügend Geld da ist, um ihn zu decken«, stammelte er.

Ich stellte den Scheck aus und als ich wieder ins Büro kam, entdeckte ich, dass die aktuellen Rechnungen, wie zu erwarten, nicht bezahlt waren. Und auch nicht die, die schon längst überfällig waren. Genau gesagt waren schon seit geraumer Zeit überhaupt keine Rechnungen mehr bezahlt worden. Der Mann hatte uns unser Geld gestohlen, hatte es an sich genommen, um davon Grundstücke zu kaufen. Seine Frau hatte sich Schmuck davon gekauft.

Das war eine harte Lektion – für ihn war sie härter als für mich, denn für mich hieß das nur, dass ich mir nie wieder einen Wirtschaftsprüfer suchen durfte, indem ich die Hauptstraße meines Wohnortes entlangfuhr und nach einem Schild »Wirtschaftsprüfer« Ausschau hielt. Auf diese Weise war ich nämlich an Onkel Pete geraten. Und dann musste ich zumindest ab und zu mal überprüfen, wo das Geld eigentlich hinfloss, egal wer es gerade verwaltete. Pete hingegen musste das Geld zurückgeben und mit einer Anzeige rechnen. Wir haben schließlich beschlossen, ihn nicht anzuzeigen – er hatte damals große familiäre Probleme und außerdem war er wirklich ein netter Mann, im ganzen Ort beliebt. Wir versuchten allerdings, die Grundstücke ausfindig zu machen, die er mit unserem Geld gekauft hatte, und ließen sie von ihm auf uns überschreiben. Wir waren gerade dabei, als uns der Gedanke kam, dass wir einmal Nachforschungen über seine Farm anstellen sollten, wo Carlene und Rosie so viele fröhliche Wochenenden beim Spielen mit seinen Kindern verbracht hatten. Und tatsächlich stellte sich heraus: Er hatte sie cash bezahlt, mit unserem »Cash«.

Die anderen Grundstücke haben wir alle wieder verkauft, aber dieses musste ich einfach behalten. Für mich war es damals, 1972, Liebe auf den ersten Blick, genau wie ein paar Jahre später bei Cinnamon Hill: ein Ort, den ich sofort in mein Herz schloss, ein Ort, an dem ich mich zu Hause fühlen konnte.

MUSIKALISCHE HÖHEN UND TIEFEN

Die Siebzigerjahre waren für mich eine Zeit des Wachstums und des Reichtums, nicht nur in Bezug auf Geld und Besitz, sondern auch menschlich, in meiner Beziehung zu Gott und in meiner Arbeit. Meine Ehe mit June blühte und gedieh, John Carter kam auf die Welt, das Studium der Bibel wurde ein wichtiger Teil meines Lebens und führte zu dem bislang ehrgeizigsten Projekt meiner Karriere, dem Film *Gospel Road*. Und dadurch, dass ich an den kommerziellen Erfolg anknüpfen konnte, der 1968 mit meinem Album *Johnny Cash at Folsom Prison* eingesetzt hatte, und ich durch meine wöchentliche Fernsehshow häufiger in der Öffentlichkeit zu sehen war, öffneten sich mir immer neue Türen und ganz neue Möglichkeiten taten sich auf.

Auf der anderen Seite liefen meine Schallplatten in den Siebzigern immer schlechter. Ich hatte das Jahr 1969 mit neun Alben in den *Billboard*-Charts beendet und 1970 mit dem Song *Flesh and Blood* begonnen, der in den Country-Single-Charts schließlich auf Platz eins landete. Am Ende des Jahres 1979 und des ganzen Jahrzehnts hatte ich nur noch eine weitere Nummer eins im Countrybereich zu verzeichnen, *One Piece at a Time* (1976). In den Sechzigern hatten sich meine Singles insgesamt dreißig Wochen in den *Billboard*-Pop-Charts gehalten, in den Siebzigern waren es nur noch elf, acht davon gleich zu Beginn des Jahrzehnts im Jahr 1970. Und dieser Trend setzte sich fort. In den Achtzigern tauchte ich, wie ich schon sagte, in den Charts gar nicht mehr auf. Keine einzige Woche in den Pop-Charts, keine einzige Nummer eins unter den Country-

Singles (es sei denn, man zählt *Highwayman* von 1983 mit Waylon, Willie Nelson und Kris Kristofferson dazu – ich tue es nicht).

Und tatsächlich, wenn man meine Karrierekurve einmal aus dem üblichen Blickwinkel betrachtet, nämlich dem des rein kommerziellen Erfolges, kommt man zu dem Schluss, dass mein Stern Mitte der Fünfzigerjahre aufging, Anfang bis Mitte der Sechziger im Sinken war, 1968 wieder hell erstrahlte, bis er 1971 zu verblassen begann, abgesehen von einem kurzen Aufflackern im Jahr 1976 mit *One Piece at a Time* und meinem heutigen, verhältnismäßig geringen Erfolg mit meinen Platten (der sich eigentlich nirgendwo niederschlägt, außer in den neuen alternativen Americana-Charts, und glücklicherweise in der Kasse). Aber für mich ist das in Ordnung. Ich bin im Moment mit mir selbst und mit Gott im Reinen und wenn sich darüber hinaus noch irgendein kommerzieller Erfolg einstellt, ist das wie die Sahne auf dem Kuchen.

Meine eigene Interpretation meiner musikalischen Erfolge oder Misserfolge klingt etwas anders als das, was üblicherweise »in der Branche« gesagt wird. Einer der Hauptgründe, warum meine Verkaufszahlen in den frühen Siebzigerjahren so dramatisch zurückgingen, war zum Beispiel der, dass mir die weltliche Musik zu der Zeit einfach nicht so wichtig war. Damals lehnte ich es auch ab, *City of New Orleans* aufzunehmen, weil mich die Arbeit an *Gospel Road* völlig in Anspruch nahm. Die niedrigen Verkaufszahlen meiner Platten bedeuteten auch nicht, dass ich auf der Bühne weniger gefragt war. Ich konnte schon immer so viele Konzerte geben, wie ich wollte, und das Gleiche gilt für Fernsehauftritte.

Ich teile auch nicht die Ansicht, dass ich in den Sechzigerjahren keine guten Platten gemacht hätte. Aus dieser Zeit stammen einige meiner Werke, auf die ich heute noch besonders stolz bin, vor allem die Konzeptalben, die ich zwischen 1960 und 1966 aufgenommen habe: *Ride This Train; Blood, Sweat and Tears; Bitter Tears* und *Ballads of the True West*. Sie brachten Stimmen zu Gehör, die man damals nur selten zu hören bekam – Stimmen, die in den Unterhaltungsmedien ignoriert oder sogar unterdrückt wurden, ganz zu schweigen von den politischen und Bildungsinstitutionen –, und es wurden Themen angesprochen, die mir wirklich wichtig waren. Ich versuchte, die Wahrheit herauszufinden, die sich hinter einem Teil der Geschichte unseres Landes verbirgt.

Dabei gab ich mir wirklich auch alle Mühe. Für *Ballads of the True West* hätte ich mich fast in einen Cowboy aus dem 19. Jahrhundert verwandelt. Ich hielt mich an Leute wie Tex Ritter, die ihr Leben lang die Geschichte des Westens erforscht hatten. Ich stöberte in Buchhandlungen, Bibliotheken und Plattenläden herum, las in Zeitschriften und Memoiren und hörte mir Dokumentaraufnahmen von alten Cowboys an. Ich freundete mich mit einem Mann namens Joe Small in Austin, Texas, an, der das Magazin *True West* herausgab, und brachte endlose Stunden damit zu, mich mit ihm zu unterhalten und mit den Unmengen von Erinnerungsstücken und Geschichten zu befassen, die er in seinem Büro aufbewahrte, alles echt. Er gab mir eine Kopie von John Wesley Hardins Autobiografie *My Life* in Form einer losen Blättersammlung, die vor der Veröffentlichung des Buchs direkt vom Original des handgeschriebenen Manuskripts abgetippt worden war, und ich hatte noch jahrelang das Gefühl, Hardin fast genauso gut zu kennen wie mich selbst.

Manchmal überspannte ich den Bogen vielleicht auch ein bisschen, was nicht gerade ungewöhnlich ist für jemanden, der Amphetamine nimmt. Ich zog mir meine Cowboymontur an – eine echte, eine richtige Antiquität –, fuhr raus in die Wüste oder zu einer verlassenen Ranch und versuchte, mich in die Cowboys hineinzuversetzen, versuchte, so zu sein wie sie. Auch unterwegs und bei den Konzerten trug ich echte Westernklamotten. Manchmal schnallte ich mir sogar meinen Revolver um, bevor ich auf die Bühne ging. Er war natürlich geladen.

Manchmal war meine amphetamingesteuerte Vereinigung mit den Geistern der Cowboys sehr produktiv und ich kam auf Ideen, die ich sofort oder später in Songs umsetzte. Manchmal stimmte die Chemie aber auch nicht, wie es so schön heißt – wenn auch nicht in dem Sinne, wie ich es meine –, und in kreativer Hinsicht tat sich fast gar nichts. Ich habe heute noch ein Blatt aus einem gelben Notizblock, auf dem das Werk eines ganzen Tages in der Wüste steht: »Under the manzanita tree/Sits a pencil, a piece of paper, and me« [Unter dem Manzanita-Baum/ein Stift, ein Stück Papier und ich]. Man kann sich nicht vorstellen, wie viele Gedanken sich hinter diesen Worten verbergen.

Bitter Tears, das Album, das *Ballads of the True West* vorausging und zu dem mich der indianische Songwriter Peter LaFarge inspiriert hatte, war ebenfalls ein sehr intensives Forschungsprojekt. Ich tauchte ein in die Originalquellen und die Sekundärliteratur, vertiefte mich unter anderem in die tragische Geschichte der Cherokee und der Apachen, bis ich fast schon genauso sensibilisiert war wie Peter. Als ich schließlich das Album aufnahm, war ich von großer Traurigkeit und Empörung erfüllt. Ich spürte jedes Wort in diesen Songs, besonders in *Apache Tears* und *The Ballad of Ira Hayes.* Jedes Wort war ernst gemeint. Und ich hielt mich nicht länger zurück.

Ich hatte damit gerechnet, dass es Ärger geben würde wegen des Albums, und so war es auch. Während ich es einspielte, nahmen mich die Bosse von Columbia Records schwer unter Beschuss – Frank Jones, mein Produzent, war allerdings klug und mutig genug, mir völlig freie Hand zu lassen –, und als das Album herauskam, wurde es von vielen Radiosendern nicht gespielt. Daraufhin schrieb ich den Discjockeys einen Brief und ließ ihn in einer ganzseitigen Anzeige im *Billboard* veröffentlichen. Ich sprach darüber, wie sie »in [ihrer] Bedeutungslosigkeit schwelgten« und beklagte ihren »Mangel an Visionen in Bezug auf unsere Musik«. Wie eigentlich vorauszusehen war, habe ich dadurch mehr Sender verloren als hinzugewonnen. Ich glaube, es war auch nicht besonders hilfreich, dass die Radiosprecher und alle anderen in der Branche von meinem Drogenproblem wussten. Wahrscheinlich fiel es den Leuten damals allein schon aus diesem Grund ziemlich leicht, über meine Kritik hinwegzugehen, wenn es außer dem schnöden Mammon überhaupt irgendwelcher Gründe bedurfte. Heutzutage geht es jedenfalls sicher nur noch darum. Allein der Gedanke, dass sich Ende der Neunziger noch unkonventionelle oder auch nur originelle Ideen ins Countryradio verirren könnten, ist absurd.

In den frühen Sechzigern interessierte ich mich sehr für Folkmusik, sowohl für die Originalsongs aus verschiedenen Zeitabschnitten und Be-

Bob Dylan zu Besuch in der Johnny Cash Show, 1969

reichen des amerikanischen Lebens als auch für die neuen »Folkrevival«-Songs jener Zeit. Deshalb fiel mir Bob Dylan sofort auf, als im Frühjahr 1962 das *Bob-Dylan*-Album herauskam, und 1963 hörte ich mir fast ununterbrochen *The Freewheelin' Bob Dylan* an. Ich hatte auf Tour immer einen tragbaren Plattenspieler dabei. Ich hörte mir hinter der Bühne *Freewheelin'* an, ging dann raus, gab mein Konzert und legte sofort wieder die Platte auf. Nachdem das eine Weile so gegangen war, schrieb ich Bob einen Brief, in dem ich ihm mitteilte, was für ein großer Fan ich von ihm war. Er schrieb mir umgehend zurück und sagte, dass er meine Musik seit *I Walk the Line* (1956) genau verfolge, und so fingen wir an, uns gegenseitig Briefe zu schreiben. Meistens ging es um Musik: Woran wir gerade arbeiteten, was andere Leute machten, was ich über diesen und jenen wusste, das er vielleicht nicht wusste, und umgekehrt. Er wollte etwas über die Countryleute erfahren und ich wollte von ihm wissen, in welchen Kreisen er sich bewegte. Ich habe heute noch all seine Briefe, in meinem Tresor eingeschlossen.

Der Briefwechsel hielt nicht lange an. Wir hörten damit auf, nachdem wir uns im Juli 1964 zum ersten Mal persönlich begegnet waren, als ich auf dem Newport-Folkfestival gespielt hatte. Ich kann mich an diese Veranstaltung kaum noch erinnern, aber ich weiß noch genau, wie June, ich, Bob und Joan Baez in meinem Hotelzimmer waren und uns so darüber freuten, einander zu treffen, dass wir auf den Betten herumhüpften wie kleine Kinder.

Danach sangen Bob und ich gemeinsam auf seinem Album *Nashville Skyline* und später hatte ich ihn als Gast in meiner Fernsehshow. Zwischendurch trafen wir uns mal hier und mal dort. Eine dieser Begegnungen wurde von D. A. Pennebaker in seinem Dokumentarfilm *Dont Look Back* festgehalten, in dem Bobs Europatournee im Jahr 1965 aufgezeichnet wurde. Einmal gingen June und ich auch nach Woodstock, um ihn dort zu besuchen. An einiges davon kann ich mich noch gut erinnern: an Rambling Jack Elliot, den angenehmen und liebenswürdigen Gentleman, der uns von New York dort hinfuhr. An Albert Grossman, Bobs Manager, der uns bei sich zu Hause aufnahm, wo das Essen gut war, die Uhrzeit keine Rolle spielte und ein freier Geist herrschte. Bob und ich und wer sonst noch dabei war, gaben uns ganz dem Gitarrenspiel hin und sangen uns gegenseitig Songs vor. Es gibt nichts auf der Welt, was ich lieber mache, als mit einem Freund oder einer Gruppe von Freunden Songs auszutauschen, außer vielleicht das Gleiche im Familienkreis zu tun. Wie Bruce Springsteen schon schrieb: »Nothing feels better than blood on blood« [Nichts geht über das eigene Fleisch und Blut].

Ich muss sagen, dass *The Freewheelin' Bob Dylan* immer noch zu meinen absoluten Lieblingsplatten gehört. Wenn ich die alte, aber immer wieder interessante Frage beantworten müsste: »Welche Platten Alben nähmen Sie gerne auf eine einsame Insel mit?« (immer vorausgesetzt, das Handy hat die Brandung nicht überstanden, aber der solarbetriebene CD-Player funktioniert noch), würde ich *Freewheelin'* auf die Liste setzen. Genau wie *Down Home* von Merle Travis, auf dem *Sixteen Tons* und all die anderen tollen Songs sind. Es war das erste Konzeptalbum im Countrybereich (*Ride This Train* war das zweite). Außerdem nähme ich auf jeden Fall die *Greatest Gospel Hits* von Jimmie Davis, *Roses in the Snow* von Emmylou Harris, *The Wheel* von meiner Tochter Rosanne, ein Gospelalbum von Rosetta Tharpe, etwas von Beethoven und *You Are There* von Edward R. Murrow.

Ich glaube, die würden mich ganz gut unterhalten und inspirieren.

In Bezug auf meine Kreativität waren die Sechzigerjahre wahrscheinlich meine produktivste Zeit überhaupt. Ich wagte mich an neue Dinge heran, stieß in unbekannte Bereiche vor und genoss das alles sehr. In dieser Zeit entstanden eine Menge guter Songs. Oft war meine Stimme nicht gerade die beste, weil mir die Amphetamine die Kehle austrockneten und mich manchmal nur noch flüstern und krächzen ließen, aber das war nicht immer der Fall. Ich hatte enorme Energie und war sehr produktiv, ich war immerhin in meinen besten Jahren, Ende zwanzig, Anfang dreißig, und es musste schon viel passieren, um mich physisch oder in kreativer Hinsicht in die Knie zu zwingen. Die Drogen haben es schließlich doch geschafft, aber in der ersten Hälfte des Jahrzehnts hatte ich mich, musikalisch gesehen, meist voll im Griff. So habe ich es jedenfalls damals empfunden und so klingt es meiner Meinung nach auch heute noch.

Don Law, mein Produzent bei Columbia, war mir eine große Hilfe, aber mit meinen größten kommerziellen Erfolgen in den Sechzigern, mit *Ring of Fire* im Jahr 1963 und meinen zwei Gefängnisalben 1968 und 69, hatte er nicht viel zu tun, genauso wenig wie Frank Jones, der an seine Stelle trat, nachdem Don Law sich zur Ruhe gesetzt hatte. Eigentlich war es Jack Clement, der für die Aufnahme von *Ring of Fire* verantwortlich war, und sowohl *Johnny Cash at Folsom Prison* als auch *Johnny Cash at San Quentin* entstanden, nachdem Bob Johnston mein Produzent geworden war.

Ring of Fire schrieb June zusammen mit Merle Kilgore, es erregte großes Aufsehen in Nashville, weil wir dabei Trompeten zum Einsatz brachten. Trompeten waren keine Countryinstrumente oder besser gesagt, keiner war bisher auf die Idee gekommen, sie einfach so auf einer Countryplatte einzusetzen. Eigentlich hatte ich das auch gar nicht vorgehabt. In einem Traum hörte ich Anita Carter den Song singen, von

Trompetenklängen begleitet. Auch als ich aufwachte, klang das in meiner Erinnerung immer noch gut, sodass ich Jack anrief, der nach Beaumont, Texas, umgezogen war, nachdem er bei Sun aufgehört hatte, und ihn bat, nach Nashville zu kommen und mir bei der Sache zu helfen. Ich wusste, dass er der Einzige war, der verstehen würde, wie wir den Song angehen mussten. Es wäre völlig sinnlos gewesen, mit jemand anderem auch nur darüber zu reden. Er trieb also die Trompeter auf, kam nach Nashville, arrangierte den Song und leitete die Aufnahme, mit Don Law und Frank Jones im Regieraum. Seine Leistung wurde nie entsprechend gewürdigt, genauso wenig wie bei vielen anderen Sachen, die er danach noch mit mir zusammen machte. Aber er war immer für mich da, wenn ich ihn brauchte.

Die Gefängnisplatten hatten sich einfach so ergeben. 1968 war ich schon seit mehr als zehn Jahren in Gefängnissen aufgetreten – seit 1957, als die Insassen der Strafanstalt von Huntsville, Texas, auf *Folsom Prison Blues* aufmerksam geworden waren. Dort wurde jedes Jahr ein Rodeo veranstaltet und in jenem Jahr beschloss die Gefängnisleitung, auch einen Musiker für die Gefangenen zu engagieren. Man fragte bei mir an. Es war mir ein Vergnügen, mit Marshall und Luther dorthin zu gehen, und wir bauten unsere Anlage mitten auf dem Rodeogelände auf. Als wir gerade loslegen wollten, brach allerdings ein heftiges Gewitter aus – ein richtig großes, ekelhaftes Unwetter – und das schränkte unsere Möglichkeiten erheblich ein. Luthers Verstärker hatte einen Kurzschluss und Marshalls Bass ging in dem Regen kaputt. Ich machte trotzdem weiter, nur mit meiner Gitarre, und die Gefangenen waren begeistert. Danach sprach es sich in den Gefängnissen schnell herum, dass ich okay war, und als Nächstes erhielt ich einen Brief aus San Quentin, in dem ich gebeten wurde, bei der dortigen alljährlichen Neujahrsshow am 1. Januar 1958 zu spielen. Ich willigte ein und spielte dort dann mehrere Jahre in Folge. Die letzten Male war June auch dabei. Ich erfuhr erst Jahre später von Merle Haggard, dass er bei dreien dieser Konzerte in der ersten Reihe saß. Er gehörte nicht zur Gefängnisleitung und deshalb lernten wir uns damals nicht kennen.

Das waren immer richtig heiße Auftritte – die Insassen waren hellauf begeistert, was wiederum mich in Fahrt brachte –, sodass ich mir sagte, wenn ich je ein Livealbum machen würde, dann wäre ein Gefängnis der ideale Ort dafür, besonders wenn ich solche Songs spielte, mit denen sich die Gefangenen identifizieren konnten. Als ich Don Law von der Idee erzählte, stieß ich allerdings auf taube Ohren – sie gefiel ihm einfach nicht. Als Bob Johnston dann die Produktion für mich übernahm, erzählte ich ihm beiläufig von der Sache und er war begeistert. Er sagte: »Das müssen wir machen. Und zwar gleich.« Ich rief einen befreundeten Prediger in Kalifornien an, Reverend Floyd Gressett, der einmal im Monat im Folsom predigte und die Beamten dort kannte, und wir leiteten alles in die Wege. Den Rest der Geschichte kann man sich auf dem Album anhören. Ich war ungefähr so entspannt wie eine Maus in der Falle, denn es war immer noch ziemlich neu für mich, auf die Bühne zu gehen und vor Leuten zu spielen, ohne mit Drogen vollgepumpt zu sein. Aber nachdem wir einmal angefangen hatten, war es eine richtig gute Show.

Ich habe es schon immer als eine gewisse Ironie empfunden, dass es ausgerechnet ein Gefängniskonzert war, bei dem sich zwischen den Häftlingen und mir eine Beziehung entwickelte wie unter verbündeten Rebellen, Außenseitern und Schurken, das meinen Marktwert so weit nach oben steigen ließ, dass die Leute bei ABC mich für angesehen genug hielten, um mir eine wöchentliche, landesweit ausgestrahlte Fernsehshow anzuvertrauen.

⤺ RELIGION UND FERNSEHEN

Ein Sturm zieht gerade über Bon Aqua auf, ein schwerer Sturm, der den weiten Weg vom Pazifik über das südliche Ende der Rocky Mountains bis hierher gekommen ist, durch New Mexico, Texas, Oklahoma und Arkansas zum Mississippi und dann nach Tennessee hinein, über 300 Meilen langsam ansteigendes, hügeliges Farmland hinweg bis zu dem kleinen 43 Hektar großen Flecken Erde, auf den Captain Weems, Onkel Pete und ich törichterweise Anspruch erhoben haben. Das Land gehört nicht uns, wir gehören zu ihm.

Ich sitze in meiner Bibliothek und schaue aus dem Fenster, das nach Westen geht, sehe den stärker werdenden Regen und den sich verfinsternden Himmel über den tiefgrünen Feldern dieses wunderschönen Anwesens und ich fühle mich gut. Das Holzhaus ist wie ein warmer, stabiler, sicherer kleiner Kokon. Außer bei einem Tornado kann mir hier drinnen nichts passieren. Wenn draußen ein Sturm tobt, wie dieser jetzt, ist das für mich ein geradezu sinnliches, intimes Erlebnis, ich fühle mich sicher und geborgen, ruhig und zufrieden. Es ist ein anderes Gefühl als die Vorfreude auf einen Sturm. Das ist aufregender: belebend, weil ich weiß, dass gleich ein großes und prächtiges Schauspiel beginnt, das gewaltige Kräfte entfesselt und das Leben so vieler Menschen, Pflanzen und Lebewesen berührt und das auch im Kleinen noch spannend ist, in dem winzigen persönlichen Universum in meinem Innern. Als ich noch ein Junge auf der Farm in Arkansas war, gar nicht weit von hier, bedeutete ein aufziehender Sturm, dass die Schinderei auf den Feldern bald ein Ende haben würde und ich in die Magie des Hauses flüchten durfte – das

Radio anschalten, der Musik lauschen, die von weit herkam, mich von ihr irgendwohin tragen lassen. Heute bin ich meist schon zufrieden damit – mehr als zufrieden –, dem Sturm selbst zuzuhören.

Ich liebe das Wetter. Ich bin ein Wetterexperte. Wo immer mich meine Reisen auch hinführen, schalte ich zuerst einmal den Wetterkanal ein und schaue, was sich so tut, was auf uns zukommt. Ich interessiere mich für typische regionale Wetterbedingungen, für die Frage, wie in verschiedenen Teilen des Landes und auf der Erde Stürme entstehen, was in unterschiedlichen Höhen passiert, welche Arten von Wolken sich formieren oder auflösen oder einfach nur vorüberziehen, woher die Winde kommen und wo sie überall waren. Sicher, nicht jeder kann diese Begeisterung mit mir teilen, aber ich glaube nicht, dass es auf der Welt auch nur einen Menschen gibt, der, solange er ein schützendes Dach über seinem Kopf hat, nicht den Frieden spüren würde, der einem Sommerregen innewohnt, die reinigende Kraft, die von ihm ausgeht, die Erneuerung der Erde, die ihm folgt.

Für mich sind solche Augenblicke wie Einladungen, die Nähe Gottes zu spüren. Die Vorgänge in der Natur sind nicht Gott selbst, aber sie sind ein Zeichen Gottes, und indem ich mich in ihre Tiefen und ihren Bann ziehen lasse, kann ich Gott nahekommen, kann die Herrlichkeit seiner Schöpfung erkennen, den Trost der Gnade Gottes spüren.

Mit jeder Verbindung von Religion und Fernsehen oder Religion und weltlichem Ruhm begibt man sich auf gefährliches Terrain, voller Fußangeln und Fallgruben und Grenzen, die so fein sind, dass man sie manchmal einfach übersieht. Dies gilt besonders für den, der im grellen Scheinwerferlicht steht. Ich sollte es eigentlich wissen. Ich habe schon einige Male diese Grenzen überschritten und mir auf der anderen Seite Ärger eingehandelt.

Der schwerwiegendste derartige Fall war das öffentliche Glaubensbekenntnis, das ich in meiner Fernsehshow ablegte. Es war nicht so, dass ich den Drang verspürt hätte, jemanden zu bekehren oder das Wort Gottes zu verbreiten. Ich tat es, weil ich in Interviews und Zuschauerbriefen dauernd gebeten wurde, Stellung zu beziehen, und ich der Meinung war, dass ich einmal klar und deutlich sagen sollte, ja, ich bin Christ. Ich sang die Gospelsongs in der Sendung nicht nur, weil sie mir musikalisch gefielen (was natürlich auch stimmte), und ganz bestimmt nicht deshalb, weil ich mich als Pharisäer aufspielen wollte, sondern weil sie Teil meines – unseres – musikalischen Erbes waren, zudem waren sie ein Teil von mir. Um es kurz zu machen: Ja, ich glaubte an das, was ich sang. Als ich mich schließlich dazu bekannte und im Fernsehen die Worte »Ich bin Christ« sagte, tat ich das während der Ansage eines Gospelsongs.

ABC gefiel das gar nicht. Einer der Produzenten kam auf mich zu und sagte mir, dass ich in einem Networksender gefälligst nicht von Gott und Jesus sprechen solle.

Das wiederum gefiel mir nicht. »Wenn das so ist«, sagte ich ihm, »produzieren Sie hier den Falschen, denn Gospelmusik – und das Wort ›Gospel‹ bedeutet ›die gute Botschaft Jesu Christi‹ – ist ein Teil von mir und ein Teil von dem, was ich tue. Ich will den Leuten wirklich nichts aufzwingen, aber genauso wenig werde ich mich dafür entschuldigen, und wenn ich einen Song ansage, muss ich sagen, was Sache ist. Ich habe nicht vor, jemanden zu bekehren, aber ich werde auch nicht den Schwanz einziehen und ich werde keine Kompromisse machen. Also regen Sie sich nicht auf, wenn ich Jesus, Gott oder Moses erwähne oder welche religiöse Figur auch immer. Wenn es Ihnen nicht gefällt, können Sie es ja jederzeit herausschneiden.«

Sie schnitten mir nie etwas heraus und ich machte ihnen danach auch kein großes Theater mehr wegen der Sache. Ich machte einfach weiter wie bisher.

Die Fernsehshow machte mir in vielerlei Hinsicht sehr viel Spaß. Was mir am meisten daran gefiel, war, dass ich dadurch die Möglichkeit hatte, die Musik und die Musiker zu präsentieren, die mir besonders am Herzen lagen – alle, von Ray Charles und Louis Armstrong bis hin zu Joni Mitchell und Linda Ronstadt, sowie viele Künstler aus Nashville, die normalerweise nicht im nationalen Fernsehen gezeigt werden. Es machte mir auch viel Freude, mit Leuten wie Merle Travis und Larry Murray den Showteil »Ride This Train« zusammenzustellen, in dem wir uns auf ima-

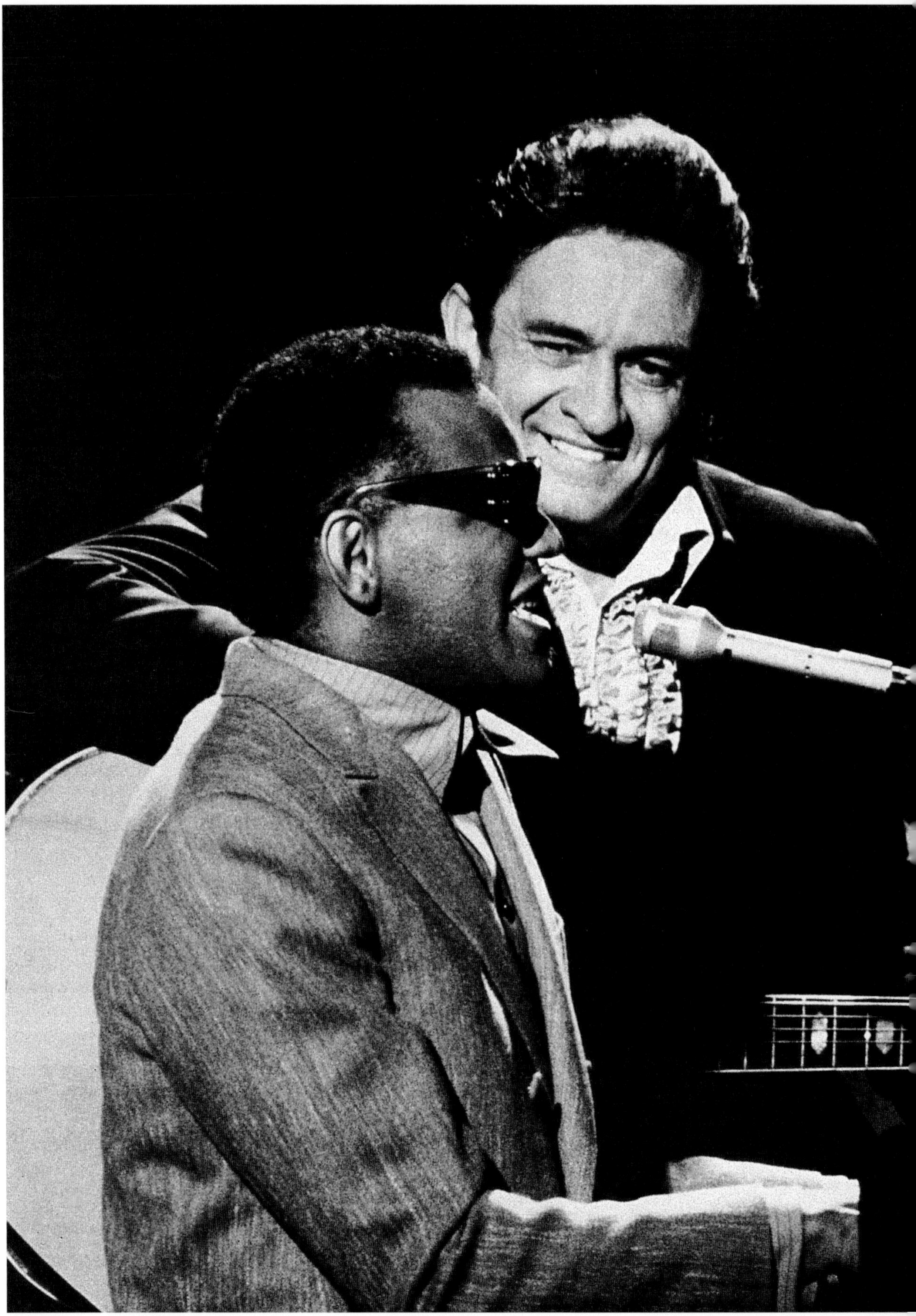

ginäre Reisen durch die amerikanische Geschichte und Geografie begaben. Ich war auch stolz darauf, dass die gesamte Produktion – darauf hatte ich bestanden – in Nashville erfolgte, wodurch sich viele gute Leute in neuen Arbeitsbereichen engagieren konnten und wodurch wir, wie ich hoffe, dem Rest des Landes einen Eindruck davon vermitteln konnten, warum dieser Ort so besonders war. Und natürlich war es ganz angenehm, dass ich nur fünfzehn Minuten zur Arbeit fahren musste.

Es war auch toll, all die Gaststars kennenzulernen, die für die Show nach Nashville kamen, und sie das musikalische Leben in unserem Haus bereichern zu lassen. Ich hatte eine neue Tradition ins Leben gerufen, eine zwanglose Gitarrenrunde, die abends in dem großen runden Raum mit Blick über den See stattfand. An solchen Abenden lud ich meine Lieblingssongwriter ein (und die konnten wiederum ihre Lieblingssongwriter mitbringen) und wir setzten uns alle in einen großen Kreis und zeigten uns gegenseitig, was wir auf Lager hatten. An einem dieser Abende sang Kris Kristofferson zum ersten Mal *Me and Bobby McGee* und Joni Mitchell *Both Sides Now*. Graham Nash sang *Marrakesh Express* und Shel Silverstein *A Boy Named Sue*. Bob Dylan ließ uns *Lay Lady Lay* hören. Guy Clark kam vorbei, Tim Hardin, Rodney Crowell, Billy Joe Shaver und Harlan Howard, einfach jeder.

Die Fernsehshows wurden alle im alten Ryman-Auditorium in der Innenstadt von Nashville produziert, einer umgebauten Kirche, in der seit 1943 die »Grand Ole Opry« veranstaltet wurde, und das war gut und schlecht zugleich. Für mich überwogen die Vorteile bei Weitem. Das Ryman war die Countrybühne schlechthin, mittendrin in der Szene – es war die wahre Heimat der Countrymusik und Treffpunkt der Countryleute, sowohl der Musiker als auch der Fans. Die Nachteile fielen dagegen nicht so sehr ins Gewicht. Mir schien, dass ABC durchaus in der Lage war, die Probleme mit dem Licht, der Verkabelung und so weiter in den Griff zu bekommen, vor die das alte Gebäude sie stellte, und wenn sie das schafften, hielte ich auch die Hitze aus. Das Ryman war nämlich nicht klimatisiert. An einem warmen Sommerabend hängten wir mal in der Mitte des Auditoriums ein Thermometer auf und lasen 60 Grad Celsius darauf ab. In solchen Momenten kam mir schon mal der Gedanke, ob die Leute vom Fernsehen nicht vielleicht doch recht hatten mit ihrem Wunsch, die Show nach New York oder Los Angeles zu verlegen. Aber kaum hatte die Hitze etwas nachgelassen, war ich wieder standhaft.

Ich war gerade auf einer Tournee durch Australien, als ich die Nachricht erhielt, dass ABC sich gegen die Verlängerung meines Vertrages um ein drittes Jahr entschieden hatte. Ich war erleichtert. Es war harte Arbeit gewesen und mir war kaum noch Zeit für meine anderen Aktivitäten, geschweige denn für mein Privatleben geblieben. Während wir die Sendungen produzierten, sah mein Wochenplan folgendermaßen aus: Montagmorgen bis Donnerstagnachmittag Proben und Vorbereitung, Donnerstagabend die eigentliche Aufzeichnung der Show, Freitagmorgen bis Sonntagabend Reisen und Konzerte, Montagmorgen wieder zurück zur Arbeit an der Show. Und die Fernseharbeit war sowohl in physischer als auch in kreativer Hinsicht sehr anstrengend. Ich musste jede Woche neue Songs einstudieren und vortragen, sowohl alleine als auch gemeinsam mit dem Gaststar, und es war schwer, in so kurzer Zeit zum Wesentlichen dieser Songs vorzudringen, nur um sie danach wieder zu vergessen und mich neuen zuzuwenden.

Eins ist sicher: Wenn ich auf Drogen gewesen wäre, hätte ich diese Arbeit nie geschafft. Auch wenn es vielen Leuten schwerfiel, das zu glauben, aber ich war wirklich bei jeder einzelnen dieser Fernsehshows vollkommen klar und nüchtern. Ich vertraute auf Gott, nicht auf Chemikalien.

Ich glaube, inzwischen haben es Christen im Fernsehen ein bisschen leichter. Religion ist bei den Fernsehgesellschaften nicht mehr ein so großes Tabu und es gibt Sendungen wie »Dr. Quinn«, »Medicine Woman« und »Touched by an Angel«. Vielleicht dringt es den Verantwortlichen in Manhattan und Hollywood langsam ins Bewusstsein, dass die meisten Menschen in den Vereinigten Staaten so etwas wie eine religiöse Überzeugung besitzen.

Ich möchte noch etwas näher erklären, warum ich mich im Fernsehen zu meinem Glauben an Jesus Christus bekannte. Mir war klar, dass ich viele Leute damit abschrecken würde, weil es möglicherweise so klang, als ob ich jemanden bekehren wollte, aber ich ließ es darauf ankommen. Wenn man ein guter Christ sein will – und damit meine ich, wenn man so sein will wie Christus, denn genau das ist die Bedeutung von »christlich« –, muss man bereit sein, einige weltliche Dinge aufzugeben, um seinem Glauben treu zu bleiben.

Ich hatte das Gefühl, dass mir gar keine andere Wahl blieb, als mich zu erklären. Ich bekam Tausende von Briefen, überwiegend von Menschen, die meinen Glauben teilten und die mich fragten: »Es heißt, Sie sind Christ. Stimmt das?«, oder: »Sie singen, als ob Sie an Jesus glaubten. Glauben Sie an ihn?« Ich hatte das Gefühl, dass ich diesen Leuten eine Antwort schuldig war, und auch allen anderen, die sich diese Frage stellten, ohne mir zu schreiben. Ich musste zu meinem Glauben Stellung beziehen. Ich war schon immer Christ gewesen – irgendwo zwischen »sehr gut« und »ausreichend« – und es kam für mich nicht infrage, Kompromisse zu schließen oder auszuweichen, als mir die Frage gestellt wurde. Ich musste die Wahrheit sagen.

Als ich mich äußerte, war das eine reine Feststellung. Ich habe nie gesagt: »Ihr müsst es so machen wie ich, denn ihr seid auf dem Holzweg und ich weiß es besser«, und nachdem ich mich erklärt hatte, versuchte ich nicht, mich in irgendeiner Form zu beweisen, ich verhielt mich nicht anders als sonst. Das war auch nicht nötig, denn ich hatte mich schon vor meinem öffentlichen Bekenntnis meinem Glauben entsprechend verhalten, hatte ihn gestärkt, indem ich Gospels sang, und hatte trotz meiner vielen Fehltritte und meiner permanenten Anfälligkeit gegenüber den sieben Todsünden versucht, meine Mitmenschen so zu behandeln, wie Christus es getan hätte. In dieser Hinsicht hat es nie einen Unterschied zwischen dem Johnny Cash von gestern, von heute oder auch von morgen gegeben.

Die weltlichen Folgen meines Bekenntnisses waren durchaus ernst, nicht nur in Bezug auf zurückgehende Verkaufszahlen bei meinen Platten, sondern auch hinsichtlich der Reaktionen einiger religiöser Menschen; das reichte von Versuchen, mich für ihre eigenen Zwecke einzuspannen, bis hin zum Ausschluss aus ihrer jeweiligen Kirchengemeinschaft. Aber ich habe mein öffentliches Bekenntnis nie bereut und ich glaube, wenn ich eines Tages vor der Himmelstür stehe, wird das vielleicht eine der Prüfungen sein, an die Gott sich erinnert, wenn er sagt: »Komm herein, J.R. Bei einigen Gelegenheiten hast du doch deinen Glauben bewiesen.«

Ganz praktisch betrachtet muss wohl jeder, der sich in mich und meinen Glauben hineinversetzt, zugeben, dass es dumm gewesen wäre, ein oder zwei Jahrzehnte guter Plattenverkäufe dem ewigen Heil vorzuziehen.

Heute Abend denke ich über einen alten Gospelsong nach, *Farther Along*.

Farther along we'll know all about it,
Farther along we'll understand why.
Cheer up my brother, live in the sunshine,
We'll understand it all by and by.

Irgendwann werden wir einmal alles darüber wissen,
Irgendwann werden wir einmal verstehen, warum.
Kopf hoch, mein Bruder, lebe im Sonnenschein,
Nach und nach werden wir alles verstehen.

Als meine Fernsehshow eingestellt wurde, zog ich erst einmal Bilanz und dachte über meine Möglichkeiten nach. Mit dem großen Repertoire, über das ich verfügte, so dachte ich, könnte ich unbegrenzt auf Tour gehen und das konnte ich mir durchaus vorstellen.

⌐ GROSSE MÄNNER

Einer, der mir wirklich sehr dabei geholfen hat, als Person des öffentlichen Lebens mit meinem Glauben umzugehen, war Billy Graham. Wir sprachen sehr viel über diese Fragen und beschlossen, dass ich nicht zum Evangelisten berufen war; das war etwas für andere Leute. Er riet mir, weiterhin den *Folsom Prison Blues* zu singen und *A Boy Named Sue* und all die anderen Outlawsongs, wenn die Leute das hören wollten, und dann, wenn ein Gospelsong an die Reihe kam, alles hineinzulegen, im Grunde sollte ich mein Herz und meine Seele in meine ganze Musik hineinlegen, keine Kompromisse eingehen, keine halben Sachen machen.

»Entschuldige dich nicht dafür, wer du bist und was du in der Vergangenheit getan hast«, sagte er zu mir. »Sei einfach du selbst und tue, was du für richtig hältst.«

So etwas hörte ich gerne und ich spürte, dass Billy wusste, wovon er sprach – er kannte sich aus in der Welt der berühmten Leute aus Film, Sport, Politik und Unterhaltung und deshalb vertraute ich seinem Rat. Er passte zu dem, was mein eigener Instinkt mir sagte.

Unsere erste Begegnung kam durch Billys Initiative zustande. Er rief mich 1970 kurz nach John Carters Geburt an, sagte, dass er sich gerne mit mir treffen würde, und fragte, ob er mich zu Hause besuchen könne. Ich konnte es kaum glauben, aber ich sagte gerne zu. Er kam von Asheville, North Carolina, rübergeflogen und übernachtete bei uns in Hendersonville. Wir haben während dieses Besuchs viel miteinander geredet und ich fand ihn sehr sympathisch. Als er wieder ging, waren wir Freunde geworden. Er hatte mich um nichts gebeten. Ich war es, der *ihm* anbot, bei einer seiner Missionen zu singen, wenn er es wünschte. Er könne auf mich zählen. Er nahm mich beim Wort und nachdem June

Bei Präsident Jimmy Carter im Weißen Haus, 1977

und ich bei einigen seiner Missionen aufgetreten waren, beschlossen wir, dass wir kommen würden, wann immer er uns darum bat.

Billy und ich sind uns im Laufe der Jahre sehr nahegekommen. Er war schon einige Male bei uns zu Gast in Cinnamon Hill und wir unternehmen die gleichen Dinge, die ich mit all meinen Gästen unternehme: Wir fahren mit dem Golfkart runter zum Meer, gehen in die Berge hoch und genießen die Aussicht und ruhen uns in dem wunderschönen alten Haus aus. So habe ich viele lange private Gespräche über alle möglichen Themen mit ihm führen können. Wir unterhielten uns über das Musikgeschäft, wobei er wissen wollte, wie einige meiner Künstlerkollegen so sind, welche Probleme sie in ihrem Leben hatten und so weiter. Es interessierte ihn, aber er urteilte nicht. Wir unterhielten uns auch über die jüngere Generation – er macht sich ständig Gedanken über die jungen Leute – und ich sagte, dass ich Vertrauen in sie hätte. Wir sprachen über Politik und er gab mir seine Eindrücke von den Politikern und Staatsmännern wieder, die ihm in seinem geistlichen Amt begegnet sind.

Ich konnte meine Geheimnisse und Probleme immer mit Billy teilen und ich profitierte sehr von seiner Unterstützung und seinem Rat. Selbst in meinen schlimmsten Zeiten, wenn ich mal wieder rückfällig geworden war und die eine oder andere Art von Pillen genommen hatte, hielt er unsere Freundschaft aufrecht und hatte immer ein offenes Ohr und einen guten Rat für mich, immer streng getreu der Bibel. Er bedrängte mich nie, wenn ich in Schwierigkeiten war. Er wartete immer, bis ich mich ihm offenbarte, und half mir dann, so gut er konnte.

Billy ist sehr groß, er passt nicht in die antiken Betten, mit denen June Cinnamon Hill ausgestattet hat. Deswegen hat er sein eigenes Zimmer, wenn er nach Jamaika kommt. Wir nennen es sogar das »Billy-Graham-Zimmer« mit dem »Billy-Graham-Bett«: einem Himmelbett im üblichen jamaikanischen Stil, mit einem ins Kopfbrett geschnitzten Ananasmotiv, aber um dreißig Zentimeter verlängert und mit einer speziell angefertigten Matratze.

Dabei fällt mir eine Geschichte zu einem sehr menschlichen Wesenszug von Billy ein, nämlich zu seiner Schamhaftigkeit. Er und Ruth, seine Frau, waren für ein paar Tage bei uns in Port Richey zu Besuch. Eines Nachmittags fuhren wir mit dem Boot zu einem der auf Pfählen über dem Wasser erbauten Fischerhäuschen, das sich ungefähr eine halbe Meile von der Flussmündung entfernt draußen im Golf befand. Es gehörte einem unserer Freunde und wir durften es benutzen, wann immer wir wollten. Das sind wunderschöne Plätze, diese Pfahlbauten. Auf drei der vier Seiten sind sie von einer Plattform zum Angeln umrahmt. Das eigentliche Haus besteht aus einem großen Raum und draußen gibt es ein kleines separates Häuschen mit einfachen sanitären Anlagen. Man kann dort mit einem oder mehreren Freunden hingehen und zwei oder drei Nächte in einem vollkommen anderen Element verbringen, nur von den Geräuschen und Eindrücken des Himmels und des Meeres umgeben.

Wir hatten wunderbares Wetter, als wir uns fertig machten, um mit Bill und Ruth dort rauszufahren, und da es aussah, als ob es eine wunderschöne Nacht werden würde, schlug ich vor, draußen im Fischerhäuschen zu bleiben und die Nacht auf dem Wasser zu verbringen, anstatt bei Einbruch der Dämmerung wieder heimzufahren. Im Haus gab es fünf Betten, mehr als genug. Billy stimmte zu, also packten wir alles zusammen und fuhren hinaus.

Bei Sonnenuntergang, als ich langsam anfing zu gähnen, platzte er plötzlich heraus: »Wo werden wir denn alle schlafen?«, fragte er. Inzwischen hatte er entdeckt, dass es nur einen großen Raum gab.

»Ganz einfach, jeder von uns sucht sich ein Bett aus und schläft darin«, sagte ich, ohne mir etwas dabei zu denken.

Billy gab keine Antwort, aber die Vorstellung schien ihm nicht so ganz zu behagen. Um ihn ein bisschen aufzumuntern, sagte ich: »Du wirst schon sehen, es wird herrlich, im Bett zu liegen und von unten das Wasser ans Haus plätschern zu hören. Du wirst hinterher froh sein, dass du es gemacht hast.«

»Gut, ich freue mich schon darauf«, sagte er und ich dachte, ich hätte ihn beruhigt.

Dann fiel mir jedoch auf, dass er June, die leicht erkältet war, jedes Mal scharf ansah, wenn sie hustete. Und als sie immer noch ein bisschen hustete, nachdem die Sonne untergegangen war und es langsam Zeit wurde, ins Bett zu gehen, sprach er ein Machtwort.

»Ich mache mir Sorgen um June«, sagte er. »Sie kann heute Nacht nicht hier draußen bleiben. Es ist schade, aber wir müssen sie an Land bringen.«

Und das taten wir.

Richard Nixon lernte ich ungefähr zur selben Zeit kennen wie Billy. Ich weiß noch, dass John Carter sechs Wochen alt war und in unserem Hotelzimmer unter der Aufsicht von Mrs. Kelly, unserer Haushälterin, schlief, während der Präsident in einer kleinen Ansprache unseren Auftritt im Weißen Haus ankündigte. Er dachte, John Carter liege im Lincoln-Bedroom – er hatte uns gesagt, wir könnten ihn dort schlafen legen –, und er machte einen Scherz darüber: Wenn John Carter so weitermache, sagte er, werde er eines Tages noch im Bett des Präsidenten schlafen.

John Carter war ein berühmtes Baby. Seiner Geburt hatte man schon lange entgegengesehen, denn Junes Schwangerschaft war in unserer Fernsehsendung von Woche zu Woche offensichtlicher geworden und als er schließlich zur Welt kam, erschien sein Bild auf der Titelseite fast aller großen Zeitungen im Land. Als wir im Weißen Haus spielten, witzelte Marshall Grant darüber, dass June und ich uns eine Weile zurückziehen sollten und er mit John Carter auf Tour gehen würde. Die Leute würden mehr dafür bezahlen, wenn sie ihn sehen dürften, als wenn sie mich zu sehen bekämen.

Ein anderer Teil aus der Ansprache des Präsidenten erlangte damals zweifelhafte Berühmtheit. Einer aus seinem Stab hatte im House of Cash angerufen, wo meine Schwester Reba meine Angelegenheiten regelte, und ihr gesagt, dass Mr. Nixon mich darum bitte, drei damals sehr populäre Songs zu singen: *Welfare Cadillac*, Merle Haggards *Okie From Muskogee* und meinen eigenen Song *A Boy Named Sue*. Reba reichte diese Bitte an mich weiter und ich sagte ihr, dass ich Sue sehr gerne spielen würde, dass ich aber weder *Welfare Cadillac* noch *Okie* spielen könne. Das Problem war nicht die Botschaft der Songs, die damals für viele Leute eine Art Blitzableiter für ihre Abneigung gegen Hippies und gegen Schwarze darstellten, sondern die Tatsache, dass ich sie einfach nicht draufhatte und es vor der Abreise nach Washington keine Möglichkeit mehr gab, sie mit der Band einzustudieren oder zu proben. Die Anfrage war zu spät gekommen. Wenn das nicht der Fall gewesen wäre, dann hätte diese Botschaft tatsächlich zu einem Problem werden können, aber glücklicherweise musste ich mich damit nicht herumschlagen.

Irgendwie war es dann aber zur Presse durchgesickert, dass ich die Bitte des Präsidenten abgelehnt hatte, und in den Zeitungen wurde die ganze Sache dann schließlich als ideologisches Geplänkel ausgelegt. »CASH TELLS NIXON OFF!« [Cash weist Nixon zurecht!] war eine der Schlagzeilen und die anderen brachten die gleiche Story.

Nixon wusste ganz genau, was der wahre Grund für meine Absage war, aber er spielte die Sache trotzdem hoch. »Eines habe ich über Johnny Cash gelernt«, erzählte er dem Publikum im Weißen Haus, »man sagt ihm besser nicht, was er zu singen hat.« Es gab ein großes Gelächter und die Presse war glücklich.

Nach dem Auftritt waren er und Pat Nixon die Gastfreundlichkeit in Person. Fast zwei Stunden lang führten sie uns überall im Weißen Haus herum, einschließlich ihrer privaten Räume – kein anderer Präsident hat das getan –, und zeigten uns alles, was uns ihrer Meinung nach interessieren könnte. Ich musste mich sogar auf Lincolns Bett legen (und er hat nicht einmal etwas dafür verlangt). Er war uns gegenüber sehr freundlich und charmant und das Ganze schien ihm wirklich Spaß zu machen. Es war jedoch spät geworden, fast schon Mitternacht, und ich war in Sorge, dass wir ihm zu viel von seiner Zeit stehlen würden. Ich sprach ihn darauf an.

»Mr. President, es war sehr freundlich von Ihnen, sich so nett um uns zu kümmern, aber ich weiß, dass Sie wichtigere Dinge zu tun haben. Meinen Sie nicht, es wäre besser, wenn wir jetzt gehen würden, damit Sie sich etwas ausruhen können?«

»Aber nein, machen Sie sich darüber keine Gedanken«, antwortete er vergnügt. »Morgen fliege ich nach Hawaii, um die Astronauten von Apollo 11 zu treffen, wenn sie gewassert haben, und deshalb schlafe ich in der ›Air Force One‹. Da wirds mir gut gehen. Ich werde genügend Zeit zum Schlafen haben.« Wir entspannten uns also und es wurde richtig nett. Über Politik sprachen wir kein Wort.

Er machte einen sehr guten Eindruck auf mich. Hinter seiner Freundlichkeit, seinem Interesse an mir und seiner offensichtlichen Freude konnte ich nicht die Spur von Durchtriebenheit oder Berechnung entdecken. Es schien alles echt zu sein. Das war es wohl, dachte ich, was ihn zum vollendeten Politiker machte: die Fähigkeit, seine ganze Aufmerksamkeit auf den zu richten, mit dem er zusammen war, und ihm oder ihr das Gefühl zu geben, in dem Moment die wichtigste Person der Welt für ihn zu sein. Mit einigem Erstaunen stellte ich auch fest, dass er mir den Vorzug gab gegenüber der Besatzung der Apollo 11, die gerade im Begriff war, in die Erdatmosphäre einzutauchen, während der Rest der Welt den Atem anhielt.

Präsident Clinton besitzt die gleiche Fähigkeit. Er schenkte mir nicht so viel Beachtung wie Mr. Nixon, aber in meinen kurzen Begegnungen mit ihm habe ich erlebt, dass er alle Aufmerksamkeit auf sein Gegenüber richten kann – er sieht einem kerzengerade in die Augen und scheint sich total auf das zu konzentrieren, was man sagt – das heißt, er macht es wirklich und tut nicht nur so als ob. Auch er hat mich im Weißen Haus herumgeführt, aber nicht ganz so ausführlich wie Nixon. Ich war mit June bei der Verleihung der Kennedy Center Honors und er nahm mich und die anderen, die 1996 geehrt wurden, mit und führte uns herum. Er war sehr freundlich und offen für jedes Thema, das wir ansprachen. Meistens wurde natürlich über angenehme Dinge geredet, wie bei dieser Art von Veranstaltung üblich. Der Weihnachtsbaum im Weißen Haus, das weiß ich noch, war wunderschön und mit Ziergegenständen aus aller Welt geschmückt, ein richtiges Prunkstück. Die Clintons brauchten etwa zwanzig Minuten, um ihn zu umrunden, während sie uns einiges über die Gegenstände erzählten – von wem und woher sie kamen und was sie symbolisierten. Eigentlich müsste ich sagen, ich *glaube,* dass sich unter all dem Kram ein Baum befand, er war wirklich schwer zu erkennen.

Ich persönlich hatte Mr. Clinton nicht allzu viel zu sagen. Während der Pause in der Kennedy-Center-Show kam er zu mir rüber und wir machten ein bisschen Small Talk, bis ich dann irgendwann nur noch mit einer Cola in der Hand dastand, vor mich hin nickte und nicht so recht wusste, was ich sagen sollte. Als ich zufällig nach unten auf meine Füße schaute, sah ich mir auch seine an und sagte: »Mr. President, welche Schuhgröße haben Sie?«

»46 ½«, sagte er. »Und Sie?«

»Ich habe gewonnen«, sagte ich. »48.«

Nun ja.

Eine andere Sache, die mir bei Mr. Clinton auffiel, war, dass er und seine Frau einen sehr verliebten Eindruck machten. Wie sie sich an den Händen hielten, wie sie sich ansahen – sie wirkten wie ein echtes Liebespaar.

June und ich hatten ein paar Wochen zuvor in New York an einer Feier teilgenommen, bei der auch Hillary Clinton eingeladen war. Es war ein kleiner Kreis von Leuten und ich wurde gebeten, ein paar Songs zu spielen. Ich tat ihnen den Gefallen und sang *Tennessee Stud,* ein paar lustige Songs, ein paar Spirituals und erzählte Geschichten aus Arkansas. Es machte Spaß, aber ich glaube, als ich *The Beast in Me* sang, Nick Lowes dunkles Bekenntnis darüber, wie weit Leute wie er und ich gehen können, war Hillary doch ein wenig beunruhigt. Abgesehen davon war es jedoch ein netter Abend und er erinnerte mich wieder daran, dass ich sie eigentlich schon immer gemocht hatte. Es ist mir egal, was sie in Arkansas getan hat. Ich mag auch ihren Mann, obwohl ich ihn nie gewählt habe. Übrigens habe ich Nixon auch nie gewählt.

Und auch Ronald Reagan nicht. Er ist wirklich ein sehr netter Mann – das weiß jeder –, obwohl er in erster Linie Schauspieler war. Wir waren bei ihm im Weißen Haus zum Mittagessen und ich habe ihn als sehr freundlich und nüchtern in Erinnerung. Es war trotzdem eine etwas seltsame Angelegenheit. Loretta Lynn und ihr Ehemann, Mooney Lynn, waren mit uns zusammen dort. Sie und ich schlossen uns unter all den fremden Leuten ein wenig zusammen. Jimmy Carter und seine Leute waren gerade aus dem Amt ausgeschieden und wir kannten niemanden von der neuen Mannschaft. Irgendwann kam Loretta zu mir rüber und sagte: »Irgendwie ist das doch nicht so toll, oder Johnny?«

»Was meinst du?«, erwiderte ich.

»Reagan im Weißen Haus«, sagte sie.

Ich musste ihr beipflichten. »Ja, mit Carter war das doch etwas ganz anderes.«

»Allerdings«, sagte sie betrübt.

Jimmy Carter ist ein Cousin von June und wir kennen ihn schon, seit ich damals in Lafayette, Georgia, einen Auftritt hatte und er als Gouverneur kandidierte. Wir hatten Plakate mit seinem Namen gesehen und später sahen wir, wie er umherlief und sie selbst anklebte. Er sah uns, kam herüber und stellte sich vor. Er machte einen guten Eindruck und deshalb ließ ich ihn abends auf die Bühne kommen und sich vorstellen. Die Leute mochten ihn sehr, er bekam großen Applaus. Danach wurden er, sein Bruder Billy und mein Freund Tom T. Hall ziemlich enge Freunde. Wann immer er nach Nashville kam, wohnte er bei Tom T. und Dixie und June und ich gingen zum Essen rüber, wenn wir nicht gerade auf Tour waren. Er gehörte also zur Familie, nicht nur als Verwandter, sondern auch als Freund.

Er war der beschäftigste Präsident, den ich kennenlernte. Unser erster Besuch im Weißen Haus verlief ziemlich stürmisch. Als June, John

Zu Besuch bei Richard Nixon im Weißen Haus am 23. April 1970

Carter und ich dort ankamen und zu ihm geführt wurden, sagte er: »Ich habe heute einen ziemlich vollen Terminplan. Würdet ihr drei mich zu meinen Sitzungen begleiten?« Wir hatten kaum Zeit zuzustimmen, da war er auch schon zur Tür des Oval Office hinaus und schritt den Korridor entlang, so schnell, dass wir ihm kaum folgen konnten. Er schaute kurz in ein Sitzungszimmer hinein, wo er schon von vierzig oder fünfzig Leuten erwartet wurde, lieferte seinen Beitrag ab und marschierte dann zum nächsten Raum weiter. Überall stellte er June als seine Cousine und mich als ihren Mann vor, hielt seine Rede und marschierte dann weiter, um im nächsten Raum das Gleiche zu tun. Als wir schließlich wieder im Oval Office waren, schien das bei ihm nicht die geringsten Spuren hinterlassen zu haben, aber wir brauchten dringend ein Nickerchen.

Gerald Ford, der die gleiche Konzentrationsgabe hatte wie Nixon und Clinton, war auch ein sehr netter Mann – das weiß nun wirklich jeder – und wenn man mit George Bush zusammen war, war es, als ob man einen alten Freund von früher traf und sich mit ihm über die Jagd im texanischen Bergland unterhielt. Es ist wirklich nicht überraschend, dass alle Präsidenten, die ich kennenlernte, über sehr viel persönlichen Charme verfügten. Wäre das nicht der Fall gewesen, wären sie nie Präsident geworden.

↵ DIE SIEBZIGER UND DER VIETNAMKRIEG

Jeder, der über die frühen Siebzigerjahre redet, muss natürlich auch etwas zu Vietnam sagen. Ich habe hier direkt vor mir an der Wand in Bon Aqua etwas, das mich immer daran erinnert: einen Druck der Skizze, nach der das Vietnam War Memorial in Washington erschaffen wurde. Der Künstler hat sie mir zusammen mit einem Schreiben zugeschickt, das daneben hängt:

> Johnny, ich wollte, dass du diesen Druck als Ausdruck meiner Anerkennung für die Werte und Prinzipien erhältst, die du all die Jahre so eindrucksvoll verkörpert hast. Die Stelle, an der du diese Zeichnung aufhängst, wird ein Ehrenplatz sein. Du sagst damit aus vollem Herzen: »Willkommen zu Hause«.

Willkommen zu Hause. So viele von unseren Jungs haben diese Worte nie gehört. Ich werde nie vergessen, wie wir mit unserer Freundin Jan Howard auf der Beerdigung ihres Sohnes waren und was für ein schreckliches Gefühl es war, als sie die Fahne zusammenlegten, die über dem Sarg gehangen hatte, und sie ihr übergaben. Ich hatte diesen Jungen geliebt, hatte ihn aufwachsen sehen, von Kindesbeinen an. Es zerriss mich fast, als ich mit ansehen musste, wie er und andere Jungs aus der Gegend, gerade mal achtzehn Jahre alt, loszogen, um gegen die anderen Jungs in Südostasien zu kämpfen. Ich hatte keine klare Haltung, ob der Krieg richtig oder falsch war. Ich konnte mir darüber einfach keine Gedanken machen, solange mein Herz so von Schmerz erfüllt war.

Im Frühjahr 1969, kurz nach der Tet-Offensive, flogen June und ich nach Vietnam. Wir waren in einem Wohnwagen auf dem großen Stützpunkt in Long Binh untergebracht und sangen jeden Abend für eine andere Truppeneinheit. Tagsüber besuchten wir die Männer in den Lazaretten, besonders die, die gerade aus den Kampfgebieten herausgeholt worden waren. Wir beobachteten, wie sie die Soldaten aus den Hubschraubern heraustrugen, zerfetzt, blutig und verdreckt, oft mit dem Geruch von Napalm behaftet, manche von ihnen bis zur Unkenntlichkeit verbrannt. Ich konnte es fast nicht ertragen.

Long Binh war damals eine »heiße Gegend«, ständig schwärmten Patrouillen und Suchtrupps aus, während um uns herum feindliche Raketen und Granaten einschlugen. In einer Nacht kamen sie uns so nahe, dass unser Wohnwagen immer wieder vom Boden abhob, während die Salven niedergingen. Als die Dämmerung schließlich anbrach und wir noch am Leben waren, stellten wir – noch ganz benommen – fest, dass sich unser kleines Zuhause ein ziemliches Stück von seinem ursprünglichen Standplatz wegbewegt hatte, seit wir ins Bett gegangen waren.

Wir gingen ins Lazarett und unterhielten uns mit den Jungs, die uns noch hören und mit uns reden konnten, und June notierte ihre Namen, Adressen und die Telefonnummern ihrer Familien zu Hause, mit Anmerkungen über ihre Verwundungen. Als wir auf dem Weg zurück in die Staaten in Okinawa Zwischenstation machten, rief sie bei all diesen Familien an. Manchmal konnte sie sagen: »Ich habe Ihren Sohn gesehen. Es geht ihm ganz gut und es wird alles wieder in Ordnung kommen.« In anderen Fällen, wo sie gesehen hatte, dass es keine Hoffnung mehr gab, sagte sie: »Nun, er ist ziemlich schwer verletzt, aber sie glauben, er könnte es schaffen. Er lässt euch Grüße ausrichten und er vermisst euch.«

Am deutlichsten erinnere ich mich noch an einen Abend, an dem ich in einem großen Speisesaal voller Soldaten auftrat, die am nächsten Morgen raus in den Kampf ziehen sollten. Sie tranken alle – sie waren alle besoffen, so wie ich es auch gewesen wäre, wenn ich in ihrer Haut gesteckt hätte – und die Emotionen kochten hoch. Als ich *The Ballad of Ira Hayes* sang, fing ein Soldat an zu weinen und seine Kameraden hakten ihn unter und brachten ihn zu mir auf die Bühne. Als er neben mir stand, erkannte ich, dass er ein Indianer war. Wir standen zusammen dort – er weinte immer noch – und sangen das Lied gemeinsam:

> **Call him drunken Ira Hayes**
> **He won't answer anymore,**
> **Not the whiskey-drinking Indian**
> **Nor the Marine who went to war.**
>
> **Ruf ihn nur, den betrunkenen Ira Hayes**
> **Er wird keine Antwort mehr gehen,**
> **Nicht der Whisky trinkende Indianer**
> **Nicht der Marineinfanterist, der in den Krieg zog.**

Wir wissen, was mit Ira Hayes passierte, der wirklich lebte und in Peter LaFarges Song besungen wird: Er ertrank in einer fünf Zentimeter tiefen Wasserpfütze in einem Straßengraben seines Indianerreservats – einer von den vielen vergessenen Indianern ohne Hoffnung. Jahre zuvor hatte er sich beim Marinekorps der Vereinigten Staaten als Freiwilliger gemeldet und nachdem er sich im Februar 1945 auf Iwo Jima durchgekämpft hatte, war er einer der Männer gewesen, die auf dem Gipfel des Mount Suribachi die Fahne gehisst hatten, in diesem großen symbolischen Augenblick des Sieges, der Hoffnung und der Aufopferung Amerikas.

Wir wissen nicht, was aus dem Mann wurde, der mit mir an jenem Abend den Song über Ira Hayes sang, zumindest weiß ich es nicht. Ich weiß nur, dass er und seine Kameraden im Morgengrauen Richtung Hue ausrückten. Ich habe keine Ahnung, wie viele von ihnen lebend zurückkehrten.

Das Schlimmste in Vietnam war für mich nicht der Anblick der Verwundeten und Toten. Es war der Anblick der großen Transportmaschinen, die hereingeflogen kamen, voll beladen mit frischen, neuen Jungs für den Krieg.

In den frühen Siebzigerjahren waren wir überall, im ganzen Land, auf der ganzen Welt, und »wir« waren ganz schön viele. Außer June, John Carter und mir hatten wir fast die ganze Familie Carter dabei, dazu die Tennessee Three, Carl Perkins, die Statler Brothers, Lou Robin, Mrs. Kelly und alle, die uns meiner Meinung nach nützlich sein konnten: Maskenbildner, Friseure, Sicherheitsleute und so weiter. Und eine Zeit lang flogen wir alle erster Klasse. Unsere Mannschaft alleine belegte auf manchen Flügen schon das gesamte Erste-Klasse-Abteil. Einmal saß ich auf meinem schönen großen Sitz und Muhammad Ali kam auf dem Weg zum Economyabteil an mir vorbei.

»*Jetzt* weiß ich, warum ich kein Ticket für die erste Klasse bekommen habe!«, sagte er. »Johnny Cash hat sie alle.«

Ich bot ihm meinen Sitz an und meinte es durchaus ernst, aber er lehnte ab.

»Nein, nein, ich werde Ihnen Ihren Platz nicht wegnehmen«, sagte er. »Ich werde keinem von euch den Platz wegnehmen. Ihr wart zuerst da, also bleibt sitzen und genießt es.« Er ist schon ein sehr netter und freundlicher Mann, nicht nur weil er mir meinen Sitz ließ. Er ist einfach ein toller Mensch. Er schrieb mir ein Gedicht, *Truth*, das ich heute noch in meinem Tresor aufbewahre. Eines Tages komponiere ich eine Musik dazu und nehme es auf.

Es war damals eine bewegte und anstrengende Zeit für mich. Oft war es ganz amüsant, aber manchmal kam es mir vor, als sei ich in dem Zug namens Johnny Cash nur noch ein Passagier, ohne Einfluss auf Ziel, Tempo und Fahrplan. Immerhin fuhr ich aber noch erster Klasse und das entschädigte für vieles. Wenn ich mir überlege, was andere Leute jeden Tag tun müssen, um sich ihren Unterhalt zu verdienen oder auch nur zu überleben, höre ich es nicht gerne, wenn Künstler darüber jammern, wie viel Stress mit ihrem allzu großen Erfolg einhergeht, und es ist mir auch ziemlich peinlich, wenn ich es selbst tue. Auf unserer Tour waren wir außerhalb der Schusslinie, keiner musste Angst vor Napalmbomben oder B-52-Angriffen haben, keiner wurde gejagt, keiner musste hungern, keiner wurde gefoltert.

Es war eine harte Zeit für mich. Ich habe hier einen meiner alten Terminkalender und die erste Januarwoche 1974 liegt aufgeschlagen vor mir. Ich entnehme ihm zum Beispiel, dass ich kurz nach Weihnachten meine Familie in Jamaika verließ und nach Kalifornien flog, um eine Folge von *Columbo* mit Peter Falk zu drehen. Während meines Aufenthaltes kam irgendwann Kris Kristofferson in mein Hotelzimmer und sang mir Steve Goodmans *City of New Orleans* vor, den Song, den ich, wie schon gesagt, zu meinem ewigen Bedauern ablehnte. Rosanne besuchte mich ebenfalls auf dieser Reise. Ich weiß noch, wie Rosanne, Kris und ich zusammensaßen und uns gegenseitig Lieder vorsangen.

Peter Falk war sehr nett zu mir. Ich war alles andere als ein selbstsicherer Schauspieler und er half mir jeden Tag mit irgendeiner Kleinigkeit weiter. Nur einmal wurde ich wütend auf ihn. Er erklärte mir, wie ich einen bestimmten Satz sagen sollte, und sagte: »Ich würde es so machen – oder wie ihr da unten es eben sagen würdet.«

Ich sah ihn nur an und sagte: »Nun, wir da unten würden es wahrscheinlich ziemlich genau so sagen wie ihr da oben.« Nur um ihn wissen zu lassen, dass ich nicht gerade frisch einer Farm entsprungen war – ich hatte durchaus schon Stadtboden betreten.

Im Drehbuch zu *Columbo* war auch eine Rolle für die Band vorgesehen, sie sollte auf dem Rasen *Sunday Morning Coming Down* spielen. Sie waren mit dem Flugzeug unterwegs zu uns, als ich erfuhr, dass Clayton Perkins, der jüngste und einzige noch lebende Bruder von Carl, der wildeste, lustigste und trinkfesteste von ursprünglich drei Brüdern, gestorben war. Er hatte sich erschossen – Unfall oder Absicht, wir werden es nie erfahren, denn er hatte ständig mit seinen Waffen herumgespielt und die Leute hatten ihm schon immer gesagt, dass er sich eines Tages dabei noch erschieße. Carl, der mit den Tennessee Three im Flugzeug saß, hatte noch nichts davon gehört.

Es war mir noch nie etwas so schwergefallen, aber ich musste es tun. Ich rief beim Flughafen an und sprach mit Fluke, sobald er aus der Maschine ausgestiegen war; ich erzählte ihm davon und bat ihn, Carl ans Telefon zu holen. Carl musste es noch dort übers Telefon erfahren, denn ich wusste, dass er sofort nach Tennessee würde zurückfliegen wollen.

»Carl...«, begann ich, als er ans Telefon kam.

»Ist irgendetwas passiert?«

»Etwas Schlimmes ist passiert, Carl.«

»Wer ist es? Meine Mutter?«

»Nein.«

»Mein Daddy?«

»Nein, Carl.«

»Oh nein. Es geht um Clayton, nicht wahr? Was ist passiert, John?«

»Carl, mir wurde gesagt, dass er sich umgebracht hat. Er hat sich im Bett mit seiner Pistole erschossen.«

Carl hatte den Hörer fallen lassen und weinte hemmungslos, aber schließlich kam Fluke wieder ans Telefon und sagte, er kümmere sich um einen Rückflug für ihn. Nachdem er das getan hatte, kam er nach Burbank und spielte mit Bob und Marshall zusammen die Szene für *Columbo*, ohne Carl.

Ich brachte meine eigene Arbeit zu Ende und ging dann zurück nach Jamaika, um noch ein paar Tage mit meiner Familie zu verbringen.

Das einzig Gute an der ganzen Situation war, dass Carl damals nichts trank. Ich kann mir nicht vorstellen, wie er in betrunkenem Zustand mit diesem schweren Verlust fertig geworden wäre. Nein, das stimmt nicht, ich kann es mir nur allzu gut vorstellen.

An dieser Stelle blättere ich etwas weiter, zum 31. März 1974. An diesem Tag gab ich ein Benefizkonzert für ein Heim für autistische Kinder in Sumner County, Tennessee. Das Heim bekam keine staatlichen Gelder, weil Autismus damals (und das ist auch heute noch so) bei niemandem auf der Wohltätigkeitsliste stand. Vom 2. bis 7. April trat ich mit der ganzen Mannschaft, einschließlich Carl, im Houston Music Theater auf. Am 10. und 11. war ich zu Hause, aber zum Arbeiten: Ich machte Aufnahmen in meinem Studio im House of Cash. In meinem Kalender steht allerdings nicht, *was* ich aufnahm, und ich kann mich auch nicht mehr daran erinnern. Am 12. April trat ich nachmittags bei uns in der

Nähe in Hendersonville ohne Gage bei einem Prediger namens James Robison auf. Ich tat das meiner Mutter zuliebe, die ihn sehr bewunderte und ihm bei seinem Karrierestart helfen wollte (er ist heute oft im Fernsehen zu sehen). Am selben Abend spielte ich nochmals ohne Gage für die Insassen des Tennessee State Prison.

An drei Tagen der darauf folgenden Woche, vom 15. bis 17. April, arbeitete ich an der Aufzeichnung einer TV-Sondersendung über die »Grand Ole Opry« mit. Am 19. und 20. hatte ich bezahlte Auftritte in Chattanooga und Johnson City, beide in Tennessee. Am 22. und 23. April war ich wieder im House of Cash, als Koproduzent für ein Album von Hank »Sugarfoot« Garland, zusammen mit meinem hauseigenen Tontechniker Charlie Bragg. Hank, einer der großen alten Gitarrenspieler, war nach einem schweren Autounfall eine Weile lang aus dem Geschäft gewesen und versuchte nun einen Neuanfang. Es waren gute Aufnahmesessions, wir brachten tolle Sachen aufs Band, fanden aber nie eine Plattenfirma, die sich dafür interessierte.

Zwei Tage später begann ein einwöchiger Gig im Hilton in Las Vegas und danach ging ich in Australien auf Tournee. So lief ein typischer Monat ab.

Damals wurde ich genauso heftig dafür kritisiert, dass ich in Las Vegas spielte und mit all den Huren und Spielern verkehrte, wie dafür, dass ich Gefängniskonzerte gab. Ich entgegnete, dass die Pharisäer das Gleiche über Jesus gesagt hätten: »Er aß mit Zöllnern und Sündern.« Der Apostel Paulus hat gesagt: »Ich bin allen alles geworden, damit ich auf alle Weise etliche rette.« Ich habe nicht die Berufung von Paulus – ich bin nicht allen alles, um sie für Christus zu gewinnen –, aber manchmal kann ich den Weg weisen. Manchmal gelingt es mir, einen Samen zu säen. Und Leute, die Wegmarkierungen setzen und Samen aussäen, sind sehr wichtig beim Aufbau des Himmelreichs.

Carl war ein Freimaurer geworden, nachdem er dem Alkohol entsagt hatte, und eine Zeit lang wollte er unbedingt, dass ich es auch versuchte. »Na los, John. Komm mit zu der Ortsgruppe in Hendersonville«, drängte er. »Lass mich dich den Männern dort vorstellen. Dann können sie ein Treffen einberufen und dich dazu einladen und das wird dein Leben verändern. Es wird eine tolle Sache, du wirst sehen.«

Schließlich stimmte ich zu und wir gingen zu den Freimaurern. Ich arbeitete mich händeschüttelnd durch den Raum und ich werde nie vergessen, wie diese Männer mich anschauten. Es war, als ob man sie dazu aufgefordert hätte, eine Klapperschlange zu küssen, und mir war eigentlich sofort klar, dass ich kein Freimaurer werden würde.

Sie hatten zweifellos ein bestimmtes Bild von mir im Kopf. Es war erst ein paar Jahre her, seit ich von den Pillen weggekommen war, und kaum länger, dass in jeder Zeitung des Landes ein Foto von mir erschienen war, wie ich in Handschellen ins Gefängnis abgeführt wurde, nachdem ich Amphetamine vom falschen Dealer gekauft hatte. Offensichtlich waren die Fortschritte, die ich seither gemacht hatte, nicht viel wert. Ich verließ den Ort mit einem reichlich unterkühlten »Sie hören von uns« im Ohr, das mir noch lange im Kopf herumschwirrte und mit kleinen geladenen Teilchen der Wut und Verlegenheit angereichert wurde. Und tatsächlich, nach ein paar Wochen kam ein Brief, der mich darüber informierte, dass mein Antrag »aus moralischen Gründen« abgelehnt worden war. Ich ließ meine Wut für eine Weile an den Wänden und Decken aus und rief dann Carl an, um meine Wut an ihm auszulassen. Ich sagte ihm, dass ich, solange ich lebe, nie wieder ein Wort von ihm über die Freimaurer hören wolle. Er hat sich daran gehalten.

Ich weiß nicht. Vielleicht wäre ich ein guter Freimaurer geworden.

Ich blättere weiter bis 1976, sehe eine lange Tournee durch Europa, einen Werbespot für Lionel Train, eine Mission für Billy Graham, ein Wohltätigkeitskonzert für Youth for Christ in Sacramento, eine Session mit Bob Luman im House of Cash, einen Werbespot für Victoria Station, noch ein Konzert ohne Gage in Davenport, Iowa für einen anderen Prediger, der mich dazu überredet hatte, sowie Konzerte, Konzerte und nochmals Konzerte: die Indian State Fair, die Nebraska State Fair, die South Dakota State Fair, Toronto, St. Paul, Wolf Trap – alles in allem zweiundfünfzig bezahlte Auftritte in der ersten Hälfte des Jahres. Für die Zweihundertjahrfeier ging ich in die Bundeshauptstadt, wo ich beim

Washington Monument ein Konzert gab und anschließend die Nachbildung der Freiheitsglocke läutete, die Großbritannien den Vereinigten Staaten zur Zweihundertjahrfeier geschenkt hatte. Ich schwang diesen Klöppel zweihundertmal vor einer riesigen, fröhlichen Menschenmenge im grellen Licht der roten, weißen und blauen Raketen. Die Glocke hatte einen sehr schönen Klang.

Selbst an diesem Abend starteten vom Washingtoner Flughafen, ganz in der Nähe der Innenstadt, Passagiermaschinen, die steil und mit voller Kraft nach oben zogen, wie in diesem Luftraum üblich. Für die Leute am Boden sah es so aus, als ob die Feuerwerkskörper den Flugzeugen am Himmel wie echte Raketen nachjagten. Die Leute waren begeistert: Sie lachten und jubelten jedes Mal, wenn eine Feuerwerksrakete explodierte und es wieder wie ein echter Volltreffer aussah. Der Krieg war damals natürlich schon vorbei.

DIE QUELLE DES GLAUBENS

Man könnte sagen, dass das Herz dieses alten Hauses in meiner persönlichen Privatbibliothek zu finden ist. Und man könnte auch sagen, dass Pop Carters Bücher die Herzstücke dieser Bibliothek bilden. In den späten Sechzigern begann er damit, sie nach und nach an mich weiterzugeben, wie Wegweiser zu den neuen Pfaden, die ich einschlug, und ich benutze sie heute noch auf meinen Entdeckungsreisen. Je tiefer ich dabei vordringe, umso häufiger stoße ich auf Dinge, über die ich nachdenken möchte, und andere, denen ich später nachgehen will – eine ewig faszinierende Reise, die in ihrem Reichtum meine kühnsten Vorstellungen übertrifft.

Die Bücher stehen im geistlichen Teil meiner Bibliothek, direkt neben meinen Geschichts- und Amerikaregalen: *The Life of Christ* von Fleetwood und der gleiche Titel von Farrar, *The Life and Acts of Paul the Apostle* von Conebere und Howsom, sämtliche Bibelkommentare von Lang, ungefähr dreißig Bände, verschiedene Bücher zu unterschiedlichen Aspekten des Heiligen Landes – Geschichte, Archäologie, die Kunst des Gartenbaus – und viele andere in dieser Art.

Man sieht ihnen ihr Alter deutlich an und sie haben diesen typischen alten Büchergeruch an sich, was auch kaum verwunderlich ist, da die neuesten von ihnen noch aus der Zeit vor Pop Carters Tod stammen, der mittlerweile über zwanzig Jahre zurückliegt. Aber verstaubt sind sie nicht. Ich lese sie. Ich kann nie genug über das Leben und die Zeit der frühen Christen erfahren, die Sitten und Gebräuche und die Traditionen der Juden in Palästina, die Politik des Römischen Reichs und die Nöte der christlichen Kirche im ersten Jahrhundert ihres Bestehens. Aus dem Glauben und dem Mut einiger dieser frühen Kirchenväter, die das Wort Gottes für uns lebendig hielten und sich im Angesicht von Folter und Ermordung weigerten, dem Evangelium abzuschwören, habe ich oft sehr viel Kraft geschöpft.

Es war Pop Carter, der mich dazu brachte, ernsthaft die Bibel zu studieren. Ich mochte ihn sehr gerne und lernte sehr viel von ihm in der Zeit nach meiner Rückkehr aus der Nickajack-Höhle. Er war ein Hobbytheologe und ein wissbegieriger, aber auch warmherziger und mitfühlender Mann, mit viel gesundem Menschenverstand. Außerdem war er ein großartiger Lehrer und Diskussionspartner. Er nährte und stimulierte meinen Hunger nach religiösen Erkenntnissen, was mich nach einer Weile dazu bewegte, mithilfe von Fernkursen ein systematisches Bibelstudium zu beginnen. June und ich belegten ein Studienprogramm und drei Jahre lang verbrachten wir einen Großteil unserer Zeit in Flugzeugen, Hotels und im Bus damit, unsere Lektionen zu lernen. Wir bestanden beide die Abschlussprüfung. Ich kann nicht für June sprechen, aber für mich war dieses Studium anregend und demütigend zugleich. Ich lernte gerade so viel, um zu erkennen, dass ich so gut wie gar nichts wusste.

Die Quelle des Glaubens ist tief und unergründlich und ihr entspringt so köstliches Wasser. Nicht zuletzt das hatten John Carter und ich im Sinn, als wir *Water from the Wells of Home* schrieben. Der Song war auch im übertragenen Sinn zu verstehen, nicht nur im wörtlichen.

> **As I stroll along the road of freedom**
> **Like a gypsy in a gilded cage**
> **My horizons have not always been bright,**
> **But that's the way that dreams are made.**
> **Days all seem to run together**
> **Like a timeless honeycomb;**
> **I find myself wishing I could drink again**
> **Water from the wells of home.**

I've seen all the shining cities
Lean against a yellow sky;
I've seen the down and out get better,
I've seen many a strong man die.
Oh, the troubled hearts and worried minds
And things that I've been shown
Keep me always returning
To the water from the wells of home.

Always pray to go back someday
To the water from the wells of home.

Während ich die Straße zur Freiheit entlangspaziere
Wie ein Zigeuner im goldenen Käfig
Ist mein Horizont manchmal verhangen,
Doch so entstehen Träume.
Die Tage scheinen miteinander zu verschmelzen
Wie eine zeitlose Honigwabe;
Ich spüre, wie ich mich danach sehne,
Wieder Wasser aus den Quellen der Heimat zu trinken.

Ich habe all die strahlenden Städte gesehen,
Die sich gegen den gelben Himmel lehnen;
Habe manchen armen Hund nach oben kommen sehen,
Habe viele starke Männer sterben sehen.
Oh, diese geplagten Herzen und gequälten Seelen
Und was ich sonst noch zu Gesicht bekommen habe
Lassen mich immer wieder zurückkehren
Zu dem Wasser aus den Quellen der Heimat.

Ich bete, dass ich eines Tages zurückkehren werde
Zu dem Wasser aus den Quellen der Heimat.

Ich glaube, es ist Gottes Wille, dass ich zufrieden, ja sogar glücklich bin. Und ich weiß aus Erfahrung, dass mein Glück am vollkommensten ist, wenn ich Gott am nächsten bin. Es ist also kein Wunder, dass ich so gerne die Bibel studiere. Es ist eine der Möglichkeiten, wie ich zur Quelle gelange.

Ich schäme mich heute nicht für meine Vergangenheit, aber ich trauere der Zeit nach, die ich verschwendet habe. Eine der Methoden, wie ich in dieser Beziehung an mir arbeite, ist, immer eine Bibel neben mir liegen zu haben, wenn ich den Fernseher einschalte. Ich surfe gerne durch die Kanäle, zappe alles durch, was gerade läuft, auf der Suche nach etwas, was mich fesselt – meistens auf A&E, CNN, PBS, dem Discovery Channel oder dem History Channel. Aber ich habe mir angewöhnt, den Fernseher sofort wieder abzuschalten, wenn ich nichts Interessantes finde, und meine Bibel in die Hand zu nehmen, entweder die alte King-James-Ausgabe oder die New-International-Ausgabe. Früher oder später stoße ich in einer der Ausgaben auf eine Stelle, die mich neugierig macht, und dann greife ich zur anderen, um zu sehen, wie es dort geschrieben steht. Dann lese ich dazu noch einen oder mehrere Kommentare, bis ich herausfinde, was es wirklich bedeutet. Nachdem ich erfahren hatte, was die Bibel eigentlich ist – das geschriebene Wort Gottes (zumindest das meiste davon) –, ist sie sehr wertvoll für mich geworden und unendlich faszinierend. Für jede Bibelstelle gibt es eine realistische Interpretation, aber ihre religiöse Bedeutung zu erfassen ist wirklich aufregend. Manchmal erkenne ich plötzlich, dass etwas, das ich mein Leben lang gehört habe, eine tiefere, herrlichere Bedeutung hat, als mir bisher bewusst war. Das ist immer ein besonderes Erlebnis, und mehr noch: Meist lerne ich in solchen Momenten wieder etwas Neues über uns Menschen und unser Leben in dieser Welt.

Hier in Bon Aqua oder zu Hause in Hendersonville beginne ich den Morgen gewöhnlich mit einem Kaffee, dann CNN und danach kommt die Bibel. Dann bin ich für den Tag gerüstet. Auf Tour lässt sich diese Gewohnheit nicht so ohne Weiteres beibehalten, aber normalerweise habe ich eine King-James-Bibel bei mir im Bus, und wo immer ich auch bin, habe ich meine elektronische Franklin-Bibel in der Tasche. Das ist ein wunderbares Gerät – man muss nur eintippen, wonach man gerade sucht, die Eingabetaste drücken und schon hat man die gewünschte Bibelstelle. Ich vertrete dieses Produkt offiziell und alles Gute, was man von mir darüber hört, kann man getrost glauben. Zu Hause verwende ich meistens das Thompson Chain Reference System.

Wenn ich heute Rat und Inspiration für mein Bibelstudium suche, wende ich mich vor allem an Jack Shaw, einen Freund und Pfarrer in Johnstown, Pennsylvania. Manchmal führen wir lange Gespräche miteinander. Manchmal rufe ich ihn aber einfach nur an und frage: »Hey Jack, was kannst du mir heute Gutes sagen?« Dann liest er mir eine Bibelstelle vor, die ihn gerade beschäftigt, und verabschiedet sich von mir, um mich die entsprechenden Kommentare studieren zu lassen.

Er ist durchaus nicht der einzige Gottesmann, der mir im Laufe der Jahre geholfen hat: Reverend John Colbaugh, der jetzt in Louisiana predigt, wurde ein enger Freund und war ein rettender Anker während meiner ersten Jahre in Hendersonville. Reverend Harry Yates, der Ehemann meiner Schwester Joanne, ist ein Mann, mit dem man sich wunderbar über religiöse Themen unterhalten kann, genau wie Joanne selbst: Vor ein paar Jahren legte sie erfolgreich ihre Magisterprüfung in Theologie ab. Und natürlich war und ist Reverend Jimmy Snow, dessen Kirchengemeinde in Nashville June und ich mehrere Jahre lang angehörten, ein großartiger Prediger und Lehrer. Mir scheint, Gott schickte solche Leute immer genau dann in mein Leben, wenn ich sie am meisten brauchte. Sam Phillips von Sun Records und George Bates von der Home Equipment Company waren in meiner Zeit in Memphis so etwas wie getarnte Engel. Meine geistlichen Freunde hingegen traten ganz offen als Engel in Erscheinung, das war sogar für mich nicht zu übersehen.

Der Film *Gospel Road* war, wie ich schon sagte, das ambitionierteste Projekt, das ich je in Angriff genommen habe. Die Idee dazu entstand während eines Urlaubs, den June und ich 1966 in Israel verbrachten, und in der Zeit nach meiner Rückkehr aus der Nickajack-Höhle, als ich meine Bibelstudien am intensivsten betrieb, nahm sie langsam Gestalt an. Die Werke, die ich las – vor allem die Kommentare aus dem 19. Jahrhundert, dem »Age of Higher Enlightenment«, wie es genannt wird, und auch Romane: *The Robe, Quo Vadis, The Silver Chalice, Pillar of Iron* –, zogen mich so tief in den Bann der Geschichte von Christus und seinem dreijährigen Wirken auf Erden, dass ich eigentlich gar nicht anders konnte, als die Geschichte in meinen eigenen Worten wiederzugeben. Ich begann zu schreiben, ohne eine konkrete Vorstellung zu haben, wohin mich das führen würde oder was ich, wenn überhaupt, mit dem Ergebnis machen würde.

Die Idee, nach Israel zu gehen und einen Film zu machen, ergab sich eines Morgens, als June aufwachte und mir von einem Traum erzählte, in dem sie gesehen hatte, wie ich auf einem Berg im Heiligen Land stand und über Jesus sprach. Das war wie ein Zeichen – eines von vielen – und so machte ich mich an die Arbeit. Ich konnte meinen Freund Larry Murray, neben Merle Travis Koautor meines Fernsehshowteils »Ride This Train«, für die Mitarbeit an diesem Projekt gewinnen und wir begannen damit, aus meinem schriftlichen Rohentwurf das Drehbuch zu erstellen. Im Herbst 1971 war es fertig. Ende November des gleichen Jahres machten wir uns auf den Weg nach Israel, um einen halb dokumentarischen 16-Millimeter-Film über das Leben Christi zu drehen. Wann immer es möglich war, filmten wir an den Originalschauplätzen.

Wir stürzten uns mit blindem Vertrauen in die Sache und brachten unsere eigenen Gelder und Mittel ein, ohne finanzielle Förderung durch Dritte und ohne irgendwelche Vereinbarungen mit Verleihfirmen getroffen zu haben. Wir nahmen fast vierzig Leute mit, fast alle, die im Musikgeschäft für mich arbeiteten. Viele von ihnen verzichteten auf Bezahlung, aber ich stellte allen die Reise, Unterkunft und Verpflegung. Ich tat das äußerst gerne. Damals flog mir das Geld nur so zu und ich konnte mir nichts Besseres vorstellen, als es auf diese Art auszugeben.

Wir drehten in Israel dreißig Tage lang mit zwei Kameras, die fast ununterbrochen im Einsatz waren – ein Albtraum, als es ans Schneiden ging –, und für mich waren diese Tage sehr intensiv und aufregend. Vieles von dem, was sich dort ereignete – alles unzweifelhafte Tatsachen –, erschien uns seltsam, ja richtiggehend mysteriös, magisch.

Es war nichts Weltbewegendes, nur eine Aneinanderreihung kleiner Begebenheiten, fast Tag für Tag. Als wir auf dem Berg Arbel filmten, mit Blick über Galiläa, kam June während der Arbeit zu mir und sagte:

»Das ist der Berg, von dem ich geträumt habe. Genau an dieser Stelle habe ich dich über Jesus sprechen sehen.« Als wir zu der Kirche auf dem Berg der Seligpreisungen kamen, die angeblich geschlossen war, trafen wir dort den Verwalter mit dem Schlüssel an. Er habe so ein Gefühl gehabt, sagte er, dass jemand in der Kirche filmen wolle, also sei er gekommen und habe auf uns gewartet. Und schließlich hatte es an neunundzwanzig von dreißig Tagen, die wir im Heiligen Land verbrachten, nicht geregnet, doch an dem einzigen Tag, an dem wir es brauchten, als wir nämlich die Szene drehten, in der Jesus den Sturm über dem See Gennesaret beruhigt, regnete es ein kleines bisschen, gerade lange genug. Wohin wir uns auch wandten, taten sich Türen auf – einige, die vorher verschlossen gewesen waren, und andere, von denen wir nicht einmal gewusst hatten, dass es sie gab.

Wir hatten ein paar wunderbare Helfer. Joe Jahshan aus Jerusalem, einer unserer Fahrer und Führer, hatte gute Beziehungen zu allen möglichen offiziellen Stellen der israelischen Regierung und obwohl das Nummernschild seines Autos ihn als Araber zu erkennen gab, kam er überall hin und konnte alles erreichen. Er ist ein großartiger Mensch. John Carter lernte ihn bei späteren Besuchen in Israel so schätzen, dass er und Mary ihren erstgeborenen Sohn Joseph nach ihm benannten. Unser anderer Fahrer, Shraga – Ben Joseph –, war Jude und hatte in der Armee gekämpft. Er konnte uns in Sperrgebiete wie die Golanhöhen bringen, wo im Sechstagekrieg die heftigsten Kämpfe stattgefunden hatten.

Schauspieler zu finden war nicht das geringste Problem.

Als wir zwölf Jünger brauchten, gaben wir in der *Jerusalem Post* eine Anzeige mit unseren Anforderungen auf und am Stichtag versammelten sich etwa fünfzig junge Männer im Foyer unseres Hotels. Es war eine höchst ungewöhnliche Ansammlung von Personen – Schweden, Dänen, Deutsche, Schweizer, Franzosen, Briten, Amerikaner, Aussteiger und Kriegsdienstverweigerer, Suchende, Abenteurer und Leute, die diesem oder jenem entfliehen wollten. Einige von ihnen waren halb verhungert und schliefen auf der Straße, keiner hatte Geld oder ein Einkommen –

und es war nicht schwer, die Gesichter unserer Jünger aus ihrer Mitte auszuwählen. Einer war eindeutig Jakobus, ein anderer Johannes, der war Matthäus und dieser hier war Markus. Der junge Mann, der wie Petrus aussah, stellte sich glücklicherweise als professioneller Schauspieler heraus – es war Paul Smith – und er war wirklich sehr gut. Wir waren sehr zufrieden mit den Männern, die wir ausgewählt hatten. Sie machten ihre Sache gut, in Jericho, in Nazareth, überall.

Sowohl Larry Murray als auch unser Regisseur Bob Elstrom leisteten in Israel hervorragende Arbeit und Bob und seine Cutter vollbrachten danach wahre Wunder im Schneideraum. Sie machten aus Tausenden von Filmmetern, das meiste davon vor Ort mehr oder weniger improvisiert, ein in sich geschlossenes Werk. Das Ganze lief also wider Erwarten gut, sogar sehr gut. Der Film wird immer noch gezeigt, die Billy Graham Evangelistic Association verleiht ihn.

Das andere Projekt, das aus meinen Bibelstudien hervorging, war mein Roman *Man in White*. In meinem letzten Fernkurs ging es um das Leben des Heiligen Apostel Paulus, der mich ungeheuer faszinierte. Schließlich kam mir der Gedanke, dass ich seine Geschichte auf die gleiche Art verarbeiten könnte wie die Geschichte von Jesus in *Gospel Road*: sie auf meine Art zu erzählen, für mich selbst und für jeden, der sich vielleicht dafür interessierte. Ich hatte noch nie einen Roman geschrieben, deshalb entschied ich mich für diese Form.

Ich brauchte sehr lange, viele Jahre, in denen ich meine Energien immer mal wieder für kurze Zeit darauf konzentrierte, um sie dann wieder anderen Dingen zuzuwenden – Musik, Drogen –, aber ich blieb dran und schließlich wurde der Roman doch noch fertig. Er wurde 1986 veröffentlicht, was mich zum ersten Romanschriftsteller der Familie machte (wenngleich auch nicht zum letzten und, wie ich nach der Lektüre von Rosannes Werken vermute, auch nicht zum gefeiertsten). Der Titel *Man in White* ist angelehnt an die Vision, die Paulus auf der Straße nach Damaskus hatte, das Ereignis, das dazu führte, dass er sein Leben Christus widmete. Wie bei *Gospel Road* brachten mir der Schaffensprozess und die spätere Veröffentlichung tiefe Erfüllung. Es war, als könne ich dadurch etwas von dem zurückgeben, was die Geschichte von Paulus mir gegeben hatte.

Was mich an Paulus außer seinem dramatischen Bekehrungserlebnis so faszinierte, waren die harten Glaubensprüfungen, die er zu bestehen hatte – er wurde schiffbrüchig, wurde mit Ruten geschlagen, in siedendes Öl geworfen, von einer Schlange gebissen, gesteinigt und einfach liegen gelassen, als man ihn für tot hielt –, und doch war er immer noch in der Lage, sein Los zu akzeptieren, weil er an Jesus Christus glaubte. Das würde ich auch gerne sagen können.

Interessant, zumindest für mich, waren auch die Parallelen zwischen Paulus und mir. Er zog aus, um die Welt im Namen Jesu Christi zu erobern. Wir im Musikgeschäft, oder zumindest diejenigen unter uns, die einen ähnlichen Drang verspüren wie ich, wollen, dass unsere Musik auf der ganzen Welt gehört wird. Er war ein Mann, der ständig missionarisch tätig war, einer, der sich nie Ruhe gönnte, der mal hier, mal dort war, dies anfing und jenes plante. Ein bequemes, zurückgezogenes Leben kam für ihn nicht infrage, genauso wenig wie für mich. Es ist mir viel wichtiger, weiterzuziehen auf den mir bekannten Straßen und auf all den neuen, die sich mir vielleicht noch offenbaren, und zu versuchen, an jene Kraft heranzukommen, die Paulus gefunden hatte: die Kraft Gottes, die in mir und die für mich da ist, wenn ich nur danach suche.

⌒ GLAUBE, LIEBE UND ZWEIFEL

Was unsere theologischen Kenntnisse angeht, stehen June und ich auf einer Ebene, doch im Gegensatz zu mir ist sie eine passionierte Beterin. Sie ist sogar so gut im Beten, dass ich mich manchmal dabei ertappe, wie ich denke, dass ich vielleicht gar nicht beten muss, weil sie ja schon für mich betet. Das ist natürlich ein gefährlicher Gedanke und einer der Gründe, warum sie so heftig für mich beten muss.

Immerhin ist das Erste, was ich morgens nach dem Aufwachen sage, noch bevor ich aus dem Bett steige, und zwar egal ob June bei mir ist oder nicht: »Guten Morgen, lieber Gott.« Dann, wenn ich auf den Füßen bin, sage ich: »Gelobt sei Gott.« Ich weiß, das ist nicht viel – es ist nicht die Art von Beten, wie Jesus sie uns gelehrt hat –, aber es ist meine Art, sofort Kontakt zu meinem Schöpfer herzustellen. Und irgendwann im Laufe des Tages schaffe ich es gewöhnlich auch, das Vaterunser aufzusagen, und sei es nur still in Gedanken.

In den Sechzigerjahren hieß es in der Öffentlichkeit, June habe mir das Leben gerettet, und manchmal höre ich heute noch, dass es ihr zu verdanken sei, dass ich noch am Leben bin. Das stimmt vielleicht, aber nach allem, was ich über Sucht und Überleben gelernt habe, ist mir vollkommen klar, dass das einzige menschliche Wesen, das dich retten kann, du selbst bist. Was June für mich getan hat, war, mir immer wieder die Richtung zu weisen, mich aufzurichten, wenn ich schwach war, mir Mut zu machen, wenn ich entmutigt war, und mich zu lieben, wenn ich mich alleine fühlte und mich ganz und gar nicht liebenswert fand. Sie ist die wunderbarste Frau, die ich je kennengelernt habe. Keine andere, außer meiner Mutter, kommt auch nur annähernd an sie heran.

Ich würde am liebsten in die ganze Welt hinausposaunen, wie großartig sie ist. Sie ist geistreich und intelligent. Sie hat eine enorme Persönlichkeit. Sie ist sehr umgänglich, weil sie großen Wert darauf legt, es zu sein. Sie liebt. Sie teilt. Das Wichtigste aber ist, dass sie mich liebt und dass ich es weiß. Ich habe das oft ausgenutzt – weil ich wusste, dass sie mich liebte, konnte ich mir einiges herausnehmen –, aber auch das ist ein gefährlicher Gedanke und es ist einer der Gründe, warum sie mich so sehr lieben muss. Heute mache ich das nicht mehr so oft. Vielleicht hat sie das mit ihren Gebeten bewirkt.

June ist unglaublich stark, sie ist mein Fels in der Brandung. Sie ist meine treibende Kraft. Wenn ich mich mit Leuten unterhalten muss und meine Schüchternheit wieder in mir hochkommt, hält sie meine Hand, tritt etwas mehr in den Vordergrund und macht es mir dadurch möglich, wenn auch nicht leicht, mich wenigstens so taktvoll zu benehmen, dass ich die Gefühle der Menschen nicht verletze. Wie ich schon sagte, auf der Bühne vor zehntausend Leuten, die ich nicht kenne, fühle ich mich absolut wohl, aber wenn ich es hinter der Bühne mit nur zehn Leuten zu tun habe, bin ich die Unbeholfenheit in Person. June achtet immer darauf, dass ich das Richtige zu essen bekomme, wenn mir danach zumute ist. Sie mag die gleiche Art von Filmen wie ich und die gleichen Fernsehsendungen.

Sie hat Charme, sie hat Verstand, sie hat Stil, sie hat Klasse. Sie hat Silber, sie hat Gold, sie hat Juwelen, sie hat Möbel, sie hat Porzellan ... – sie hat den schwarzen Gürtel im Einkaufen.

Es gibt keine Frau auf der ganzen Welt, mit der ich besser zusammenleben könnte, wahrscheinlich, weil ich sie so gut kenne und weil sie mich so gut kennt und wir prächtig miteinander auskommen. Wenn wir das Gefühl haben, dass irgendwelche Spannungen zwischen uns bestehen, dann reden wir darüber und klären es oder ich mache einen Spaziergang und sie fährt mit dem Auto durch die Gegend, bis es vorüber ist. Großvater Rivers hat mir das beigebracht – »Deine Großmutter und ich haben uns nie gestritten, aber ich habe eine Menge Spaziergänge gemacht«, sagte er, und so gehts mir auch. Bis ich dann wieder zurück bin, sehe ich das Problem mit anderen Augen, genau wie June. Was ich auch tue, ich versuche, nicht mehr so in die Luft zu gehen wie früher, nicht mehr sofort zu explodieren und wütende und verletzende Dinge zu sagen. Denn dann sind die Schmerzen zugefügt, der Schaden ist angerichtet und nichts kann sie mehr ungeschehen machen, egal wie viele Wiedergutmachungsversuche ich unternehme. Inzwischen muss ich auch nur noch selten davonlaufen. Junes und mein Zusammenleben ist im Allgemeinen sehr harmonisch, sowohl zu Hause als auch in Gesellschaft und bei der Arbeit.

Sie ist eine sehr aktive Künstlerin und es ist mir sehr wichtig, sie bei meinen Konzerten dabeizuhaben. Schon seit 1961 haben wir diese besondere Beziehung zueinander, und ich habe einfach keine Lust zu reisen, wenn sie nicht mitkommen kann. Sie ist fast immer dabei. Sie ist meine Lebensgefährtin, eine wunderbare Gefährtin. Sie ist sehr liebevoll, vor allem mir gegenüber, und sehr freundlich – es gibt Menschen, die können liebevoll, aber nicht freundlich sein, aber sie ist liebevoll und freundlich. Sie tut, was sie kann, um mir das Leben zu erleichtern. Sie ist eine gute Frau. Sie hat Niveau. Sie hat Tradition. Sie hat Würde. Sie hat Porzellan ...

Wenn wir von einer Tour zurückkommen, brauchen wir beide Zeit für uns selbst und etwas Abstand voneinander. Dann packe ich meinen kleinen Koffer und fahre hier raus auf die Farm und sie packt ihren Koffer und fährt nach New York City. Ich glaube, es ist wichtig für Ehepartner, einen Teil ihrer Freizeit auch mal getrennt voneinander zu verbringen. Ich habe das an meiner eigenen Ehe gesehen und es steht schon in der Bibel. Paulus ermahnte uns, einige Zeit getrennt zu verbringen, damit unser Zusammenkommen um so intensiver wird. June und ich lassen es aber nie sehr lange werden. Gewöhnlich sind wir schon nach zwei oder drei Tagen wieder so weit, dass wir zusammensein wollen.

Sie fährt gerne zum Einkaufen nach New York. Sie liebt es, mit ihren Lieblingsjuwelieren im Diamantenviertel Geschäfte zu machen, mit ihnen zu handeln und zu feilschen und dann mit all ihren günstigen Einkäufen und all dem gesparten Geld wieder nach Hause zu kommen – sie spart mir manchmal so viel Geld, dass ich gar nicht mehr weiß, wie ich es ausgeben soll.

Ich habe nichts dagegen, wirklich nicht! Sie hat sich den schwarzen Gürtel redlich verdient. Es ist ihr gutes Recht und ihr Privileg. Sie steckt genauso viel Zeit in das Familienunternehmen wie ich, und ich bin überglücklich, das Ganze mit ihr teilen zu können.

Wir zwei sind uns inzwischen so nahe, so vertraut. Ich glaube, das könnte durchaus etwas mit ihren vielen Gebeten zu tun haben. Ich sehe sie allerdings nie beten, jedenfalls nicht so offensichtlich. Manchmal, zum Beispiel im Flugzeug, sehe ich, wie sie mit geschlossenen Augen dasitzt und ihre Lippen sich bewegen, und ich glaube, dann betet sie.

Ja, wir sind uns wirklich sehr nahe. Wann immer ich vor einer beruflichen Entscheidung stehe, erzähle ich ihr davon und will ihre Meinung dazu hören, denn ich weiß, dass sie sowohl objektiv als auch ehrlich zu mir sein wird. Und sie ist immer die Erste, die alles erfährt, was mein Leben betrifft. Sie fällt nie ein vorschnelles Urteil. Sie lässt mir mein kleines Maß an Würde und Stolz, sowohl in unserer eigenen Beziehung als auch in unserer Beziehung zur Außenwelt. In meinen Augen ist sie alles, was eine Ehefrau sein sollte. Wir schlafen zusammen, wir spielen zusammen, wir reisen zusammen, wir arbeiten zusammen und wir haben beide unseren speziellen Platz gefunden, wo wir hingehören, mit Leib und Seele.

Ich selbst bin auch nicht schlecht im Einkaufen – an June komme ich zwar nicht heran, aber ich bin auch nicht völlig unbegabt. Als ich noch jünger war, legte ich mir eine recht beeindruckende Waffensammlung zu, vorwiegend klassische amerikanische Stücke aus dem 19. Jahrhundert, Single-Action-Revolver von Colt und Ähnliches. Die meisten habe ich nicht mehr. Heute schaue ich mich lieber nach Büchern um. Wenn ich nach New York gehe, zieht es mich vor allem in die vielen Antiquariate und Spezialbuchhandlungen. Gewöhnlich übernachten wir in Midtown Manhattan in einem der Hotels rund um den südlichen Central Park. Das ist ein hervorragender Standort für einen Bücherfreund wie mich. Wenn man die 57. Straße und die Fifth Avenue entlangspaziert, können sich alle möglichen Schätze vor einem auftun. Als ich das letzte Mal dort war, habe ich mir eine sehr gute Ausgabe von Trails *Works of Josephus* gekauft, meiner Ansicht nach eine viel bessere Übersetzung als die von Whiston.

Eines Sonntagmorgens lief ich mit June die 57. Straße entlang, als wir zufällig auf die First Baptist Church of New York stießen. Wir hatten sie früher nicht bemerkt, weil ihr Eingang gar nicht nach einer Kirche aussieht. Wir sahen draußen auf einem Schild, dass gleich ein Gottesdienst begann, also gingen wir hinein und dann geschah etwas sehr Merkwürdiges. Die Gemeinde saß bereits, als wir hereinkamen, aber etwa in der Mitte des Ganges hatte sich ein kleiner Junge umgedreht und beobachtete den Eingang. Er sah uns, sprang sofort auf und schrie: »JOHNNY CASH! Johnny Cash ist zu mir in die Kirche gekommen!«

Wie der Zufall es wollte, waren die einzig freien Sitzplätze direkt neben ihm und seinen Eltern, also setzten wir uns dorthin. Erst jetzt sahen wir, dass der Junge geistig behindert war. Er war furchtbar aufgeregt. »Ich habe es euch gesagt!«, sagte er immer wieder zu seinen Eltern. »Ich habe euch gesagt, dass er kommt!«

Der Prediger kam zu uns herüber und erklärte uns, dass der Junge tatsächlich seinen Eltern und der ganzen Gemeinde immer wieder erzählt hatte, dass ich in diese Kirche kommen, mich neben ihn setzen und mit ihm die Andacht verrichten würde. Und genau das tat ich. Neben ihm zu sitzen war eine echte Freude. Er war so glücklich.

Als der Gottesdienst vorbei war, liefen wir mit ihm und seinen Eltern bis zur nächsten Ecke und sie erzählten uns den Hintergrund der Geschichte. Sie seien Juden, sagten sie, aber ihr Sohn habe beschlossen, Christ zu werden, nachdem er ein paar meiner Gospelaufnahmen gehört habe. So kam es, dass sie an einem Sonntagmorgen in einer christlichen Kirche waren. Sie waren genau in dieser christlichen Kirche, weil er wusste, dass ich hier zur Tür hereinkommen würde.

Mit zwölf war ich ziemlich durcheinander. Mein Vater wurde erst zum Christen, nachdem mein Bruder Jack im Jahre 1944 gestorben war.

**Johnny Cash mit Sohn
John und Ehefrau June
am Flughafen Berlin
Tempelhof, 1972**

Die Frage ist, was war er vorher gewesen? Im höheren Alter wurde er einer der liebsten, freundlichsten Menschen, die ich je gekannt habe – besonders während der letzten paar Monate, als er jedem, der ihn im Krankenhaus besuchte, seine Liebe und sein Interesse zeigte –, aber ich erinnerte mich noch an Zeiten, als er sehr schroff sein konnte.

So sagte er mir zum Beispiel zum ersten Mal, dass er stolz auf mich ist, als ich angefangen hatte, Platten zu machen. Er sagte mir nicht ein einziges Mal, dass er mich liebt, und er hatte nie eine liebevolle Geste für eines von uns Kindern übrig. Er sagte einmal, er brauche den Menschen nicht zu sagen, dass er sie liebe, denn sie wüssten es auch so, und vielleicht stimmte das auch. Und doch hätte es mir furchtbar viel bedeutet, es nur ein einziges Mal zu hören, bevor er starb.

Zu meinen eindringlichsten Kindheitserinnerungen, und mit Sicherheit zu meinen schlimmsten, gehören die Zeiten, in denen er betrunken nach Hause kam. Ich weiß noch, wie ich eines frühen Morgens aufwachte, als ich acht Jahre alt war, und hörte, wie er Moma anschrie, wie er herumtobte und fluchte. Er hörte gar nicht mehr auf, wütete herum, schnitt ihr das Wort ab, wenn sie etwas erwidern wollte, bis er schließlich sagte, er habe jetzt genug, er werde sie verprügeln.

Er wollte schon auf sie losgehen, aber Jack, der schon aufgestanden war, hielt ihn zurück. Jack war erst zehn, aber er erhob sich von seinem Platz am Tisch und sagte: »Bevor du Moma schlägst, musst du erst mich schlagen. Du wirst Moma nicht schlagen. Du glaubst vielleicht, dass du Moma schlagen kannst, aber das wirst du nicht tun, Daddy. Erst musst du mich schlagen.«

Daddy stürmte durch die Hintertür raus auf die Felder. An Jack oder mich legte er nie Hand an.

Ich habe es heute noch als den schlimmsten Albtraum meiner Kindheit in Erinnerung, meine Mutter und meinen Vater streiten zu hören. Der Grund dieser Auseinandersetzung war Momas Wunsch, wieder ins Bergland zu ziehen, wo ihre Familie lebte. Daddy war nicht dazu bereit. Er tötete auch meinen Hund. Es war ein streunender Hund, den ich auf der Straße, die nach Dyess hineinführt, aufgegriffen hatte, als ich fünf war. Daddy nannte ihn Jake Terry, nach dem Mann von der Farmhausverwaltung in Dyess. Daddy hielt nicht besonders viel von Mr. Terry und er tötete dessen hündischen Namensvetter, als er etwa ein Jahr lang bei mir gewesen war. Er sagte, er habe es getan, weil der Hund die ganzen Essensreste fresse, die die Schweine bekommen sollten, damit sie fett wurden. Zuerst gab er es nicht einmal zu. Ich kam eines Tages von der Schule heim und rief Jake Terry, aber der kam nicht. Also zogen Jack und ich los, um ihn zu suchen. Wir fragten Daddy, als wir bei ihm vorbeikamen, ob er ihn gesehen habe. Er sagte Nein. Schließlich fanden wir ihn ganz am Ende der Baumwollreihen, auf der anderen Seite eines flachen

Bewässerungsgrabens, tot, mit einer 22er-Kugel im Kopf. Ich glaube, ich muss nicht erzählen, wie ich mich damals fühlte. Ich war fünf und er war mein Hund.

Ich hatte Angst, Daddy darauf anzusprechen, aber Jack nicht. Er ging schnurstracks zu ihm hin und sagte: »Wir haben Jake Terry dort hinten am Graben gefunden.«

Daddy sah auf und sagte: »Ja, ich habe ihn getötet. Ich wollte es euch Jungs eigentlich nicht sagen, aber wir konnten hier einfach nicht noch einen Hund gebrauchen.« Wir hatten bereits einen Hund, der Ray hieß, nach Daddy.

Ich hatte ein Gefühl, als wäre an diesem Morgen die Welt für mich untergegangen – nichts war mehr sicher, das Leben war nicht sicher. Es war ein beängstigendes Erlebnis und ich brauchte lange, um darüber hinwegzukommen. Es war ein Schmerz, der ganz tief saß, der heute noch da ist.

Nach Jacks Tod hörte Daddy auf zu trinken und 1945 nahm er in der Kirche ein Amt als Diakon an. Wenn er aufgefordert wurde, in Abwesenheit des Pfarrers zu predigen, sagte er: »Ihr habt mich gebeten, heute zu predigen, und ich kann eure Bitte nicht ausschlagen, aber ich verdiene es nicht, hier zu stehen. Ich bin ein schlechter Mann. Ich war schon immer schlecht. Ich verdiene es nicht, auf dieser Kanzel zu stehen.«

Ich fand, dass er es verdiente. Sein Thema war eine Passage aus dem zweiten Buch der Chronik – »Wenn mein Volk, über das mein Name ausgerufen ist, sich demütigt, dass sie beten und mein Angesicht suchen und sich von ihren bösen Wegen bekehren, so will ich vom Himmel her hören und ihre Sünde vergeben und ihr Land heilen« –, und er erzielte eine große Wirkung. Er schrie nicht, sondern er war ruhig, beherrscht und zurückhaltend. Ich war beeindruckt und ich glaube, die Gemeinde war es auch. Ich fand es wunderbar, ihn auf der Kanzel zu sehen.

Er blieb viele Jahre lang vollkommen trocken, aber schließlich fing er doch wieder an zu trinken. Er konnte es nicht regelmäßig tun, denn meine Mutter duldete keinen Alkohol im Haus, aber wann immer sich eine Gelegenheit bot, war er sofort zur Stelle.

Ich muss nicht die Sünden meines Vaters mit mir herumtragen und ich trage nicht seine Schuld. Manchmal kommt es mir vor, als ob ich nicht mal mit ihm verwandt wäre. Und dann denke ich wieder: »Also, das ist doch ein Kerl ganz nach meinem Geschmack.« In puncto Männlichkeitswahn macht es, glaube ich, keinen großen Unterschied (obwohl es einen gibt), ob man einen Hund tötet oder ein Hotelzimmer zertrümmert. Ich vermute, dass ich meinen Hang zur Sucht von meinem Vater geerbt habe. Es ist sein Vermächtnis, aber ich trage die Verantwortung dafür.

In gewisser Weise ist mein Vater mir ein Rätsel. Das Bild, das ich von ihm in Erinnerung habe, ist Furcht einflößend, und doch ist es flüchtig, etwas, von dem ich mich abwenden und über das ich, manchmal, sogar lachen kann. Neulich abends auf der Bühne beschloss ich zum Beispiel, *These Hands* zu spielen, und sagte: »Ich widme diesen Song meiner Mutter und meinem Vater, die sehr hart dafür gearbeitet haben, mir eine Schulbildung zu ermöglichen, und die mich dazu ermutigt haben, mein Glück als Sänger zu versuchen.«

Sofort spürte ich meinen Vater neben mir, der protestierte: »Ich habe dich dazu nicht ermutigt!« Er hatte natürlich recht – seine Einstellung war immer gewesen: »Du wirst es nie zu etwas bringen. Vergiss die Gitarre« – und ich hätte beinahe laut losgelacht, vor all den Leuten.

Ich weiß nicht recht. Ich denke nicht mehr viel an ihn. Ich komme fast jeden Tag am Friedhof vorbei, wenn ich zu Hause am Old Hickory Lake bin, aber ich gehe nicht zu seinem Grab. Er verfolgt mich nicht in meinen Gedanken. Andererseits ist er das interessanteste Gespenst in meinen Erinnerungen, er baut sich vor mir auf und sagt: »Versuch du mich erst mal zu begreifen, mein Sohn.«

Ich versuchte es natürlich ständig. Den größten Teil meines Lebens versuchte ich, so gut es ging, mich an den Mann zu erinnern, der die Predigt gehalten hatte, an den Mann, der mich auf seinen Knien gehalten hatte, aber in den letzten Jahren fiel es mir immer schwerer, an seine Bekehrung und vor allem seine Sühne zu glauben. Ich frage mich: *Ist mein Vater erlöst oder nicht? Ist ihm etwas widerfahren, das ihn für das Reich Gottes würdig werden ließ, oder ist ihm nichts widerfahren, sodass er dessen unwür-*

dig war? Wurde er gerechtfertigt? Wurde er durch die Rechtfertigung geheiligt? Denn genau darum geht es bei der Rechtfertigung und Vergebung von Sünden. Der Weg führt von der Buße über die Rechtfertigung zur endgültigen Heiligung – durch die Rechtschaffenheit vor Gott.

War Daddys Bekehrung echt, und wenn sie es war, warum konnte ich das nicht immer erkennen, nicht nur dann, wenn er sich erhob und aus dem zweiten Buch der Chronik predigte?

Die Frage beschränkt sich auch nicht nur auf ihn. Ist es bei mir genauso? War ich schlecht, änderte mich dann aber, hielt mich an die Regeln und wurde ein frommer Mann, um anschließend wieder den Halt zu verlieren und zu fallen und wieder ein schlechter Mann zu werden? Und wie oft nahm Gott mich schon an der Hand, vergab mir, brachte mich wieder auf den rechten Weg und ließ mich wissen, dass alles in Ordnung ist? Widerfuhr all das auch Daddy? Und wenn es so war, wie wurde er von seinen Sünden freigesprochen? Wurde er vor sich selbst freigesprochen? Wurde er je vor sich selbst freigesprochen? Ich werde es nie wirklich wissen, aber ich glaube es nicht.

Und was ist mit mir? Gibt es für mich den Weg von der Erlösung zur Vergebung meiner Sünden vor Gott?

Nein, die Verantwortung für meine Taten fängt bei mir an. Ich glaube nicht, dass ich Himmel oder Hölle von jemand anderem erben kann.

1 EIN TAG IN TENNESSEE

Ein neuer Tag in Tennessee, ein schöner Tag. Ich gehe aus Captain Weems Haustür hinaus, steige in den Range Rover und mache eine Spazierfahrt.

Es ist ein großes Stück Land. Ich fahre das hintere Weideland hinauf, über den Bergrücken, in den Wald, an dem kleinen Fluss entlang und wieder hoch in den Wald zu dem alten Familienfriedhof, auf dem Captain Weems und seine Familie ruhen. Ich lege hier gern eine Pause ein: Es ist einer dieser besonders friedlichen Orte zum Nachdenken, erholsam und faszinierend zugleich. Er strahlt eine vollkommen andere Atmosphäre aus als ein anderer Ort in der Nähe, zu dem ich auch gerne gehe, die Überreste einer winzigen Ortschaft, die 1912 von ihren Einwohnern verlassen wurde. (Ich weiß nicht warum. Irgendjemand weiß es sicher, ich nicht.)

Dort hat man das Gefühl, dass das menschliche Leben eher unterbrochen als zur letzten Ruhe gebettet wurde. Man rechnet ständig damit, durch die Bäume hindurch Kinderstimmen zu hören, den Klang einer bimmelnden Essensglocke oder das dumpfe Schlagen einer Axt, mit der Brennholz gehackt wird, obwohl man allem deutlich ansieht, dass hier kein Mensch mehr lebt. Es ist ein merkwürdiges Gefühl. In der Nähe des einstigen Schulhauses – das jetzt bis auf die Grundmauern niedergerissen ist – hat irgendjemand im ersten Jahrzehnt dieses Jahrhunderts ein Spielfeld auf dem mehr oder weniger ebenen, gerodeten Boden angelegt und alte Reifen zur Markierung der Male verwendet und diese Reifen liegen heute noch da. Die Leute ließen sie einfach dort liegen und als die Natur begann, das Land zurückzuerobern, wurden sie von Pflanzen überwuchert. Dort, wo früher das zweite Mal war, steht jetzt eine zwölf Meter hohe Ulme, deren Stamm von einem intakten Autoreifen aus der Zeit vor dem ersten Weltkrieg umschlossen ist.

In diesem Wald gibt es edles Holz: Tulpenbaum, Weißeiche, Schwarzeiche, Hickory, Ulme, Zeder, Esche. Unten im Tal müssen an die zweihundert Tulpenbäume stehen, über dreißig Meter hoch und kerzengerade gewachsen. Ein paar davon würden ausreichen, um daraus eine Villa zu bauen. Vor mehreren Jahren habe ich mir hier zwei Parzellen Land gekauft und ich sitze einfach dort und beobachte, wie der Wert des Bodens mit den Bäumen wächst, bis er irgendwann so wertvoll ist, dass ich es nicht mehr rechtfertigen kann, ihn zu behalten. Nicht dass wir das Land besitzen würden – um es noch einmal zu sagen –, aber so gehen wir Menschen nun mal damit um, also tue ich es auch.

Als ich in den späten Fünfzigern mit meinem nagelneuen Cadillac meinen Onkel Edgar besuchte, unterbrach er sein Dominospiel immerhin lang genug, um mir zu sagen: »Also, ich weiß nicht. Du scheinst eine Menge Geld zu verdienen, aber ich hoffe nur, dass du eins damit machst.« Dann legte er eine Pause ein und wartete auf meine Frage.

»Und zwar?«

»Land kaufen.«

Ich schenkte diesen Worten damals keine Beachtung, aber heute tue ich das schon. Selbst wenn es inzwischen zu spät ist, als dass es mir noch etwas nützen könnte; meine Enkel werden auf jeden Fall davon profitieren.

Er gab mir noch einen Rat, den ich nicht befolgte. »Was du auch tun solltest, ist Gold kaufen«, sagte er. »Im Moment ist es von der Regierung auf fünfunddreißig Dollar pro Unze festgesetzt. Aber sie wollen von der Goldwährung abgehen und dann wird der Goldpreis in den Himmel schießen. Jeder, der viel Gold hat, wird urplötzlich sehr reich werden, quasi über Nacht.«

Er hatte recht. Ich hätte wirklich auf ihn hören sollen.

Ich weiß meinen Range Rover sehr zu schätzen. Es ist ein besonderes Fahrzeug mit einer besonderen Geschichte.

Der Range Rover mit Dschungelmotiv, 1996

Als ich einen Wagen mit Allradantrieb brauchte und beschlossen hatte, dass es auf jeden Fall ein Range Rover sein müsste, blätterte ich den *Robb Report* durch, als ich plötzlich das Foto von einem Auto sah, das ich unbedingt haben wollte. Es war ein 89er-Modell, das in der französischen Produktion des Films *Das Dschungelbuch* zum Einsatz gekommen war, und es hatte genau die richtige Lackierung: In Mattschwarz, meiner Lieblingsfarbe, grundiert, war er über und über mit handgemalten Dschungelpflanzen und -tieren in leuchtenden Farben bedeckt, ein bisschen rousseaumäßig, aber primitiver (für die Kunstliebhaber unter meinen Lesern). Und es war ein absolutes Schnäppchen! Nur 23 000 Dollar und er würde mir gehören. Außerdem entsprach dieser Preis zufälligerweise genau dem Geldbetrag, den ich, wie mir mein Bruder Tommy als Erbschaftsverwalter des Vermögens unserer Mutter gerade mitgeteilt hatte, demnächst mit der Post erhalten sollte. Alle rechtlichen Angelegenheiten waren inzwischen geklärt worden und das war mein Anteil. Überdies war der Händler nur ein paar Hundert Meilen entfernt in Memphis.

Ich rief ihn an und natürlich hatte er den Wagen noch. Wie hätte es auch anders sein können, wo doch bisher alles so wunderbar für mich gelaufen war.

»Ich will diesen Range Rover«, erzählte ich ihm. »Meine Mutter hat ihn mir gekauft.«

Eltern Ray und Carrie Cash

Meine Mutter starb im März 1991, nachdem sie mich ein Leben lang in meiner Musik bestärkt, für mein Wohl gebetet und mir und all ihren Kindern geholfen hatte, wo sie nur konnte. Ungefähr die letzten zehn Jahre ihres Lebens arbeitete sie im House of Cash, wo sie den Geschenkladen führte. Der Laden war eigentlich ihre Idee gewesen. Als wir in das Gebäude einzogen und unsere Büros und das Aufnahmestudio einrichteten, kam Moma auf die Idee, dass wir einen Teil des Gebäudes der Öffentlichkeit zugänglich machen und ein Museum einrichten sollten, samt einem Lädchen, wo die Fans Andenken kaufen konnten, angefangen mit den Kochbüchern, die sie geschrieben hatte. Ich zögerte zunächst ein wenig, aber sie wollte es unbedingt, also machten wir es so, und viele Jahre lang spielte Moma im House of Cash die Gastgeberin. Sie machte sich dort sehr nützlich: Sie begrüßte jede Menge Fans, verkaufte jede Menge Souvenirs und befriedigte die Neugier vieler Menschen sowie deren Bedürfnis nach persönlichem Kontakt. Manchmal war es nicht einfach für mich, immer auf Dutzende, ja manchmal Hunderte von Leuten zu stoßen, wenn ich ins Büro ging. Aber ich schluckte meine Schüchternheit hinunter und ging trotzdem. Ich überlebte es und Moma genoss ihre Arbeit.

Nach ihrem Tod beschloss ich, aus dem Souvenirgeschäft auszusteigen und diesen Teil meines Geschäftslebens auf Bill Miller von der

Odyssey Group in Kalifornien zu übertragen. Bill ist seit Jahren ein guter Freund von mir und noch länger mein Fan. Er war schon in der Souvenir- und Sammlerszene, als er noch ein Kind war, »Little Billy Miller«. Er benannte einen Sohn nach mir und ich fühlte mich sehr geehrt.

Sowohl die unglückliche Geschichte, wie ich Bon Aqua erwarb, als auch die glückliche Tatsache, dass ich fünfundsechzig und gut bei Kasse bin, bringen mich auf das Thema Marty Klein und Lou Robin.

Ich wurde den beiden 1968 von Barbara John vorgestellt, einer sehr gescheiten und kompetenten Frau, die insgesamt etwa drei Jahre bei mir war und für die Beleuchtung auf meinen Konzerten zuständig war. Kurz danach begann ich mit Marty und Lou zusammenzuarbeiten und wir blieben zusammen. Marty war bis zu seinem Tod vor wenigen Jahren mein Agent und Lou ist immer noch mein Manager. Diese Männer packten es bei mir vom ersten Moment an richtig an. Sie sorgten für die Engagements, die finanzielle Absicherung und die Organisation meiner Auftritte und zum ersten Mal in meiner Karriere bekam ich das Geld, das mir zustand, sofort zu sehen, ohne dreißigtägige Verzögerungen und alle möglichen Abzüge auf dem Weg von der Übergabe des Geldes durch den Veranstalter bis zu dem Scheck, der irgendwann mit der Post bei mir eintraf. Lou gab mir am letzten Abend der Tournee einen Scheck, den ich mit nach Hause nehmen konnte, sowie eine exakte Abrechnung über jeden Pfennig, den wir vom ersten bis zum letzten Tag eingenommen oder ausgegeben hatten. Ich muss wohl nicht sagen, dass mir das gefiel. Ich konnte es am Anfang gar nicht glauben, aber es war wirklich so.

Marty und Lou arbeiteten sehr eng und erfolgreich zusammen. Marty blieb meistens in seinem Heimatstandort in Kalifornien und Lou ging mit mir auf Tour. Es sind jetzt schon an die dreißig Jahre, in denen Lou überall, wo ich arbeitete, ganz in meiner Nähe war, alles am Laufen hielt, brenzlige Situationen meisterte, Probleme überwand, mir neue Möglichkeiten eröffnete. Es gab Zeiten, in denen weder er noch Marty einen sehr kooperativen Klienten in mir hatten, aber sie nahmen meine gelegentlichen Beschimpfungen (meistens in meinen aktiven Suchtphasen) wie wahre Freunde hin. Marty gehörte zur Familie und es war ein schwerer Schlag, als wir ihn durch einen Herzanfall verloren. Lou gehört auch zur Familie, schon seit vielen, vielen Jahren. Wir stehen uns sehr nahe und er hat mein absolutes Vertrauen, und das aus gutem Grund. Er hat schon die ganze Welt mit mir bereist, war überall, hat alles gesehen und kennt alle Arten von Intrigen, Halunken, Winkelzügen und Scherereien, die das Musikgeschäft zu bieten hat, und das meiste davon wusste er schon, bevor er mich kennenlernte. Er verpflichtete die Beatles, als sie zum ersten Mal hierherkamen. »Artists Consultants« [Künstlerberatung] heißt seine Organisation. Ich bin mir nicht sicher, was für eine Art von Künstler ich geworden bin, aber er ist auf jeden Fall ein großartiger Berater. Er ist auch sehr freundlich, ein echter Gentleman. Heute arbeitet er eng mit Roger Vorce von der »Agency for the Performing Arts« zusammen, Marty Kleins Nachfolger und auch ein sehr guter Mann.

Mithilfe dieser Leute, die mich in geschäftlichen Dingen beraten und mir helfen, mein Geld zu verwalten, bin ich jetzt, 1997, in der Lage, ein sehr angenehmes Leben zu führen und so viel zu arbeiten, wie ich möchte. Ich könnte mich sogar zur Ruhe setzen. In diesem Fall müsste ich mich allerdings von vielen Leuten trennen, die für mich arbeiten, und das will ich einfach nicht. Es sind wunderbare Menschen, denen die Arbeit bei mir Spaß macht und die ein freundliches Schicksal an meiner Seite hat bleiben lassen, einige von ihnen schon seit Jahrzehnten. Ich würde sie sehr vermissen. Davon abgesehen will ich nicht faul herumsitzen und dick werden. Ich habe noch viel vor.

Mit Manager Lou Robin kurz vor dem Abstieg in eine Goldmine in Australien, 1972

⤺ MEINE PRODUZENTEN

Ich bin heute aus Nashville nach Bon Aqua gekommen, aber nicht von einer Tour. Diese Woche habe ich ein paar Tage lang einen Werbespot für Nissan in ihrem Werk in Smyrna, Tennessee, gedreht und heute Morgen bin ich dann ins »Cowboy Arms Hotel and Recording Spa« gegangen, wie Jack Clement seinen Studio/Büro/Country-Soul-Salon auf dem Belmont Boulevard getauft hat, und habe ein Spiritual mit den Fairfield Four aufgenommen. Das war Klasse. Ich liebe schwarze Gospelmusik und diese Männer sind erstklassig, außerdem ist Jacks Dachstudio ein ausgezeichneter Ort, um Musik zu machen. Hier stimmt einfach alles.

Manchmal gehe ich zum Belmont Boulevard, um Aufnahmen zu machen. Manchmal setze ich mich auch einfach nur Jack am Tisch gegenüber und spiele auf seiner Gibson J200, während er auf seiner Dobro spielt, und wir singen, wonach uns gerade ist – Hawaii-Songs, *Steel Guitar Rag* (ja, es gibt einen Text dazu, auch wenn ihn die meisten Leute nicht kennen), Bluegrasssongs, Gospelsongs, Pop-, Country- und Bluessongs, die er und ich schon unser Leben lang kennen und die wir sonst nirgends singen. Wir kommen aus der gleichen Zeit und aus der gleichen Gegend, Jack und ich. Wir sind auf der gleichen Wellenlänge. Uns kommt irgendein Song in den Sinn und schon stimmen wir ihn gemeinsam an. Vielleicht machen wir eines Tages eine »Jack & John Show« zusammen – er und ich auf zwei Stühlen, nur mit unseren Akustikgitarren, die wir immer mal wieder tauschen. Wir machten das vor etwa zehn Jahren auf einer unserer Tourneen durch Australien und hatten viel Spaß dabei.

Jack ist eine echte Inspiration für mich und für viele andere auch. Er führte viele Neuerungen im Countrymusikbusiness ein und ist eng befreundet mit anderen Musikern, Sängern und Komponisten, die ihrer Zeit etwas voraus sind, die nicht mit der Masse schwimmen und die besser sind, als ihnen guttut. Er hatte großen Anteil am Erfolg von Sun Records und noch mehr an der Qualität der Musik, die aus diesem Studio kam. Er führte Charley Pride in Nashville ein und produzierte all seine größeren Hits. Er schrieb *Guess Things Happen That Way, Ballad of a Teenage Queen, It'll Be Me, Fools Like Me, Gone Girl, Miller's Cave* und ein Dutzend anderer toller Songs. Er produzierte *Dreaming My Dreams,* das für viele das beste Album von Waylon ist, und er war eine treibende Kraft in der Outlawbewegung der Siebzigerjahre. Viele der besten Songwriter, die je nach Nashville gekommen sind, erhielten bei ihm Unterkunft, Ermutigung, Inspiration, oft kostenlose Studiozeiten und sogar finanzielle Unterstützung. Er experimentierte lange vor allen anderen in Nashville mit Videos. Er veranstaltete Events und führte Modetrends ein (das Polkafieber, den Hulasommer), die vielen Menschen Freude bereiteten und noch viel mehr Leute verwirrten. Er versammelte eine Truppe von äußerst talentierten Musikmachern um sich (den Keyboardspieler/Arrangeur/Produzenten Charles Cochran und den Toningenieur/Produzenten David Ferguson kenne ich davon am besten und längsten) und arbeitete gemeinsam mit ihnen an allen möglichen erstklassigen Projekten. Er hieß Talente aus aller Welt und allen Musikrichtungen in der Nashvillegemeinde willkommen und lotste sie dorthin, wo sie sich am besten verwirklichen konnten (so schickte er zum Beispiel Tom Petty und U2 zu mir). Alles in allem machte er seine Sache als wichtigster Joker im Nashvillepoker der vergangenen Jahre sehr gut. Das Cowboy Arms hielt immer eine Überraschung bereit.

Und für mich auch eine Freundschaft. Jack ging mit mir durch dick und dünn, vor allem, wenn es mit mir nicht gerade zum Besten bestellt war. Tag oder Nacht, egal in welchem Zustand ich war, er war immer für mich da.

Jack sagt von sich selbst, er sei ein Drei-plus-Christ, aber wenn ich ihn beurteilen müsste, würde ich ihn auf eine Zwei minus hochstufen. Für Gesellschaftstänze bekommt er locker eine Eins – er war mal ein Lehrer von Arthur Murray – und sein Timing und seine physische Koordination waren so gut, dass er in die Ehrengarde des United States Marine Corps aufgenommen wurde. Er ist ein Patriot, allerdings kein Hurrapatriot. Einmal im Jahr macht er einen Ausflug nach Washington, D. C., um die nationalen Heiligtümer zu besuchen und einen Tag im Smithsonian-Institut zu verbringen, um seinen amerikanischen Wurzeln näherzukommen.

Bei der Arbeit findet man in Jack keinen Jasager. Wenn er das Gefühl hat, dass man nicht sein Bestes gegeben hat, dann sagt er es einem auch und macht einem klar, dass er mehr erwartet. Und er hat seine ganz eigenen Vorstellungen, wie die jeweilige Aufnahme klingen sollte. Ich bin auch ganz schön starrköpfig und deshalb sind wir oft aneinandergeraten, wegen fast allem, worüber ein Produzent und ein Künstler miteinander streiten können: über die Auswahl der Songs, die Instrumentation, die Abmischung, all diese Dinge. Letztendlich klärten wir unsere Meinungsverschiedenheiten aber immer, und es war nie langweilig. Wenn es im Laufe der Jahre etwas gab, worüber wir uns regelmäßig stritten, dann war es die Frage, minimales oder komplexes Arrangement bei meinen Platten. Ich habe es gerne schlicht, nur ich und eine einfache Band. Jack bastelt gerne noch daran herum, wenn ich fertig bin, fügt dies hinzu, versucht jenes, probiert so viele Veränderungen aus, wie er möchte, bis er zufrieden ist. Er lässt die Stücke gern in sich reifen. Wenn man im Cowboy Arms vorbeischaut, findet man ihn sehr wahrscheinlich in seinem Büro, wo er sich im Takt wiegt oder mitten im Raum alleine vor sich hin tanzt und sich neue Sounds ausdenkt, während aus seinen großen JBL-Studiomonitoren mit ein paar Hundert Dezibel ein Song dröhnt, den man vor ein oder zwei Wochen aufgenommen hat. Die Leute nennen ihn »Cowboy«, obwohl er manchmal (in seinem hawaiianischen Outfit) auch »Pineapple Jack« oder »Pop Country« ist. Jemand sollte mal ein Buch über ihn schreiben. Er sollte selbst mal ein Buch über sich schreiben (oder über irgendetwas, wozu er Lust hat). Er ist ein geistreicher, talentierter, lustiger, außerordentlich musikalischer und sehr warmherziger Mann.

Tom Petty, Johnny Cash und Produzent Rick Rubin im Studio bei den Aufnahmen zu *Unchained*

Ich hatte schon viele Produzenten, was mich nicht verwundert und was eigentlich niemanden verwundern sollte, wenn man bedenkt, wie viele Platten ich gemacht habe und wie lange ich schon ins Studio gehe. Es kann sogar sein, dass ich einige Produzenten vergessen habe, mit denen ich irgendwann mal ein Album oder ein spezielles Projekt gemacht habe. Das sagt gar nichts über sie aus: Ich habe einfach eine ungeheure Anzahl von Aufnahmesessions hinter mir und dazu kommen die unvermeidlichen Verschleißerscheinungen, die sich mit den Jahren in meinem Gedächtnis bemerkbar machen. Jeder über fünfzig weiß, wovon ich rede, da bin ich mir sicher.

Die Produzenten, die in meinem musikalischen Leben eine herausragende Rolle spielten, sind – in chronologischer Reihenfolge – Sam Phillips, Jack Clement, Don Law, Frank Jones, Bob Johnston, Larry Butler, Charlie Bragg, Earl Poole Ball, Brian Ahern, Billy Sherrill, Chips Moman, Bob Moore und Rick Rubin. Unter anderem waren im Laufe der Jahre vier meiner ehemaligen Schwiegersöhne für verschiedene Produktionen verantwortlich: Jack Routh, Marty Stuart, Nick Lowe und Rodney Crowell. Und wie ich schon sagte, es ist noch nicht vorbei.

Ganz am Anfang waren es Sam Phillips, Jack Clement, das Gespann Don Law/Frank Jones und Bob Johnston, die sich meiner annahmen, bis ich 1974 eine Art innerliche Trennung von den CBS-Machtstrukturen im Music Row vollzog. Damals zog ich mich nach Hendersonville zurück, wenn ich Plattenaufnahmen machen wollte, arbeitete in meinem eigenen Studio im House of Cash, meistens mit Charlie Bragg und Larry Butler zusammen, und nahm auf, was immer ich wollte.

Ich unternahm diesen Schritt, nachdem ich mich auf Drängen der CBS-Bosse widerwillig darauf eingelassen hatte, bei *John R. Cash* mitzumachen. Sie glaubten, mit diesem Album an meine früheren Verkaufserfolge anknüpfen zu können. Sie schickten einen Produzenten nach Nashville, mit einer Tasche voller Songs, die ich ihrer Meinung nach aufnehmen sollte, ließen mich entscheiden, welche davon für mich in Frage kämen und in welcher Tonart ich sie singen wollte, und holten den Produzenten samt den ausgewählten Songs zurück nach New York. Dann nahmen sie mit ihren Musikern und ihren Arrangements die Instrumentalspuren auf, schickten das ganze Paket zurück nach Nashville und ließen mich meinen Gesang hinzufügen. Ich war weder mit der Vorgehensweise noch mit dem Ergebnis zufrieden und beschloss, dass ich so etwas nie wieder machen würde – ich würde keine Musik mehr aufnehmen, die ich nicht wirklich machen wollte. Ich würde nie wieder einfach nachgeben, wie ich es bei *John R. Cash* getan hatte.

Mitte der Siebzigerjahre machte ich mein eigenes Ding, hielt mich von den Machenschaften des Music Row fern, machte meine eigenen Alben auf meine eigene Weise und überreichte sie CBS, wenn sie fertig waren. Auf einige dieser Werke bin ich heute noch stolz. Der Soundtrack zu *Gospel Road* wurde mit einem gewaltigen technischen Aufwand produziert und ich glaube, er wird die Zeit überdauern. Es gibt immer noch Leute, die nach einem Konzert hinter die Bühne kommen, um sich dieses Album von mir signieren zu lassen. Ich hatte drei Songs, die 1976 einer nach dem anderen ganz oben in den Country-Charts landeten, und sie gefallen mir auch heute noch: *One Piece at a Time, Any Old Wind That Blows* und *I Would Like to See You Again*. Mir gefielen auch Guy Clarks Songs *Texas, 1947* und *The Last Gunfighter Ballad,* und *The Rambler* von 1977 war ein weiteres Konzeptalbum, das von Herzen kam. Es ist eine Schande, dass CBS sich nicht dazu in der Lage sah, es mehr unter die Leute zu bringen. Im Großen und Ganzen glaube ich, dass wir da draußen im House of Cash ganz gute Arbeit leisteten.

Die Countrymusik veränderte sich in den Siebzigerjahren sehr, angefangen von der »Outlaw«-Bewegung, einer Art Revolution, die von Nashvilles kreativsten Leuten ausging, bis hin zum »Urban Cowboy«-Trend, einer völlig übersteigerten Gegenreaktion. Beide Extreme übten keinen besonders großen Einfluss auf mich aus. Ich wurde in der Öffentlichkeit nie der Outlawbewegung zugeordnet, obwohl ich ihr sowohl geistig als auch in der Praxis ziemlich nahestand, und zum Glück hatte ich nichts mit dem mechanischen Bockmist am Ende des Jahrzehnts zu tun. Ich machte einfach mein eigenes Ding weiter. Das andere Zeug umschwirrte mich, ohne meine Musik in irgendeiner Weise zu beeinflussen.

1979 begann für mich eine Glückssträhne, als Brian Ahern von der Westküste herüberkam, um *Silver*, das Album zu meinem 25-jährigen Bühnenjubiläum, zu produzieren. Er war damals mit Emmylou Harris verheiratet und die beiden flogen mit uns runter nach Jamaika, wodurch Brian und ich nicht zuletzt genügend Zeit fanden, uns kennenzulernen und uns in kreativer Hinsicht kurzzuschließen. Als wir zurück nach Nashville kamen, konnten wir mit den Aufnahmen beginnen. Er brachte mir viele gute Songs für das Album mit – *The L & M Don't Stop Here Anymore* und *The Ballad of Barbara* sind mir noch in Erinnerung – und bei den Aufnahmesessions hatten wir viel Spaß. Mir gefielen auch zwei andere Alben, die ich um diese Zeit herum machte: *Rockabilly Blues* mit Earl Poole Ball und Jack Clement sowie mein Gospeldoppelalbum *A Believer Sings the Truth*. Das Ende der Siebziger war eine gute Zeit für meine Musik.

Für meine Plattenverkäufe galt das allerdings nicht und darunter litt meine Einstellung. In den frühen Achtzigerjahren hatte ich manchmal große Lust, ins Studio zu gehen, manchmal aber auch nicht. Es fiel mir schwer, mich für ein Albumprojekt zu begeistern, wenn ich genau wusste, dass die Leute meines Labels sich inzwischen kaum noch Chancen für mich ausrechneten. Und wenn es hart auf hart ging, waren sie nicht bereit, Geld und Energie in die Werbung für meine Platten zu stecken. Sie und all die anderen größeren Plattenfirmen in Nashville setzten auf die jüngere Generation und begannen, nach den Regeln der »Jugendlichkeit« zu spielen. Wenn man ein bisschen zu alt war und nicht mehr ganz so »knackig«, dann war es egal, wie gut die Songs oder Platten waren oder wie viele Fans man schon wie lange hatte: Man wurde im Radio einfach nicht gespielt. Deshalb verlor meine Plattenfirma das Interesse an mir, und ich an ihr.

In regelmäßigen Abständen ergriff irgendjemand wieder die Initiative und schlug etwas Neues oder anderes vor, um eine Wende herbeizuführen, aber es funktionierte nie. Bei *The Baron*, meinem Album von 1981, das von Billy Sherrill produziert wurde, war es genauso. Billy ist in der Countrymusik dafür berühmt, dass er den raffinierten »Countrypolitan«-Sound der späten Sechziger und frühen Siebziger kreierte und eine ganze Reihe Hits von George Jones, Tammy Wynette, Charlie Rich, Tanya Tucker und anderen produzierte. Doch als wir schließlich aufeinandertrafen, waren wir beide ziemlich zynisch geworden. Ich weiß noch, wie ich in sein Büro kam, einen großen Karton mit Kassetten sah – Songs, die von Songwritern und Verlegern für mein Album vorgeschlagen worden waren – und fragte: »Na, ist was Brauchbares für uns dabei?«

Er sah mich nicht einmal an. »Absolut nichts«, sagte er und stieß den Karton um, sodass die Kassetten – es waren Hunderte – sich kreuz und quer über den Boden verteilten. »Meinen Sie nicht, es wird langsam Zeit, dass Sie *My Elusive Dream* aufnehmen? Alle anderen haben es schon getan.«

So lief das ab. Wir machten ein paar halbherzige Versuche, aber wir gaben bestimmt nicht unser Bestes. *The Baron* wurde ein Flop und das Verhältnis zwischen CBS und mir wurde zusehends schlechter. Vielleicht war das der Zeitpunkt, an dem die Uhr wirklich zu ticken anfing. Inzwischen waren fast zehn Jahre seit *John R. Cash* vergangen. Mein Vertrag mit CBS sollte 1986 auslaufen.

Obwohl ich zwischen 1981 und 86 durchaus einige Platten machte, die mir heute noch gefallen – *The Survivors,* eine Liveaufnahme aus Deutschland mit Carl Perkins und Jerry Lee Lewis, mein *Rainbow-*Album, *Highwayman* mit Waylon, Kris Kristofferson und Willie Nelson sowie das Album *Heroes,* das ich mit Waylon allein aufnahm –, war ich wirklich nicht motiviert, genauso wenig wie die Leute bei CBS. Ich war es so leid, mir all das demografische Gerede anhören zu müssen über den »neuen Countryfan«, das »neue Marktprofil« und all die anderen Trends, die angeblich gegen mich arbeiteten, dass ich schließlich einfach aufgab und beschloss, mir einen Spaß zu machen. Die letzte Platte, die ich bei CBS ablieferte, hieß *Chicken in Black* und sie war mit voller Absicht miserabel. Ich nahm mich selbst auf die Schippe und zwang CBS, dabei mitzumachen. Ich ließ sie sogar ein in New York gedrehtes Video bezahlen, auf dem ich mich als Huhn verkleidet hatte.

Wenn ich Chef einer Plattenfirma wäre und mir einer meiner Künstler mit so etwas käme, wüsste ich genau, wie ich reagieren würde. Deshalb war ich auch nicht überrascht, als Rick Blackburn von CBS Nashville im Jahr 1986 die Erneuerung meines Vertrags ablehnte. In einigen Kreisen sorgte das für großen Aufruhr – die Leute marschierten in Ricks Büro, schlugen auf den Tisch und beschimpften ihn –, aber ich konnte es verstehen. Ich rief ihn an und sagte ihm: »Sie haben getan, was Ihrer Meinung nach von Ihnen erwartet wurde. Ich habe immer gerne mit Ihnen zusammengearbeitet und ich mag Sie.« Was auch stimmte.

Wenn ich an *Chicken in Black* zurückdenke, wundert es mich nicht, dass es danach eine ganze Weile dauerte, bis ich den nächsten anständigen Plattenvertrag bekam. Die Leute hatten wahrscheinlich Angst davor, auf einen Künstler zu setzen, der sich selbst so zum Gespött gemacht hatte.

Eine Zeit lang war ich nicht einmal an einem neuen Plattenprojekt interessiert. Aber das hielt nicht lange an und schon bald streckte ich wieder meine Fühler aus. Eine Möglichkeit, die ich in Erwägung zog, war

Jimmy Bowen, der damals in Nashville den Ton angab. Er produzierte Tag und Nacht Bestselleralben und führte bei MCA sein eigenes Unternehmen (oder bei den Warner Brothers oder Capitol, ich weiß nicht mehr wo; eine Zeit lang schienen sie im Music Row alle »Folge dem großen Bowen« zu spielen). Mir wurde immer wieder gesagt, ich solle mal zu ihm gehen.

Ich beschloss, auf die gleiche Weise an ihn heranzutreten, wie ich es bei Sam Phillips getan hatte: einfach mit meiner Gitarre bei ihm einzulaufen, ihm ein paar Songs vorzuspielen und ihm zu zeigen, was ich zu bieten hatte. Mit anderen Worten, so zu tun, als hätte er noch nie etwas von mir gehört, und die Musik für mich sprechen zu lassen. Und genauso machte ich es auch. Ich saß in seinem Büro und sang ihm etwa eine halbe Stunde lang meine Songs vor. Er lehnte sich zurück und hörte aufmerksam zu, bis ich meine Gitarre beiseite legte.

»So, das ist alles, was mir im Moment einfällt«, sagte ich. »Was halten Sie davon?«

»Lassen Sie mich darüber nachdenken«, antwortete er. Ich sagte: »In Ordnung«, packte meine Gitarre wieder in den Koffer, ging und hörte danach nie wieder ein Wort von ihm. Kein Anruf, keine Nachricht, kein Piep. Bye-Bye, Bowen.

Bei Mercury/Polygram schloss ich mit Steve Popovich einen Vertrag ab, mit dem ich sehr zufrieden war. Steve Popovich war ein fähiger Mann und mit seinem Segen tat ich mich wieder mit Jack Clement zusammen. Für eine kurze Zeit war ich also sehr glücklich. Wir alle waren es. Dann verschoben sich die Machtverhältnisse bei Mercury/Polygram in New York und aus mir wurde wieder ein Musiker, dessen Plattenfirma das Interesse daran verloren hatte, ihn zu fördern. Jack und ich gaben uns trotzdem alle Mühe und machten durchaus Musikstücke, auf die wir stolz sein konnten. Aber es war, als sängen wir vor einer leeren Halle. Die Rundfunksender erhielten meine Singles nicht. Es wurde keine Werbung gemacht. Von meinem letzten Album bei Mercury, *The Meaning of Life*, wurden nur fünfhundert Stück gepresst. Ich hörte allerlei interessante Dinge über Demografie.

Jack und Steve setzten sich wirklich sehr für mich ein. Sie versuchten immer wieder, New York dazu zu bringen, mehr Geld und mehr Energie zu investieren, aber es war sinnlos und ich war wahrscheinlich auch keine große Hilfe. Inzwischen hatte ich aufgegeben. Ich war schon fast davon überzeugt, dass ich mit Plattenfirmen nichts mehr zu tun haben wollte. Dem ganzen Zirkus den Rücken zu kehren und einfach auf Tour zu gehen, mit meinen Freunden und meiner Familie vor Leuten zu spielen, die uns wirklich hören wollten, schien mir das einzig Wahre zu sein. Ich begann mich darauf zu freuen.

Rick Rubin trat 1993 in mein Leben. Er rief Lou Robin an und bat um ein Gespräch mit mir. Lou hörte ihn an und überließ mir dann die Entscheidung. Klar, sagte ich und dachte, dass ich außer ein paar Minuten meiner Zeit eigentlich nichts zu verlieren hatte. Wir vereinbarten also einen Termin. Rick kam bei einem Auftritt in Los Angeles hinter die Bühne und ich setzte mich und hörte mir an, was er zu sagen hatte. Er sei an mir interessiert, weil ich für ihn als Musiker für sein Label American Recordings infrage komme, erzählte er mir, und er würde sich sehr gerne die Musik anhören, die ich aufnehmen wolle.

Mir kam das alles ziemlich merkwürdig vor. Er war ein totaler Hippie. Oben war er kahl, aber seitlich hingen ihm die Haare bis über die Schulter. Sein Bart sah aus, als hätte er noch nie eine Schere gesehen (hatte er auch nicht), und seine Kleider hätten einem Penner zur Ehre gereicht. Obendrein war sein Label für Rap, Metal und Hardrock bekannt: die Red Hot Chili Peppers, die Beastie Boys – jugendliche Großstadtmusik. Davon abgesehen hatte ich es satt, irgendwelchen Produzenten vorzusingen, und ich hatte nicht die geringste Lust, mich zu so einer Art Rock-Act umformen zu lassen. Obwohl der Mann meine Musik kannte und interessante Dinge sagte und obwohl ich fand, dass er etwas an sich hatte – nach unserem Treffen erzählte ich June, dass seine Art zu reden mich ein bisschen an Sam Phillips erinnert habe –, nahm ich die Sache nicht allzu ernst. Nach einer Weile würde er wieder das Interesse verlieren, dachte ich, oder irgendetwas anderes würde ihn von mir ablenken, wie so oft in diesem Business.

Aber das war ein Irrtum. Er kam noch auf derselben Kalifornientour wieder auf mich zu und machte mir seinen Standpunkt klar: »Es ist mein voller Ernst, dass ich Sie für mein Label verpflichten möchte. Ich möchte Sie wirklich produzieren. Ich brauche Sie und ich glaube, ich weiß, was ich bei Ihnen zu tun habe, und wir werden es gemeinsam tun.« Ich fing langsam an, ihn ernst zu nehmen.

Ich fragte ihn, wie er die Sache in Angriff nehmen wolle. Was würde er anders machen als all die anderen, die es schon versucht hatten?

»Ich werde gar nichts tun«, sagte er. »Sie werden es tun. Sie werden mich zu Hause besuchen, sich in mein Wohnzimmer setzen, eine Gitarre in die Hand nehmen und anfangen zu singen. Irgendwann, wenn Sie nichts dagegen haben, werden wir ein Tonband mitlaufen lassen und Sie werden alles ausprobieren, was Sie schon immer mal aufnehmen wollten, außerdem Ihre eigenen Songs und neue Songs, die ich vielleicht vorschlage und von denen Sie meinen, dass Sie sie gut bringen können. Sie werden alle Songs singen, die Ihnen gefallen, und irgendwann werden wir dann schon auf einen zündenden Song stoßen, der uns zeigt, dass wir auf dem richtigen Weg sind. Ich bin mit der Art von Musik, die Ihnen gefällt, nicht sehr vertraut, aber ich will mir alles anhören.«

Jetzt hatte er wirklich mein Interesse geweckt. Seine Idee entsprach genau einem Wunsch von mir, den ich schon seit Jahren hegte: Ich wollte schon lange ein solches Album machen, eine Sammlung meiner Lieblingssongs, die in einer sehr intimen Atmosphäre, nur mit meiner Stimme und meiner Gitarre aufgenommen wurden, als ob es Mitternacht wäre und ich und mein Zuhörer ganz alleine in einem Zimmer säßen. Das erste Mal, dass ich davon sprach, war schon fast dreißig Jahre her, als ich mich mit Marty Robbins über unsere Traumprojekte unterhielt. Danach hatte ich es sofort CBS vorgeschlagen. Sie hielten es damals für eine schlechte Idee und als ich es ihnen Jahre später noch einmal vorschlug, reagierten sie genauso. Die gleiche Reaktion kam auch von Mercury, als ich ihnen den Vorschlag unterbreitete. Trotzdem hielt ich an dieser Idee fest. Ich hatte sogar schon einen Titel dafür: *Late and Alone*.

Ich sah allerdings noch ein paar Probleme. »Ich möchte nicht unter Ihrem Label produzieren und dann in der alternativen Musikszene oder als Rock'n'Roller vermarktet werden«, meinte ich zu Rick. »Ich mache mir keine Illusionen darüber, wer ich bin, wie alt ich bin und wie anstrengend es sein kann, mit diesen jungen Leuten mitzuhalten.«

Darüber machte er sich keine Sorgen. »Ich habe Sie auf der Bühne beobachtet«, sagte er, »und Sie haben nichts von Ihrem Feuer und Ihrer Leidenschaft verloren. Lassen Sie uns dieses Feuer und diese Leidenschaft in unsere neue Arbeit einbringen und dann sehen wir einfach, was passiert. Wir werden absolut ehrlich sein.«

»Das ist der einzige Weg, der für mich infrage kommt«, sagte ich. »Ich werde meine Platten nicht mit einem Haufen Rock-'n'-Roll-Musiker aufnehmen, nur um so zu tun, als würde ich dazugehören, das werden mir meine Fans nicht abnehmen. Sie werden mir die Platten an den Kopf werfen, vor allem meine älteren Fans.«

Er versicherte mir, dass er nichts Derartiges vorhabe, und ich glaubte ihm. Ich sprach mit Lou und June darüber und mit ihrer beider Zustimmung beschloss ich, es mit Rick Rubin zu versuchen. Mein Vertrag mit Mercury lief bald aus und im schlimmsten Fall würde mich dieser neue Schritt ein oder zwei vergebliche Reisen nach Kalifornien kosten.

Ich besuchte Rick zu Hause und wir saßen drei Abende lang in seinem Wohnzimmer, wo ich meine Songs in sein Mikrofon sang. Als ich fertig war, war ich richtig aufgeregt. Die Vorstellung, auf diese Weise ein Album zu machen, reizte mich immer mehr und jetzt sah ich, dass es funktionieren könnte, dass es wahr werden könnte.

Rick wollte auf Nummer sicher gehen. »Sie sollten nur nicht davon ausgehen, dass alle Songs nur mit Ihnen und Ihrer Gitarre gemacht werden. Vielleicht sollten wir bei einigen davon noch ein paar Musiker dabeihaben.« Ich wusste nicht so recht, ob das eine gute Idee war, aber ich vertraute ihm, also beschloss ich, unvoreingenommen an die Sache heranzugehen. Ich sagte Lou, er solle sich dranmachen und die Konditionen aushandeln, und bald darauf unterschrieb ich einen Vertrag mit American Recordings.

»Spätabends allein« im Studio für die American Recordings

Von da an gingen wir genauso vor wie geplant – nur wir beide. Es war eine tolle Erfahrung. Ich brachte meine Musik wieder zurück zu ihren Wurzeln, zurück zum Wesentlichen und nahm etwa hundert Songs auf. Dann hörten wir uns alles an, wählten die Songs davon aus, die diese intime »Spätabends allein«-Stimmung hatten, auf die wir aus waren, und begannen, sie auszuarbeiten. Wir experimentierten mit zusätzlichen Instrumenten, aber am Ende beschlossen wir, dass es mit mir alleine besser klang. Wir bewegten uns in dieser Richtung weiter und so entstand unser Album: kein Hall, kein Echo, kein Slapback, kein Overdubbing, kein Abmischen, nur ich mit meiner Gitarre und meinem Gesang. Ich spielte nicht einmal mit Plektrum. Jeder Gitarrenton auf dem Album, das wir *American Recordings* nannten, kam von meinem Daumen. Rick war es also wirklich gelungen, das, was er sich vorgenommen hatte, erfolgreich umzusetzen: Er bekam die ehrliche, unverfälschte Essenz von Johnny Cash, was immer das auch sein mag.

Bei den Songs ging es um alles Mögliche, einige waren lustig, ein paar andere so düster, dass sie schon fast etwas Psychotisches an sich hatten. Der erste Song beispielsweise, *Delia's Gone,* entstand aus einem *levee camp holler* beziehungsweise einem Delta-Bluessong über die Ermordung einer Frau. Ich schrieb neue Strophen dazu, um daraus eine Geschichte zu machen, die aus der Sicht des Mörders erzählt wird. Der Song war ganz schön hart. Um ihn zu schreiben, versetzte ich mich in den gleichen geistigen Zustand, in dem mir auch *Folsom Prison Blues* eingefallen war, und da ich inzwischen älter geworden war und die menschlichen Abgründe besser kannte, konnte ich auf ein paar noch dunklere Geheimnisse zurückgreifen als 1956. Der Song kam beim jungen Publikum sehr gut an, obwohl er viele Leute auch ziemlich beunruhigte. Es gab mir keinen besonderen Kick, ihn zu singen, aber er war einer der Songs, von denen ich damals überzeugt war, und er hatte es zweifellos verdient, auf dem Album zu erscheinen, das all die Musik umfassen sollte, die mich geprägt hat. Viele der bekanntesten und beliebtesten Songs, mit denen ich aufgewuchs, ob nun Country, Folk oder Blues, handelten von Verbrechen und Bestrafung, Gewalt und blinder Wut, Querelen und Kämpfen in allen grausigen Details.

Die Reaktion auf *American Recordings* war, wie ich schon sagte, sehr positiv. Ich glaube nicht, dass ich dadurch alte Fans verlor, vielleicht gewann ich sogar ein paar neue hinzu. Ich erhielt gute Kritiken und bekam einen Grammy für das »beste moderne Folksongalbum«. Auf meinen Tourneen fühlte ich mich fast wieder wie 1955. Ich begann wieder, an Veranstaltungsorten für junge Leute zu spielen, im Fillmore zum Beispiel, sowie in den Festhallen und Konzertsälen, in denen ich schon seit zwanzig Jahren spielte. Ich entdeckte wieder völlig neu, was für ein Gefühl es ist, vor einer großen Menschenmenge zu spielen, die ohne Tische und Stühle dicht gedrängt beieinanderstand und sich selbst aufheizte. Die neue Generation wollte die Songs hören, die ich in den

Fünfzigerjahren bei Sun aufgenommen hatte, und es war mir ein echtes Vergnügen, ihnen diesen Wunsch zu erfüllen. Ich mochte diese Songs immer sehr, und es begeistert mich heute noch, wenn hinter mir das Schlagzeug einsetzt und Bob Wootton seine elektrischen Gitarrenläufe auf der Fender erklingen lässt. Wenn es dann an der Zeit war, die Songs von *American Recordings* zu singen, setzte ich mich, oft unter stürmischem Beifall, alleine auf einen Stuhl, mit meiner schwarzen Martin D28 und zwei Mikros, und sang für die Leute. Es gelang mir sogar, mir vorzustellen, dass das Publikum diese eine Person war, die spätabends mit mir alleine in einem Zimmer saß, und auch das war mir ein großes Vergnügen. Ich war mehr als dankbar, zu sehen, dass diese jungen Leute gespannt, manchmal geradezu hungrig auf die Spirituals waren, die ich schon immer liebte. Ich hatte immer dafür gebetet, dass das eines Tages passieren würde.

Ich stieß an völlig verschiedenen Orten auf Anerkennung und Würdigung. Es war toll. Beim Glastonbury-Festival in England setzte ich mich auf meinen Stuhl und spielte meine Songs vor einem Publikum von hunderttausend jungen Leuten, die wirklich zuhörten, und an jenem Abend erkannte ich, dass ich wieder da war, wo ich angefangen hatte, dass sich der Kreis geschlossen hatte und ich wieder zum Wesen meiner Musik zurückgekehrt war – vor dem ganzen Starruhm, vor der elektrischen Gitarre, vor Memphis. Es war fast, als wäre ich wieder in Dyess und sänge und nur Moma würde mich auf der Veranda hören, unter dem klaren Nachthimmel von Arkansas, in den Vierzigerjahren, mit den Schreien der Wildkatzen im Busch – und das Publikum schien, schließlich und endlich und fast wie durch ein Wunder, dieses Gefühl beinahe genauso zu genießen wie ich.

Auch für June tat sich bei den jungen Leuten eine ganz neue Welt der Anerkennung auf. Sie waren begeistert von den Klassikern der Carter Family und sie waren begeistert von ihr. Eines Abends in England, kurz nachdem *American Recordings* herausgekommen war – die neue Welle der Begeisterung rollte erst an –, kam sie gerade von der Bühne herunter, als ein Neunzehnjähriger mit abgerissenen schwarzen Klamotten, Tätowierungen, Piercing, stacheligen Haaren und dem ganzen Drum und Dran ihr sanft auf die Schulter klopfte und sagte: »Mrs. Cash, Sie habens wirklich voll drauf!«

Ich erinnere sie immer gerne daran, wenn sie niedergeschlagen oder entmutigt ist. »Mrs. Cash, machen Sie sich keine Sorgen«, sage ich dann. »Sie habens wirklich voll drauf!«

Ich habe immer noch eine enge Beziehung zu Rick Rubin und American Recordings. Ich habe mit einer Band (Tom Petty and the Heartbreakers, Marty Stuart und anderen) ein zweites Album, *Unchained*, gemacht und wir planen bereits ein weiteres, vielleicht werden es auch zwei. Das kreative Blut in mir kann also ungehindert fließen und es geht mir sehr gut dabei. Wenn heute ein Song aus mir heraus will und ich meinen Teil dazu beitrage, kann ich mir berechtigte Hoffnungen machen, dass er von einer größeren Anzahl von Leuten gehört wird.

Ich habe keine Ahnung, wie meine langfristige Zukunft im Plattengeschäft aussehen wird. Auf jeden Fall freue ich mich darauf. Ich sehe meinen nächsten Projekten mit großer Freude entgegen, so viel ist sicher. Im Moment haben wir noch eine Menge guter Songs in Reserve, sodass das nächste Album wahrscheinlich aus einigen dieser Songs und vielleicht aus ein paar anderen bestehen wird, auf die ich bisher noch nicht gestoßen bin oder die ich noch nicht geschrieben habe. Die Songs werden mit oder ohne Band aufgenommen, wir werden sehen. Und dann ist da noch ein anderes Projekt, das mich total begeistert. Rick und ich haben vor, eine Auswahl von Spirituals zusammenzustellen – keine alte Gospelmusik, sondern moderne Songs geistlicher Natur, die ich entdeckt oder selbst geschrieben habe – und sie in einer Kathedrale aufzunehmen. Rick hat eine ausfindig gemacht, wo das vielleicht machbar ist. Ich kann es kaum erwarten.

⤴ MEHR ALS NUR EIN LICHT

Heute erreichte mich eine schreckliche Nachricht. Die Tochter eines Freundes, gerade mal sechsundzwanzig Jahre alt, hat sich betrunken, nachdem sie drei Monate lang während einer Entziehungskur trocken geblieben war, und sich vor den Augen ihres Ehemanns und ihrer Kinder erschossen.

Ich weiß nicht, ob sich jemand vorstellen kann, wie ich mich fühle. Vielleicht kann man es, wenn man selbst alkoholabhängig oder drogensüchtig ist. Es ist nicht nur – nur! –, weil dieses arme Mädchen sich selbst und ihrer Familie so etwas Furchtbares angetan hat, es ist auch, weil die Krankheit sie drangekriegt hat – und jeden in ihrer Familie. Ihr Vater, ebenfalls Alkoholiker, ist seit langer Zeit trocken und auf dem Wege der Genesung, aber sie hat ihn drangekriegt. Ihre Kinder tranken nie etwas oder nahmen Drogen, aber sie hat sie drangekriegt. Sie hat auch mich drangekriegt und mich daran erinnert, dass auch ich von den Geistern guter Freunde umgeben bin, die durch Alkoholismus und Drogensucht ums Leben kamen, ganz zu schweigen von all den Bekannten, Freunden von Freunden und Leuten, denen ich irgendwo begegnete und über die ich dann in der Zeitung las.

Ich habe schon meine Kinder angerufen. Sie leben, es geht ihnen gut.

Ich dachte nie daran, mir das Leben zu nehmen. Ich legte mich zum Sterben in die Nickajack-Höhle, das stimmt, aber das war kein Selbstmord und Gott ließ es nicht zu, dass ich mich aus der Hölle auf Erden so einfach davonschlich.

Ich war dem Tod natürlich schon sehr nahe. Es passierte oft, wenn ich high war, wahrscheinlich sogar öfter, als mir überhaupt bewusst ist. Während ich aus diesem oder jenem Autowrack herauskroch, wurde mir manchmal klar, dass der Tod an mir vorbeigegangen war, ohne mich zu holen. Darüber hinaus muss es viele andere Situationen gegeben haben, in denen ich schon seinen Atem spüren konnte, ohne ihn jedoch zu erkennen, oder in denen mich nur wenige Milligramm mehr von irgendeinem dieser chemischen Präparate dem Tod direkt auf die Schippe gestoßen hätten.

Ich habe dem Tod nur ein Mal wirklich ins Auge gesehen. Nach meiner Bypassoperation im Jahre 1988 hing ich mit einer doppelseitigen Lungenentzündung unter strenger Bewachung an einem Sauerstoffgerät. Da gab es einen Augenblick – nachdem ich sehr lange vergeblich nach Luft gerungen hatte –, als ich spürte, wie ich langsam schwach wurde. Ich konnte die Ärzte hören: »Er kippt uns weg! Wir müssen schnell etwas tun!«, aber ihre Stimmen entfernten sich langsam und alles wurde ruhig und dunkel, still und friedlich. Dann sah ich ein immer heller werdendes Licht um mich herum, das mich bald vollkommen eingehüllt hatte, und es war mehr als nur ein Licht: Es war die *Essenz* des Lebens, ein sicheres, warmes, strahlendes Leuchten, das mit jedem Moment heller und schöner wurde. Ich glitt sanft mitten in sein Zentrum hinein, wo es wunderbarer war, als ich es je erlebt habe, so schön, dass ich es unmöglich beschreiben kann. Ich war unglaublich glücklich. Ich habe noch nie ein so vollkommenes Glück empfunden.

Dann verschwand es einfach. Es war einfach weg. Meine Augen öffneten sich und ich sah *Ärzte*. Ich konnte es nicht glauben. Eine tiefe Traurigkeit erfasste mich. Ich begann zu weinen und dann wurde ich so wütend, dass ich gleichzeitig schluchzte und schimpfte. Ich war wieder bei Bewusstsein und versuchte ihnen zu sagen, dass sie mich gehen lassen, mich wieder zurückschicken sollten, aber sie hatten mir einen Schlauch in den Hals geschoben, sodass ich mich nicht verständlich machen konnte. Ich gab auf.

Und dann, nach ein paar Minuten, war ich froh, wieder hier zu sein. Sie hatten mich ins Leben zurückgerufen, wie es so schön heißt.

Ich habe dieses Licht nie vergessen, es hat mich verändert. Als ich noch im Krankenhaus lag, wurde ich jedes Mal von einer seltsamen, überwältigenden Mischung aus Freude und Trauer ergriffen, wenn eines meiner Kinder ins Zimmer kam, und die Tränen rollten mir übers Gesicht. Als ich wieder zu Hause war, musste ich bei manchen Buchpassagen oder Filmszenen heulen wie ein Baby. Wenn Freunde zu Besuch kamen, lief mir immer mal wieder eine kleine Träne über die Wange, wenn ich sie anschaute. Die Leute gewöhnten sich daran. Sie sahen es und lächelten – John weint schon wieder.

Es ist jetzt zwar nicht mehr so schlimm, aber ich weine manchmal immer noch beim kleinsten Anlass. Es kann etwas so Tiefes sein wie die Schönheit eines Enkelkindes, das in meinen Armen liegt, aber auch etwas so Oberflächliches wie das Lächeln eines Mädchens im Fernsehen, das die Eislaufmeisterschaft gewonnen hat. Das Leben ist sehr ergreifend geworden.

Ein pochendes Geräusch reißt mich aus einem Traum (einem Albtraum?), in dem ich irgendwann im Jahr 1963 einen Tag in der Wüste verbringe und voll auf Pillen bin, und ich öffne meine Augen und schaue mich um. Ich bin wieder am Old Hickory Lake und was mich geweckt hat, ist Joseph, mein Enkel. Er ist jetzt ein Jahr und ein paar Monate alt. Er kommt ins Zimmer gestapft, die stämmigen kleinen Beinchen weit auseinandergespreizt, um das Gleichgewicht besser halten zu können, und schwankt bei jedem Schritt ein bisschen. Er ist noch unsicher auf den Beinen und muss sich anstrengen und mit dem Ausdruck höchster Konzentration auf seinem Gesicht versucht er, seine Bewegungen zu koordinieren, während er auf mich zutorkelt. Schließlich ist er bei mir. Er patscht seine Hände auf meine Knie, um sich abzustützen, entspannt sich und dreht sein Gesicht zu meinem herauf, mit einem breiten, fröhlichen Lachen.

Wie gut das tut. Ich bin so glücklich. Ich bin so dankbar, hier zu sein und nicht irgendwo in der Vergangenheit. Ich verstehe den zarten Wink von Joseph und konzentriere mich auf die wirklich wichtigen Dinge: meine Kinder und deren Kinder.

Rosanne Cash ist meine Älteste. Sie ist berühmt, und das zu Recht. Sie hat sogar schon genauso viele Songs auf Platz eins der Country-Charts gehabt wie ich. Sie ist eine großartige Sängerin und schreibt hervorragende Songs, Prosastücke, journalistische Artikel und Gedichte. Ihr erster Erzählband *Bodies of Water* erhielt eine wunderbare Kritik in der *New York Times*, und in der *Illustrated History of Country Music* heißt es, ihre Musik sei »eine Autoren-Odyssee, eine Chronik von Songs, die direkt ihrem eigenen Leben, ihren schonungslos offengelegten Gefühlen entstammen – es gibt im modernen Nashville keine Parallele«. Das Einzige, was ich dem hinzuzufügen hätte, ist, dass es eine Chronik von sehr guten Songs ist und dass Rosanne nicht mehr in Nashville lebt.

Sie ist vor ein paar Jahren nach New York gezogen und ist dort sehr glücklich. Das war der richtige Schritt, glaube ich. Sie braucht einfach ein kreatives Umfeld, das größer und weltoffener ist.

Manchmal nenne ich Rosanne »das Gehirn«. Sie und ich haben so ziemlich die gleiche Wellenlänge, deswegen bestand zwischen uns immer eine besondere Nähe. Es geht dabei nicht um eine tiefere Liebe (oder tiefere Verletzungen) als zwischen mir und den anderen Mädchen. Es ist eher so etwas wie ein höheres Maß an instinktivem Verständnis. Eine schöne Art, wie sie und ich in den letzten Jahren miteinander kommuniziert haben, ist über den Austausch von Büchern. Sie ist eine hervorragende Literaturbeobachterin, sie ist mir darin immer einen Schritt voraus und weist mir den Weg.

Rosanne ist mit John Leventhal verheiratet, einem großartigen Musiker und Plattenproduzenten. Sie und Rodney Crowell haben sich getrennt, als sie noch in Tennessee lebte. Caitlin, ihre älteste Tochter, auch schon eine junge Schriftstellerin, ist sechzehn, und Chelsea und Carrie können mit Caitlin schon fast mithalten. Sie gehen alle noch in New York auf die Schule. Die andere Tochter aus dem Hause Crowell/Cash,

Hannah Crowell, steht bereits auf eigenen Füßen und lebt in San Francisco. Wie bei uns zu Hause spricht auch in Rosannes Familie niemand von »Stieftöchtern« oder »Stiefschwestern«.

Sparkle Carter zum Beispiel ist meine Tochter, wenn auch nicht biologisch. Eigentlich heißt sie Carlene Carter, geborene Carlene Smith aus der Ehe von June und Carl Smith, aber ich nenne sie »Sparkle« [sprühender Funke], weil das ihrem Charakter entspricht. Carlene lässt sich von niemandem unterkriegen, man braucht es gar nicht erst zu versuchen. Sie sprüht vor Lebensfreude, wo immer sie ist.

Auch sie ist sehr bekannt, und das verdientermaßen: Sie ist eine ausgezeichnete Songwriterin und Sängerin und eine großartige Musikerin. Ich sah sie einmal als Opening Act von Garth Brooks, und sie stellte ihn total in den Schatten – man sollte sich also besser nicht mit Carlene messen, wenn man nicht gerade Elvis ist, und wer ist das schon. Sie brachte in den Siebzigerjahren, als sie noch in der Nashvilleszene war, einige hervorragende Country-Rock-Platten heraus und dann ein paar sehr coole Country-Rock-Pop-Dance-Platten, während sie mit Nick Lowe verheiratet war und in London lebte. Jetzt macht sie wunderbare Carlene-Carter-Platten, die alles miteinander vereinen, meistens mit Unterstützung von Howie Epstein, ihrem Lebensgefährten. Howie spielt Bass bei den Heartbreakers, Tom Pettys Band, und ist ein erstklassiger Produzent.

Carlene hat zwei Kinder, Tiffany Lowe, die mit ihrer eigenen Musik in Los Angeles zu Recht für großes Aufsehen sorgt, und John Jackson Routh, der Sohn des Songschreibers Jack Routh. John ist ein aufgeweckter Junge und ein harter Arbeiter. Er geht auf die Vanderbilt University und hat nebenbei zwei Jobs, einen davon als Footballtrainer bei der Good Pasture Christian School in Nashville.

Wie Rosanne musste sich auch Carlene erst einmal mühevoll durchsetzen, als sie anfing ihre eigenen Wege im Musikgeschäft zu gehen. Die Leute beobachteten sie sehr genau und gingen angesichts ihrer berühmten Eltern sehr kritisch mit ihr um und ich glaube, dass sie es in mancher Beziehung schwer hatte, sich durchzusetzen, allein wegen ihres Namens. Ich bin stolz auf sie, weil sie es geschafft hat.

Tochter Carlene mit ihrem Verlobten Howie Epstein

Juni mit Tochter Rosie

Kathy, meine zweitälteste Tochter, die letzte, die in Memphis zur Welt kam, hält unter meinen Kindern zurzeit den Familienrekord, was die Dauer ihrer Ehe betrifft: Sie und Jimmy Tittle, ein Songwriter und ehemaliger Bassist von mir, haben jetzt bald fünfzehn Jahre hinter sich. Kathy hatte nie irgendwelche Ambitionen im Showbusiness. Sie wollte noch nie etwas anderes, als ein Heim und eine Familie zu gründen, und das ist ihr auch gelungen. Sie und Jimmy leben mit ihren zwei prachtvollen Kindern, Dustin und Kacy Tittle, mitten in Tennessee in einem selbst gebauten Haus auf einem etwa fünfeinhalb Hektar großen Grundstück. Kathys erstes Kind und mein erster Enkel, Thomas Coggins, inzwischen das Musterexemplar eines großen, strammen Mannes, sieht aus wie Tarzan (er trainiert viel) und ist so anständig und vernünftig, wie man es sich von einem jungen Mann nur wünschen kann. Er ist Polizeibeamter in Old Hickory, Tennessee, aber er schreibt auch Songs und spielt ziemlich gut Gitarre, sodass ich vermute, dass er der Sache eines Tages vielleicht professionell nachgehen wird, auch wenn er bisher noch keine Anstrengungen in diese Richtung unternommen hat. Wenn dieses Buch erscheint, haben er und seine Frau mir vielleicht schon den ersten Urenkel geschenkt.

Ich habe zwölf Enkelkinder. Manchmal kann ich darüber nur staunen.

Cindy, Tochter Nummer drei, ist ein richtiger Wildfang. Sie schießt gerne und eine Weile hatte sie den Ehrgeiz, eine besonders schnelle Schützin zu werden. Ich sagte ihr immer wieder, dass sie sich eines Tages noch die Zehen abschießen werde, aber ich irre mich. Heute macht sie

Die Cash-Töchter. Von links nach rechts: Cindy, Rosanne, Tara and Kathy

das nicht mehr so oft, man findet sie eher auf dem Rücken eines Pferdes oder mit einer Angelrute in der Hand statt mit einem Peacemaker.

Sie hat eine Tochter aus erster Ehe, Jessica Brock, die an der Western Kentucky State University studiert und Familienberaterin werden will. Cindy selbst tanzt auf verschiedenen Hochzeiten. Sie ist eine ausgezeichnete Friseurin und als Hairstylistin und Maskenbildnerin in der Musikvideobranche sehr gefragt. Vor Kurzem hat sie das hervorragende und erfolgreiche *Cash Family Scrapbook* zusammengestellt und herausgegeben, und obwohl sie nicht so sehr den Drang zu einer Musikkarriere verspürt wie Rosanne oder ich – ein innerer Zwang, der uns tief im Blut steckt –, schreibt sie gute Songs und kann sich gesanglich mit den Besten des Geschäfts messen. Hin und wieder geht sie mit auf Tournee und singt bei uns mit.

Cindy und ich sind uns sehr nahe. Wir lieben uns heiß und innig und genauso streiten wir auch miteinander. Sie hat allerdings die gleiche Taktik wie ihre Mutter und deshalb gewinne ich meistens, weil ich schon vorher weiß, was sie vorhat. Sie hat Temperament. Sie war früher mit Marty Stuart verheiratet, aber das ging schon vor vielen Jahren auseinander und wir haben es alle überlebt. Wir haben sogar unseren Humor wieder gefunden. Marty hat mich neulich angerufen. »Oh, John«, sagte er glucksend vor Lachen, »Cindy und ich haben wieder Krach miteinander.«

Wenn Rosanne »das Gehirn« ist, dann muss Rosie »die Stimme« sein. Sie ist ein fester Bestandteil unserer Show und das Publikum ist jedes Mal von ihr hingerissen. Songs wie *Amazing Grace* und *Angel from Montgomery,* zwei ihrer regelmäßigen Solonummern, sind wie gemacht für ihre Stimme, kräftig und bluesig, mit einer enormen Kraft und Tiefe. Sie hat ihren eigenen Stil und ihre eigenen Fähigkeiten, aber wenn ich sie mit irgendjemand vergleichen sollte, um sie zu beschreiben, würde ich eher an Namen wie Mahalia Jackson und Bessie Smith denken als an andere Countrysängerinnen, die mir einfallen.

Ich glaube, wenn Rosie jemals wirklich ein Plattenstar werden möchte, dann wird sie es auch. Sie war einige Male dicht dran, aber irgendetwas kam immer dazwischen, was sie vom allerletzten Schritt abhielt hat, und vielleicht lag das auch gar nicht immer an anderen. Sie hatte vielleicht mehr Angst vor dem Erfolg als vor einem Fehlschlag. Sie weiß das. Ich habe es ihr gesagt. Und ich habe ihr auch gesagt, dass sie sich irgendwann dafür entscheiden wird. Wenn sie es tut, dann kann man sich auf einiges gefasst machen! Rosie hats in sich.

Sie hat keine eigenen Kinder, aber sie liebt Kinder – und alte Menschen und jeden, der in Schwierigkeiten steckt und ihre Hilfe gebrauchen könnte. Ich kenne kaum jemanden, der ein so tatkräftiges Mitgefühl aufbringen kann wie sie. Sie opfert viel von ihrer Zeit und ihrem Geld, um anderen Menschen zu helfen, sowohl im Familienkreis als auch anderswo.

Mit Rosie verbindet mich eine besondere geistige Beziehung. Vielleicht liegt das daran, dass ich ihren Kampf mit der Familienkrankheit direkter miterlebte habe als bei den anderen Kindern.

Und nun zu den Kleinen. Tara, meine jüngste Tochter, lebt in Portland, Oregon, mit ihrem Mann Fred Schwoebel und ihrem gemeinsamen Sohn Aran (benannt nach den Aran-Inseln, wo sie ihre Flitterwochen verbrachten). Auch sie arbeitet in der Videobranche, allerdings vorwiegend in der Werbung und im Produktionsbereich. Sie ist für fast jeden Job am Set qualifiziert, von der Verwaltung des Kostümfundus bis hin zur Regieassistenz, und sie hat immer genügend Arbeit.

Fred und Tara sind nicht sehr konsumorientiert, sie sind genügsam und bewusst in ihrer Lebensweise und beim Ausgeben ihres Geldes. Sie klettern, wandern und machen Skilanglauf. Sie sind ein sehr gutes Team.

Tara hat ein gewinnendes, sanftes Wesen und geht Konflikten gern aus dem Weg. Einige Jahre lang zog sie sich von uns zurück und kehrte den familiären Problemen den Rücken, lebte ihr eigenes Leben und machte ihr eigenes Ding. Als wir anderen begannen, unser Leben in Ordnung zu bringen, kam sie zu uns zurück. Und seither ist sie wieder bei uns. Sie ist ausgeglichen und zuverlässig und kann bedingungslos lieben. Ich versuche immer wieder, sie zurück nach Tennessee zu lotsen, aber bisher ohne Erfolg. Sie und Fred leben gerne in Oregon. Aber vielleicht haben sie ja eines Tages genug von dem vielen Regen dort.

Bleibt noch mein jüngstes Kind, John Carter, der jetzt siebenundzwanzig ist. Er hieß schon John Carter, lange bevor er auf die Welt kam oder auch nur gezeugt wurde. Ich hatte vier Töchter mit in die Ehe gebracht und June zwei und obwohl wir auch über eine gemeinsame Tochter sehr glücklich gewesen wären, hofften wir sehr, dass unser Kind, sollten wir noch eins bekommen, ein Junge sein würde. Und wenn es ein Junge wäre, sollte er unser beider Namen tragen.

Auch er ist ein großer, kräftiger Junge (auch ohne Training), 1,95 Meter groß und Musiker. Er hatte eine Metalphase, was für mich ganz lustig war – wir gingen zusammen zu einem Metallica-Konzert, einer Riesenshow, und er stellte mich Ozzy Osborne vor, der ein sehr netter Mensch ist –, aber inzwischen macht er akustische Musik, singt seine eigenen Songs, nur mit seiner Gitarre. Er schreibt gute Songs, ganz andere als ich. Sie sind von einer tiefen Metaphorik, an die ich mich nie herangewagt habe. Er klingt auch überhaupt nicht nach mir und kann viel besser Gitarre spielen. Im Domino oder Halma kann er mich allerdings immer noch nicht besiegen – aber das können die wenigsten.

John Carter kam auf die Welt, als ich vierzig war, mein erster Sohn nach vier Töchtern und mein erstes gemeinsames Kind mit June. Schon allein aus diesen Gründen war ich von Anfang an von ihm hingerissen. Er hatte wesentlich mehr von mir als Rosanne, Kathy, Cindy und Tara. Während er aufwuchs, war ich physisch und meistens auch gefühlsmäßig bei ihm und in jenen magischen Jahren zwischen dem Kleinkindalter und der Pubertät, in denen ein Junge und sein Vater wirklich Spaß miteinander haben können, waren wir beide richtige Spielkameraden. In gewisser Beziehung sind wir beide zusammen erwachsen geworden. Er hat mir vielleicht mehr beigebracht als ich ihm.

Wie ich schon sagte, geht John Carter mit uns auf Tournee. Manchmal bringt er Joseph mit, aber meistens lässt er ihn zu Hause bei seiner Frau Mary. Sie ist keine Musikerin, aber früher war sie mal Mannequin. Jetzt zieht sie Joseph groß und geht aufs College. Sie ist eine fromme Frau, die Tochter von Nachbarn, die in Port Richey ein paar Häuser weiter von uns wohnen. Als ich sie das erste Mal sah, überraschte sie mich dabei, wie ich in ihrem Garten Orangen pflückte – oder besser gesagt, ich überraschte sie. Ich hatte ein schlechtes Gewissen, deshalb ging ich an die Haustür und stellte mich anständig vor. Kurz darauf erwachte John Carters Interesse an ihr.

John Carter ist sehr erfolgreich auf seinem Gebiet, wie alle meine Kinder. Sie haben konsequent ihren Weg verfolgt und ihre Talente genutzt. Ganz abgesehen von der Liebe, die ich für sie empfinde, und der Sorge um sie, bin ich sehr stolz auf sie. Es sind gute Menschen.

Mit Enkel John Cash am Flughafen in Dresden, 1997

Am Strand von Jamaica mit June, John Carter und seiner Frau Mary

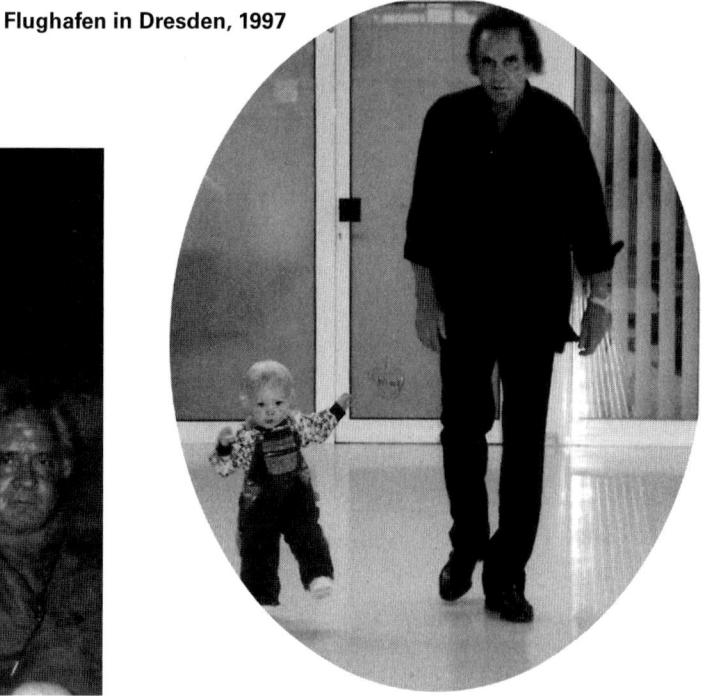

WIEDER UNTERWEGS

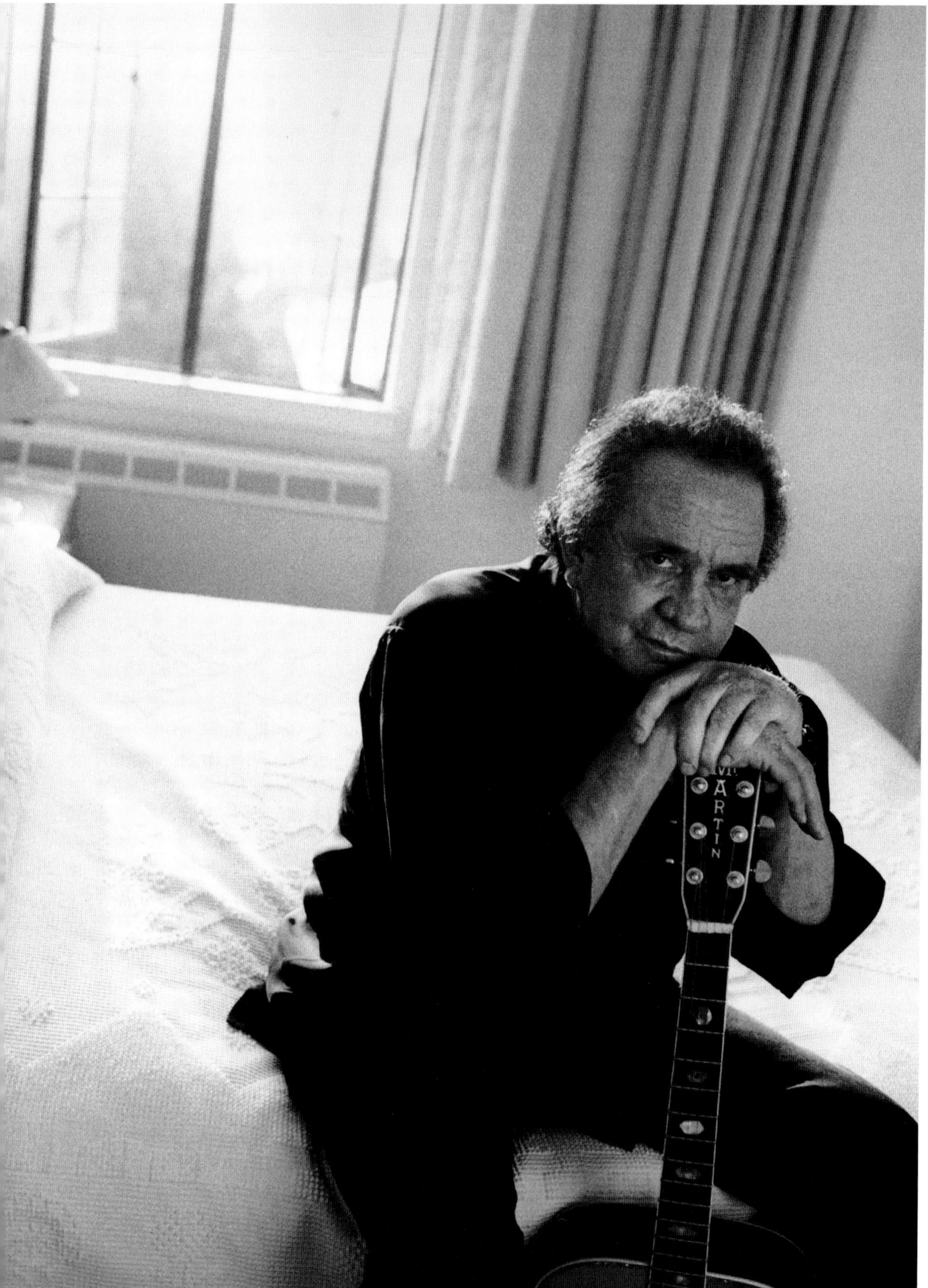

SO VIELE MENSCHEN, DIE ICH LIEBE

Ich entspanne mich gerade auf der Veranda meines Zimmers in einem schönen Hotel in Ashland, Wisconsin, am Lake Superior. Ich blicke hinaus in den milden, klaren Morgen und sehe, was es zu sehen gibt.

In einem Haus auf der anderen Straßenseite brennen die Lichter. Sie gingen erst um etwa acht Uhr an, als ich schon etwa drei Stunden auf war. Der Mann, der in dem Haus wohnt, brach gegen Viertel vor neun in einem kleinen weißen Wagen zur Arbeit auf, zu einem dieser Dreizehntausend-Dollar-Jobs. Das Haus ist zweistöckig und hat ein steiles Dach wie die meisten Gebäude in schneereichen Gebieten. Der Garten hinter dem Haus ist von einem niedrigen Maschendrahtzaun umgeben und auf dem Rasen steht ein Grill. Ein Hund streift am Zaun entlang und sucht einen Weg nach draußen – keine besondere Rasse, einfach nur ein Hund, der aussieht wie ein Hund.

Auf der anderen Seite der Veranda sieht man den See, er liegt heute ganz friedlich da. Der Hoteldirektor hat uns angeboten, uns in seinem Boot mit hinauszunehmen und uns zu zeigen, wo es Fische gibt – er kennt die Plätze, wo sie sich besonders gerne aufhalten –, und ich hoffe, ich kann irgendwann darauf zurückkommen. Ich habe eine detaillierte Karte dieser Gegend (etwas, was ich immer gerne habe, wo ich auch hinkomme) und ich habe sie schon etwas genauer studiert, um vielleicht selbst herauszufinden, wo die geeignetsten Stellen zum Angeln sein könnten. Ich war noch nie in Ashland und es ist mal etwas anderes. Es gefällt mir, wenn mich meine Tour an neue Orte führt. Die Leute hier sind sehr freundlich. Wider Erwarten sieht man hier in Wisconsin aber auch nicht mehr Käse als anderswo, ich mag den Käse aus Wisconsin wesentlich lieber als das stinkende Zeug aus Europa. Ich stehe nicht besonders auf Dinge, die schmecken, als ob sie schon lange tot wären.

Ich bin mir nicht sicher, ob es hier ein Wal-Mart-Kaufhaus gibt. June und ich teilen die Orte immer danach ein – »Ich wette, das ist eine Wal-Mart-Stadt. Sie ist auf jeden Fall groß genug«, oder: »Komm schon, Liebling. Geh nicht hier einkaufen. Morgen kommen wir wohin, wo es zwei Wal-Marts gibt« –, aber ich habe von Ashland noch zu wenig gesehen, um einen guten Tipp abgeben zu können. Ich weiß allerdings, dass es ein hübscher Ort ist.

Vielleicht gehe ich morgen angeln. Heute jedenfalls nicht, denn ich habe heute Abend einen Auftritt und muss deshalb wie üblich meine Kräfte und meine Energien schonen: aufpassen, dass ich nicht zu viel esse, darauf achten, dass ich zu meinem Mittagsschläfchen komme, Hektik und Ablenkung vermeide, mir nichts von meiner Zeit stehlen lasse. Nur dann kann ich dem Publikum mein Bestes geben. Wenn ich auf der Bühne erscheine, werden sie zunächst vielleicht denken: *Ich wusste gar nicht, dass er so alt geworden ist,* oder: *Mann, der hat ja ganz schön zugenommen,* aber beim zweiten oder dritten Song sollten sie schon etwas anders denken. *Na ja, er bewegt sich vielleicht nicht mehr so viel wie früher. Er ist um einiges langsamer geworden, aber er singt immer noch ziemlich gut. Für einen alten Kerl sowieso.*

Hoffentlich wird das auch das letzte Wort über Johnny Cash sein, wenn ich mitten in *Ring of Fire* oder *Still Miss Someone* oder *Sunday Morning Coming Down* plötzlich umkippe und auf der Bühne sterbe, im vollen Rampenlicht, umgeben von meiner Band und meiner Familie, während Fluke noch immer den Rhythmus spielt. Das ist eigentlich der Traum eines jeden Musikers.

Manchmal höre ich Leute in meinem Alter sagen: »Ich fühle mich so gut wie eh und je.« Das glaube ich ihnen nicht. *Ich* habe ganz bestimmt nicht mehr so viel Energie wie früher. Ich lebe mit allen möglichen Schmerzen und Beschwerden und wie jeder über fünfzig verbringe ich immer mehr Zeit bei irgendwelchen Ärzten, eine kleine Behandlung hier oder eine größere Untersuchung da. Die Frage ist jedoch, wie man damit umgeht – ob man sich hinstellt und das Zusammenflicken mit Würde erträgt. Nicht dass ich der Meinung wäre, man müsste »in Würde alt werden«. Ich teile vielmehr die Ansicht von Edna St. Vincent Millay, dass es völlig in Ordnung ist loszuschreien, zu kratzen und zu kämpfen. Wenn der Tod an die Tür klopft, musst du sofort nach deiner Schrotflinte greifen.

Und wenn du weißt, dass er vielleicht schon ganz in der Nähe ist, was für alle Leute meines Alters gilt, solltest du deine Zeit gut nutzen. Nicht länger aus dem Fenster auf den See hinausstarren, sondern anfangen deine Geschichten zu erzählen.

Ich habe so viele davon, dass ich gar nicht weiß, wo ich anfangen soll. Deshalb beginne ich ganz von vorn mit dem Buchstaben »A« und schaue einfach, wohin mich das führt. Ich bin mir nicht sicher, ob ich bis »Z« komme – mir fallen keine guten Geschichten oder Leute zu »Z« ein –, aber bevor dieses Buch zu Ende ist, werde ich unbedingt noch erzählen müssen, wie viel ich von Trisha Yearwood halte, und deshalb weiß ich, dass ich auf jeden Fall bis »Y« kommen werde.

Eddy Arnold war in meiner Jugend eine ganz heiße Nummer und er hat meinen Schreibstil und meinen Gesang sehr beeinflusst. Jede Platte, die er herausbrachte, kletterte sofort auf Nummer eins und ich kannte sie alle, Wort für Wort. Heute noch. Mein Lieblingssong ist *Cattle Call*, dicht gefolgt von *Lamplighting in the Valley*. Man hört von ihm heute nicht mehr so viel wie von Jim Reeves, Hank Williams oder George Jones, aber seine Platten hielten sich länger in den Country-Charts als ihre – eigentlich länger als die von jedem anderen.

Viele seiner Songs haben sogar die Zeit überdauert. Und bei alten Songs ist das nicht sehr oft der Fall. Wenn man sie sich heute als mögliches Material für Platten oder Auftritte vornimmt, stellt man häufig fest, dass sie die Magie verloren haben, die von ihnen ausging, als sie noch Hits waren. Oder wie Chips Moman es sagte, als er und ich eines Tages zusammen angeln waren und darüber sprachen, für ein Album, an dem wir gerade arbeiteten, einen alten Countryhit zu verwenden: »Weißt du, der Song ist noch genauso gut wie damals.«

John Anderson ist nach Stonewall Jackson so ziemlich der typischste Countrysänger, den ich kenne, und ich meine das als großes Kompliment. Ich liebe seine Art zu singen und mir gefällt seine Art zu reden.

Bobby Bare ist ein freier Geist und das war er schon immer. Er ist mir besonders aus meiner Zeit in Kalifornien in Erinnerung, als er sich ebenfalls dort aufhielt. Er hatte keinen Führerschein, weil er die Verantwortung für ein Auto nicht übernehmen wollte. Er hatte immer ein Mädchen, das ihn herumkutschierte. Das Einzige, was ich im Nachhinein bedaure, ist, dass Bobby und ich übers Angeln weit mehr geredet haben, als es zu tun. Und auch wenn es jetzt schon lange her ist, wünschte ich, TNN hätte seine Fernsehshow nicht abgesetzt.

Bobbys Freund Shel Silverstein war ein beeindruckender Mann. Es gibt nicht allzu viele Menschen auf der Welt, die als Karikaturisten und Songwriter gleichermaßen begabt sind (obwohl mir dabei natürlich sofort Merle Travis einfällt. Allerdings hatte der mit seinen Cartoons, im Gegensatz zu Shel, keine eigene Rubrik im *Playboy*-Magazin, und zwar zu dessen besten Zeiten). Mit Shels Song *A Boy Named Sue* hatte ich einen Riesenhit und großen Erfolg, als ich ihn bei dem Gefängniskonzert, aus dem das Album *Live at San Quentin* hervorging, das erste Mal spielte. Der Text war mir noch so neu, dass ich ihn von einem Blatt auf dem Notenständer ablesen musste, aber er passte genau zu diesem Anlass. Er heiterte die Stimmung in dieser ansonsten eher bedrückenden Show deutlich auf. Das Gelächter hätte wirklich fast das Dach zum Einstürzen gebracht.

Owen Bradley war in Nashville der wichtigste Plattenproduzent seiner Zeit, der Mann, der hinter dem Nashvillesound der Fünfziger und Sechziger steckte. Ich arbeitete nie mit ihm zusammen, aber in meinen schlechten Zeiten machte ich einmal in seinem Studio Aufnahmen. Eine durch Amphetamin hervorgerufene Halsentzündung hatte meine Stimme ruiniert und meinen Frust darüber ließ ich an einer seiner Schallwände aus Fiberglas aus. Er verhielt sich in der ganzen Angelegenheit wie ein perfekter Gentleman – er verlor nie ein Wort darüber, sondern schickte mir ein, zwei Wochen später einfach eine Rechnung über dreiundvierzig Dollar. Owen war und ist nicht nur wichtig, sondern auch sehr bliebt.

Patsy Cline. Als ich anfing, mit June zusammenzuarbeiten, war Patsy auf einer unserer gemeinsamen Tourneen dabei und natürlich wollte ich sie gerne etwas näher kennenlernen. Ich lief spätabends nach einem Auftritt über den Korridor und klopfte an ihre Tür. Die Antwort kam prompt: »Weg von meiner Tür, Cash!«

»Hey Patsy, ich wollte doch nur mal mit dir reden«, log ich.

»Einen Teufel wolltest du. Jetzt verschwinde und geh ins Bett!«

Das tat ich dann auch, und ich habe es nie wieder bei ihr versucht. Es spricht für sie, dass sie danach immer noch freundlich zu mir war. Patsy konnte fluchen wie ein Seemann und ich hätte mich unter keinen Umständen auf einen Streit mit ihr einlassen wollen, aber sie war nett zu jedem, der sie anständig behandelte. Sie liebte kleine Kinder und sie hatte das Herz eines Engels, was wunderbar zu ihrer Stimme passte. Ich lernte sie allerdings nie richtig kennen. Sie war eher Junes Freundin als meine.

Ray Charles war einer meiner Gäste in der »Johnny Cash Show« und darüber freute ich mich sehr. Ich sah ihm gerne bei der Arbeit zu. Er hat ein unglaubliches Gehör und er ist ein absoluter Perfektionist, ohne dabei unangenehm zu werden. Keiner in seiner Band kann auch nur einen falschen Ton spielen, ohne dass er es merkt. Jedenfalls freute es mich damals irgendwie, dass er den Song *Busted* eher in dem Stil aufnahm, wie ich es getan hatte, als so, wie Harlan Howard ihn geschrieben hatte. Das war allerdings echte Anmaßung. Harlan sagte es zwar nie, aber ich weiß, dass es ihm nicht gefiel, wie ich seinen Song verpfuschte. Und er hatte jedes Recht dazu. Deine Songs sind deine Babys.

Conway Twitty und ich waren uns in vieler Hinsicht sehr ähnlich. Wir kamen aus der gleichen Gegend und mochten die gleiche Art von Musik und ganz davon abgesehen konnte ich ihn sehr gut leiden. Ich fand es wirklich tragisch, dass er in seinem Bus an einem Aneurysma starb, als er versuchte, aus Branson wegzukommen. Ich kenne Branson nicht so gut. Ich habe mal dort gespielt, aber ich wollte niemals einer solchen Routine ausgeliefert sein, wie es den Künstlern ergeht, die ihre festen Bühnen haben. Zwei Auftritte an einem Tag, und das jeden Tag, monatelang. Das würde mich noch schneller umbringen, als faul herumzuliegen und fernzusehen.

Höchstwahrscheinlich wäre meine Kreativität schon lange davor abgestorben, sodass der Tod dann vielleicht sogar eine Erlösung wäre.

Ich will noch ein paar Worte zu den Leuten aus meiner Band und meiner restlichen Mannschaft sagen. Ich habe bereits von Bob Wootton erzählt, dem Mann mit der elektrischen Gitarre, der links neben mir steht, immer mit seinem schicken schwarzen Oklahoma-Cowboyhut, also brauche ich eigentlich nichts mehr über ihn zu sagen, außer dass er von allen Mitarbeitern inzwischen am zweitlängsten bei mir ist, nämlich seit 1968. Das zeigt eigentlich schon, wie sehr ich ihn schätze. Ich habe allerdings noch nicht genügend über Fluke gesagt – W. S. Holland, mein Schlagzeuger und der Mann, der sogar noch länger bei mir ist als Bob. Er ist jetzt seit achtunddreißig Jahren dabei.

Fluke ist der Fels, auf den ich mich immer stützen kann. Wann immer etwas schiefläuft in der Show oder auch in meinem Leben, ist er da und bereit zu helfen, bereit zuzuhören. Er ist ein wahrer Freund und er ist für meine Musik der beste Schlagzeuger, den ich mir vorstellen kann. Fluke ist ein sehr netter Mann. Er ist ein Friedensstifter. Wenn es Ärger in der Gruppe gibt, wende ich mich an ihn. Mit seinem sanften, fröhlichen, aber bestimmten Auftreten beruhigt er die Beteiligten, bis wir eine Lösung gefunden haben. Er ist inzwischen Großvater, wie ich, aber gerade neulich haben wir uns gegenseitig versichert, dass wir zusammen auf Tour gehen wollen, solange es geht.

Es gibt heute keine Probleme. Auf dieser Tournee läuft alles wie geschmiert.

Am Klavier und an den Keyboards, meine Damen und Herren, dort drüben zu meiner Rechten (Ihrer Linken) haben wir Earl Poole Ball, der inzwischen seit zwanzig Jahren bei mir ist. Keiner spielt wie Earl. Er ist mein Delta-Rhythmus-Gospel-Boogie-Pianist, großartig bei den Rockabillysachen und einfach wunderbar bei den Hymnen und Spirituals. Ich gehe gerne rüber, stelle mich ans Klavier und singe an seiner Seite, während er spielt – *Over the Next Hill, These Hands, Farther Along*, einige tolle Countryklassiker oder einen alten Song von mir. Es ist ein vertrauter, intimer Moment, so als würde ich nur zur Gitarre singen: Die Stimme und das Instrument verschmelzen zu einem einzigen Klang. Earl ist der gebildetste Allroundmusiker der Gruppe und natürlich ist er ein guter Mann. Das versteht sich eigentlich von selbst, aber ich sage es trotzdem.

Dave Rorick, mein Bassist, ist ebenfalls ein vielseitiger Musiker und ein sehr netter Mensch, auch wenn er nach unseren Maßstäben noch ein echter Neuling ist. Obwohl er schon seit Jahren in der Band ist, kommt er nicht einmal auf eine zweistellige Zahl. Er hat genau die richtige Kontrabasstechnik für mich und er passt einfach hervorragend zu uns. Die anderen Jungs halfen ihm sehr, als er bei uns anfing, brachten ihm die ganzen Kniffe bei und erzählten ihm, was er zu erwarten hatte, und das mussten sie auch, denn in so was bin ich nicht so gut. Ich erwarte von den Leuten immer, dass sie alles begreifen, ohne dass ich es erklären muss. Und ich kann auch meine Anerkennung nicht richtig zeigen, wenn sie es tatsächlich begreifen. Irgendwie erwarte ich einfach von den Leuten, dass sie kompetent sind und hart arbeiten und dass ich nur dann mit ihnen über die Arbeit reden muss, wenn ich der Meinung bin, sie müssten es anders machen oder besser. Aber ich arbeite daran. Ich sollte auch im wirklichen Leben etwas freigiebiger mit meinen Komplimenten umgehen, nicht nur in diesem Buch.

Was für meine Band gilt, gilt auch für meine übrige Mannschaft. Sie sind alle sehr zuverlässig. Jay Dauro, ein Mann, der seit zwanzig Jahren dabei ist, koordiniert unsere Reisen und ist der Manager der Gruppe. Er kümmert sich um die Terminplanung, sorgt dafür, dass jeder weiß, wo er hinsoll, und hält mithilfe seines Laptops Kontakt zu unserem Heimatbüro. Jay ist sehr vital, auch wenn er nicht mehr der junge Bursche ist wie damals, als er zu uns stieß. Schon allein seine Gegenwart sorgt für einen richtigen Energieschub. Wenn wir auf der Bühne sind, ist er draußen im Saal am Lichtmischpult und er leistet auch dort gute Arbeit.

Der Mann, der neben ihm sitzt und für den Sound verantwortlich ist, heißt Larry Johnson. Über die Art und Weise, wie er seinen Job erledigt, gibt es eigentlich nur eins zu sagen: Seit er bei uns ist, habe ich noch nie gehört, dass sich das Publikum über den Sound beschwert hätte. Ich selbst habe schon Mist gebaut, war zu laut, zu dicht am Mikro oder zu leise, zu weit davon entfernt, aber Larry noch nie.

Sein Partner beim Sound ist Kent Elliot, der hinter der Bühne für die Anlage zuständig ist. Er überwacht die Bühnenmonitore, damit wir uns in der Band gegenseitig hören können, und sorgt dafür, dass der Sound zu Larry und dem Publikum rüberkommt. Und auch da gibt es keine Klagen. Kent könnte seinen Job mit verbundenen Augen machen.

Brian Farmer, mein Gitarrentechniker, rundet die Sache ab. Auch er ist ein sehr engagierter Mitarbeiter und Freund, den man gerne um sich hat und der sich trotz der späten Stunden und der harten Arbeit nie beklagt. Alle vier Mitglieder meiner Crew sind verantwortlich für das Entladen unserer Anlage aus dem Laster, den Aufbau in der Halle, den Abbau nach dem Auftritt und das Wiedereinladen in den Laster für das nächste Konzert. Das ist ganz schön viel Arbeit.

Brian ist der beste Gitarrentechniker, den ich je kennengelernt habe. Er ist meisterhaft. Er hält meine Gitarren tipptopp in Schuss und immer perfekt gestimmt. Auch hier kann es durchaus vorkommen, dass ich mal den falschen Ton treffe, zu hoch oder zu tief, aber das liegt dann nicht an meiner Gitarre. Normalerweise habe ich mindestens zwei Gitarren auf der Bühne, eine Martin D76 Bicentennial, von der nur 1976 Stück gebaut wurden, und die schwarze Spezialanfertigung, die Martin 1968 für mich gebaut hat. Für den Fall, dass bei einer von beiden ein Problem auftritt, habe ich immer eine D18 in Reserve. Martin hat übrigens gerade eine Serie von zweihundert Johnny-Cash-Spezialmodellen herausgebracht, bei deren Entwurf ich mitgeholfen habe. Sie sind schwarz und schön, mit einem ähnlichen Perlmutt-Inlay wie bei der Martin D45 – ganz recht, das ist jetzt natürlich (schon wieder) Werbung. Mit dem Erlös wird die Carter Family Fold in Virginia unterstützt, die wiederum dazu beiträgt, die »Mountain Music« am Leben zu erhalten.

Hinter meiner Band und meiner Mannschaft stehen die Frauen, die das House of Cash führen: Kelly Hancock, Karen Adams und Lisa Trice. Kelly ist meine Nichte, Rebas Tochter. Reba koordinierte fast ihr ganzes Erwachsenenleben lang all meine geschäftlichen Angelegenheiten und führte das House of Cash. In den letzten paar Jahren zog sie sich nach und nach ins Privatleben zurück und ist jetzt nur noch als Beraterin tätig. Sie hilft Kelly auf dem komplizierten Gebiet der Songveröffentlichung und bei Hunderten von anderen Aufgaben, die anfallen. Reba war für mich lange, lange Zeit absolut unentbehrlich.

Neben dem House of Cash gibt es noch die Häuser der Cashs, in denen wir leben, und auch hier sind die Leute, die alles am Laufen halten, schon seit vielen Jahren bei uns: unser Personal in Jamaika, das ich schon erwähnte, sowie Peggy Knight, Shirley Huffine, Betty Hagwood und Anna Bisceglia in Tennessee. Anna ist die Witwe von Armando Bisceglia, der über fünfundzwanzig Jahre lang mein Sicherheitschef war und 1996 starb. Peggy, die uns oft auf Tour begleitet, ist schon ihr gesamtes Arbeitsleben bei uns. Sie ist vielleicht die beste Köchin der Welt, was die Südstaatenküche betrifft.

Vielleicht ist es aber auch June. Vielleicht strengen sie sich jetzt beide noch ein bisschen mehr an, um die Nummer eins zu werden.

Ich fühle mich richtig wohl mit diesen Menschen – unbeschwert, sicher und glücklich.

Ein Mann, der nach all den Jahren nicht mehr bei mir ist, ist Marshall Grant, der ursprüngliche Bassist der Tennessee Two. Heute managt er die Statler Brothers. Unsere Wege trennten sich im Jahr 1980 und es war keine schöne Geschichte. Wir waren an einem Punkt angelangt, an dem wir aus verschiedenen Gründen nicht mehr zusammenarbeiten konnten. Als sich die Sache zuspitzte, schickte ich ihm eine schriftliche Kündigung. Ich habe das immer bedauert. Ich weiß nicht, ob nach all den Problemen, die wir hatten, eine weitere Zusammenarbeit überhaupt noch möglich gewesen wäre, aber ich bereue die Sache mit dem Brief. Ich sagte darin Dinge, die besser ungesagt geblieben wären, und ich glaube, dass ich eine unangenehme Situation nur noch verschlimmerte. Marshall und ich hatten uns lange Zeit sehr nahegestanden und es war schon sehr schmerzhaft, als sich so ein tiefer Graben zwischen uns auftat. Später entschuldigte ich mich bei ihm und wir umarmten uns und brachten unser gegenseitiges Bedauern und unseren Respekt zum Ausdruck, aber es bleibt eine der Episoden in meinem Leben, auf die ich mit Schaudern zurückblicke. Ich bin sehr froh, dass er jetzt so erfolgreich ist.

Ich war dabei, als Dolly Parton zum ersten Mal die »Opry«-Bühne betrat. Sie war dreizehn und kam aus dem Osten Tennessees. Ich unterhielt mich hinter der Bühne mit ihr darüber, was sie singen würde, und sie war so nervös und aufgeregt, wie man nur sein kann. Dann ging sie hinaus und war einfach umwerfend. Das Publikum war begeistert. Wir alle waren begeistert. Mann, war sie gut!

Ich habe Dolly schon seit fast fünf Jahren nicht mehr gesehen. So geht es mir mit vielen Künstlern, die ich meine Freunde nenne. Wir sind alle so viel unterwegs, dass wir uns fast nur noch zufällig auf irgendwelchen Flughäfen oder Preisverleihungen sehen, und dann oft nur flüchtig. Es ist jammerschade, aber man kann es nicht ändern.

Wenn man sich in der Countrymusik auskennt, kann man nicht über Dolly sprechen, ohne auch Porter Wagoner zu erwähnen. Er war einer der ersten Künstler, mit denen ich auf Tour ging, ich weiß noch, dass er damals *Satisfied Mind* sang. Ich höre ihn sehr gerne singen. Und ich mag ihn sehr gerne. Wir alle mögen ihn. Er ist sehr beliebt in der Musikbranche. Manchmal, wenn die Beleuchtung stimmt und er in einem seiner Cowboyanzüge auf die Bühne kommt, meint man, ein Feuer herannahen zu sehen. Wie die junge Queen Victoria, wie Black Elk in London.

Earl Scruggs war einer der Stars, die mich sehr freundlich aufnahmen und mir sehr halfen, als ich zum ersten Mal in der »Opry« erschien. Einige Leute waren mir gegenüber ziemlich misstrauisch, weil ich einer dieser Rockabillys aus Memphis war (»Igitt, halt dir schnell die Nase zu«), nicht so Earl und die Jungs aus seiner Band.

Bei diesem ersten Auftritt in der »Opry« zog ich einigen Unmut auf mich. Ich trat in dem Teil auf, der von Carl Smith moderiert wurde, und

Die Highwaymen und ihre Ehefrauen. Von links nach rechts:
Waylon und Jessi, John und June, Willie mit Annie und Kris mit Lisa

musste sechs Zugaben von *Hey Porter* spielen, bevor mich das Publikum gehen ließ, und dadurch konnten einige andere Musiker ihr Programm nicht mehr bringen, worüber sie nicht gerade erfreut waren. Mich verunsicherte das ziemlich, aber Minnie Pearl kam hinter der Bühne zu mir, kniff mir in die Backe und sagte: »Du hübscher Kerl, du, mach dir darüber mal keine Sorgen. Du hast dir das verdient heute Abend. Du musst unbedingt wiederkommen.« Dann fiel Ernest Tubb ein: »Ja, unbedingt. Wir brauchen hier Leute wie dich.« Von Hank Snow, Hawkshaw Hawkins und etlichen anderen kam die gleiche Botschaft. Sie scharten sich um mich und zeigten mir, dass ich willkommen war.

In den letzten fünfundzwanzig Jahren hat Luther Fleaner auf meine Farm aufgepasst und sich treu darum gekümmert, genau wie um mich. Im Laufe der Zeit wurde er einer meiner engsten Freunde. Er ist ein Landjunge aus Hickman County, Tennessee, ein paar Jahre jünger als ich, aber alt genug, um im Koreakrieg dabei gewesen zu sein, hat neben meiner auch zwei eigene Bypassoperationen überlebt und ist der Inbegriff der ländlichen Herzlichkeit und Gastfreundschaft. Fast dreißig Jahre lang arbeitete Luther vierzig Stunden pro Woche in der Autoglasfabrik von Ford in Nashville, fuhr eine Stunde zur Arbeit hin und eine Stunde zurück und kümmerte sich nebenbei noch um mein Anwesen sowie um sein eigenes. Seine Schwester Wilma hilft ihm in meinem Haus. Er hat gerade eine Frau namens Wanda geheiratet und das finde ich einfach großartig. Sie ist genau so ein Mensch wie er.

Zwei weitere sehr gute Freunde außerhalb der Musikbranche sind John Rollins, von dem ich Cinnamon Hill kaufte, und John Traweek, der Mann von Joyce Traweek, die schon seit der Highschool eng mit June befreundet ist. Die Traweeks kommen Weihnachten immer zu uns nach Jamaika, sodass John und ich schon viel Zeit miteinander verbrachten. Er hat sich neulich von seiner Arbeit bei Willis Wayside, einem Möbelgeschäft in Virginia Beach, zur Ruhe gesetzt. Er ist ein Johnny-Cash-Fan, aber das spielt keine Rolle, wir müssen nicht unbedingt über mein Musikerleben sprechen, wenn ich keine Lust dazu habe, und das ist meistens der Fall, wenn ich in Jamaika bin und das dortige Leben meine Sinne erfüllt. John und Joyce sind überzeugte Christen und großartige Freunde.

Ich habe eine ganze Reihe von Patensöhnen, die ich auch erwähnen möchte: die ganzen Orbison-Jungs, einschließlich Wesley; Shooter Jennings, der Sohn von Waylon und Jessi; und mehrere Söhne von John Rollins und Armando Bisceglia. Außerdem wurden einige Jungs nach mir benannt: die Söhne von Henson Cargill, Bill Miller, Johnny Quinn, Kris und Lisa Kristofferson, James Keach und Jane Seymour (alles Johns oder Johnnys) sowie Cash Gatlin, der Junge von Larry Gatlin. Ich bin mir in jedem einzelnen Fall der großen Ehre bewusst. Ich weiß, dass es eines der größten Komplimente ist, die man einem Menschen machen kann, wenn man sein Kind nach ihm benennt.

Dann gibt es da noch die Highwaymen: Waylon Jennings, Kris Kristofferson, Willie Nelson und ich, alle zusammen auf einer Eintrittskarte, vier zum Preis von einem. Wir kamen auf die Idee, als ich für ABC ein Weihnachtsspecial in Montreux in der Schweiz aufnahm. Die Fernsehgesellschaft sagte mir, ich solle jeden einladen, den ich gerne in der Show hätte, also fragte ich Willie, Kris und Waylon und dann gingen wir zusammen nach Montreux. Wir hatten so viel Spaß, dass wir beschlossen, das regelmäßig zu machen.

Wir nahmen die Sondersendung in Montreux auf, weil es dort sehr schön ist und es nicht nur viel Schnee, sondern auch hervorragende musikalische Einrichtungen gibt. Waylon sagte allerdings etwas ganz anderes, als eine Reporterin ihn fragte: »Warum Weihnachten in Montreux?« Er schaute sie mit seinem berühmten »Wer, ich?«-Blick an und antwortete: »Na, das ist doch der Ort, wo Jesus zur Welt kam, oder nicht?«

Waylon ist wirklich ein Meister der witzigen Bemerkungen. Eine richtig gute ließ er mal ab, als er und ich uns von einer gemeinsamen Bypassoperation erholten, was schon eine Geschichte für sich ist. Es fing damit an, dass ich ihn im Krankenhaus besuchte. Sein Arzt sah mich und es gefiel ihm gar nicht, wie ich aussah. Er schickte mich in ein anderes Zimmer, um meine Herzfunktionen überprüfen zu lassen, und dann fragte er nur noch: »Wen kann ich anrufen, um Ihren Urlaub abzusagen?« Am nächsten Tag lag ich im Operationssaal. Die Operation lief gut, obwohl ich das Ganze nicht gerade als angenehmen Zeitvertreib bezeichnen würde. In den ersten Tagen danach fühlte ich mich mehr tot als lebendig und Waylon sagte, es ginge ihm genauso. Es war auf jeden Fall eine gute Gelegenheit, sich seiner eigenen Sterblichkeit bewusst zu werden.

Waylon war bei mir im Zimmer, als eine Schwesternhelferin hereinkam und anfing sauber zu machen. Wir unterbrachen unser Gespräch, während sie arbeitete, und schauten ihr zu, wie sie schnaufend und keuchend ihre Arbeit verrichtete. Sie hatte es nicht leicht, denn sie hatte reichlich Übergewicht. Schon nach wenigen Minuten war sie fertig und verließ verschwitzt das Zimmer.

»Puuh«, sagte Waylon mit schwacher Stimme. »Bin ich froh, dass sie nicht gesungen hat.«

Die anderen Highwaymen kenne ich noch nicht so lange wie Waylon, aber Kris kommt ziemlich nahe heran. Seit ich ihn 1969 aus dem CBS-Studio in Nashville herausstürmen sah, mit diesem intensiven Blick in den Augen, haben wir eine sehr starke Beziehung zueinander. Ich wusste nichts über seine Vorgeschichte – er hatte ein Rhodes-Stipendium in Oxford bekommen und war bei einer Kommandotruppe der US-Armee Hubschrauber geflogen – und ich wusste nicht, was für eine Zukunft vor ihm lag, aber ich sah sofort, dass ein heißes Feuer in ihm brannte. Als ich mir dann seine Songs anhörte, erkannte ich natürlich seine

Genialität und ich glaube, seither gab ich nicht ein einziges Konzert, ohne einen Kristofferson-Song zu singen. *Sunday Morning Coming Down* ist der Song, den die Leute am stärksten mit mir in Verbindung bringen, aber wenn ich meinen Lieblingssong auswählen müsste, wäre es wahrscheinlich *Rainbow*. Genau genommen ist das vielleicht sogar mein Lieblingssong von allen Songwritern unserer Zeit. Abgesehen davon ist Kris ein freundlicher, humorvoller Mensch mit viel Ehrgefühl. Er tritt fest für seine Überzeugungen ein und lässt einen nie im Stich. Auch ihn liebe ich wie einen Bruder.

Willie kenne ich nicht sehr gut. In seiner Zeit in Nashville, als er, Faron und die ganze Gang sich alle Mühe gaben, Tootsies Orchid Lounge in Verruf zu bringen, lernte ich ihn nicht kennen. Und nachdem er nach Texas gegangen war, war er eigentlich so gut wie ganz aus meinem Blickfeld verschwunden, bis wir dann anfingen, bei den Highwaymen zusammenzuarbeiten (obwohl »arbeiten« vielleicht nicht ganz das richtige Wort ist). Ich könnte auch heute noch nicht sagen, dass ich ihn besonders gut kenne, denn er macht es einem nicht leicht, ihn kennenzulernen. Er behält seine Gedanken gerne für sich oder steckt sie in seine Songs. Eigentlich redet er überhaupt nicht viel. Wenn er etwas sagt, dann ist es meist sehr scharfsinnig und präzise und oft auch sehr lustig. Er hat einen wunderbaren Sinn für Ironie und liebt das Absurde. Ich mag ihn wirklich. Wir beide machten in letzter Zeit einige Zwei-Mann-Shows zusammen, er auf einem Hocker mit seiner Gitarre und ich auf einem Hocker mit meiner, und dann tauschen wir Songs und Lieder und Geschichten aus. Das macht viel Vergnügen.

Wo ich gerade vom Vergnügen spreche: Die größte öffentliche Ehrung, die mir, jedenfalls meiner Meinung nach, je zuteil wurde, war, 1980 in die Country Music Hall of Fame aufgenommen zu werden. Ich war der erste Mensch, der noch zu seinen Lebzeiten diese Ehrung erhielt. Ich wurde vor und nach 1980 schon mit allen möglichen Preisen und Ehrungen bedacht, darunter einige wirklich große – Grammys, Kennedy Center Honors, die Rock 'n' Roll Hall of Fame –, aber nichts übertrifft die Country Music Hall of Fame oder wird sie je übertreffen.

Und dann ist da noch die Familie. Joanne Yates ist meine Schwester. Sie ist Sängerin, und zwar eine sehr, sehr gute, obwohl sie nie versucht hat, damit Karriere zu machen. Auch sie hat einen Magister in Bibelkunde und ist, wie ich schon sagte, mit Reverend Harry Yates verheiratet. Ich gehe sehr gerne zu ihm in die Kirche und höre mir seine Predigten an. Er verschafft mir einen Zugang zu den Bibeltexten, wie es nur sehr wenige können.

Louise, meine älteste Schwester, ist immer noch mit Joe Garrett verheiratet, der, damals war er noch ihr Freund, kurz nach Pearl Harbor in den Krieg zog und erst 1945, nach mehr als drei Jahren in einem japanischen Kriegsgefangenenlager, zurückkehrte. Er hat uns nicht viel über das Leben im Lager erzählt, aber schon der Gedanke an das Wenige, was er darüber sagte, erfüllt mich mit Wut und Abscheu. Er hatte sehr viel Glück, dass er es überhaupt bis ins Gefangenenlager schaffte. Er war auf dem Kreuzer *Houston*, als dieser bombardiert und versenkt wurde, aber er konnte noch rechtzeitig ins Wasser springen und überlebte die Haifischangriffe des ersten Tages. Am nächsten Tag wurden er und die anderen Männer, die noch im Wasser umhertrieben, von einem japanischen Marineschiff herausgefischt. Die hatten allerdings alles andere im Sinn, als sie zu retten: Alle wurden nackt ausgezogen, blutig gepeitscht und dann zurück ins Meer den Haien zum Fraß vorgeworfen. Von den Hunderten, die der Houston entkommen waren, war nur noch eine Handvoll Männer am Leben, als ein anderes japanisches Schiff sie aufnahm und in ein Lager nach Thailand brachte.

Die Japaner informierten nie das Rote Kreuz oder irgendjemand anderen darüber, dass Joe noch am Leben war. Louise wartete und wartete, aber es vergingen drei Jahre ohne ein Lebenszeichen von ihm und schließlich heiratete sie einen Mann, der Joe sehr ähnlich sah, Loys Fielder. Sie und Loys kamen eine Zeit lang gut miteinander aus, aber dann begannen die Probleme, die damit endeten, dass Louise die Scheidung einreichte.

Genau zu der Zeit, als die Scheidung durchkam, ein paar Wochen nach dem Sieg über Japan, bekamen Mr. und Mrs. Garrett einen Anruf von jemandem aus dem Regierungsamt, der ihnen mitteilte, dass ihr Sohn das Lager überlebt hatte und in ein Krankenhaus in Japan verlegt worden war: sonst nichts, nur, dass er noch am Leben war.

Eines sonntagabends saß ich auf der Treppe vor der Kirche in Dyess und wartete in der kühlen Luft auf den Beginn des Gottesdienstes, als ein Auto vorfuhr und der dünnste Mann ausstieg, den ich je gesehen habe. Joe ist über 1,80 Meter groß, aber an diesem Tag wog er nicht mal mehr 43 Kilogramm. Ich hatte nicht die leiseste Ahnung, wer er war.

Er lief auf mich zu und sagte: »Hallo, J. R., du weißt nicht, wer ich bin, oder?«

Ich musste ihm recht geben. »Nein, Sir«, erwiderte ich.

»Ich bin Joe Garrett«, sagte er. »Ist Louise hier?«

»Nein, Sir, sie ist nicht hier«, antwortete ich und traute mich nicht, noch mehr zu sagen. Selbst nachdem er mir erzählt hatte, wer er war, konnte ich ihn in diesem wandelnden Skelett nicht wiedererkennen. Ich wusste aber, dass es stimmen musste, denn er klang wie Joe. Ich stand auf, rannte in die Kirche und rief: »Joe Garrett ist wieder da! Joe Garrett ist wieder da!«

Joe und seine Familie gehörten zu den beliebtesten Leuten in Dyess und deshalb war es für alle eine wundervolle Nachricht. Alle drängten sich um ihn, umarmten und begrüßten ihn. Dann nahmen wir ihn mit zu uns nach Hause zum Abendessen.

Während wir aßen, wurde Louise nicht ein einziges Mal erwähnt. Ich war schon ins Bett geschickt worden und konnte Joe und Daddy hören, die immer noch zusammen am Tisch saßen. Joe erkundigte sich nach allen Leuten, die ihm in den Sinn kamen, und wollte alles über sie wissen, und Daddy antwortete ihm, bis es schließlich unausweichlich wurde. Joe stellte die entscheidende Frage und Daddy erzählte es ihm.

»Sie hat geheiratet, Joe, aber sie ist jetzt wieder geschieden. Sie lebt drüben in Osceola.«

Louise und Joe wurden kurz darauf getraut. Joe fand Arbeit als Zimmermann und Polsterer. Er ist einer, der alles kann und in vielem ein Meister ist, und die beiden gründeten eine große Familie. Heute leben sie in Gallatin, Tennessee. Ich mag Joe, außerdem habe ich ein Faible für gute Liebesgeschichten.

Ich denke zurück an Dyess und meinen kleinen Bruder Tommy. Das erste Mal, dass ich seine Gefühle so richtig wahrnahm, war nach Jacks Beerdigung, als wir zusammen auf der hinteren Veranda saßen. Zwischen uns lag ein großer Altersunterschied, ich war zwölf und Tommy war zu dieser Zeit erst vier.

Tommy fing an zu weinen. Ich hatte an diesem Tag nicht geweint. Ich legte meinen Arm um ihn und hielt ihn fest, während er schluchzte, und zum ersten Mal erkannte ich, dass wir beide Jack verloren hatten, nicht nur ich. Was ich sagen will, ist, dass mir damals zum ersten Mal richtig klar wurde, dass Tommy mein Bruder war, genau wie Jack es gewesen war. Er war mehr als nur ein kleines Kind.

Ich sehe Tommy nicht annähernd so oft, wie ich es mir wünschte, zum Teil deshalb, weil auch er viel auf Tour ist. Er ist nämlich der Dritte aus der Familie Cash, der schon mal an der Spitze der Country-Charts stand (mit *Six White Horses* Mitte der Sechzigerjahre), und er hatte schon immer großen Erfolg mit seinen Club- und Konzertauftritten, besonders in Europa. Auf der Bühne hatte er lange damit zu kämpfen, dass er mein Bruder ist, genau wie Rosanne als meine Tochter, wahrscheinlich sogar noch mehr. Wenn er von irgendjemandem gebeten wird, einen meiner Songs zu spielen, sagt er immer: »Nein, Johnny und ich singen nicht gegenseitig unsere Lieder. Das überlassen wir schön dem anderen. Ich kann sie nicht so singen wie er und deshalb sollte ich es gar nicht erst versuchen. Trotzdem, danke der Nachfrage.«

Tommy ist nicht der Einzige, den ich gerne öfter sähe. Bei einem Bruder, drei Schwestern, sieben Kindern und zwölf Enkeln frage ich mich schon manchmal, wie ich es jemals schaffen soll, genügend Zeit für sie zu haben, ohne in den Ruhestand zu treten und daraus eine Vollzeitbeschäftigung zu machen. Aber das ist Blödsinn. Wenn ich es einfach laufen lasse, scheint sich alles von alleine zu fügen. Wir sehen uns schon, wenn es sein soll.

Vor ein paar Jahren suchte ich noch einmal unser altes Zuhause in Dyess auf. Das Haus selbst gab es schon lange nicht mehr, es war langsam im Deltaschlamm versunken und das Land drum herum bestand, soweit ich sehen konnte, inzwischen nur noch aus riesigen flachen Feldern, auf denen wahrscheinlich abwechselnd Reis und Weizen angebaut wurde, vermutlich gehörte es irgendeiner großen Landwirtschaftsgesellschaft. Ich hatte das Land gar nicht so flach in Erinnerung. Ich konnte mich an kleine Senken erinnern, in denen die Baumwolle nicht richtig gedieh, wenn es im Frühjahr zu viel Regen gab, und an kleine Hügel aus sandigem Lehmboden, auf denen Daddy Wassermelonen anpflanzte. Damals konnte man von unserem Land den zwei Meilen entfernten Wasserturm im Stadtzentrum gar nicht sehen. An manchen Stellen versperrte das Land selbst den Blick, an anderen Stellen waren Bäume dazwischen. Bei diesem letzten Besuch stand ich auf unserem alten Grundstück und konnte den Turm ganz deutlich sehen. Das Land war eingeebnet worden und alle Bäume waren verschwunden.

So viel Leben, so viele Menschen, die ich liebe, stammen von diesem Stückchen Erde.

⤷ ABENDSTIMMUNG

Wir sind jetzt nicht mehr in Wisconsin. Seit Ashland war ich schon in New York, New England, South Carolina, North Carolina, Georgia, Alabama, in Jamaika und wieder in Tennessee. Jetzt bin ich in Öland in Schweden, wo wir heute Abend in den Ruinen eines Schlosses aus dem zwölften Jahrhundert ein Freiluftkonzert geben werden. Im Moment bin ich in meinem Hotelzimmer und ich glaube, es wird schwierig, mein Nachmittagsschläfchen zu halten. Wir sind in einem Ferienort und hier ist richtig was los. Vom Strand her dröhnt laute Rock-'n'-Roll-Musik durchs Fenster herein.

Reisen erweitert meinen geistigen Horizont, aber nicht so sehr, dass ich mit dem Kopf nicht mehr durch die Tür passen würde (um Elvis Costello zu zitieren, der sich dieses Bild ausdachte). In den letzten paar Jahren achteten June und ich immer darauf, dass wir an Orten wie diesem ein bisschen früher ankommen als unbedingt nötig, um dort noch ein oder zwei Tage als Touristen verbringen zu können, manchmal sogar länger. Wenn wir in Paris oder Köln sind oder irgendwo anders, wo es eine großartige Kathedrale gibt, gehen wir auf jeden Fall dorthin und dann setzen wir uns voller Bewunderung hinein, nehmen die Schönheit des Bauwerkes, das der Mensch in Gottes Namen erschaffen hat, in uns auf und sind ganz still. Danach reisen wir gestärkt, belebt und erneuert weiter. Von Notre Dame bin ich immer wieder überwältigt.

Wenn wir in New York sind, gehen wir ins Kino, manchmal sogar zwei-, dreimal am Tag. Mir gefallen »gute« Filme, aber ich will auch die großen Kassenschlager sehen, so wie alle anderen auch. Genauso geht es mir mit Büchern. Ich habe meinen eigenen Geschmack und eigene Interessen und beschäftige mich gern gezielt mit bestimmten Themen – mal sind es biblische Romane, mal Aufzeichnungen aus dem Vietnamkrieg –, aber ich möchte mir auf keinen Fall die Topbücher aus der Bestsellerliste der *New York Times* entgehen lassen. Ich bin nicht einer von diesen Prominenten, die nicht mit allen anderen zusammen ins Kino gehen »können«. Ich gehe auf die Straße, kaufe in irgendwelchen Läden ein und besorge mir die Kinokarten am Kassenhäuschen. Und die Leute ignorieren mich auch nicht. Viele erkennen mich, und während ich in der Schlange stehe, unterhalten wir uns, und wenn jemand ein Autogramm möchte, bekommt er eines von mir. Dann verabschieden wir uns und sehen uns den Film an. Klar, wenn ich Elvis oder Marilyn Monroe oder Michael Jackson oder Madonna wäre, würde ich vielleicht anders denken. Johnny Cash zu sein ist da ein vergleichsweise harmloser Job.

Was andere Musiker betrifft – Alan Jackson ist sicher einer der Countrysänger, die uns noch lange erhalten bleiben werden. Er hat Stehvermögen. Was natürlich auch für George Strait gilt. Marty Stuart, Collin Raye und Travis Tritt werden, glaube ich, auch noch lange dabei sein. Dwight Yoakam macht wunderbare Musik. All diese Männer, besonders Marty und Dwight, halten die Tradition der Countrymusik am Leben und treiben sie gleichzeitig voran in eine neue, interessante Richtung. Sie versuchen nicht einfach, wie George Jones und Lefty Frizzell zu klingen, wie so viele andere viel versprechende junge Sänger. Ich wünschte, diese Jungs würden versuchen, ihren eigenen Sound zu finden, und ihre Produzenten ließen das zu.

Ich arbeitete mal in einem Studio in Nashville. Ich stand gerade im Regieraum und hörte mir eine Aufnahme an, als ein Mann von Randy Travis' Plattenfirma hereinkam.

»Was läuft denn so drüben bei Warner Brothers?«, fragte ich ihn.

»Ach, Sie wissen ja, wie es ist«, sagte er. »Wir suchen eigentlich nur einen neuen Randy Travis.«

»Was stimmt denn nicht mit dem, den ihr habt?«, erwiderte ich. Ich weiß genau, wie es läuft, nicht nur bei Warner Brothers, sondern überall in der Stadt, und es ärgert mich wirklich.

Einer, der einen absolut unverkennbaren und unvergleichlichen eigenen Sound hatte, war Roger Miller. Und was war das für ein Typ:

ungeheuer kreativ, unglaublich geistreich und ein freundlicher und liebenswürdiger Mensch noch dazu. Ich war einmal in Las Vegas und hatte mal wieder diese typische Halsentzündung von den Amphetaminen, als er unerwartet vorbeikam und mir sagte, er übernehme meine Show für mich, bis ich wieder selbst auftreten könne.

»Du kannst nicht singen, aber ich schon«, sagte er. So einfach war das. Er ersparte mir dadurch allerlei Unannehmlichkeiten und Unkosten.

Am Ende dieser Konzertreihe fuhr June nach Hause und Roger und ich fuhren zusammen nach L. A. Mitten in der Wüste sagte er mir, ich solle anhalten. Dann sprang er hinaus und rannte mit Notizblock und Stift bewaffnet hinter einen Joshuabaum. Als er zurückkam, hatte er einen kompletten Song geschrieben.

Es war *Dang Me*. Er hatte sich zum Schreiben hinter den Baum verzogen, weil er wusste, dass dieser Song zu heiß war, um ihn in Gegenwart von mir oder irgendjemand anderem zu Papier zu bringen. Er musste dazu ganz alleine sein, wie eine Apachin bei der Geburt ihres Kindes. Als er zurückkehrte und ihn mir vom Notizblock vorsang, konnte ich ihn verstehen.

Bill Monroe ist der einzige Mensch, den ich je kennengelernt habe, der einen völlig neuen Musikstil erfunden hat. Sie nannten ihn nicht umsonst »Daddy Bluegrass«. Bevor ich in den Stimmbruch kam, konnte ich seine Songs mit einer hohen Tenorstimme singen. Später, als er zu den Gitarrenabenden zu mir nach Hause kam, begleitete ich ihn auf der Rhythmusgitarre und sang im Bariton zweite Stimme, während er Mandoline spielte und die Leadstimme sang. »Würdest du mich begleiten, John?«, fragte er mich immer.

Johnny Paycheck und ich machten gut einen drauf, damals, als er sich noch Donny Young nannte. Mit Ray Price ging es mir genauso. In Miami machten wir einmal eine ganze Nacht zusammen durch, als er *My Shoes Keep Walking Back to You* in den Charts hatte. Was für ein toller Song.

Die Leute nahmen Ray ganz schön unter Beschuss, als er *For the Good Times* mit einem Orchester aufnahm, und ich fand es Klasse, wie er mit der Situation umging. Als er bei der CMA-Preisverleihung ans Mikrofon ging, nachdem er den Preis für den besten Unterhaltungsmusiker des Jahres entgegengenommen hatte – den ganz großen, für diejenigen, die sich mit den CMA-Kategorien nicht so gut auskennen –, sagte er: »Jeder hat sich gewundert, was ich mit dem Orchester wollte, von dem ich mich beim Singen begleiten ließ.« Er legte eine kleine Pause ein, um die Dramatik zu erhöhen, schwang die Trophäe über seinem Kopf und sagte: »Nun, das hier.« Dann grinste er breit ins Publikum und ging von der Bühne.

Ich habe nie verstanden, warum sich so viele Leute darüber aufregen, wenn sich Countrymusiker am Pop orientieren. Entweder man hat das gewisse Etwas, um viele Leute anzusprechen, oder man hat es nicht.

Da ich gerade davon spreche – ich erlebte auch mal eine tolle Nacht mit Jim Reeves. Ich war unten in San Antonio auf Besuch bei meinen ersten Schwiegereltern, den Libertos, und er spielte in einem Club. Ich ging hin, um mir seinen Auftritt anzusehen, und wir hockten schließlich bis in den frühen Morgen hinein zusammen. Sein Image als »Gentleman Jim« hinderte ihn nicht daran, mit Leuten wie mir zu verkehren.

Linda Ronstadt. Ich hatte sie viermal in meiner Fernsehsendung. Ihr erster Auftritt bei mir war gleichzeitig ihr Fernsehdebüt und der erste Song, den sie sang, war Bob Dylans *I'll Be Your Baby Tonight*. Was für ein großer Moment. Ich weiß nicht, wie viele Leute sich an jenem Abend in sie verliebten, aber ich wette, es ging in die Tausende – mindestens.

Was mich noch auf ein paar andere wunderbare Countrysängerinnen bringt. Da ist zum einen Connie Smith, die bei der Nashvillegemeinde sehr beliebt ist, obwohl sie schon seit Jahren keine Platten mehr herausgebracht hat. Sie hat vor ein paar Tagen Marty Stuart geheiratet – Jay Dauro hat die Nachricht via E-Mail von Kelly Hancock erhalten und sie an uns andere weitergegeben – und ich muss sagen, wir haben uns alle sehr gefreut, als wir das hörten. Seitdem Marty mit ihr zusammen ist, lagen wir ihm ständig in den Ohren, sie bloß nicht zu verletzen. Connie ist wie unsere kleine Schwester: Waylons, meine und die aller anderen.

Tanya Tucker ist natürlich nicht gerade der Kleine-Schwester-Typ, aber auch sie ist mehr als in Ordnung.

Und das führt uns zu Trisha Yearwood. Sie rührt mich an. Sie ist wirklich eine großartige Interpretin und sie hat einen hervorragenden Geschmack. Ich glaube, im Radio war schon sehr, sehr lange nicht mehr so etwas Gutes zu hören wie *The Song Remembers When*. Ich möchte unbedingt mal mit ihr zusammen singen.

Ihre Freunde, die Mavericks, sind eine ziemlich heiße Band – sehr stilvoll, sehr interessant und sehr witzig. Bobby Reynolds, der Maverick, mit dem Trisha verheiratet ist, ist besonders witzig.

In Öland gehen langsam die Lichter aus. Ich denke an all die anderen Orte, die ich schon sah, all die Stationen, die auf meinem Weg lagen. Die Bilder ziehen an mir vorbei. Ein Grenzkontrollpunkt zwischen dem kommunistischen Polen und Ostdeutschland, wo June, Mutter Maybelle und ich den Wachen etwas vorsingen mussten, bevor sie uns passieren ließen. Eine Burg in Schottland, wo wir in der Dämmerung dastanden und zusahen, wie Tausende von Krähen angeflogen kamen und um den Bergfried kreisten, so wie sie es schon seit Hunderten von Jahren bei Einbruch der Dunkelheit tun, wer weiß warum. Ein Morgen in der Innenstadt von Bangkok, als ich fragte, warum es dort nirgendwo Vögel gebe, und die Antwort erhielt, dass die Luftverschmutzung sie alle getötet habe. Ein Konzert für den traurigen Rest des großen Sioux-Stammes in der Nähe des Gebietes am Rosebud River, wo sie über George Armstrong Custer und seine Leute ihren letzten Sieg errungen hatten. Ein Morgen in Greenwich Village mit Rosanne, als wir beide zusammen an der Schule ihrer Kinder sprachen und sangen. Ein Abend in London, an dem ich zusah, wie Nick Lowe, Martin Belmont und einige andere hart gesottene und betrunkene Rock'n'Roller aus England George Jones' Aufnahme von *We Ought to Be Ashamed* abspielten und in Tränen ausbrachen. Dyess, Arkansas, zusammen mit Jack in der Scheune, wo wir die Erdnüsse von unseren Feldern trockneten und die herauslasen, die schon geröstet werden konnten; wir packten sie in braune Papiertüten vom Genossenschaftsladen, um sie dann vor den Kinos zu verkaufen, fünf Cent für eine kleine Tüte, zehn Cent für eine große.

Es wird jetzt Zeit für mich, an die Arbeit zu gehen. Oder zu spielen, wie wir Musikzigeuner so schön sagen. Ich ziehe mir mein schwarzes Hemd an, schnalle den schwarzen Gürtel meiner schwarzen Hose zu, binde mir die schwarzen Schuhe, nehme meine schwarze Gitarre und gehe los, um für die Leute in dieser Stadt ein Konzert zu geben.

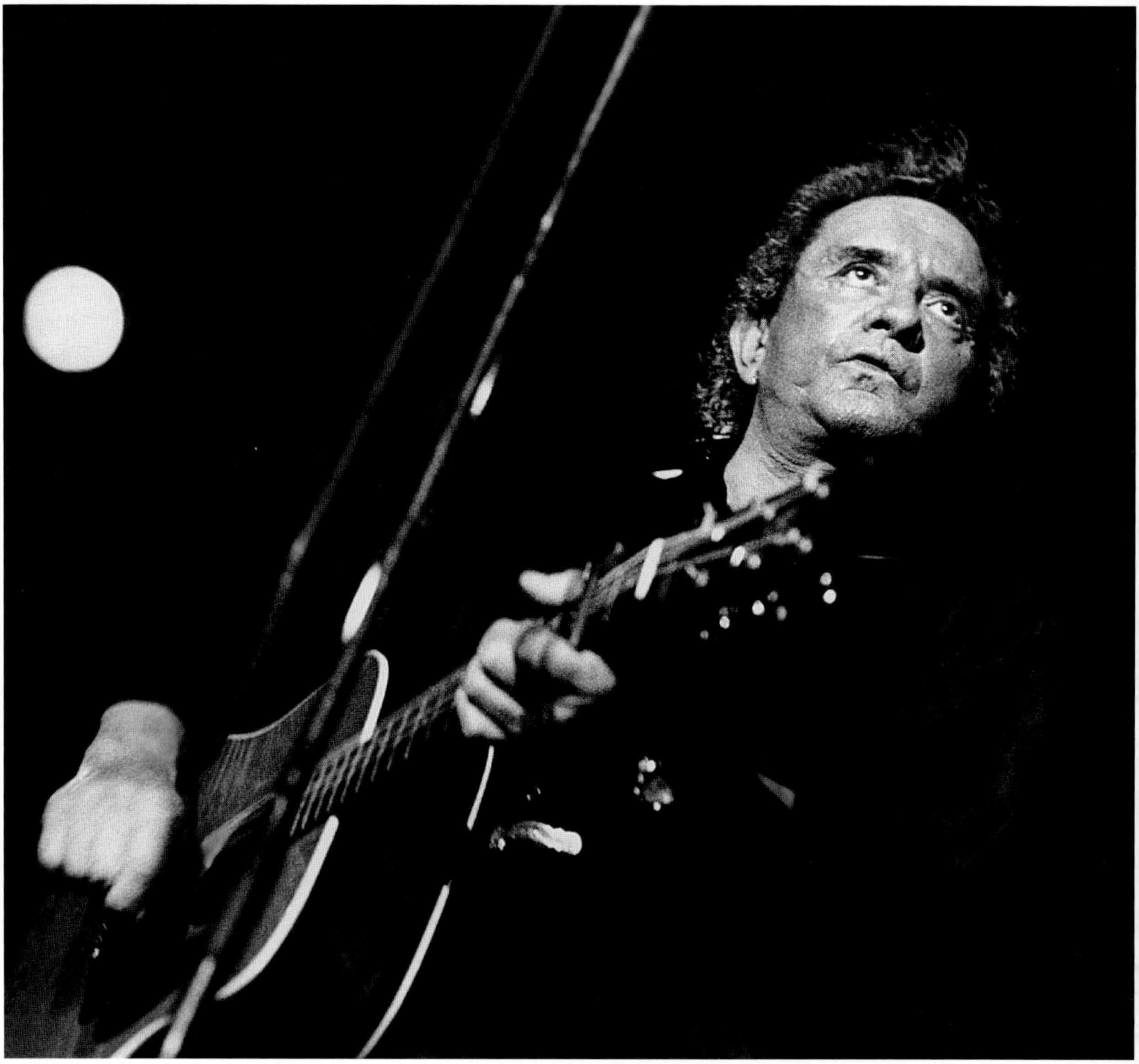

NACHWORT

Monate sind vergangen, seit ich das letzte Kapitel geschrieben habe. Nun bin ich wieder da, wo wir begonnen haben. Ich sitze auf meiner Veranda in Jamaika, oben auf meinem Berg, und schaue nach Norden über die Karibik. Manche sagen, dass man an einem klaren Tag von hier aus Kuba sehen kann, was ich allerdings noch nie erlebt habe.

Da ist die Drossel wieder. Die Drossel ist das Wappentier von Tennessee und man findet sie überall in Jamaika. Durch sie fühle ich mich hier wie zu Hause. Diese hier ist eine Vogelmutter, die ganz in der Nähe in einem Mahagonibaum ihr Nest hat. Sie sitzt gerade auf unserer Sonnenuhr, die im Jahre 1794 für Cinnamon Hill geeicht wurde, und beobachtet einen kleinen Falken, der auf einem Telefonmast sitzt. Sobald er versucht, an ihr vorbeizufliegen und eines ihrer Küken aus dem Nest zu ziehen, schwirrt sie von hinten heran – sie ist viel schneller als er –, stürzt sich auf seinen Hinterkopf und jagt ihn kreischend davon. Man sollte meinen, dass es nur eine Frage der Zeit ist, bis der Falke die Oberhand gewinnt, aber er versucht es nun schon seit fünfzehn Tagen und hat es immer noch nicht geschafft. Ich freue mich für die Drossel, genau wie June, die hier an meiner Seite sitzt.

Wir haben eine unglaublich traumatische Zeit hinter uns, voll von Schmerz und Vergessen. Es begann im letzten Oktober (1997), als ich eines Tages auf einer Straße in New York plötzlich rückwärts ging. Rückschritte zu machen ist für mich eigentlich nichts Neues, aber dieses Mal war es anders. Ich spazierte ganz normal die Madison Avenue hinunter, als ich aus irgendeinem Grund nach oben schaute und dann einen Schritt rückwärts machte. Es geschah völlig unwillkürlich, ohne jede Absicht, und ich hatte nicht die geringste Kontrolle darüber. Es war äußerst merkwürdig.

Wir gingen sofort zurück ins Hotel und riefen einen Arzt, der mich untersuchte und uns dann mitteilte, dass ich so schnell wie möglich nach Hause und ins Krankenhaus müsse. Wir folgten seinem Rat.

Um es kurz zu machen: Ich entging nur knapp dem Tod. Im Krankenhaus bekam ich eine doppelseitige Lungenentzündung, danach eine Blutvergiftung und ich war zehn Tage und Nächte ohne Bewusstsein. Es ging mir so schlecht, dass meine Ärztin, Terry Jerkins, in den ersten Nächten, als ich an der Lungenmaschine hing, nicht wusste, ob ich den nächsten Morgen noch erleben würde. In der zehnten Nacht, als sie nur noch eine Möglichkeit sah, meine Atmung in Gang zu halten, nämlich einen Luftröhrenschnitt, der meine Gesangsstimme hätte zerstören können, wandte sie sich an Gott und sagte, dass sie und die Medizin alles getan hätten, was in ihrer Macht stehe, und dass mein Schicksal nun in seiner Hand liege. Sie betete die ganze Nacht über. Sie war nicht die Einzige, die für mich betete. June hatte einen Rundruf gestartet, sodass meine Familie und meine Freunde an meiner Seite waren – bei mir im Krankenzimmer wie auch draußen in der Welt.

Am nächsten Morgen wachte ich auf. Einfach so. Alle an meinem Bett weinten vor Freude und sangen und priesen Gott. Wäre der Schlauch in meiner Luftröhre nicht gewesen, ich hätte ihn auch gepriesen. Um acht Uhr morgens saß ich aufrecht im Bett und verlangte nach Kaffee.

Die akute Krise war überstanden, aber das langfristige Problem blieb bestehen. Terry Jerkins teilte mir mit, dass ich am Shy-Drager-Syndrom leide, einer neurologischen Störung ähnlich der parkinsonschen Krankheit, nur etwas unangenehmer und sehr viel seltener. Es ist wie eine besonders schwere Form von Parkinson.

Am Anfang war es schlimm. Ich zitterte so stark, dass ich mich an der Bettkante festhalten musste. Bei meinen Gehversuchen geriet ich sofort ins Taumeln. Meine Augen zuckten unkontrolliert. Wenn ich von einem Stuhl oder vom Bett aufstehen wollte, sank mein Blutdruck so schnell, dass ich fast ohnmächtig wurde. Einige Male blieb es nicht beim

»fast«. Zudem hatte ich noch eine schwere Lungenentzündung, die sich anfühlte, als träte mir ein Pferd gegen die Brust, bloß schlimmer.

Aber ich erhole mich schnell. Obwohl ich immer noch nicht sehr viel Energie habe, geht es mir von Tag zu Tag besser. Wir sind jedes der Shy-Drager-Symptome einzeln angegangen und haben meine Medikamente so abgestimmt, dass ich mich inzwischen ziemlich normal fühle. Wie ich gehört habe, wird Shy-Drager auch von Symptomen begleitet, die bei mir bislang noch nicht aufgetreten sind. Ich weiß nicht, welcher Art sie sind, und ich habe auch nicht danach gefragt. Man hat mir einen Riesenstapel Informationsmaterial geschickt, aber ich habe kein Wort davon gelesen. Ich lebe lieber in völliger Unkenntnis dessen, was mir noch bevorstehen könnte. Dr. Jerkins teilt meine Meinung. »Wenn irgendetwas ist«, sagt sie, »sagen Sie mir einfach Bescheid und wir reden darüber.« Im Moment stehe ich morgens auf und habe einen normalen Tag vor mir. Das Leben sieht gut aus, fühlt sich gut an, und auch ich fühle mich gut.

Ich habe keine Angst. Zum einen denke ich, dass die parkinsonähnliche Krankheit, an der Mutter Maybelle starb, wahrscheinlich auch Shy-Drager war – ein merkwürdiger Zufall – und bei ihr war es gar nicht so schlimm: Sie starb, während sie schlief. Zum anderen habe ich einfach keine Angst vor dem Tod. Der Gedanke daran hat mich noch keine Sekunde Schlaf gekostet. Ich bin mit mir und meinem Gott vollkommen im Reinen. Ich akzeptiere diese Krankheit, weil sie Gottes Wille ist. Er ist es, der in meinem Leben wirkt. Und wenn er meint, dass die Zeit gekommen ist, mich von dieser Welt zu nehmen, dann werde ich wieder mit einigen lieben Menschen vereinigt sein, die ich lange nicht gesehen habe.

Damit keine Missverständnisse aufkommen: Ich will nicht sterben. Ich liebe mein Leben. Ich bin sehr glücklich. Ich würde gerne genauso lange leben wie mein Vater und meine Mutter, die beide siebenundachtzig wurden. Allerdings weiß ich nicht so recht – vielleicht hätte ich schon früher etwas kürzer treten müssen, um so lange durchzuhalten. Aber wie viel Zeit Gott mir auch noch geben mag, ich werde sie genießen. Ich hoffe nur, dass ich mir nie wieder jemanden zum Feind machen werde und dass ich die Menschen um mich herum glücklich machen kann.

Ich bereue nichts, bin frei von Schuld und hege keinen Groll gegen andere.

Was meine musikalische Zukunft betrifft, sind die Aussichten nicht schlecht. Ich bearbeite meine Gitarre noch genauso dilettantisch wie vor einem Jahr, wahrscheinlich noch dilettantischer. Ich glaube, ich singe noch genauso gut oder schlecht wie immer. Und mir gehen mehr Lieder durch den Kopf denn je. Allein in den letzten drei Wochen habe ich drei geschrieben.

Wie das mit den Touren aussieht, ist eine andere Frage. Ich schließe es nicht aus – ganz und gar nicht –, aber im Moment fühle ich mich nicht in der Lage, die schwarzen Koffer zu packen, am Flughafen einzuchecken, mich im Hotel einzuquartieren, die schwarzen Kleider und Schuhe wieder auszupacken und auf die Bühne zu gehen, um ein Konzert zu geben. Vielleicht später einmal. Es war eine traumatische Erfahrung, plötzlich etwas aufgeben zu müssen, was ich über vierzig Jahre lang getan hatte, aber andererseits waren mir dadurch einige herrliche Monate der Ruhe und Entspannung vergönnt, in denen ich Kraft tanken und den stillen Frieden jener Welt genießen konnte, in die ich mich zurückgezogen habe.

Ich betrachte dies als mein Jubiläumsjahr. Ich bin zwar noch keine fünfzig Jahre im Showgeschäft, aber dreiundvierzig Jahre sind nahe dran, und überhaupt – ich nehme mir mein Jubiläumsjahr einfach, ob es nun ansteht oder nicht. Ich freue mich darauf, in ein paar Monaten eine neue Platte zu machen, und mir wird genügend Arbeit angeboten, um mich rund um die Uhr zu beschäftigen – Werbesendungen, Fernsehauftritte, Gastauftritte auf Platten anderer Künstler usw. Im Moment bin ich allerdings noch nicht so weit. Ich denke, dass ich mich noch ein wenig ausruhe, bevor ich wieder den Sprung auf die Bühne wage – selbstbewusst und mit Biss.

Ich genieße diese Zeit. Das neue Leben in mir inspiriert mich. Ich spüre die Liebe meiner Familie; sie waren alle da, als ich sie brauchte. Die sanfte Brise, die über meinen Berg weht, ist wunderbar und mein Eistee hier auf Cinnamon Hill schmeckt köstlich. Ich kann Kuba immer noch nicht sehen, aber ich kann weiterhin beobachten, wie der Falke und die Drossel ihren ewigen Kampf um Leben und Tod austragen. Ich kann meinen Tee in dem befriedigenden Gefühl austrinken, dass die Drossel gewinnen wird, dass es ihr gelingen wird, den Falken so lange abzuwehren, bis ihre Jungen alt genug sind, um zu fliegen. Und wenn sie ihre Aufgabe erfüllt hat – was für mich im Moment das Wichtigste im Leben ist –, fliegen wir heim nach Tennessee.

> Lord, let me do a little more picking
> Before I get my cotton weighed
> And ramble around Your footstool
> Until the last song is played.

> Herr, lass mich noch ein Weilchen pflücken
> Bevor ich meine Baumwolle wiegen lasse
> Lass mich noch ein wenig um deinen Schemel streifen
> Bis der letzte Song gespielt ist.

Tom Petty and the Heartbreakers, Mick Fleetwood, Lindsey Buckingham und Flea.

BILDNACHWEIS

S. 8: © Marvin Koner/CORBIS; S. 11: picture-alliance/Mary Evans Picture Library; S. 21: Johnny Cash (June in Jamaica); S. 27: Carrie Rivers Cash (House in Dyess); S. 35: Ray Cash (Jack, Johnny and Reba); S. 61: Tamara Reynolds (Johnny with guitar); S. 70: Author's collection (Senior photo); S. 75: Author's Collection (Airman Johnny Cash, 1952); S. 76: Author's Collection (In the studio); S. 83: Courtesy of Grand Old Opry (Johnny with Ernest Tubb, 1956); S. 93: Author's Collection (Luther, Johnny and Marshall); S. 94: Carrie Rivers Cash (Roy und Johnny, 1954); S. 100: Getty Images; S. 107: © Bettmann/CORBIS; S. 116: Author's Collection (Elvis); S. 120: Author's Collection (Carl Perkins, W.S. Holland and Johnny, 1970); S. 127: Michael Ochs Archives/Getty Images; S. 136: Michael Ochs Archives/Getty Images; S. 147: Hope Powel (Johnny with Waylon Jennings); S. 150, S. 155: Michael Ochs Archives/Getty Images; S. 169: Redferns/Getty Images; S. 170: Author's Collection (Johnny Cash and the Family Show); S. 177: Author's Collection (Johnny backstage); S. 183: Michael Ochs Archives/Getty Images; S. 192: Courtesy of Grand Old Opry (June at the Grand Old Opry, 1958); S. 193: Redferns/Getty Images; S. 209: Merle Kilgore (Wedding photo,1968); Winifred Kelley (June, Johnny and baby John Carter); S. 210: © The Nashville Tennessean (Folsom prison, 1968); S. 223: Johnny Cash (Farm at Bon Aqua, TN); S. 236: © ABC Photo Archives/Getty Images; S. 244: Getty Images; S. 250: © Bettmann/CORBIS; S. 257: © ABC Photo Archives/Getty Images; S. 281: picture-alliance; S. 288: Andy Earl (With Range Rover, 1996); S. 289: Hope Powell (Parents); S. 291: Reba Hancock (Johnny with Lou Robin); S. 295: © Kevin Estrada/Retna Ltd./Corbis; S. 304: © Kevin Estrada/Retna Ltd./Corbis; S. 313: June Carter Cash (Carlene with Howie Epstein); Peggy Knight (June and Rosie); S. 314: Dennye Landry (The Cash daughters); S. 317: Peggy Knight (Family on the beach); Karen Robin (Johnny with grandson); S. 319: © Dana Tynan/CORBIS OUTLINE; S. 330: KTI Jensen (The Highwaymen and their wives); S. 344: picture-alliance/Sueddeutsche Zeitung Photo

Anzeige

CASH

Bootleg, Vol. 1: Personal File

Bootleg, Vol. 2: From Memphis to Hollywood

Bootleg, Vol. 3: Live Around the World

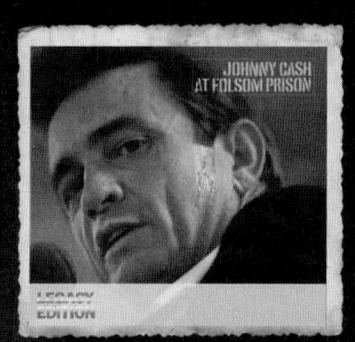

At Folsom Prison (Legacy Edition)

At San Quentin (Legacy Edition)

The Legend

© Copyright der deutschen Ausgabe Edel Germany GmbH, Hamburg
www.edel.com
1. Auflage 2012

Erstveröffentlichung in Deutschland: 1999 Palmyra Verlag

Lyrics from »The Ballad of Ira Hayes« by Peter LaFarge,
© 1962, 1964 (renewed) by Edward B. Marks Musik Company.
Lyrics from »Farther Along« by Jack Fascinato,
©1990 (renewed) by Bayshore Music Coporation.

Published by arrangement with HarperOne, an Imprint of HarperCollins Publishers, LCC
© 1997 by John R. Cash.

Projektkoordination: Constanze Gölz
Umschlagfoto: Picture-Alliance/Photoshot
Umschlaggestaltung, Layout und Satz:
Groothuis, Lohfert, Consorten, Hamburg | www.glcons.de
Lithografie: Frische Grafik, Hamburg

Alle Rechte vorbehalten. All rights reserved. Das Werk darf – auch teilweise –
nur mit Genehmigung des Verlages wiedergegeben werden.

Druck und Bindung: optimal media GmbH, Röbel

ISBN 978-3-8419-0143-9